城市轨道交通职业技能鉴定
培训系列教材

城市轨道交通职业技能鉴定培训系列教材

城市轨道交通电客车检修工

王 华 沈艳丽 主编

中 国 铁 道 出 版 社

2016 年·北京

内 容 简 介

本书根据城市轨道交通电客车检修工岗位标准、鉴定要素细目表及培训规范进行编写,内容涵盖了城市轨道交通车辆检修工种五个等级的知识和相关技能要求。全书共分九章,主要包括:城市轨道交通车辆、城市轨道交通车辆车体、转向架及悬挂装置、制动系统、车门系统、牵引受流系统、辅助电气系统、空调通风系统、列车监测与控制系统。

本书可作为城市轨道交通电客车检修工岗位培训、技能鉴定的培训教材,也可以作为城市轨道交通大专院校、职业学校学生的教学参考用书。

图书在版编目(CIP)数据

城市轨道交通电客车检修工 / 王华,沈艳丽主编.
—北京:中国铁道出版社,2016.11
城市轨道交通职业技能鉴定培训系列教材
ISBN 978-7-113-20509-6

Ⅰ.①城… Ⅱ.①王…②沈… Ⅲ.①城市铁路—轨
道交通—设备检修—职业技能—鉴定—教材 Ⅳ.①U239.5

中国版本图书馆 CIP 数据核字(2016)第 239786 号

书　　名:**城市轨道交通电客车检修工**
作　　者:王　华　沈艳丽　主编

策　　划:金　锋
责任编辑:亢丽君　　　　编辑部电话:010-51873205　　　　电子信箱:1728656740@qq.com
封面设计:时代澄宇
责任校对:苗　丹
责任印制:郭向伟

出版发行:中国铁道出版社(100054,北京市西城区右安门西街 8 号)
印　　刷:三河市华业印务有限公司
版　　次:2016 年 11 月第 1 版　2016 年 11 月第 1 次印刷
开　　本:787 mm×1 092 mm　1/16　印张:17.25　字数:442 千
书　　号:ISBN 978-7-113-20509-6
定　　价:50.00 元

随着我国城市轨道交通行业的蓬勃发展,培养一支技能型、实操型、有一技之长的高级蓝领队伍,打造企业的脊梁型人才,已成为行业内的当务之急。同时,建立一套完善的职业技能鉴定体系,打通企业技能员工晋升通道,引导和激励员工爱岗学技,岗位成才,保持员工队伍的稳定,对企业具有至关重要的意义。

南京地铁集团有限公司和南京铁道职业技术学院依托联合成立的"地铁学院"一体化办学平台,整合双方优质资源,共同开展了城市轨道交通企业职业技能鉴定体系开发工作。在编制完成南京地铁各岗位职业标准、鉴定要素细目表、题库的基础上,以南京地铁运营实践和南京铁道职业技术学院城市轨道交通专业建设为基础,结合国内上海、广州等地铁公司培训教材开发的情况,推出了城市轨道交通职业技能鉴定培训系列教材。

这套教材的推出,是在城市轨道交通行业职业资格证书建设方面进行的一个尝试,旨在为我国城市轨道交通行业的职业教育发展探索一条可持续发展之路。

本系列教材力求在以下方面有所突破:

一是力求教材内容具有较强的针对性。根据岗位职业标准中的基础知识及技能要求,结合鉴定要素细目表,教材内容覆盖了各工种需掌握的完整知识点和技能,将理论知识和实际操作有机结合,力求符合实际工作要求,具有较强的实操性。

二是力求教材系统完整,系统之间有机衔接。教材力避职业标准中不连续、比较原则和简略等弊端,按照连接性和扩展性的知识和技能要求进行必要的细化和展开,使相关的技能和知识连成线、织成片;并注重各专业的有机衔接,补充必需的基础性、辅助性知识和技能,形成一个相对独立、有利于学员、学生学习的培训教材体系。

三是力求教材编排融合度高。根据对应职业标准中五个等级的内容及考核比重表的要求，按培训规范中对应培训科目的培训目标、培训内容、培训学时等要求，将五个等级的内容要求融合为一体进行编写。

四是力求教材通用性好。教材对各岗位通用的基础知识、专业基础知识编写形成统一的通用教材，供各岗位使用，确保通用知识内容的准确性，使员工在转岗时能适应多个岗位的学习需要。

五是力求教材适用性广。教材内容以南京地铁运营公司的技术装备和运营实践为主，同时，结合各地铁公司使用的设备和运营管理情况，保证教材除满足南京地铁培训需要外，还可供其他地铁公司作为培训教材参考使用，相互交流。同时，教材可满足高级、中级、初级不同级别员工的培训、学习需要，既可作为普及型教材，亦可作为高技能人才培养教学用书。

由于编写时间仓促，且城市轨道交通行业尚未形成国家统一的标准和体系，教材中一定有许多不妥之处，恳请读者和广大同行批评指正、补充完善。另外，在教材的编写过程中参阅了大量书籍、报刊、学术论文、网站等有关资料，虽已尽可能在参考文献中加以注明，但仍有可能存在遗漏，在此特别说明并致谢！

2014 年 8 月 8 日

前言

　　城市轨道交通是一个庞大复杂的技术系统，包括了车站、车辆、供电、通信、信号、自动售检票、屏蔽门等众多方面。涵盖了土建、机械、电机电器设备、电力电子信息、环境控制、运输组织等各个门类。为了保证城市轨道交通列车安全、正点运行，在集中调度、统一指挥的原则下，要求与运营有关的各部门、各专业、各工种之间按照统一的工作计划——列车运行图，协调一致地进行生产活动。因此对从业人员开展岗位培训及技能训练已成为城市轨道交通行业职业教育的重要任务。

　　城市轨道交通电客车检修工涵盖了城市轨道交通车辆日常检修及城市轨道交通车辆架修、大修两个工种。要求员工能够按照规程、规范对车辆进行检修维护；对车辆运营中出现的故障进行及时排除及处理；能够分析排除车辆的疑难故障，对车辆的问题进行技术更新和改造，为城市轨道交通的运营提供符合要求的车辆。

　　本书根据城市轨道交通电客车检修工岗位标准、鉴定要素细目表及培训规范进行编写，内容涵盖了城市轨道交通车辆检修（含日常检修、架修、大修）工种的初、中、高、技师、高级技师五个等级知识和技能要求。主要内容包括：城市轨道交通车辆、城市轨道交通车辆车体、转向架及悬挂装置、制动系统、车门系统、牵引受流系统、辅助电气系统、空调通风系统、列车监测与控制系统。

　　除此之外，城市轨道交通电客车检修员还需了解机械原理、机械制图、力学、钳工基础等机械知识，了解电机控制原理、电器与控制、网络控制技术、半导体元件、电力电子技术等电工电子知识，掌握线路、车站、列车运行组织、供电、通信、信号、屏蔽门等城市轨道交通其他专业的有关知识，这些内容在本套系列教材的通用教材中专门介绍，本教材不再重复叙述。本书不仅是城市轨道交通电客车检修工岗

位培训、技能鉴定的培训教材,也可以作为城市轨道交通大专院校、职业学校学生的教学参考用书。

本书是在借鉴南京地铁运营有限公司系列培训教材及检修工艺的基础上,由地铁相关技术人员、专业院校教师共同编写。书中结合南京地铁检修中心(日常检修、架修、大修)的培训教材和检修工艺,对城市轨道交通车辆的各系统组成、工作原理、常见故障的分析处理等都进行了描述和概括。作为一本面向城市轨道交通一线职工的教材,理论联系实际是本书的特色,本书通过总结南京地铁检修中心日常检修及架修、大修的检修作业工艺、故障处理办法,力求做到满足现场培训要求。

本书由南京铁道职业技术学院王华、沈艳丽主编,南京地铁检修中心刘虎主审。具体编写分工如下:南京铁道职业技术学院姚春燕编写第一章,南京地铁检修中心高昆峰编写第二章,南京铁道职业技术学院高红星编写第三章,南京地铁检修中心张晓健编写第四章,南京铁道职业技术学院沈艳丽编写第五章,南京铁道职业技术学院王华编写第六章、第七章、第八章,南京地铁检修中心张晓健编写第九章。本书在编写过程中,得到了南京地铁检修中心技术人员的指导,在此谨表感谢!

由于编写时间仓促,编者水平有限,书中难免有错误和不妥之处,恳请读者批评指正。

编　者
2016.8

目录

第一章　城市轨道交通车辆

　　通过本章学习,使学员掌握城市轨道交通车辆的基础知识,熟悉城市轨道交通车辆的编组分类、编组形式;熟悉城市轨道交通车辆车体的车体结构、车体材料等基础知识;熟悉城轨车辆各系统组成及基本功能。

第一节　城市轨道交通车辆概述

　　目前,城市轨道交通车辆的供应商较多,各城市的要求也不一样,因此,车辆品种较多,规格各异。为有利于我国城市轨道交通车辆制造、运营、维修的良性发展,城市轨道交通车辆类型的规范化及主要技术规格的统一是十分必要的。中华人民共和国建设部与 1999 年颁布的《城市快速轨道交通工程项目建设标准(试行本)》根据我国各城市对城市轨道交通车辆选型的不同要求和城市轨道交通车辆的发展现状提出了 A、B、C 三类车型的概念,它主要是按车体宽度的不同进行分类。《地铁车辆通用技术条件》(GB/T 7928—2003)中对用于地铁的运营车辆的技术规格也做出了相应的具体规定。

　　城市轨道交通车辆(简称城轨车辆,以下同)按车型主要分有 A 型车、B 型车、C 型车、L 型车、胶轮车、有轨电车和低地板轻轨车等。其中,宽度为 3.0 m 称为 A 型车,宽度为 2.8 m 称为 B 型车,宽度为 2.6 m 称为 C 型车,直线电机车辆(英文叫 Line)称为 L 型车。轻轨车又可分为 70% 低地板和 100% 低地板两种。各车型在国内各城市的使用情况:上海地铁 1、2、3、4、7、9、10、11 号线,广州地铁 1、2 号线,深圳地铁 1、2、4、5 号线,南京地铁 1、2 号线均使用的是 A 型车;广州地铁 3 号线、广佛线,深圳地铁 3 号线,武汉轻轨,大连地铁,沈阳地铁 1、2 号线,西安地铁 2 号线,成都地铁 1、2 号线均使用的是 B 型车;上海地铁 5、6、8 号线、北京地铁 1、2、13 号线及八通线部分老式列车均使用的是 C 型车,重庆轻轨 2 号线使用的是跨座式单轨胶轮车,广州珠江集运系统使用的也是胶轮车辆。

　　目前,具有发展城市轨道交通的现实需要和经济实力的多为客流量大的大、中型城市,其快速轨道交通系统发展的主流是以 A 型车或 B 型车为基础,基本编组单位为 2M+1T 或 1M+2T(M 代表动车,T 代表拖车)。整个轨道交通系统正朝着地下轨道、高架轻轨和近郊地面三位一体的立体化、网络化方向发展。采用交流调频调压(VVVF)传动技术和轻量化耐候钢或不锈钢车体,能够满足我国一些城市轨道交通系统的发展要求,并有一定的技术经济性,其走行部为轻量化、低噪声的无摇枕转向架。列车控制系统采用计算机系统并实行网络化控制,具有体积小、性能稳定和控制范围广等特点。

第二节　城市轨道交通车辆组成

一、车　体

车体是容纳乘客和司机(对于有司机室的车辆)的部分,又是安装和连接其他设备及组件的基础,它是城市轨道交通车辆最重要的部件之一。车体底架下部及车顶上部安装有大量的机电设备,构成车辆的主体。车体设计要求其具有较好的隔音、减振、隔热、防火等性能,在事故状态下尽可能保证乘客安全,同时车体自身的重量要求也较为严格。

1. 车体的结构

城市轨道交通车辆的车体采用模块化设计,是由底架、侧墙、车顶和端墙等部件组成的封闭筒形结构,如图 1-1 所示。

图 1-1　车体结构图

车体底架由地板、侧梁、枕梁、小横梁和牵引梁组成,枕梁用于连接走行部,牵引梁设在底架的两端,用来安装车钩缓冲装置。车体两端的端梁由弯梁、贯通道立柱和墙板组成。

2. 车体的材料

车体按照所使用的材料不同可分为碳素钢车体、铝合金车体和不锈钢车体三种类型,早期的城市轨道交通车辆车体材料基本上是以碳素钢为主,目前主要使用铝合金和不锈钢材料。

(1)碳素钢车体

自重为 10～13 t 左右,材料和制造成本相对另两种材料最低,耐腐蚀性最差,维修费用高,因而总成本最高。

(2)不锈钢车体

自重比碳素钢可减轻 1～2 t,材料和制造成本较碳素钢高,耐腐蚀,基本不需要定期维修保养,所以总成本在三者间是最低的。

（3）铝合金车体

自重比不锈钢车体减轻 3～5 t，是三种中最轻的，材料和制造成本最高，耐腐蚀性较好，需定期维护，所以总成本较高。

3. 车体的特点

城市轨道交通车辆是大城市公共交通或近郊客运所选择的特殊运输工具，车体具有独特的特征：

（1）车体的外观造型、色彩协调于城市市容规划。车体内部布置是座位少、车门多且开度大，服务于乘客的设施较为简单。

（2）对重量限制较为严格，以降低高架线路的工程投资。

（3）车体采用轻量化设计，其他辅助设施尽量采用轻型材料。

（4）车体的防火要求严格，采用了防火、阻燃、低烟和低毒的材料。

（5）车体的隔音和减噪措施有严格的要求，以最大限度降低了车辆噪声对乘客和沿线居民的影响。

二、转 向 架

1. 转向架的分类及作用

把两个或多个轮对用专门的构架（或侧架）连接，组成一个形似小车的走行装置，称为转向架，车体就坐落在前后两个转向架上。由于这种走行部的结构具有许多明显的优点，现代大多数轨道车辆的走行装置都采用转向架的结构形式。

（1）分类

城市轨道交通车辆有动车、拖车两种形式，因此转向架一般分为动力转向架和非动力转向架，分别配置在动车和拖车上。动力转向架由于要提供动力，通常配置牵引电机、联轴器、齿轮箱悬挂装置以及动力轮对等，这是动力转向架和非动力转向架的主要区别。

（2）作用

转向架是支承车体并担负车辆沿着轨道行驶的走行装置，是城市轨道交通车辆最重要的组成部件之一，也是保证车辆运行品质、动力性能和行车安全的关键部件。转向架安装在车体与轨道之间，用来牵引和引导车辆沿着轨道行驶、承受与传递来自车体及线路之间的各种载荷并具有缓和各种冲击力的作用。

2. 转向架组成

动力转向架和非动力转向架的结构基本相同，一般由构架、轮对轴箱装置、弹性悬挂装置和中央牵引装置等部分组成，动力转向架整体构架如图1-2所示。

（1）构架

构架是转向架的基础，它把转向架的各个零部件组成一个整体。构架承受、传递车体与轨道间的作用力，是车辆各系统组成部件（如基础制动装置、弹簧悬挂装置、牵引电机等）的安装基础。它的结构、形状和尺寸都应满足各零部件组装的要求。

构架结构有如下特征：

①构架是由两根侧梁和一根横梁焊接成的 H 形结构。

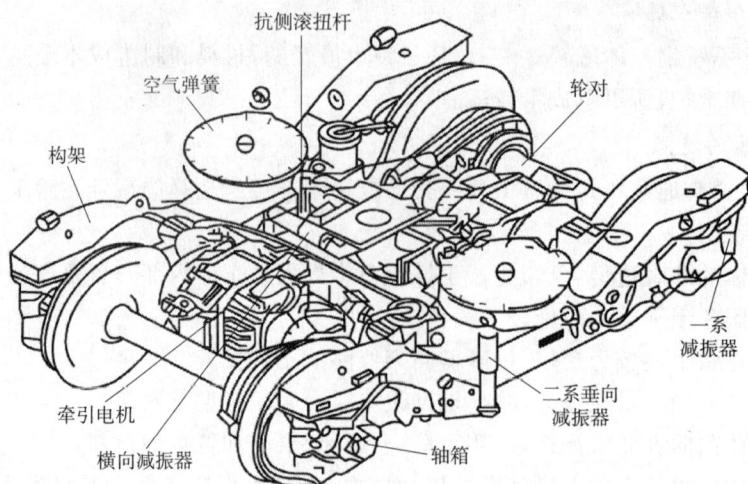

图 1-2　动力转向架整体构架图

②侧梁为箱形结构,在中部高度降低以安装空气弹簧,侧梁上焊有一、二系弹簧座、减振器座、抗侧滚座和转臂定位座。横梁主要承载结构由两根无缝钢管组成,横梁上焊有电机、齿轮箱、基础制动装置等安装座。

③构架焊接设计和制造符合标准焊接体系。

④构架上各主要部件安装面采用整体加工,保证转向架零部件组装时具有很高的定位精度。

(2)轮对轴箱装置

轴箱装置是联系构架和轮对的活动关节。它使轮对的滚动转化为车体沿着轨道的平动。轮对在滚动时,除传递车辆的重量外,还传递轮轨之间的各种作用力。

①车轴

城市轨道交通车辆使用的车轴,目前绝大多数为圆截面实心轴结构,采用优质碳素钢加热锻压成型,再经热处理(正火或正火后再回火)和机械加工制成。为了实现轴承、车轮和传动轮等的安装,在车轴上的相应位置设有安装座,各安装座及轴身之间均以圆弧过渡,以减少应力集中。

②车轮

车轮的结构、形状、尺寸、材质是多种多样的。城市轨道交通车辆常用车轮如图1-3 所示。车轮其结构分为整体轮和带箍车轮两种。整体车轮按其材质可分为辗钢轮和铸钢轮等。带箍车轮又可分铸钢辐板轮心、辗钢辐板轮心以及铸钢辐条轮心的车轮。为降低噪声,减小簧下质量,后又出现了橡胶弹性车轮、消声轮等轮对结构。

图 1-3　轮对示意图

目前我国城市轨道车辆的车轮主要采用的是整体辗钢轮形式。整体辗钢轮由踏面、轮缘、辐板和轮毂组成,如图1-4所示。车轮与钢轨的接触面称为踏面,一侧沿着圆周突起的圆弧部分称为轮缘,是保持车辆沿钢轨运行,防止脱轨的重要部分。踏面沿径向的厚度部分称为轮辋。轮毂是轮与轴互相配合的部分。轮辋与轮毂连接的部分称为辐板。

车轮踏面一般做成一定的斜度,称为锥形踏面。踏面锥形的作用为:在直线运行时使轮对能自动调中;在曲线运行时,由于离心力的作用使轮对偏向外轨,由于踏面是锥形,使外轨上滚动的车轮以较大的滚动圆滚动,在内轨上以较小的滚动圆滚动,从而减少车轮在钢轨上滑动或空转,使轮对顺利通过曲线;车轮踏面有斜度,运行时车轮与钢轨接触的滚动直径在不断地变化,致使轮轨的接触点也在不停地变换位置,从而使踏面磨耗更为均匀。

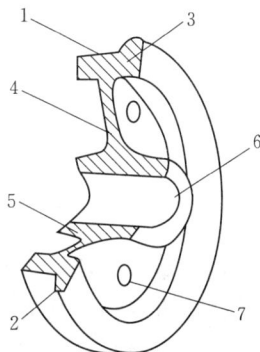

图1-4　整体辗钢轮
1—踏面;2—轮缘;3—轮辋;4—辐板;
5—轮毂;6—轮毂孔;7—辐板孔

由于车轮踏面有斜度,各处直径不同,因此根据国际规定,在轮缘内侧70 mm处测量所得的直径为名义直径,作为车轮直径。我国规定地铁车辆的轮径为(840+3)mm。新造车同轴的两轮直径之差不得超过1 mm,同一动车转向架各轮径差不得超过2 mm。

③轴箱装置

轴承与轴箱的组合体称为轴箱装置。轴箱装置的作用是:将轮对和构架连接在一起;将轮对的滚动转化成车体的直线运动;将车辆重量及各载荷传给轮对。轴箱装置一般由轴箱盖、防尘挡板、滚动轴承、密封圈和轴箱体的部件组成,如图1-5所示。

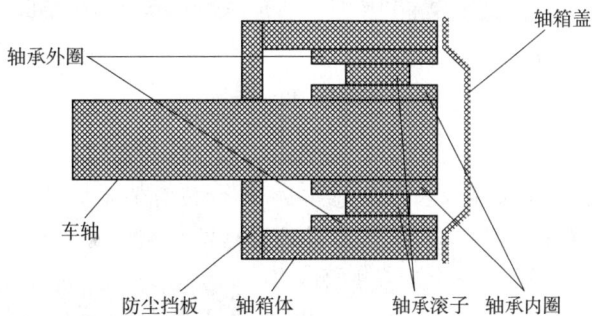

图1-5　轴箱装置示意图

(3)弹性悬挂装置

为减少线路不平顺、轮对运动对车体的各种动态影响(如垂直振动,横向冲击等),转向架在轮对与构架、构架与车体之间设有弹簧悬挂装置。轮对与构架之间的称为轴箱弹簧悬挂装置(又称为一系弹簧悬挂装置),构架与车体之间的称中央弹簧悬挂装置(又称为二系弹簧悬挂装置)。

弹簧悬挂装置包括弹簧、减振器及定位装置等,如图1-6所示。

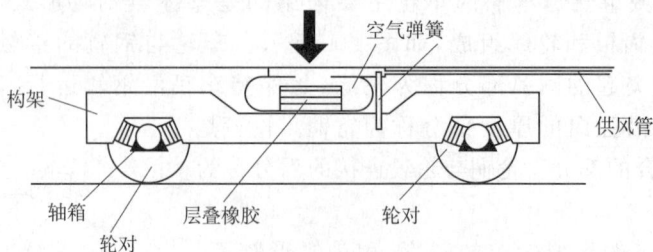

图 1-6　弹性悬挂装置示意图

①一系悬挂

一系悬挂装置的定位和承载功能主要通过轴箱弹簧(一系弹簧)来实现,通过轴箱弹簧的作用可以约束轮对与轴箱之间的相对运动,实现轴纵、横向不同定位刚度的要求,达到较为理想的定位性能,从而可避免车辆在运行速度范围内蛇形运动失稳,保证在曲线运动时车辆具有良好的导向性能,减轻轮缘与钢轨间的磨耗和噪声,确保运行安全和平稳性。

目前轴箱弹簧的选择一般有钢质弹簧和橡胶弹簧两种。城市轨道交通车辆常见的轴箱弹簧形式如图 1-7 所示。

（a）圆锥形橡胶弹簧定位　　　　　　　　（b）V形橡胶弹簧定位

图 1-7　轴箱弹簧

②二系悬挂

转向架的二系悬挂大多数采用空气弹簧,每台转向架设置两个空气弹簧,分别安装在构架的左、右两个侧梁上面,车体重量通过这两个空气弹簧进行支撑。每一空气弹簧包含一个橡胶气囊和一个应急弹簧,当空气弹簧气囊泄气时,应急弹簧可作为保护装置保证车辆能够继续前行至线路终点,但乘坐舒适度会有所降低;当车体负载变化时,空气弹簧通过高度阀调节进行充放气,确保车体地板高度限制在允许的范围内,从而保证车辆运行的平稳性和舒适度。目前空气弹簧已广泛应用于铁路客车、地铁、轻轨和动车组上,如图 1-8 所示。

图 1-8　空气弹簧

空气弹簧系统主要由空气弹簧本体、附加空气室、高度控制阀、差压阀等组成,如图 1-9 所示。

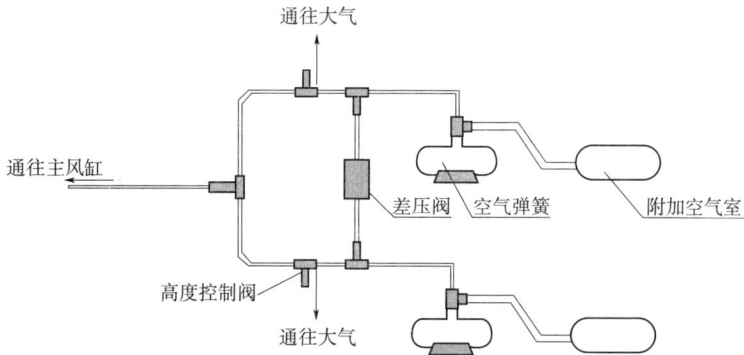

图 1-9 空气弹簧系统组成

a. 高度控制阀

在空气弹簧悬挂系统中,高度控制阀起着重要的作用。高度控制阀一般有机械式和电磁式两种,其工作原理如图 1-10 所示。正常载荷时,车体与转向架距离等于 H,高度控制阀关闭各通路 L、V、E,气囊保压,维持车体高度不变;载荷加大到一定程度时,车体与转向架距离小于 H,高度控制阀导通主风管道与空气弹簧气囊通路,即 V、L 之间导通,气囊充气,直至车体升高到标准位置;在载重减少到一定程度时,车体与转向架距离大于 H,高度控制阀导通空气弹簧气囊与大气通路,即 L、E 之间导通,气囊排气,直至车体降低到标准位置。

7

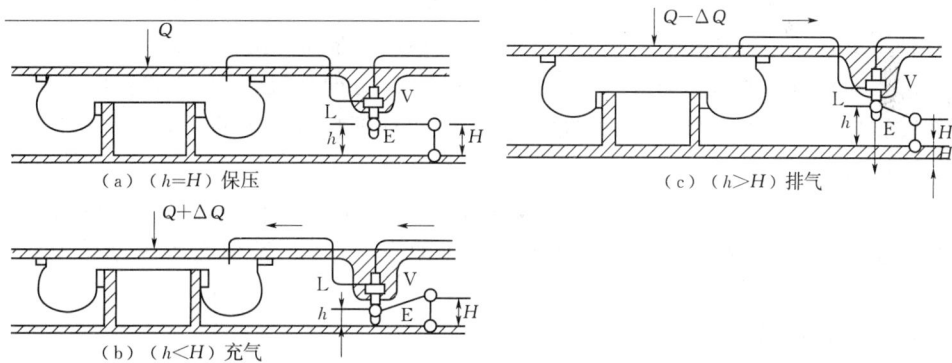

图 1-10 高度控制阀的工作原理

h—地板实际高度;H—地板标定高度

b. 附加空气室

附加空气室的作用在于增加空气弹簧胶囊容积,从而显著降低空气弹簧的垂向刚度,提高车辆乘坐舒适性。转向架有利用构架侧梁或横梁内腔作为附加空气室的形式、在车体上单独设置附加空气室的形式,也有将附加空气室安置于车底的形式。

c. 差压阀

在空气弹簧悬挂系统中,差压阀(图 1-11)保证一个转向架两侧空气弹簧的内压之差不能超过为保证行车安全规定的某一定值,若超出时,则差压阀自动沟通左右两侧的空气弹簧,使压差维持在空气弹簧内压标准值以下。差压阀在空气弹簧悬挂系统装置中起安全保证作用。

(4)抗侧滚扭杆

当车辆通过曲线或道岔时,侧滚运动尤为显著,严重时导致车体的外形轮廓超出限界,影响车辆运行安全,因此,城市轨道交通车辆的转向架上普遍采用抗侧滚扭杆,抗侧滚装置主要功能是限制车体相对于转向架的侧滚运动,并且加强车体抗倾覆稳定性,提高列车的乘坐舒适度,其结构如图 1-12 所示。

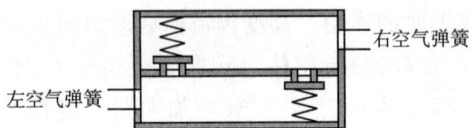

图 1-11 差压阀的结构示意图

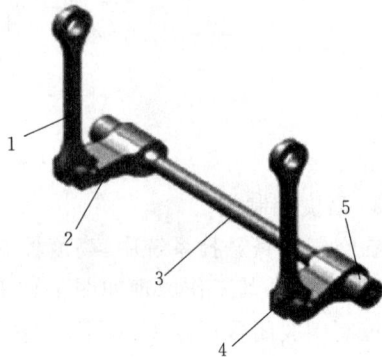

图 1-12 抗侧滚扭杆

1—连杆;2—扭转臂;3—扭转杆;
4—关节轴承;5—支承座

抗侧滚扭杆的作用原理如下:

①当车体发生垂向振动时,两个连杆受力方向相同,整个装置绕两个支承座转动,扭杆轴不受任何力的作用,也不产生扭矩,因而不影响车体的垂向振动。

②当车体发生侧滚时,两个连杆受力大小相等,方向相反,一个扭转臂向上,另一个扭转臂向下,从而扭杆轴扭曲弹性变形,同时扭杆轴自身产生的反力抵抗车体的侧滚,达到力矩平衡。

③当车体发生横摆时,由于连杆两端都装有关节轴承,允许连杆横向运动,所以该装置不会影响车体的横向振动。同样对车体的点头、摇头及伸缩等振动不会产生影响。

(5)横向止挡装置

横向止挡装置位于牵引座两侧,设有自由间隙和弹性间隙,如图 1-13 所示,横向止挡装置主要由横向止挡座、横向止挡、横向止挡垫片等组成,如图 1-14 所示。横向止挡装置限制了二系悬挂装置横向变形,避免其超出正常自由范围,其弹性阻尼元件用来减小横向冲击。

(6)中央牵引装置

中央牵引装置(图 1-15)的基本作用是:传递纵向的驱动力和制动力;缓和车体的纵向振动。中央牵引装置一般由牵引梁、中心销、止挡、牵引叠层橡胶、牵引拉杆和横向缓冲橡胶等部件组成。

中央牵引装置的结构特点是中心销的上端用螺栓固定在车体枕梁上,下端插入牵引梁的中心孔内。中心销底部设有止挡,可以限制车辆的上升,并能保证转向架与车体一起吊起。牵引梁和构架横梁之间设有牵引叠层橡胶。牵引叠层橡胶的特性是纵向较硬,横向较软。牵引拉杆主要传递列车运行时的牵引力和制动力。横向缓冲橡胶装在构架侧梁上,与牵引梁两端间隙为 10 mm 左右。车体可以在此间隙范围内自由摆动,当振幅超过此间隙时,横向缓冲橡胶开始起作用。在横向缓冲橡胶初始压缩时弹性特性很柔软,其后稍硬,刚度随振幅增大而增大。

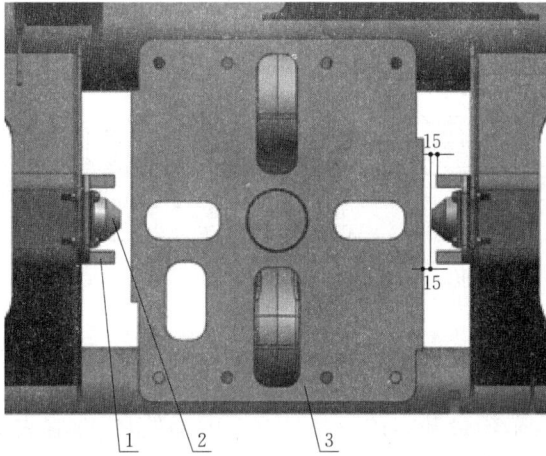

图 1-13　横向止挡在转向架上的布置

1—横向止挡座;2—横向止挡;3—牵引座

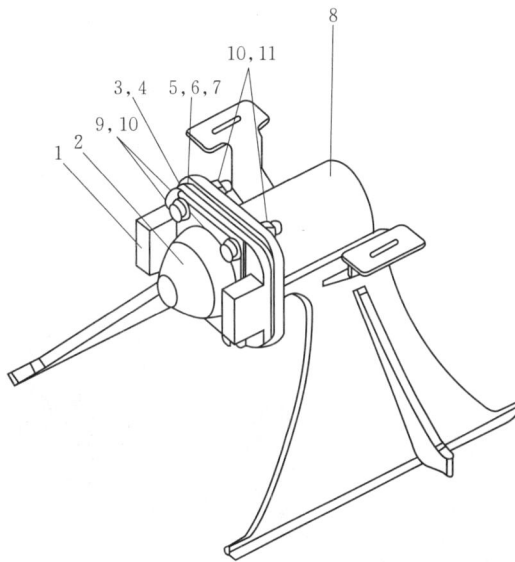

图 1-14　横向止挡

1—横向止挡座;2—横向止挡;3—横向缓冲器垫;4—横向缓冲器垫片;

5,6,7—横向止挡垫片;8—构架;9—六角螺栓;10—高压安全垫;11—六角螺母

另外,动力转向架上还装有驱动装置,它主要由牵引电机、联轴器、齿轮箱、齿轮箱悬挂装置以及动力轮对等组成,它既可以提供牵引力,也可以提供制动力。

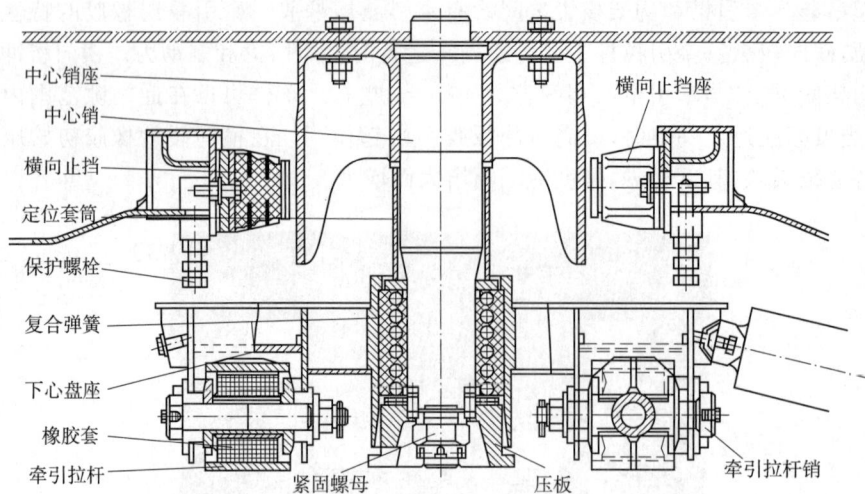

中心销座
中心销
横向止挡
定位套筒
保护螺栓
复合弹簧
下心盘座
橡胶套
牵引拉杆
紧固螺母
压板
横向止挡座
牵引拉杆销

图 1-15　中央牵引装置

三、车辆连接装置

车辆连接装置是车辆最基本的也是最重要的部件之一,它主要包括车钩缓冲装置和贯通道,其基本作用是连接列车中的各车辆,实现车辆之间机械、电气和气路的连接,并使之保持一定的距离;传递车辆间的各纵向力或冲击力;缓和纵向力或冲击力。

1. 车钩

(1)车钩的基本组成

车钩一般由钩头、缓冲器、电气连接装置和钩尾座等部分构成,如图 1-16 所示。钩头的作用在于机械连接,并完成牵引力和冲击力的传递,通过钩头内的机械连接装置完成待挂、连接、解钩的三态动作;缓冲器用来缓和列车运行过程中车辆之间的冲击,并吸收冲撞能量;电气连接装置是实现车辆之间电路连接的装置;钩尾座是车钩与车体相连的部件。

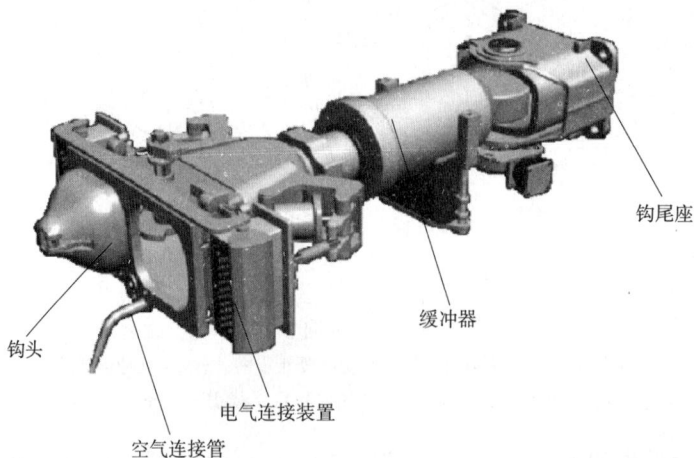

钩尾座
缓冲器
钩头
电气连接装置
空气连接管

图 1-16　车钩基本组成

（2）车钩的分类

按车钩连接方法的不同,可分为自动车钩和非自动车钩。非自动车钩由人工来完成车辆连接,自动车钩不需要人工便可完成车辆连接。

按车钩特点的不同,可分为非刚性车钩和刚性车钩。非刚性车钩的两车钩在垂直方向上有一定的位移,两车钩各自保持水平位置,同时保证车钩在水平面内可以自由地摆动。刚性车钩(密接式车钩)的两车钩不允许存在相对位移,两车钩的轴线连挂后处在同一条直线上,钩体尾端销接,以保证车钩间具有相对的位移。刚性车钩与非刚性车钩相比较具有如下优点:刚性车钩连接间隙小,磨耗小,降低了纵向力,同时改善了自动车钩零件的工作条件,并且降低了车钩冲击噪声,避免发生事故时后车辆爬到前一车辆上的危险。

2. 风管连接器

主风缸管和解钩风管的风管接头安装在车钩端面,坐落在汽缸筒内,它主要由接口管、总储气管、胶管、弹簧压阀杆及止动弹簧等组成,如图1-17所示。

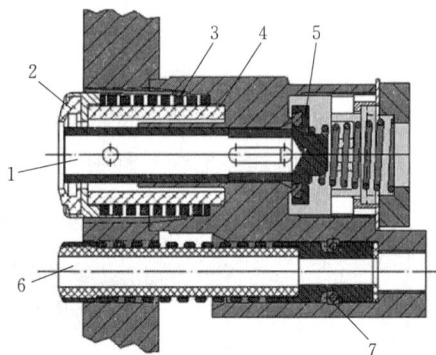

图1-17　风管连接器

1—总储气管;2—接口管;3—止动弹簧;4—胶管;

5—弹簧压阀;6—解钩管;7—支叉

接口管一般略高出车钩端面,在整个风管连接过程中起到密封作用。止动弹簧的作用是防止接口管从汽缸筒内滑出。

当两车钩连接时,接口管间相互作用,推动弹簧压阀打开,实现气路连通;当车钩解钩时,由于弹簧阀上弹簧的回复力作用,弹簧压阀关闭,实现气路断开。

解钩风管的风管接头仅在解钩操作期间传导空气,因此不包含压力阀。

3. 对中装置

对中装置如图1-18所示,被三根锁紧螺钉固定在橡胶钩尾座底侧,它主要由外壳、心轴、盘形弹簧、对中销、凸轮盘等组成。

对中装置可确保在解钩时将车钩保留在其中点,也可以防止车钩横摆。

旋转凸轮盘安装在对中装置的外壳内。该凸轮盘与橡胶垫牵引装置的下方轴颈刚性连接,在车钩水平摆动时旋转。凸轮盘周边设置了两条凹槽,两根带滚轴的弹簧式轴柄被压入凹槽中,保证了车钩固定在中间位置。解钩并将车辆分离后,车钩可自动以±15°的摆角重新对中。

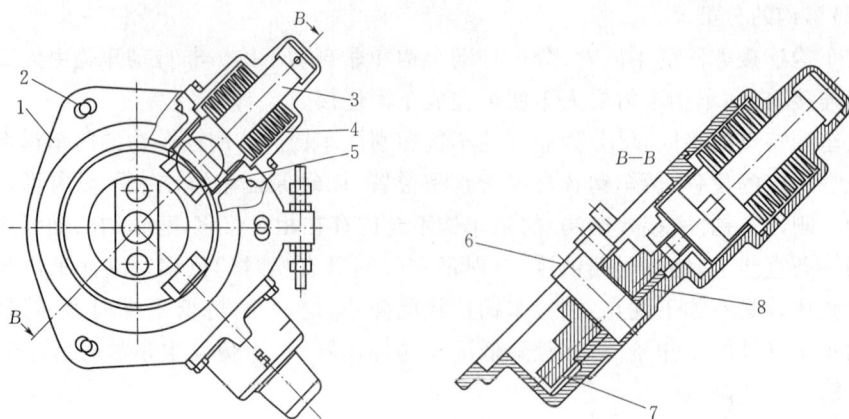

图 1-18 对中装置

1—外壳；2—锁紧螺钉；3—心轴；4—盘型弹簧；5—垫圈；6—对中销；7—滑动盘；8—凸轮盘

4. 贯通道

贯通道位于两节车厢的连接处，是连接两车辆通道的重要组成部分。贯通道分为整体式和分体式。上海、广州、深圳等城市的地铁车辆均为宽体封闭式贯通道，采用分体式结构，如图 1-19 所示，贯通道的一半装在每辆车的端部，包括两个配对的可分解的波纹形折棚、两个渡板（车辆侧面）和车辆连挂的滑动支撑等。打开和连接手柄连杆机构可实现快速连接与拆分，贯通道内部装饰为柔性覆盖。

图 1-19 贯通道

乘客通过贯通道可以在车厢之间走动，从而使乘客均匀分布；通过它还可以实现车辆之间的柔性连接，是车辆曲线通过时的关节部位。同时贯通道装置具有良好的防雨、防风、防尘、隔音、隔热等功能，所以也称风挡装置。

四、制动系统

城市轨道交通车辆为了能迅速地减速或停车，需要实施制动。反之，对已经施行了制动的列车，为了重新起动或再次加速，必须解除或减弱其制动作用，这种做法称为制动的缓解。

1. 制动方式分类

列车制动方式可按制动时动能转移方式、制动力获取方式或制动源动力的不同进行分类,如图 1-20 所示。

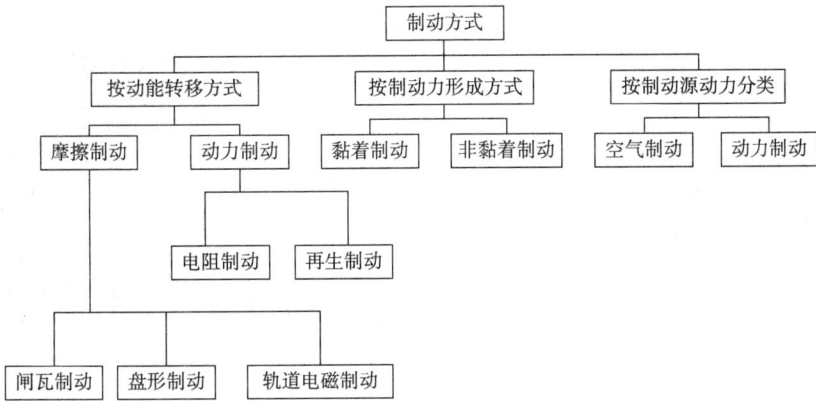

图 1-20　制动方式分类示意图

按列车动能的转移方式可以分为两类:一是摩擦制动,即动能通过摩擦副的摩擦转变为热能,然后消散于大气;二是动力(电)制动,即把动能通过发电机转化为电能,然后将电能从车上转移出去。以下将对该制动方式进行详细讲解。

(1)摩擦制动

摩擦制动是列车的动能通过摩擦转变为热能。城市轨道交通车辆常用的摩擦制动方式有踏面制动和盘形制动。在路面行驶的轨道交通车辆还有轨道电磁制动等方式。

①踏面制动

踏面制动是最常用的一种制动方式,目前城市轨道交通车辆的踏面制动基本上都采用单元制动机的形式,以方便维修时更换的需要,如图 1-21 所示。制动时闸瓦压紧车轮,轮、瓦间发生摩擦,电动车组的动能大部分通过轮、瓦间的摩擦变成热能,经车轮与闸瓦最终逸散出去。

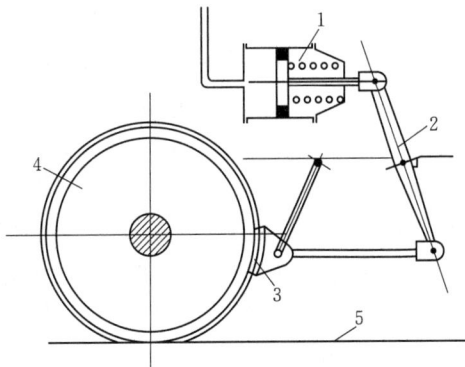

图 1-21　踏面制动
1—制动缸;2—基础制动装置;3—闸瓦;4—车轮;5—钢轨

②盘形制动

盘形制动装置如图 1-22 所示,它有轴盘式和轮盘式之分。一般拖车采用轴盘式盘形制动装置,对于动车由于轮对中间设有牵引电机等设备使安装制动设备较困难,一般采用轮盘式盘形制动装置。制动时,制动缸通过制动夹钳使闸片夹紧制动盘,在闸片与制动盘间产生摩擦,把电动车组的动能转变为热能通过制动盘和闸片散于大气。因盘形制动能双向选择摩擦副,所以可以得到比闸瓦制动大得多的制动功率。

（a）轴盘式　　　　　　　　　　　　　　（b）轮盘式

图 1-22　盘形制动

③轨道电磁制动

轨道电磁制动也叫磁轨制动,如图 1-23 所示。在转向构架侧梁下通过升降风缸安装有电磁铁,电磁铁下设有磨耗板,制动时将电磁铁放下,使磨耗板与钢轨吸住,电动车组的动能通过磨耗板与钢轨的摩擦转化为热能,然后经钢轨和磨耗板最终散于大气。轨道电磁制动能得到较大的制动力,因此常被城市轨道车辆用作紧急制动的一种补充制动手段。

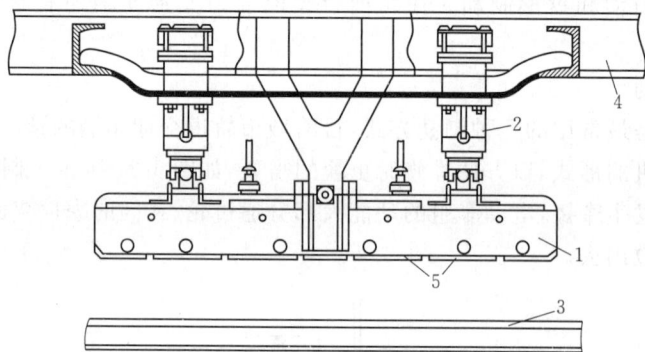

图 1-23　磁轨制动

1—电磁铁;2—升降风缸;3—钢轨;4—转向构架侧梁;5—磨耗板

（2）动力制动(电气制动)

城市轨道交通车辆在制动时,如仅靠机械摩擦转移车辆动能,将会造成严重的粉尘环境污染和高昂的制动执行装置的维修成本代价。现代城市轨道交通车辆一般都是电力牵引的动车组,大多采用直流或交流电动机作为牵引电机,因此动力制动(电气制动)作为主要制动方式已成为潮流。

城市轨道交通车辆的动力制动(电气制动)是利用电机的可逆性原理,即一台电机既可以作发电机也可以做电动机,只是运行条件不同。城市轨道交通车辆牵引运行时牵引电机作电动机运行,将电网的电能转换为列车运行的动能;在制动时通过将电机与电网分离,可以把牵引电动机变为发电机,将列车运行的动能变为电能,这时牵引电动机轴上的反向转矩作用在动轮上形成电制动力。动力制动(电气制动)可以提高列车下坡时的运行速度,降低轨道车辆轮对及闸瓦的磨耗。

动力制动(电气制动)时牵引电机所产生的电能如果利用电阻使之转化为热能耗散掉，称为电阻制动或能耗制动。如果将电能重新反馈回电网中去加以利用，就称为再生制动或反馈制动。

2. 城市轨道交通车辆制动模式

城市轨道交通车辆制动系统有以下几种制动模式可供选择。

(1)常用制动

常用制动是在列车正常运行情况下，调节和控制列车运行速度的措施，作用比较缓和，制动力可以人为调节。

(2)快速制动

快速制动是为了使列车尽快停车而实施的制动，其制动力高于常用制动。这种制动方式是在紧急情况下，制动系统各部分作用均正常时所采取的一种制动方式，其特点与常用制动相同，制动过程可以施行缓解。

(3)紧急制动

紧急制动是列车在出现事故等紧急情况下仅靠空气制动来实现列车停车的一种制动方式，其目的是要求列车尽快停止运动，因此，制动作用比较猛烈，制动力为制动装置的全部制动能力。

(4)停放制动

停放制动是为防止列车起动前的"溜车"现象。车辆断电停放时，制动缸压力会因管路漏泄，在无压力补充的情况下，逐步下降到零，使车辆失去制动力。列车停放制动采用弹簧力来产生制动作用，其大小不随时间变化，可满足列车较长时间停放。

(5)保压制动

保压制动是为防止列车在停车前产生冲动，使列车平稳停车，通过 EBCU(Electric Brake Control Unit，电子制动控制单元)内部设定的程序来控制。

3. 制动控制系统

制动控制系统是列车制动系统的核心，接受司机或制动驾驶系统(ATO)的指令，并采集车上各种与制动有关的信号，将指令与各种信号进行计算，得出列车所需的制动力，再向动力制动系统和空气制动系统发出制动信号。动力制动系统进行制动时将实际制动力的等值信号反馈给制动控制系统，制动控制系统通过运算协调动力制动和空气制动的制动量。空气制动系统将制动控制系统发来的制动力信号经流量放大后使执行部件产生相应的制动力。这就是制动控制系统的主要功能。

制动控制系统主要由电子制动控制单元(EBCU)、空气制动控制单元(BCU)和电气指令单元等组成。它在整个制动系统中的布置如图 1-24 所示。

五、牵引受流装置

牵引受流装置作为城市轨道交通车辆取电的装置，也被称为受流器。在采用接触网供电的车辆中，牵引受流器利用受电弓受流；在采用第三轨供电的车辆中，受流器则利用受电靴受流。

受电弓通过绝缘子安装在城市轨道交通车辆的车顶上，是一种铰接式的机械构件。当受电弓升起时，其滑板与接触网导线直接接触，从接触网导线上获取电流，并将

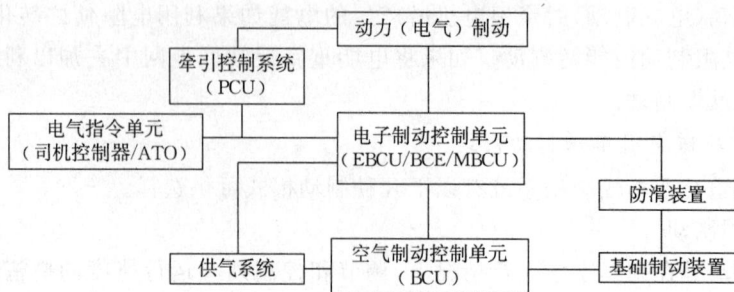

图 1-24　制动控制系统布置

其通过车顶母线传送至车辆内部,供车辆使用,其性能的优劣直接影响城市轨道交通车辆的受流质量和工作的可靠性。

在受电制式上,目前世界上地铁发展较早的城市都采用直流 750 V。南京地铁采用直流 1 500 V,它与直流 750 V 比较有以下特点:可提高牵引电网供电质量,降低迷流数值,增加牵引供电距离,从而可减少牵引变电所数量。同时,便于地铁线路实现地下、地面和高架的连接。

六、车辆电气系统

城市轨道交通车辆电气系统包括车辆上的各种电气设备及其控制电路。

1. 主电路

主电路系统通过安装在每节车的受流器将第三轨的 DC 1 500 V 引入列车底架下部的牵引逆变器箱和辅助逆变器箱中。在动车的牵引逆变器箱中受高速断路器控制后,经牵引逆变器给牵引电机供电,并最终通过接地电刷经由车体、转向架形成电流回路,如图 1-25 所示。

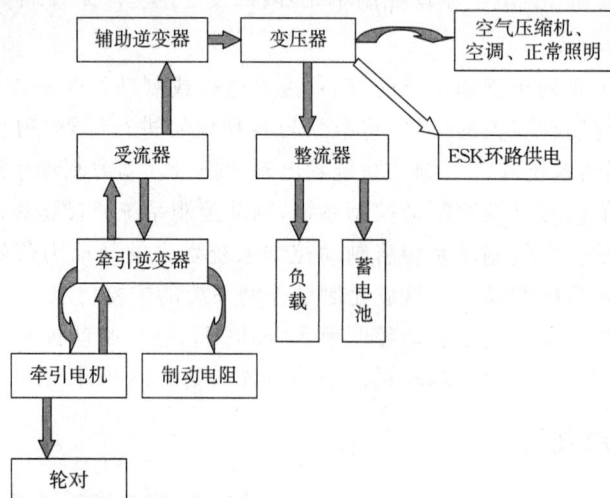

图 1-25　主电路供电图

2. 牵引(VVVF)逆变器

牵引逆变器指的是 DC—AC(直流—交流)逆变器系统。VVVF 逆变器的主要电力开关元件为 IPM(Intelligent Power Module,智能功率模块),如图 1-26 所示。可以通过控制施加到其门接线端的电压来打开或关闭 IPM。通过调节 IPM 开关的次序,可控制三相输出的频率、相位旋转和电压电平。

图 1-26　VVVF 逆变器模块

VVVF 逆变器又称为主逆变器。主逆变器提供的三相交流电只供电力动车组中牵引电机供电,城市轨道交通车辆内部其他设备供电由辅助逆变器供电。辅助供电系统主要是为除牵引系统以外的所有用电设备提供电源的供电系统,辅助供电系统供电的主要负载有:列车空调、客室照明、设备通风冷却、电器电子装置、蓄电池充电等。

3. 主要高压设备

城市轨道交通车辆的高压设备主要包括避雷器、主隔离开关箱、主母熔断器箱、主熔断器箱、高速断路器、母线高速断路器、滤波电抗器、接地装置、制动电阻箱等。

4. 辅助电路

通常由逆变器或发电机输出中级电压供车辆除牵引外其他动力设备使用,应急情况下由蓄电池维持供电。

(1)辅助高压供电

列车设置一条贯穿全车的 DC 1 500 V 辅助高压列车母线(含两个熔断器),可通过受电弓或车间电源对整车辅助系统电源供电。

(2)车间电源及互锁

列车可通过车间电源对整车辅助系统电源供电。通过继电器保证仅当两个隔离开关都处于车间电源位时,才能实现车间电源供电。

(3)中压配电

交流 380 V:每辆 Tc 车设两台辅助逆变器(其中一台辅助逆变器带充电机,另一台辅助逆变器不带充电机)。当任意一台辅助逆变器故障时,通过断开其输出接触器与列车中压母线隔离,不影响其他辅助逆变器的正常工作。

交流 220 V:每辆车设置一个 380/220 V 50 Hz 变压器,提供 AC 220 V 电源输出,用于客室 LCD,方便插座和加热设备。

(4)低压配电

直流电源:每辆 Tc 车设一台低压电源(内置于辅助逆变器箱内)和一组蓄电池。

低压电源兼做蓄电池充电机,为全车直流负载提供 DC 110 V 输出电源。全车两台低压电源输出并网供电,当一台故障时,不影响列车的基本运行。

空调系统:两台顶置式单元式客室空调机组,分别布置在车顶的两端;一台通风单元,通过引风道将客室空调机组处理后的风送入司机室,以实现司机室空气调节;一台足部加热器,保证冬季司机室的舒适性。

照明系统:照明系统主要给车辆的前照灯、司机室照明、客室照明、外部与内部指示灯等供电。

第三节　车辆的检修制度

城市轨道交通车辆运行一段时间后,各部件和构件由于振动或磨耗会产生松动、变形或损坏。为了保证运行安全和提高使用寿命,有关管理部门都要预先制定车辆的日常检查、维护规范和车辆检修的各种技术规程。

城市轨道交通车辆的检修规程通常分为日检、月检、定修、架修和大修。

车辆的修程实施取决于运营时间和走行里程数这两个参数,当二者之中有一个参数达到,就应实施相应的修程。城市轨道交通电客车检修工从事的工作就是根据车辆的修程对电客车进行维护和检修。

1. 日检(每日)

对容易出现危及行车安全的各主要部件(如轮对、弹簧、转向架、受电弓、控制装置、空气制动装置、车钩及缓冲装置、车门开关装置、车体、车灯等)进行外观检查,对危及行车安全的故障及时进行重点修理。

2. 月检(每月)

对车辆外观和一般功能进行检查,即对车辆主要部件的技术状态进行外观检查和必要试验,对危及行车安全的故障进行全面修理。

3. 定修(1 年或 100 000 km)

主要是预防性的修理,对各大部件的技术状态和作用作较仔细检查,对车上的仪器和仪表进行校验,对主蓄电池进行活化处理,对检查发现的故障进行针对性修理,检修工作结束前需对列车进行静、动态调试,调试正常的列车方能投入运营。

4. 架修(5 年或 500 000 km)

主要目标是检测和修理大型部件(如走行部、牵引电机、传动装置等),同时,经架车,对车辆各部件进行解体和全面检查、修理、试验,对计量的仪器、仪表进行校验,车体要重新油漆标记,同样列车组装后需对列车进行静、动态调试,调试正常的列车方能投入运营。

5. 大修(10 年或 1 000 000 km)

全面恢复性修理。要求对车辆实施全面解体,通过检查、整形、修理、试验、重新油漆、组装及静、动态调试,完全恢复车辆性能。基本达到新车出厂水平。

6. 均衡修

为了减少扣车时间,保证投入正线运营的车辆数,将列车一年的维修保养工作分摊到 12 个月中完成,一般每月修一天或两天。

关键名称与概念

1. 车体:是容纳乘客和司机(对于有司机室的车辆)的部分,又是安装和连接其他设备及组件的基础,它是城市轨道交通车辆最重要的部件之一。

2. 常用制动:是在列车正常运行情况下,调节和控制列车运行速度的措施,作用比较缓和,制动力可以人为调节。

3. 快速制动:是为了使列车尽快停车而实施的制动,其制动力高于常用制动。这种制动方式是在紧急情况下、制动系统各部分作用均正常时所采取的一种制动方式,其特点与常用制动相同,制动过程可以施行缓解。

4. 紧急制动:是列车在出现事故等紧急情况下仅靠空气制动来实现列车停车的一种制动方式,其目的是要求列车尽快停止运动,因此,制动作用比较猛烈,制动力为制动装置的全部制动能力。

5. 停放制动:是为防止列车启动前的"溜车"现象的一种制动方式。车辆断电停放时,制动缸压力会因管路漏泄,在无压力补充的情况下,逐步下降到零,使车辆失去制动力。列车停放制动采用弹簧力来产生制动作用,其大小不随时间变化,可满足列车较长时间停放。

6. 保压制动:是为防止列车在停车前产生冲动,使列车平稳停车的一种制动方式,通过 EBCU(Electric Brake Control Unit,电子制动控制单元)内部设定的程序来控制。

复习题

1. 城市轨道交通车辆编组的主要内容是什么?(适合【初级工】)

2. 城市轨道交通车辆基本分类是什么?(适合【初级工】)

3. 城市轨道交通车辆编组形式有哪些?(适合【初级工】)

4. 城市轨道交通车辆由几大部件组成?(适合【初级工】)

5. 简述车辆检修日检的内容。(适合【初级工】)

6. 城市轨道交通车辆的车体结构主要包括哪几部分?(适合【初级工】)

7. 城市轨道交通车辆转向架的作用是什么?(适合【初级工】)

8. 简述城市轨道交通车辆对中装置的工作原理。(适合【初级工】)

9. 车辆检修规程一般分几类?(适合【初级工】)

10. 车钩缓冲装置的主要作用是什么?(适合【中级工】)

11. 制动系统的主要作用是什么?(适合【中级工】)

12. 车辆电气系统由哪些部件组成?(适合【中级工】)

13. 城市轨道交通车辆的制动方式有几种?(适合【中级工】)

14. 简述城市轨道交通车辆受电弓的作用与特点。(适合【中级工】)

15. 简述日检的检修内容。(适合【中级工】)

16. 简述月检的检修内容。(适合【中级工】)

17. 简述定修的检修内容。(适合【中级工】)

18. 简述架修的检修内容。(适合【中级工】)

19. 简述大修的检修内容。(适合【中级工】)

20. 简述均衡修的检修内容。(适合【中级工】)

21. 城市轨道交通车辆辅助供电系统的主要组成部件有哪些?(适合【中级工】)

22. VVVF 逆变器的作用是什么?(适合【中级工】)

23. 车辆电气系统包括哪些设备?(适合【中级工】)

24. 简述车钩的基本组成。(适合【中级工】)

25. 简述车辆检修大修的检修的内容。(适合【高级工】)

26. 车辆电气系统包括哪些控制电路?(适合【高级工】)

27. 城市轨道交通车辆的主要高压设备包括哪些设备?(适合【高级工】)

28. 城市轨道交通车辆辅助电路的作用是什么?(适合【高级工】)

29. 简述城市轨道交通车辆的组成。(适合【高级工】)

30. 简述城市轨道交通车辆牵引逆变器的工作过程。(适合【高级工】)

31. 分析辅助电路工作高压、中压、低压配电系统。(适合【高级工】)

第二章　城市轨道交通车辆车体

培训目标 ◄◄◄

　　通过本章学习,使学员对城市轨道交通车辆车体有全面系统的认识。能掌握车体的组成及车体布局、司机室设备布置及作用、车辆连接装置的结构及作用;熟悉车体检修工作流程及要求。

第一节　车　体

一、概　述

　　车体是城市轨道交通车辆最重要的部件之一,它落成在转向架上。车体底架下部及车顶上部要安装大量机电设备,构成车辆的主体。车体要承受各种动静载荷及振动,适应 100 km/h 左右速度运行,且要具有隔音、减振、隔热、防火以及尽可能保证乘客安全的措施。

　　城市轨道交通车辆的车体由底架、车顶、左右侧墙及前后端墙等六大部件组成。车体部件间的连接方式主要是手弧焊接、接触点焊、螺栓、铆钉连接等。

　　车体组成如图 2-1 所示,其中各个序号所代表的部件见表 2-1。

表 2-1　车体结构组件

底架结构		侧墙	
序号	名称	序号	名称
1	侧梁	7	端部面板模块
2	底板	8	中间面板模块
3	枕梁		
4	钢箱体		
10	旋转止挡及托运安装座		
11	架车垫板		
车端部结构		车顶结构	
序号	名称	序号	名称
9	端墙板	5	支撑件
		6	墙上边梁

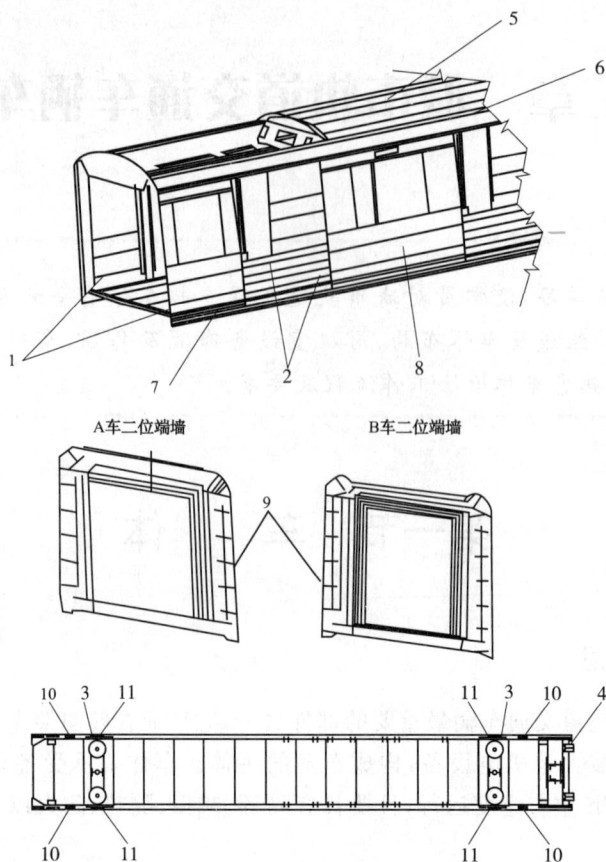

图 2-1　车体结构

二、车体外部布局

城市轨道交通车辆司机室侧窗、挡风玻璃及客室侧窗如图 2-2 所示。

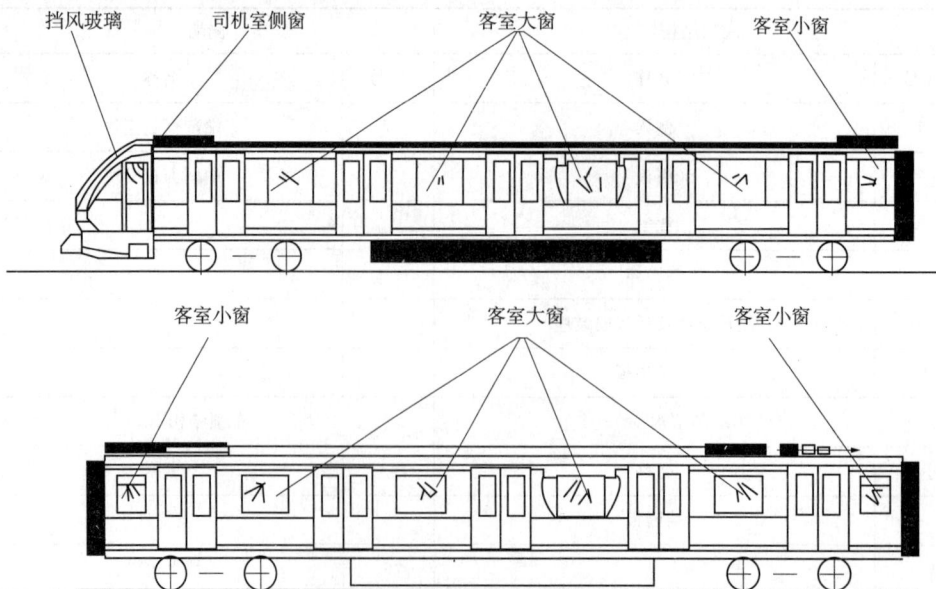

图 2-2　车体外部设备(1)

1. 司机室侧窗

侧窗位于 A 车前部司机室左右两侧。

2. 挡风玻璃

挡风玻璃位于 A 车司机室前部,通过它,司机可观察到路轨、信号等。

3. 客室侧窗

A 车的二位端左右两侧各有一个小的客室窗。B 车和 C 车的两端头左右两侧各有一个小的客室窗。客室的两侧,客室侧门之间各有四个大的客室窗。

侧窗为连续式玻璃结构,与车体外表面齐平,每侧设四扇透明侧窗并有适当的涂膜层,侧窗包含于侧墙模块中。车窗玻璃采用无楣窗式双层玻璃窗。窗的厚度约为27 mm。

车体其余设备如图 2-3 所示。

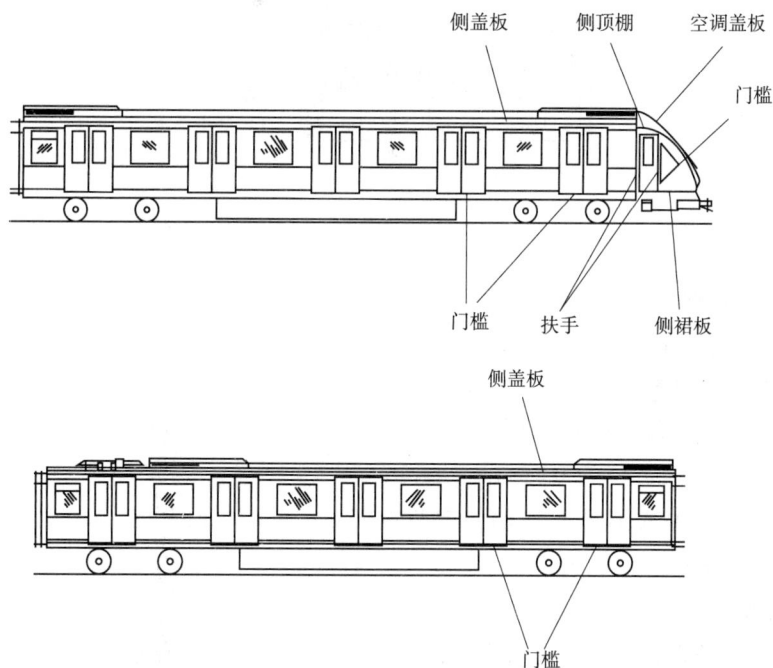

图 2-3　车体外部设备(2)

1. 侧顶棚

侧顶棚安装在 A 司机室两侧。

2. 空调盖板

空调盖板作用是保护司机室空调,它安装在车的端部。

3. 侧裙板

侧裙板安装在 A 车前端左右两侧的侧部骨架上。

4. 侧盖板

侧盖板位置恰好位于车顶之下,A、B 和 C 车的两侧。

5. 扶手

安装在司机室侧门两侧。

6. 门槛

安装在客室和司机室侧门之间,侧墙的下部。

7. 脚蹬

脚蹬为维护人员上下车提供保证,如图 2-4 所示。

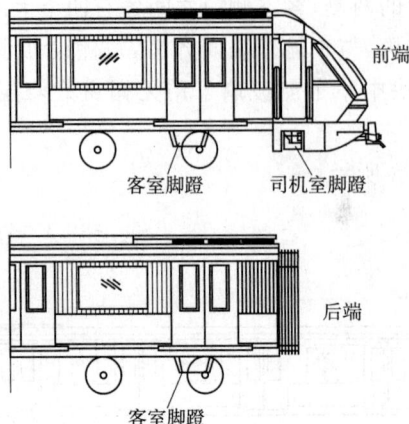

图 2-4　司机室脚蹬

(1)客室外脚蹬

位于 A 车最靠两端的客室门下面。

(2)司机室脚蹬

位于 A 车上,司机室侧门下面。

8. 防爬器

防爬器安装在 A、B 和 C 车的底架两端部左右两侧,如图 2-5 所示。作用是确保能吸收两车撞击产生的能量。

9. 底架安装设备

底架安装的设备见表 2-2,各设备的安装示意图如图 2-6 所示。

表 2-2　底架设备部件

项目	设备	项目	设备
1	拖车转向架(2 个)	7	空气干燥机
2	LV 箱	8	加热控制箱
3	压缩机	9	辅助逆变器
4	制动供给风缸	10	电池箱
5	副风缸	11	动车转向架（2 个）
6	主风缸	12	电抗箱

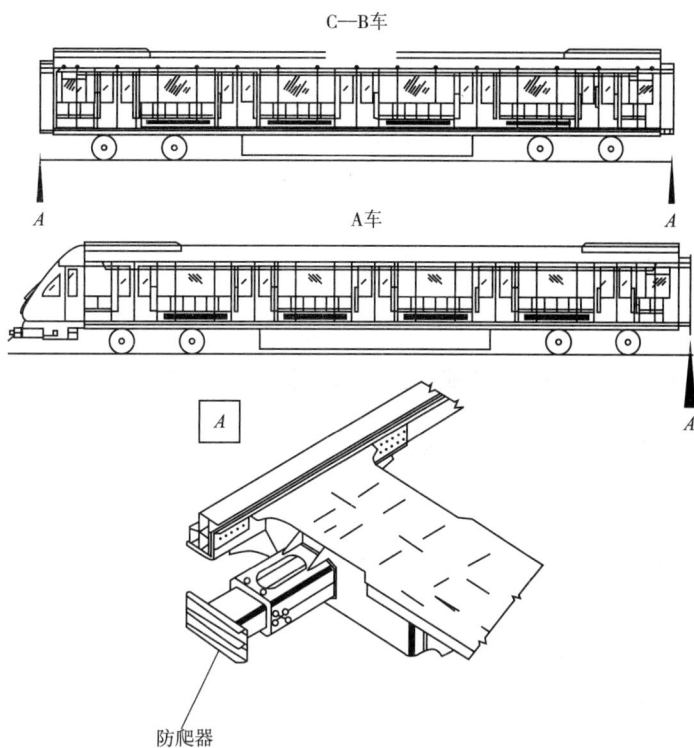

C—B车

A车

A

防爬器

图 2-5　防爬器

A车（拖车）

B车

C车

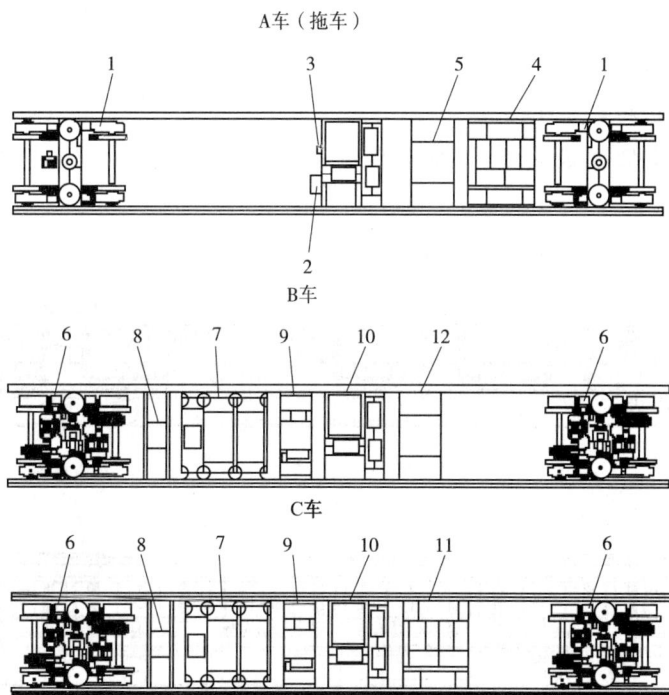

图 2-6　底架下设备

三、车体内部布局

1. 地板覆盖层和底板断面

地板结构为平面,其上为两块橡胶地板布,沿车体纵向铺设。

底板下层为耐热绝缘材料层,由其下的不锈钢板所支撑,因此底板结构(橡胶地板布＋中空型材＋耐热绝缘及不锈钢板层)完全能满足 45 min 的耐火要求。

地板覆盖层和底板断面如图 2-7 所示。

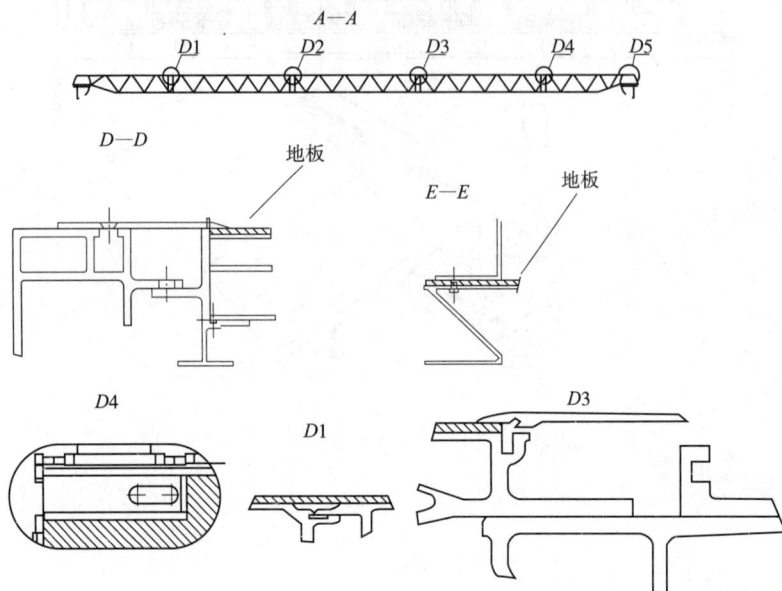

图 2-7　地板覆盖层和底板断面

2. 侧墙内衬和窗密封

侧墙装配由墙面板夹装、下部窗台的组装、门两侧支撑角安装组成,如图 2-8 所示。

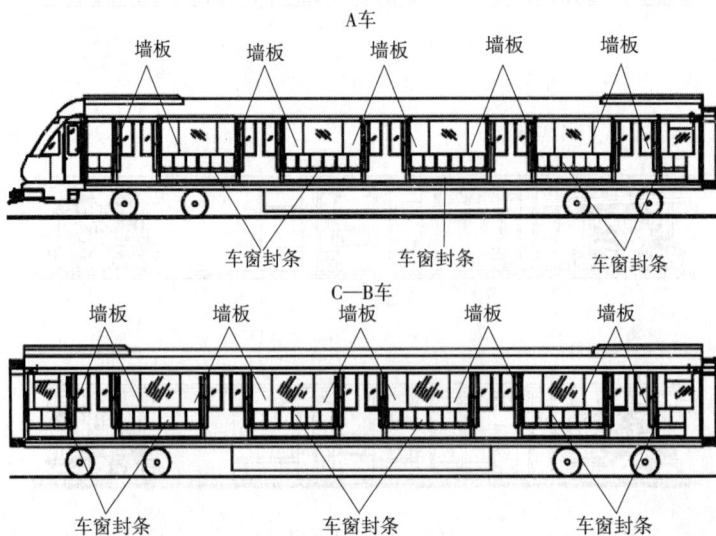

图 2-8　侧墙内衬和窗密封

3.中部天花板

天花板由铝合金纵梁、铝合金横梁、铝合金侧顶板、灯具、背部铝合金散流器、风口、天花板面板组成。

(1)天花板面板

A车有三种不同的面板,C和B车有两种不同的面板。

(2)背部空气散流格栅

空气散流格栅安装在中部天花板的左右两侧。

(3)侧顶板

侧顶板安装在车体内部车顶的左右两侧,如图2-9所示。

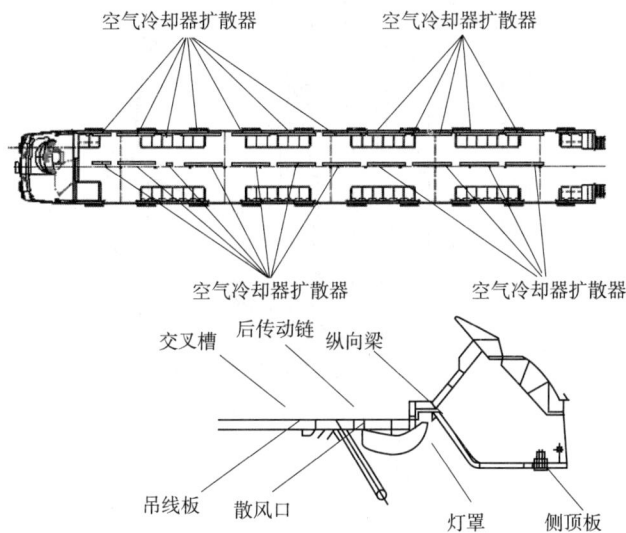

图 2-9　侧顶板

4.内端墙板

内端墙板安装在车体两端靠近车顶处,如图2-10所示。可在内端墙板上安装乘客信息显示系统。

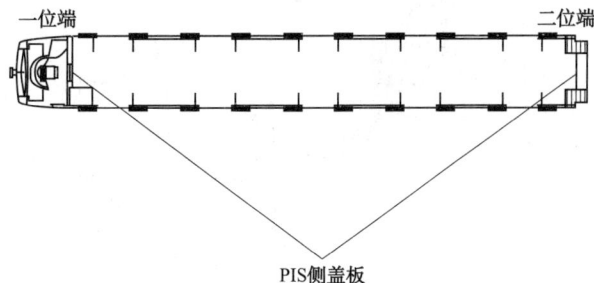

图 2-10　内端墙板

5.二位端设备柜

(1)二位端左侧电器柜

二位端左侧电器柜,其柜门(1和2)可以打开以便于接近内部功能单元,门由方形中空钥匙锁闭,上边的门安装有一个 HP 架子和一个护窗按钮,电器柜下部装有灭火器,如图 2-11 所示。

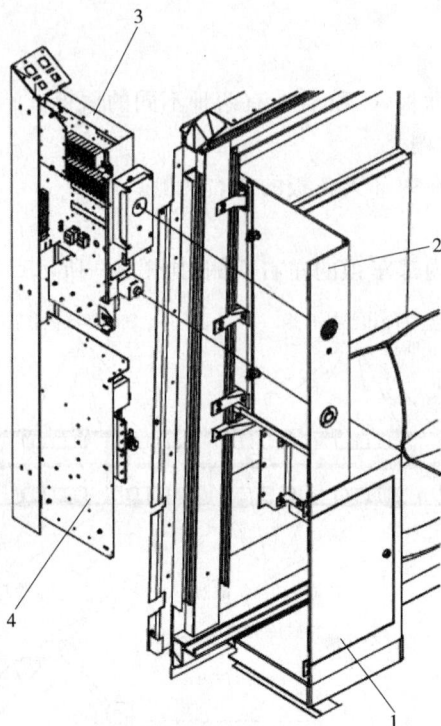

图 2-11　二位端设备柜

1、2—电器柜门;3—装有铰链的上部门;4—电路板

(2)二位端右侧电器柜

二位端右侧电器柜,其柜门(1 和 2)可以打开以便于接近内部功能单元,电器柜的门由方形中空钥匙锁闭,如图 2-12 所示。电器柜包含空调单元控制面板和换流器。

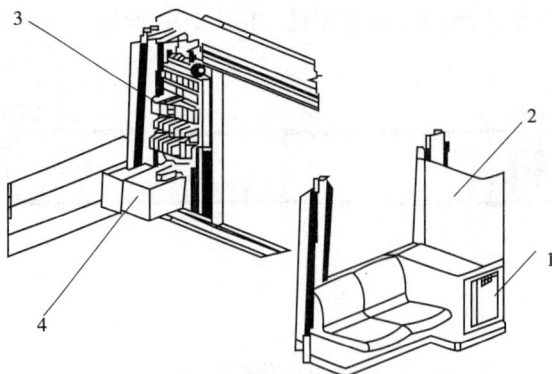

图 2-12　二位端右侧电器柜

1—电器门;2—电器柜门;3—空调单元控制面板;4—换流器

6. ATC 柜

ATC 柜电气布置图如图 2-13 所示。ATC 柜在 A 车左侧,客室内紧靠司机室隔墙处。ATC 柜的门和侧面板上活动门可打开检修各功能单元,检修后可通过方孔钥

匙锁闭。

ATC 柜包含以下功能单元：

(1)电脑无线电设备。

(2)牵引制动功能译码器。

(3)MPV 主处理单元。

(4)RIOM 输入输出模块。

(5)通信设备。

(6)广播控制系统单元(ACSU)。

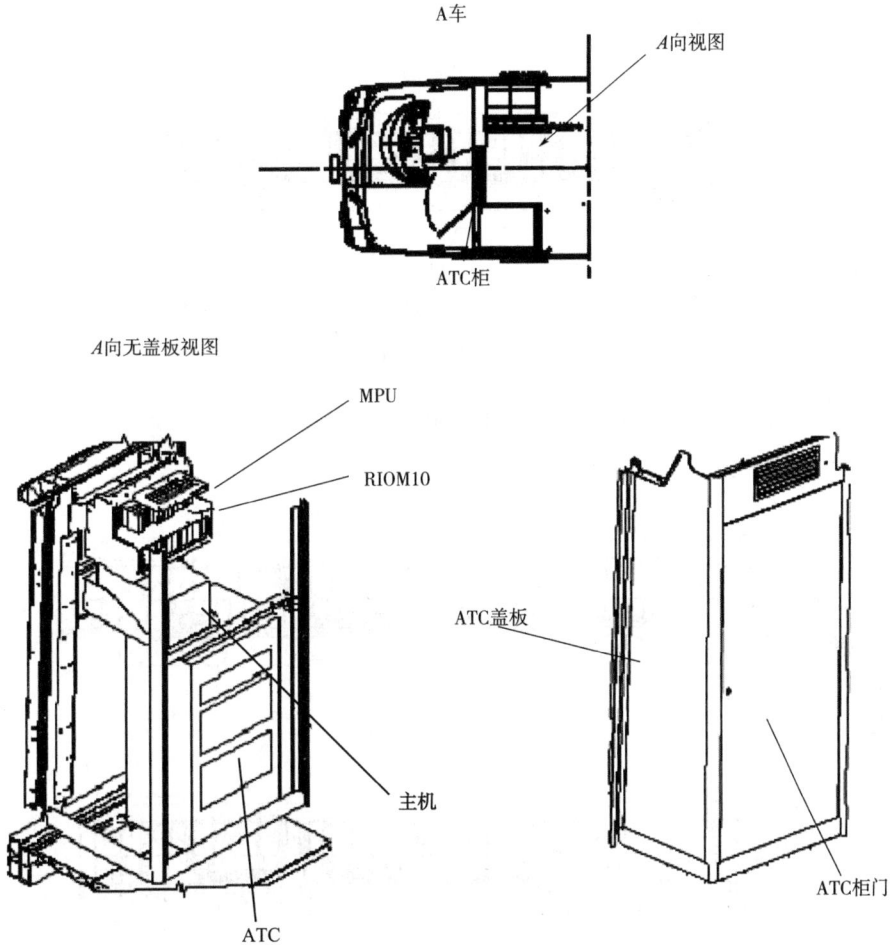

图 2-13　ATC 柜

7. 座椅(纵向布置)

座椅模块为铝骨架,外包层蓝色的玻璃钢。座椅宽度 430 mm,由两个或三个座面单元构成,易于安装和移动。座椅从背部与车体侧墙组装在一起而不与地板连接,以确保地板的防水性和易于清洗操作。座椅分布如图 2-14 所示。

(1)A 车

右侧:一、二位端各有一个 2 座椅,各客室门之间为两个 3 座椅。

左侧:二位端有一个 2 座椅,各客室门之间为两个 3 座椅。

城市轨道交通电客车检修工
CHENGSHIGUIDAOJIAOTONGDIANKECHEJIANXIUGONG

（2）C—B车

一位端左右两侧各一个 3 座椅，二位端左右两侧各一个 2 座椅，所有侧门之间均为两个 3 座椅。

A车

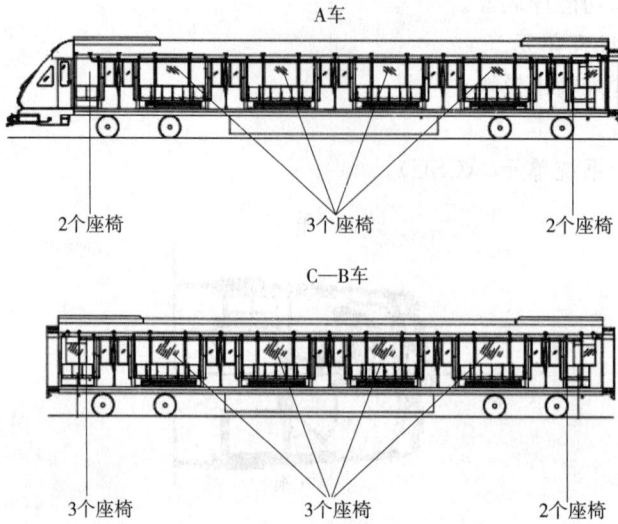

2个座椅　　　　3个座椅　　　　2个座椅

C—B车

3个座椅　　　　3个座椅　　　　2个座椅

图 2-14　座椅

8. 扶手

扶手分布如图 2-15 所示。乘客扶手类型见表 2-3。

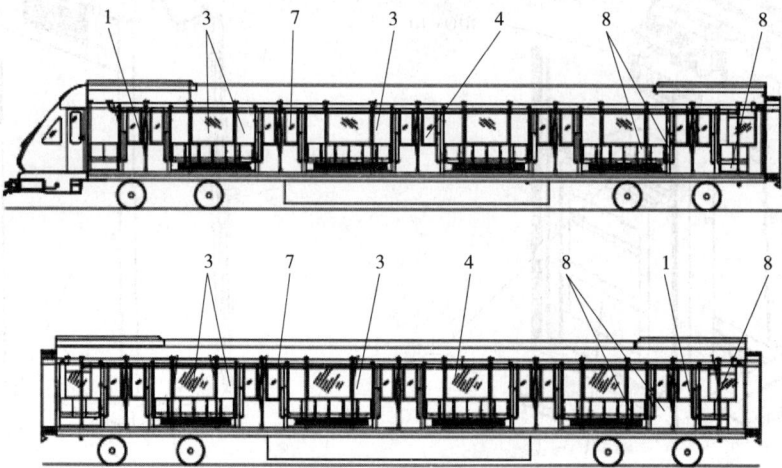

图 2-15　扶手

表 2-3　乘客扶手类型

序号	名称	序号	名称
1	水平弯杆扶手	7	屏风
3	直立扶手	8	把手
4	水平扶手		

9. 司机室布局

司机室布局如图 2-16 所示。

司机室与客室隔离,之间有隔墙,从客室进入司机室是被禁止的,而从司机室则易于进入客室。

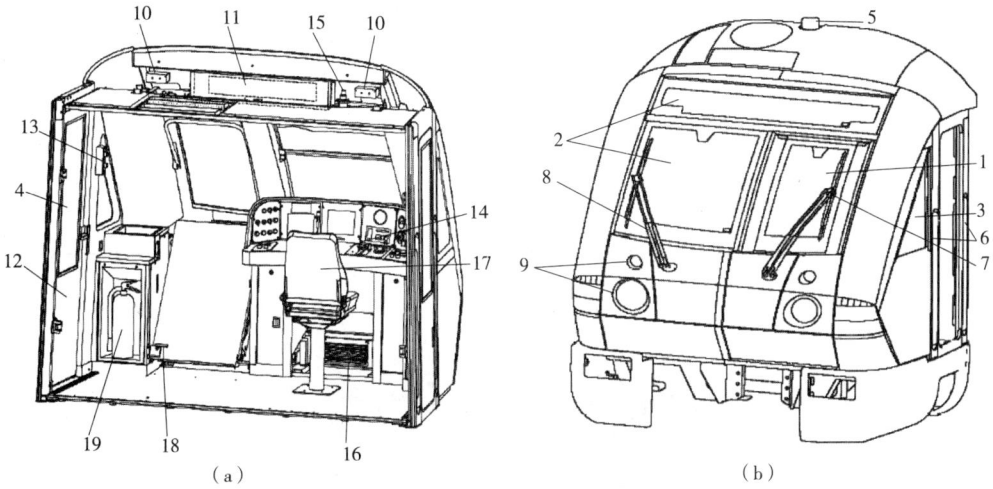

图 2-16　司机室布置

1—逃生门;2—操作台前窗运营窗;3—侧窗;4—司机室侧门窗;5—天线;6—司机室扶手;7—左雨刮器;8—右雨刮器;9—大灯和尾灯;10—左右运营白灯;11—FDU;12—司机室侧门;13—门柱开关门按钮;14—司机室操作台;15—司机室喇叭;16—足部加热器;17—司机室座椅;18—逃生梯;19—灭火器

(1)司机座椅

司机座椅如图 2-17 所示,各个部件见表 2-4。

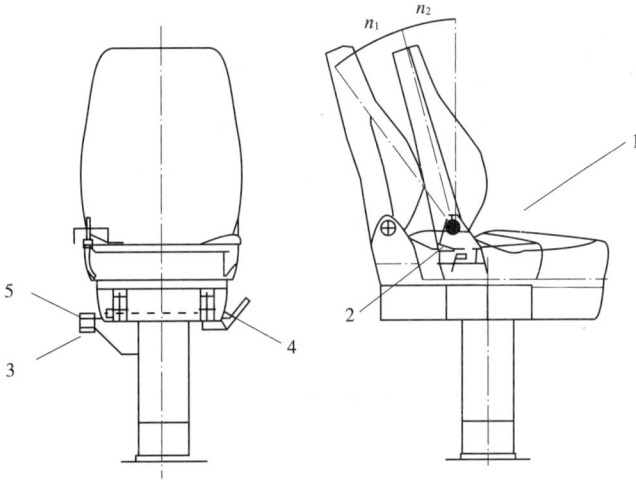

图 2-17　司机座椅

表 2-4　司机座椅部件

序号	名称	序号	名称
1	司机座椅	4	调整手杆
2	控制杆	5	旋转杆
3	高度调节手杆		

（2）司机室天花板

司机室天花板如图 2-18 所示，各个部件见表 2-5。

表 2-5　司机室天花板部件

序号	名称	序号	名称
1	面板	5	盖板
2	活门	6	座椅
3	散风器	7	司机阅读灯
4	回风格栅	8	扬声器

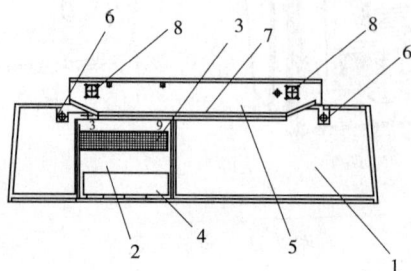

图 2-18　司机室天花板

（3）司机室衬板

司机室衬板如图 2-19 所示，各个部件见表 2-6。

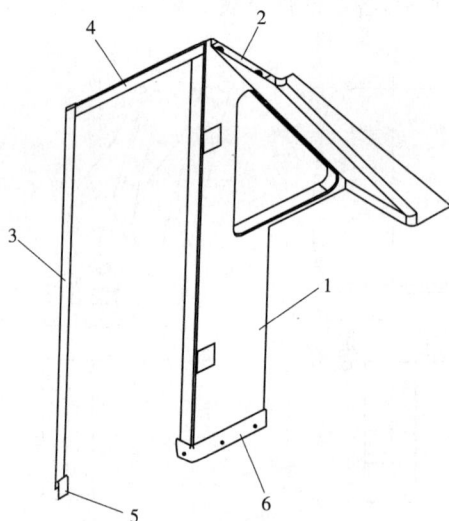

图 2-19　司机室衬板

表 2-6　司机室衬板部件

序号	名称	序号	名称
1	侧面板	4	门横梁
2	斜向内衬	5	侧门安装座
3	门立柱	6	驾驶台底座

(4)操作台

操作台在司机室的前面,其上的操作和控制易于被司机看到和便于司机操作。

(5)司机室设备柜

低压设备柜安装在 A 车的右边隔墙内,如图 2-20 所示,包括以下功能单元:司机室空调控制面板、熔断器和继电器、接触器面板、控制面板。

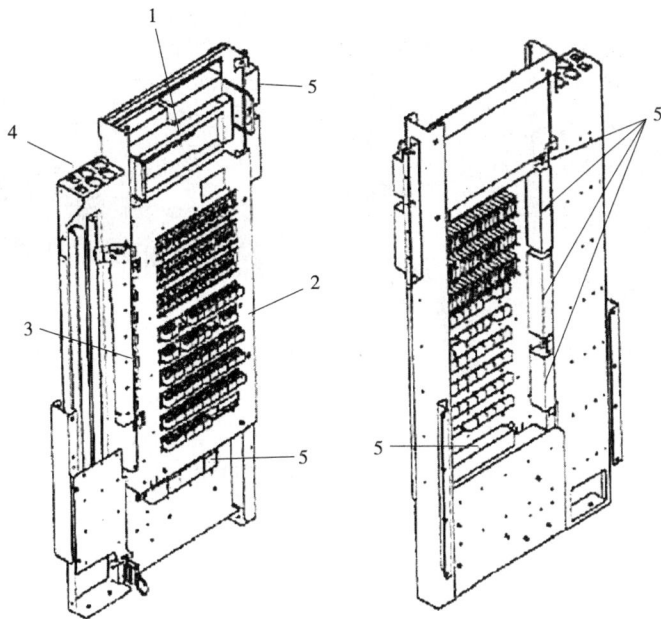

图 2-20　司机室设备柜

1—司机室空调控制盘;2—断路器继电器面板;3—控制器安装板;4—安装在柜上部的 6 个接触器
(与车体配线相连);5—7 个接线端划块(柜内部连接)

(6)遮阳帘

遮阳帘用于司机免于被阳光照射,上下调节,易于操作,如图 2-21 所示。

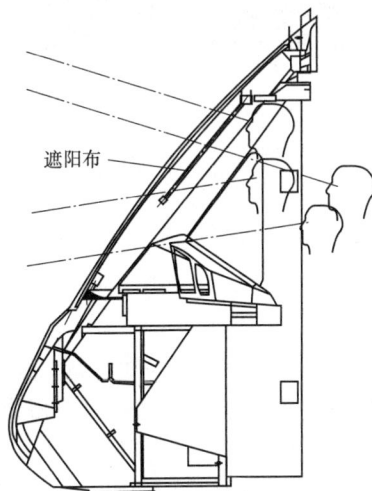

遮阳布

图 2-21　遮阳帘

10. 司机室设备

图 2-22 是位于司机室的司控台外形,它的设计理念是使所有的操作和控制元件都直观,便于操作。司控台包括以下单元:N1~N10 面板。

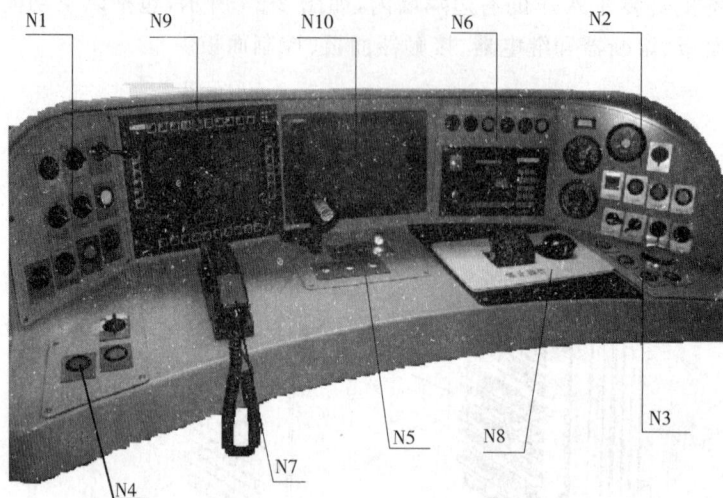

图 2-22　司机前面面板示意图

(1)N1 面板

N1 面板如图 2-23 所示。

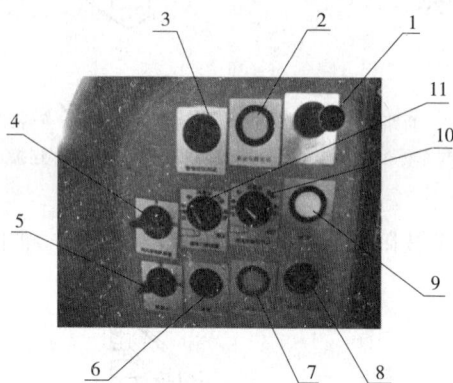

图 2-23　N1 面板

图中:

①喇叭按钮(HPB)。要激活喇叭,司机需要按下 HPB 按钮。

②带白色灯的制动旁路按钮(BBPB)。要使用制动旁路功能,先将 BBS 置接通位并听见蜂鸣器鸣响,再按下 BBPB。

③警惕测试按钮(TDMPB,黑色按钮)。操作方法:列车在停车状态,模式选择器在 CM、RMF、WM 或 RMR 位时,按下该按钮 5 s,列车触发紧急制动。

④挡风玻璃除霜器(DWS)。有两个位置:关闭/打开。

⑤司机阅读灯开关(CRLS)。转动到 ON/OFF 位来开关阅读灯。

⑥唤醒按钮(WUPB)。当列车处于休眠状态时,按下该按钮,电池回路接触器闭合,唤醒列车,启动自检。

⑦休眠按钮（SPB）。当列车处于唤醒状态，司机需要先将模式选择开关置于"OFF"位，降弓或断开车间电源插座（WOS），将司机控制钥匙（KS）置于"OFF"位，然后按下该按钮，黄色灯亮 2 min 后灯灭，列车进入休眠状态。

⑧测试灯按钮（TLPB）。在发车前，司机必须检查指示灯的好坏，按下该按钮可以检查各指示灯是否正常显示。

⑨带白色灯的解钩按钮（UNPB）。在激活司机室按下该按钮，该灯点亮，全自动车钩打开，以 RMR 模式向后驱动列车，再次按下该按钮，按钮灯灭，然后停车。

⑩挡风玻璃刮雨器的控制开关（WCCS）。有五个位置：中间位/关闭位/间歇位/低速位/高速位，司机如果需要对挡风玻璃喷水就按下该按钮。

⑪（紧急）逃生门挡风玻璃刮雨器开关（WCCS DD）。有五个位置：中间位/关闭位/间歇位/低速位/高速位。司机如果需要对挡风玻璃喷水就按下该按钮。

（2）N2 面板

N2 面板如图 2-24 所示。

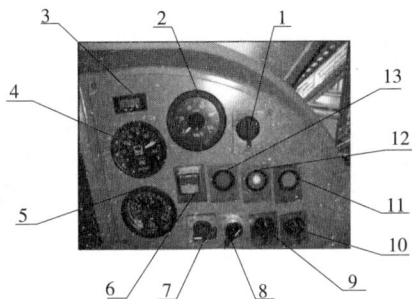

图 2-24　N2 面板

图中：

①头灯开关（HLBDS）。调节头灯的亮度。

②速度表。显示列车的运行速度。

③网压表（HVV）。显示接触网的网压。

④电压表（VMI）。司机可通过该表查看蓄电池电压值，范围为 0～140 V。

⑤双针压力表（MNI）。一个红色指针和一个白色指针，司机可以通过观察红色指针查看主风缸的压力，通过观察白色指针查看 A 车前端转向架制动缸的平均压力。压力范围为 0～1 600 kPa（0～16 bar）。

⑥停放制动施加按钮（PBAPB）。在激活司机室按下该按钮施加停放制动。

⑦温度选择开关（TCACS）。司机可以选择司机室的温度，设置值：25 ℃、26 ℃、27 ℃、28 ℃、29 ℃。

⑧司机室空调控制开关（HVACCS）。打开/关闭。

⑨司机室照明开关（CLS）。选择打开/关闭控制该灯。

⑩客室正常照明控制开关（NLCS）。该开关有三个位置：关闭/手动/自动。当选择"手动"位时，司机室激活后客室正常照明灯点亮；当选择"自动"位，置于挡风玻璃上部的光敏元件根据车外的光度自动开/关客室正常照明灯；当没有激活司机室时，客室照明灯灭。

⑪摩擦制动故障指示灯（FBFI）。施加时，红灯亮。

⑫所有制动施加指示灯(ABAI)。施加时,红灯亮。

⑬所有制动缓解指示灯(ABRI)。缓解时,绿灯亮。

(3)N3 面板

N3 面板如图 2-25 所示。

图中:

①紧急制动复位按钮(REBPB)。列车触发紧急制动后,只有当列车停止,先将模式选择开关 MS 置于手动(CM)位,司控手柄 DCH 置于制动区,按下紧急制动复位按钮 REBPB,缓解紧急制动。在 ATO 模式下,首先缓解 ATP 紧急制动,然后选择 CM 模式,后续程序与上述一样。

②门关好指示灯(DCLI)。

③紧急制动蘑菇按钮。

④关 B 侧门带灯按钮(DCPB1_B)。至少一个门未关上时,绿色指示灯亮。

⑤开 B 侧门带灯按钮(DOPB1_B)。

(4)N4 面板

N4 面板如图 2-26 所示。

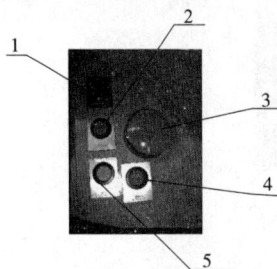

图 2-25　N3 面板

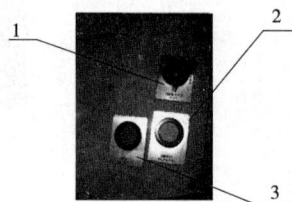

图 2-26　N4 面板

图中:

①受电弓控制开关(RMS)。有三个位置:落弓(LP)、关位(OFF)、救援模式(RCM)。

②开 A 侧门带灯按钮(DOPB1_A)。

③关 A 侧门带灯按钮(DCPB1_A)。当至少一个门未关上时,绿色指示灯亮。

(5)N5 面板

N5 面板如图 2-27 所示。

图中:

①手持式麦克风。

②人工广播按钮(PA)。

③司机对讲按钮(CI)。

④紧急对讲按钮(PEI)。

⑤对讲复位按钮(RST)。

⑥音量调节按钮。

⑦确认按钮(ACK)。

(6)N6 面板

N6 面板如图 2-28 所示。

图中:

①ATC 模式降级按钮(ATCOMDPB)。

②ATC 模式升级按钮(ATCOMUPB)。

③自动启动按钮(ASPB)。

④确认按钮(ACKPB)。

⑤车门许可按钮(POPB)。

⑥自动折返按钮(ARPB)。

⑦无线操作终端。

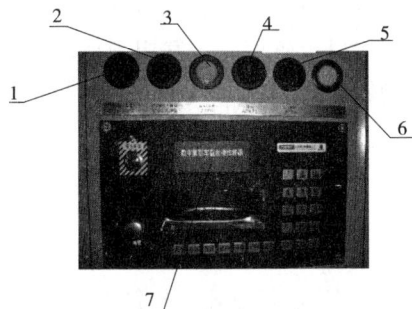

图 2-27　N5 面板

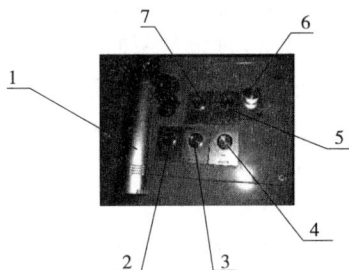

图 2-28　N6 面板

(7)N7 面板(无线调度电话)

N7 面板如图 2-29 所示,在列车运行时,司机通过无线调度电话与 OCC 控制中心
行调进行通信联系。

(8)N8 面板(主控器)

N8 面板称为主控制器(MC),如图 2-30 所示。

图 2-29　N7 面板(无线调度电话)

图 2-30　N8 面板(主控器)

N8 面板是一个装配件,包括选择列车运行模式的机械装置。该机械装置包含:

①钥匙开关(KS)

钥匙开关有两个位置,接通和断开。

如果两个司机室的钥匙开关都在"断开"位,MS 被锁于"断开"位,DCH 被锁于
"惰行"位。

当一个钥匙开关置于"接通"位时,相应的司机室变为激活的司机室,MS 和 DCH
解锁,同时另一司机室的 KS 被锁于"断开"位。

在未激活的司机室,司机控制台的控制设备除了以下设备都被锁闭:紧急制动按钮(EMPB)、司机室照明开关、司机室空调开关、司机室间通信控制。

②模式选择器(MS)

该设备有六个位置,分别为:限速向后(RMR)、断开(OFF)、洗车(WM)、限速向前(RMF)、手动(CM)和"ATO"。司机可通过该设备选择不同驾驶模式和列车运行方向。模式选择开关的位置通过网络系统通知 ATP 和 TCMS。

③驾驶控制手柄(DCH)

驾驶控制手柄 DCH 为滑动式,其手柄沿与车辆轴线平行的方向移动。当模式选择开关 MS 处于"OFF"位时,控制手柄 DCH 被机械闭锁不能移动。

将驾驶控制手柄 DCH 向前推动就发出牵引需求,由前向后将司控手柄 DCH 推过惰行位就发出制动需求。在制动区的末端,到达槽口位置就是全常用制动位。将司控手柄 DCH 推过全常用制动(FSB)槽口位就会触发快速制动(FB),在列车停车前还可将司控手柄 DCH 从快速制动(FB)位移开。

将驾驶控制手柄 DCH 推到"牵引"位,列车开始加速直到模式选择器的限速;将司控手柄 DCH 推到"制动"位,立即触发机械的和/或电的制动。

④司机警惕按钮(DMD)

在司控手柄 DCH 的上部就是司机警惕按钮(DMD,也就是死人按钮)。除了站内停车和 ATO 驾驶模式外,如果司机将司机警惕按钮(DMD)松开超过 2 s 以上就自动触发紧急制动。

(9)N9 面板(司机显示单元 DDU)

DDU 是一个触摸屏,安装在司机控制台上,如图 2-31 所示。这个单元能显示必要的信息以便司机操控列车。当司机按下屏上的感应区,DDU 也能接收该动作。

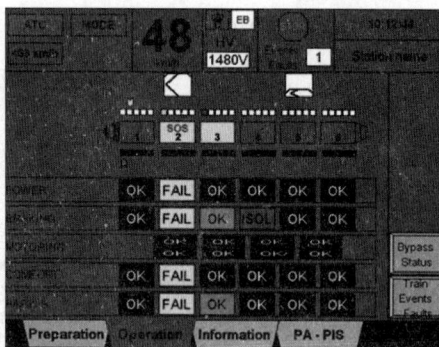

图 2-31　N9 面板(司机显示单元 DDU)

DDU 能提供的信息有:

①与设备状态和列车各种功能相关的信息。

②故障部件定位的相关信息。

操作人员可以通过在 DDU 上显示的文字信息和包含不同形状和颜色的图标从 DDU 上获得信息,操作人员还可以通过按下屏幕上的感应区域(触摸屏)把信息转给 DDU。

(10)N10 面板(ATC 面板)

HMI 为 ATC 系统的人机界面,如图 2-32 所示。

图 2-32　N10 面板(ATC 面板)

(11)司机室低压电器柜

①A 侧(图 2-33)

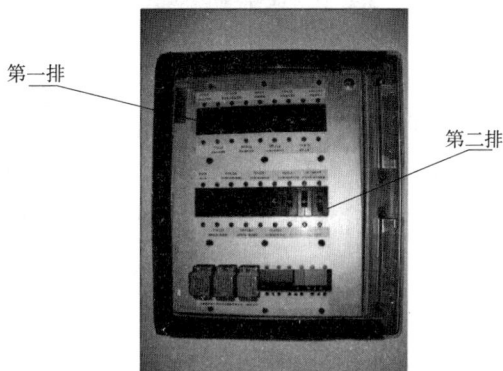

第一排

第二排

图 2-33　司机室低压电器柜 A 侧

在司机室后背墙 A 侧低压电器柜内安装有两排空气断路器。

a. 第一排从左向右的断路器

ATPCB 列车自动保护、ATOCB 列车自动控制、ATPCCB 列车自动保护控制、RCSCB 无线通信系统、HMICB 运行信号显示单元、MPUCB 中央处理单元、CPUCB 驾驶显示单元、EVRCB 事件记录、EVRZVCB 零速事件记录。

b. 第二排从左向右的断路器

ENCB 编码器、R1ACB1 A 车 RIOM1 断路器 1、R1ACB2 A 车 RIOM1 断路器 1、R1ACB3 A 车 RIOM1 断路器 3、R2ACB1 A 车 RIOM2 断路器 1、R2ACB2 A 车 RI-OM2 断路器 2、R2ACB3 A 车 RIOM2 断路器 3、ACSUCB 列车显示和控制单元、MO-TACCB ATC 牵引指令。

②B 侧(图 2-34)

在司机室后背墙 B 侧低压电器柜内安装有一排控制开关(自举指示灯除外)和三排空气断路器。

a. 第一排从左向右的控制开关(自举指示灯除外)

BOOTSTRAP 自举指示灯。

DOMS 车门操作模式:有 MO/MC 手动开/手动关、AO/AC 自动开/自动关、AO/MC 自动开/手动关共三种操作模式。

VCBS 重要控制旁路开关:有 SB 常用制动位、N 正常位、DIR 车门位共三个位置。

黏着(摩擦)制动旁路允许常用制动施加时牵引。只有在 MS(模式选择开关)位于 WM(洗车模式)时,这个开关才起作用。

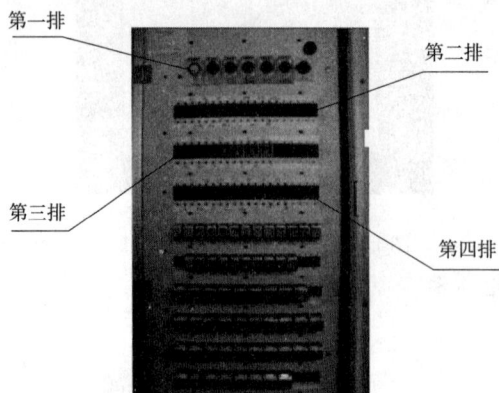

图 2-34　司机室低压电器柜 B 侧

LMRGB 主风缸旁路开关:有 OFF 关位、ON 接通位共两个位置。

ATPFS ATP 故障开关:有 NORMAI 正常位、FAULT 故障位两个位置。

DDBPS 紧急逃生门旁路开关:有 NEUTRAL 正常位、BY-PASS 旁路位共两个位置。

BBS 制动旁路开关:有旁路位,接通位两个位置(其右上方有蜂鸣器,当 BBS 置接通位时会发出鸣叫声)。

b. 第二排从左向右的断路器

PANTCB 受电弓回路断路器、VMCB 电压监测、EBCB 紧急制动、EBTLCB 紧急制动列车线、PECB 脉冲使能、TBCB 牵引制动、MACB 牵引许可、WWCBDD 逃生门雨刮器、RCCB 无线电控制、CTCB 列车连挂、ZVRCB1 零速列车线 1、ZVRCB2 零速列车线 2、EVRCBL 零速列车线。

c. 第三排从左向右的断路器

PBDCB 停放制动请求、APBRCB 所有停放制动缓解、BSCB 制动状态、HLICB_A A 侧头灯、HLICB_B B 侧头灯、TLICB 尾灯、WUSLCB 唤醒休眠、TSKCB 列车供低压电接触器、SICB 信号指示、HCB 汽笛、WWCB 雨刮器、DWCB 挡风玻璃除霜器、CUCB 连挂与解钩、HVVCB 高压电压表。

d. 第四排从左向右的断路器

ALCB 自动照明、NLCB 正常照明、CLICB 司机室照明、DOTCB_A A 侧开门列车线、DOTCB_B B 侧开门列车线、DCTCB_A A 侧关门列车线、DCTCB_B B 侧关门列车线、DRTCB_A A 侧车门许可列车线、DRTCB_B B 侧车门许可列车线、EVCB3 蒸发器回路断路器、INVCB24 伏变流器、SLCB 运行灯断路器、CLCB 关门锁定、DRCB_A A 侧门许可、DRCB_B B 侧门许可、PDCB 司机室隔间门。

(12)司机室立柱开、关门按钮

①A 侧(图 2-35)

a. 开 A 侧门带灯立柱按钮(DOPB2_A)带有一个绿色指示灯,当 ATP 允许开 A 侧门或者按下测试灯按钮(TLPB)时,指示灯亮;如果没有选择开门侧或者 ATP 故障开关在隔离位,指示灯灭。

b. 关 A 侧门带灯立柱按钮(DCPB2_A)带有一个红色指示灯,当 A 侧门打开或者按下测试灯按钮(TLPB)时,指示灯亮;当 A 侧门和前端紧急逃生门关闭并锁紧,指示灯灭。

图 2-35　司机室立柱开、关门按钮 A 侧
1—开 A 侧门按钮(DOPB2_A);2—关 A 侧门按钮(DCPB2_A)

②B 侧(图 2-36)

a. 开 B 侧门带灯立柱按钮（DOPB2_B)带有一个绿色指示灯,当 ATP 允许开 B 侧门或者按下测试灯按钮(TLPB)时,指示灯亮;如果没有选择开门侧或者 ATP 故障开关在隔离位,指示灯灭。

b. 关 B 侧门带灯立柱按钮（DCPB2_B)带有一个红色指示灯,当 B 侧门打开或者按下测试灯按钮(TLPB)时,指示灯亮;当 B 侧门和后端紧急逃生门关闭并锁紧,指示灯灭。

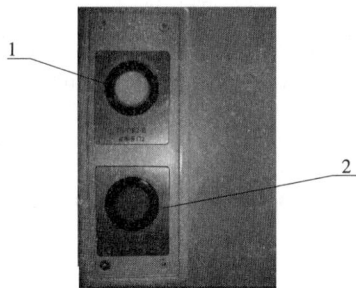

图 2-36　司机室立柱开、关门按钮 B 侧
1—开 B 侧门按钮(DOPB2_B);2—并 B 侧门按钮(DCPB2_B)

第二节　城市轨道交通车辆连接装置

一、车钩缓冲装置

车钩缓冲装置主要由车钩、缓冲器、风管连接器等部分组成,供地铁、轻轨、单轨及磁悬浮等交通系统车辆编组运行时,车辆连挂及风路、电路自动连接用。车钩缓冲装置传递和缓冲列车在运行中或在调车时所产生的牵引力或冲击力。

列车连挂时,两车的制动主管和总风缸连通管自动接通,并将制动主管上的塞门自动打开。同时各车间的控制线路自动接通(也有手动接通控制线路的)。

列车分解时拨动司机室内的解钩阀或人工扳动解钩杆,钩舌即处于开锁位置。同时将制动主管塞门关闭。两车分离后,电路断开,电气连接器防尘罩自动合上。

1. 密接式车钩

密接式车钩工作原理如图 2-37 所示。

当两钩连接时,凸锥插入对方相应锥孔中,凸锥内侧面迫使对方钩舌转动,解钩风缸的弹簧受压,钩舌逆时针转过 40°,当两钩连接面接触后,在解钩缸的弹簧作用下,钩舌恢复到原来位置,即闭锁位置。解钩时,用手或解钩风缸推动解钩杆,使钩舌转动,两钩即可脱开。

密接式车钩分为全自动车钩、半自动车钩、半永久性车钩、楔形锁自动车钩等,现介绍前三种。

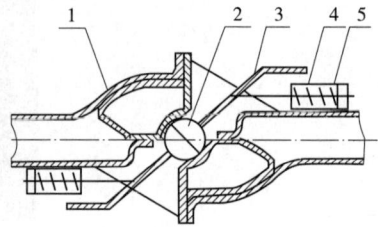

图 2-37 密接式车钩

1—钩头;2—钩舌;3—解钩杆;
4—解钩风缸;5—顶杆弹簧

(1)全自动车钩

①全自动车钩功能

实现两辆车的钩头的自动机械连接与分离。

实现两辆车的空气管路的自动连接与分离。

实现两辆车的电气线路的自动连接与分离。

②全自动车钩钩头

全自动车钩的钩头由一个钩腔组成,钩腔提供了供连接和解钩用的部件安装位置。

钩头的腔体为铸钢件。在它的前面,有一个凸起的锥体和凹下的锥孔及一个导向杆,当车钩连挂时,车钩的锥体进入与其连接的车钩的锥孔中使这两个车钩实现正确连挂。

③支撑装置

支撑装置由轴承托架、衬套、轴、通过销、吊座、垂向支撑、橡胶弹簧、垂向调节装置和滑动垫片构成,如图 2-38 所示。

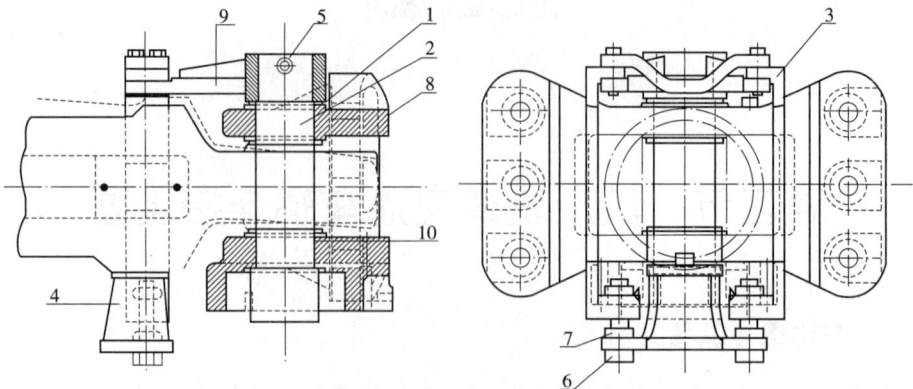

图 2-38 支撑装置

1—滑动垫片;2—轴;3—垂向支撑;4—橡胶弹簧;5—通过销;
6、7—垂向调节装置;8—轴承托架;9—吊座;10—衬套

④对中装置

气动对中装置能将脱钩的车钩保持固定在车辆纵向轴线上并防止其横向摆动。当车钩在连挂状态时,通过气阀切断气路,以使车钩能自由转动。对中装置如图 2-39 所示。

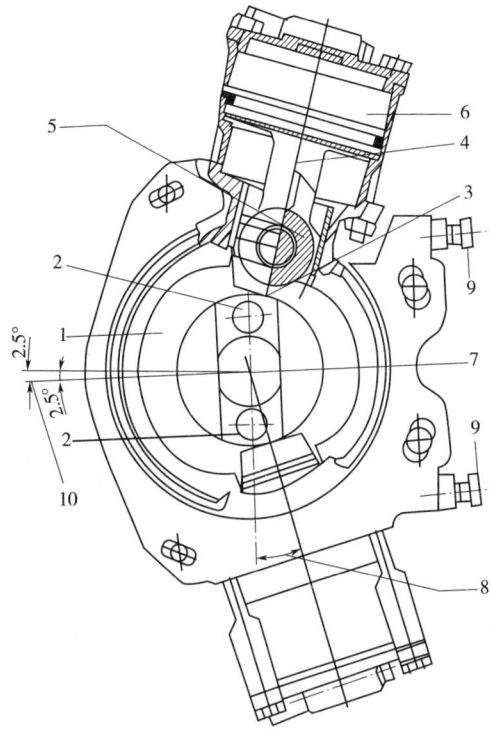

图 2-39　对中装置结构图

1—凸轮板;2—平行销;3—凹槽;4—杆;5—滚子;6—压力空气;
7—车辆纵向轴线;8—复位角;9—六角头螺钉;10—调节角

⑤接地装置

自动车钩侧部的接地线组装如图 2-40 所示。它们的功能是保持自动车钩和车体具有相同的电压。

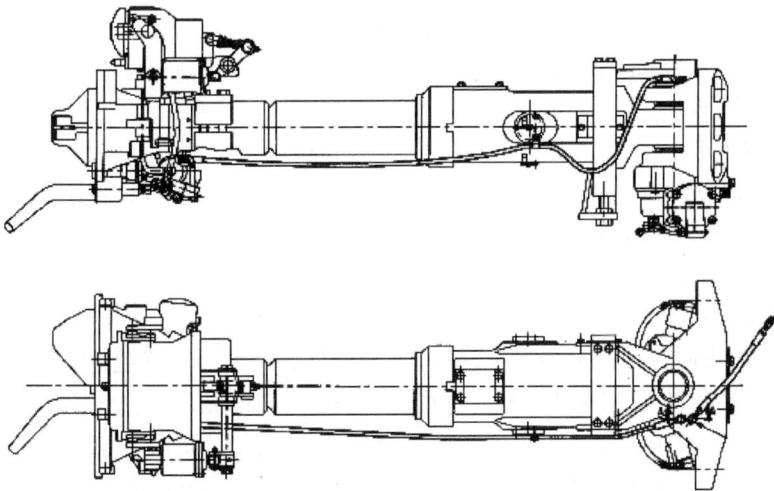

图 2-40　自动车钩侧部的接地线组装

（2）半自动车钩

半自动密接式车钩缓冲装置能在一组车向另一组车低速移动挂钩时，实现两组车的机械、气路的自动连接。车钩之间能保证连接紧密良好，能在低速（最低 0.6 km/h）情况下进行连接。解钩由人工手动完成。车组解钩后，风管自动关闭，车钩处于待连接状态。

（3）半永久性车钩

一组半永久车钩缓冲装置由一套带环弹簧缓冲器的半永久车钩和一套不带环弹簧缓冲器的半永久车钩组成（两端转轴处是球形橡胶缓冲元件），分别安装在一个单元车组的两辆车上。两套半永久车钩之间由可以快速拆卸的连接环进行连接，从而将两节车辆刚性连接起来。车钩应满足车辆在竖曲线和水平曲线上运行的要求。一组半永久车钩连接后，风管（包括列车管和总风管）自动接通，保证安全可靠。

2. 缓冲器

用于车辆两端的车钩缓冲器装置是起缓解车辆之间相互冲撞的部件。缓冲器分为圆形橡胶金属片式、双作用橡胶片式、长方钢板硫化橡胶、弹性胶泥缓冲器、环弹簧缓冲器等。

缓冲器结构如图 2-41 所示，它由牵引杆、缓冲弹簧片、前从板、后从板、缓冲器体、后盖等组成的。该装置能使车钩（或连接棒）传来的纵向拉力（或压缩力）经缓冲器体→后从板→缓冲弹簧→前从板→牵引杆（或缓冲器体→前从板→缓冲弹簧→后从板→牵引杆），最后传给固定于车体底架牵引梁上的冲击座上。在缓冲器传递车钩纵向力的过程中（无论是拉伸还是压缩），缓冲弹簧片始终是压缩变形，这样能充分利用橡胶特性。由于橡胶缓冲器是变刚度的，对小的冲击也有缓冲作用。

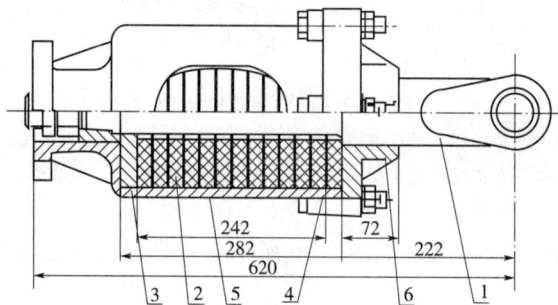

图 2-41 圆形缓冲器（单位：mm）

1—牵引杆组成；2—缓冲弹簧片；3—前从板；4—后从板；5—缓冲器体；6—后盖

3. 35 型车钩

（1）机械头部

35 型机械头部如图 2-42 所示。机械头部能确保两车厢的机械连接。其表面具有外连接锥体和内连接锥体，允许车钩自动对准并定中心，还能借助导向触角和车钩表面一侧的延伸段提供水平和垂直两方向上宽广的合拢范围。

（2）工作方式

机械头部表面具有宽大的平边，以吸收缓冲负载。牵引负载通过车钩锁钩板、挂钩链环、定中心枢轴、拉伸弹簧、棘轮、弹簧支承和带凸出部的爪子而传递。牵引负载和缓冲负载从机械头部通过车钩体而传递，并缓冲至规定的负载。超过车钩体吸收能力的任何负载都传递至车辆的底架上。安装在车钩体内的能量吸收装置能缓冲重大的冲击力。

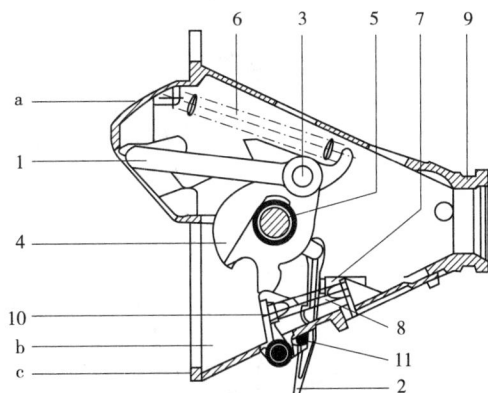

图 2-42　35 型机械头部示意图

a—凸锥;b—凹锥;c—车钩端面;1—钩舌;2—棘爪;3—钩舌销;4—钩板;5—定中心枢轴;

6—拉伸弹簧;7—弹簧支座;8—压力弹簧;9—车钩头外壳;10—卡子;11—凸出部

(3)车钩锁工作位置

a. 准备钩接(图 2-43)

在此位置下,挂钩链环收回并由棘轮支持住,闭合在外连接锥体的边缘。钩板由弹簧拉紧。棘轮凸出在车钩头部壳体的一侧并且爪子咬合住。

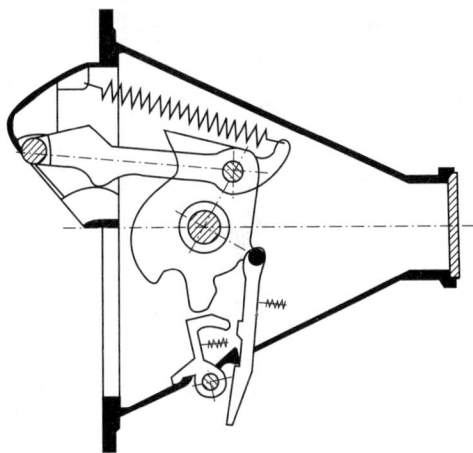

图 2-43　准备钩接位置

b. 钩住(图 2-44)

当车钩面向外连接锥体时,棘轮松开,靠在棘轮上的外连接锥体便将弹簧作用的爪子向后推回。此时,借助于拉伸弹簧的作用,车钩锁转向钩住位置,直至挂钩链环与钩板咬合为止,钩板压靠在车钩头部壳体内的止动器上。

当钩住时,车钩锁形成平行四边形以确保力的均衡。不可能发生偶然开锁的情况。车钩锁只承受拉伸载荷,此载荷均匀地分布在两挂钩链环上。

c. 脱钩(图 2-45)

当脱钩时,弹簧作用的钩板便旋转,直至挂钩链环从钩板中释放出来为止。由于棘轮已被爪子咬合,故车钩锁保持其位置不动。当车辆移开时,弹簧作用的爪子向前移动并释放棘轮。车钩锁在拉伸弹簧的作用下旋转,直至棘轮与爪子的凸出部咬合为

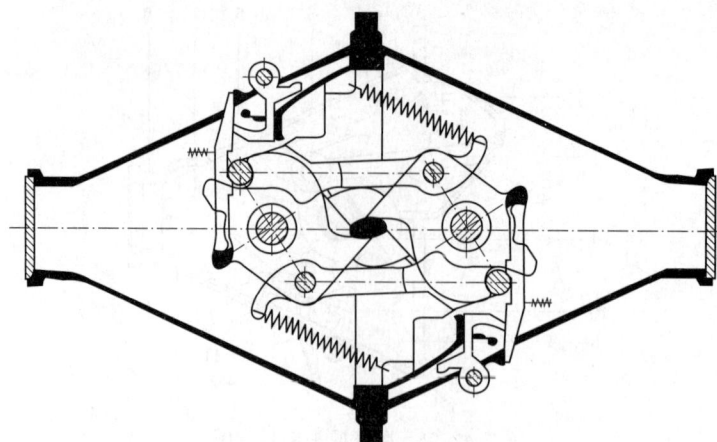

图 2-44　钩住位置

止。此时,车钩锁重新处于准备钩接状态。

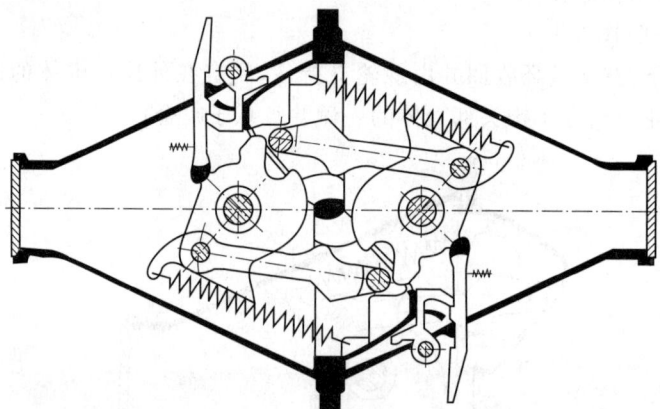

图 2-45　脱钩位置

(4)脱钩装置

脱钩装置能打开车钩锁,可用驾驶室的遥控方式或用轨道侧的手动方式来进行脱钩。

a. 遥控脱钩

由司机按动按钮,压缩空气通过解钩管进入车钩头的解钩风缸中,使活塞杆向前移动并旋转车钩锁的钩板,从而便松开挂钩链环。然后,气缸活塞便在弹簧力作用下自动推回至其原来位置。

b. 手动脱钩

手动脱钩仅在紧急情况下才使用。通过拉动钩头一侧的解钩手柄,经钢丝绳、杠杆和解钩杆使两钩的钩舌转动,直至钩锁杆脱出钩舌的嘴口,使两钩脱开,处于解钩位。

二、电气连接装置

城市轨道交通车辆一般由多辆列车编组组成,必须设置电气连接装置。电气连接装置有自动电气连接器和插头插座式连接器。自动电气连接器一般安装在车钩上。插头插座式连接器安装在车体后端墙上。

1. 电气连接器的作用

(1)控制电路的连接,实现全列车的一致运行。

(2)辅助电源的连接,实现全列车辅助电源供应。

(3)在动力相对集中式控制中,连接牵引动力电路。

(4)连接列车广播、信息及自控、监控信号。

2. 自动电气连接器

自动电气连接器主要由箱体、前端、自动开盖机构、触头及软连接、接线端子和密封装置等部分组成,如图 2-46 所示。

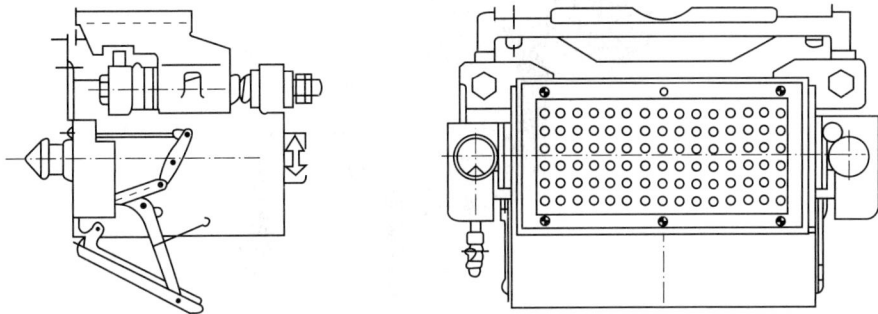

图 2-46　自动电气连接器

前盖用于保护触头不受机械损伤,通过杠杆齿轮机构使之连挂时自动打开。

密封装置为一方形橡胶环,后有弹簧顶压,可前后滑动。连接时,互相压紧,防止尘埃雨水侵入。

铜质触头共 90 个,前端焊有 1 mm 厚的银片,以减少接触电阻。触头的弹簧压力约为 380 kPa。触头尾部焊有铜丝鞭与端子排连接。端子排在箱内后部,每排左右两边的触头被内部连线短接,形成 48 个回路,由此向外部连接。

3. 插头插座式电气连接器

插头插座式电气连接器,实现电气连接的功能,如图 2-47 所示。

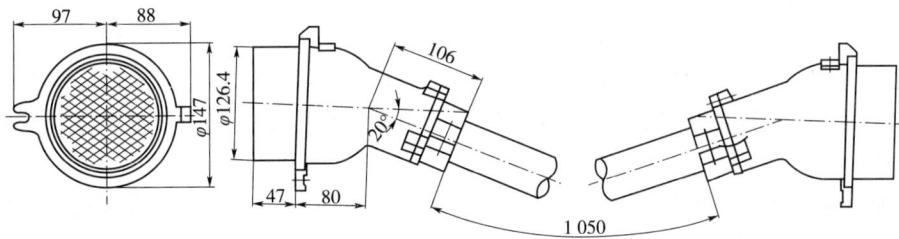

图 2-47　插头插座式电气连接器(单位:mm)

4. 动力用电连接

动力用电连接就是将主电路在相连两个车辆端部设有高压接线箱,通过电力电缆及界限端子直接连接。

三、贯 通 道

贯通道位于两节车厢的连接处,是连接两车辆的重要组成部分。贯通道由风挡、内饰板和渡板等组成,它具有良好的防雨、防风、防尘和隔音功能,保证乘客能随时、安全、方便地从一个车厢到另一个车厢。

以南京地铁1号线为例对贯通道的结构组成进行介绍,其结构如图2-48所示。

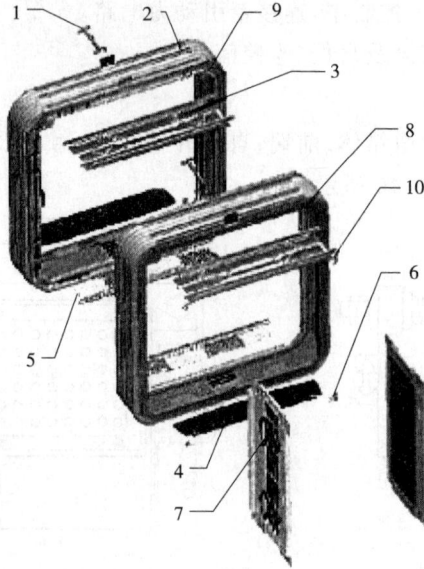

图 2-48 贯通道组成

1—吊装梁;2—外风挡;3—顶护板;4—踏板;5—渡板;6—下支座;
7—侧护板;8—车体框;9—对接框;10—上支座

1. 外风挡组成

外风挡组成包括折棚组成、端框组成、连接框组成及绳索组成。

每个折棚组成由六折环状折棚构成,折棚由特制材料制成,具有防火性、高强度、防老化等特性。每折棚布缝制边缘用铝型材制成的中间框压夹,折棚端部与连接框和端框相连。

端框由铝型材焊接而成,表面喷塑处理,通过安装螺栓与车端相连。

连接框由铝型材焊接而成,并装有下列部件:导向头、导向座,以实现连挂时的对中;连接锁闭机构为滑杆结构,滑杆上带有锁钩,可与钩锁卡板实现互锁。两车连挂时,操作手柄,锁钩可相对运动,卡入钩锁卡板中。这样的结构使连接框承载均衡并可靠定位。

为防棚布受损,端框与连接框之间装有四条收紧绳索,分别装在端框和连接框上部和下部,以限制折棚的最大拉伸量。上下绳索间装有拉簧,可使连接框尽量保持垂直位置。

每套外风挡组成均能实现拉伸和压缩,在最大和最小情况时,车端距可达到 1 160 mm和 620 mm。

2. 侧护板组成

每套侧护板组成包括中间护板、边护板及连杆组成。

侧护板通过护板轴与安装在车端的支座组成锁紧而固定,由于配有快速锁闭机构,侧护板组成可迅速安装在车端,并可通过一四角钥匙快速开启。

中间护板由中间板骨架外镶 1.5 mm 的铝板组成,具有防划伤和防火性能。中间护板通过中间护板骨架上的两根轴与连杆连接,随连杆的运动而运动。

边护板为铝型材,表面喷漆。

连杆两端安装在边护板上。

中间护板、边护板通过连杆形成一体。风挡运行中,各部件复合运动,中间护板、边护板通过相对滑动来实现拉伸和压缩,同时通过连杆的弹性变形来满足侧滚运动。

中间护板、边护板的上下均装有裙边,裙边由橡胶制成,当侧护板上下运动时,裙边有弹性变形,使侧护板与车体的运动保持一致。

侧护板组成最大拉伸量为 240 mm,最大压缩量 310 mm,垂向错动量为 200 mm。

3. 顶护板组成

每半个风挡配有一套顶护板组成,每套顶护板组成通过两个边梁分别安装在外风挡组成的连接框和端框上,两车连挂后,两套顶护板组成就可以构成完整的顶板装饰面。

顶护板包括边梁、边护板、中间护板及连杆机构等组成,中间护板通过连杆机构将边护板连接在边梁上。由于连杆机构为铰接式,可适应车辆运行中车端的各种变化。

4. 渡板和踏板组成

渡板由渡板体、折页及磨耗条组成,渡板体由不锈钢花纹板制成,有防滑性能。踏板由光面不锈钢板制成,表面经钝化处理。

第三节　车体的检修

一、车体检修内容

车体检修的内容主要包括:车体结构的检修、内部设施的检修、车体油漆。车体检修需要根据检修内容准备设备和物品。

二、车体内部设施检修

1. 地板检修

(1)清除地板布表面污垢,要求表面无明显变形、无起泡、无明显色差。

(2)地板布磨损应进行挖补,挖补面积应 $\geqslant 2\ m^2$,接缝不得在门前通道上,不得损坏下面防火层,更换的地板布颜色应选用原地板布相近的颜色。

2. 顶板检修

(1)清洁空调通风口和灯罩的格栅。

(2)更换照明灯灯具。

(3)检查客室顶板,应安装牢固,无破损,无严重变形。

(4)检查弧形盖板及其锁的安装状态和功能,检查各金属安装件、紧固件及压紧锁有无过度磨损,松动、间隙过大的连接件或锁要更新。

3. 客室侧墙、端墙检修

(1)清除表面污垢,确认无变形及表面涂层无脱落。

（2）出现变形无法修复的更新，表面色应与相邻的墙板色一致。部分划痕及划伤的表面喷涂处理。表面喷涂时，做好防护，避免交叉污染。

4. 客室车窗检修

（1）更换橡胶框。

（2）检查玻璃，应无裂纹和严重划伤，玻璃夹层中无进气、水现象。

（3）检查窗户安装牢固良好。

5. 驾驶室车窗检修

（1）检查风窗玻璃的状态和除霜功能。

（2）更换刮水器橡胶刮水板。

（3）检查刮水器，确保安装良好、功能正常。

6. 驾驶室座椅检修

（1）检查驾驶室座椅，其机械机构各零件完好无损；各螺栓连接处紧固良好；调节座椅和靠背的升降及旋转机构，动作应灵活自如；座椅、靠背软垫外表面无破损。

（2）清洁外表面，并润滑驾驶室座椅各活动部位。

7. 客室座椅检修

（1）检查座椅应安装牢固，座椅壳与座椅框架间的隔垫安装良好、无破损，橡胶止挡安装良好、无破损，座椅外观及油漆需良好、清洁无尘垢。

（2）检查座椅下盖板及其锁的安装状态，开闭功能良好。

8. 立柱、扶手检修

（1）检查立柱和扶手，安装应牢固无松动。

（2）检查立柱和扶手的表面，若划痕严重，进行表面翻新。

9. 贯通道检修

（1）检查折篷，应安装牢固、完好无损。

（2）检查过渡板，应无裂纹、严重磨损等损伤，翻转灵活；磨耗条厚度不小于 2 mm，否则应更换。

（3）检查活动侧墙，活动侧墙及其机构各件安装牢固、完好无损、功能良好。

（4）检查连接顶板，各件安装牢固、完好无损、翻转灵活。

（5）清洁贯通道处各零部件。

10. 其他设施检修

（1）检查升弓脚踏泵，功能良好。

（2）检查灭火器安放到位、安装牢固，并在有效期内。

（3）检查风喇叭的安装和功能，风喇叭各部件应完好无损、安装牢固、鸣叫响亮。

三、车体油漆

1. 油漆前处理

（1）打磨和清除原漆层局部的龟裂、老化和破损处。

（2）用腻子灰将车体外表面或底架下箱体外表的局部表面凹凸不平处涂刮找平并用砂纸打磨平整。

（3）对露出的金属表面处，需将金属表面的锈垢清除干净，并涂金属底漆。

2．遮蔽

3．油漆

(1)用打磨机打磨车体外侧油漆部位,按原有面漆用腻子找平。

(2)用高压风吹扫车体外表面各打磨区域表面。

(3)用干净湿抹布清洁油漆粉尘并自然晾干。

(4)喷涂中涂层。

(5)打磨中涂层,用干净湿抹布清洁油漆粉尘,并自然晾干。

(6)测定中涂层的厚度和光泽度,应符合相关技术要求。

(7)喷涂面漆,依照不同部位的油漆色标选择面漆并进行喷涂。

(8)测定面漆的厚度和光泽度,应符合相关技术要求。

(9)按上述工艺打磨和清洁喷涂色带和各种标记部位的局部面漆,喷涂色带和各种标记。

4．整理

5．测试和试验

(1)中涂层面漆附着力试验:用 3 m 胶带纸粘贴油漆表面,用 2 mm 划格仪检测,检测结果应不大于 1 级标准,或参照道格拉斯工艺标准执行。

(2)湿热、烟雾试验:240 h,检测方法按 GB 1733 标准执行。

(3)人工老化试验:2 500 h,检测方法按 GB 1766 标准执行。

(4)油漆阻燃性试验:在 1 000 ℃ 环境温度下,喷涂的油漆应不燃烧起火,只起壳、剥离。

关键名称与概念

1．车钩缓冲装置:主要由车钩、缓冲器、风管连接器等部分组成,供地铁、轻轨、单轨及磁悬浮等交通系统车辆编组运行时,车辆连挂及风路、电路自动连接用。

2．缓冲器:由牵引杆、缓冲弹簧片、前从板、后从板、缓冲器体、后盖等组成。

缓冲器的作用是用来缓和车辆在运行中由于牵引力的变化或在起动、制动及调车连挂时车辆相互碰撞而引起的纵向冲击和振动。

复习题

1．城市轨道交通车辆分哪几种类型,其各自特点如何? (适合【初级工】)

2．城市轨道交通车辆车体的组成部分有哪些? (适合【初级工】)

3．司机室由哪些低压电器柜组成,其各自的作用是什么? (适合【初级工】)

4．车体内部布置结构有哪些? (适合【初级工】)

5．简述司机室的设备分布情况。 (适合【初级工】)

6．简述司机室组成部件作用。 (适合【初级工】)

7. 简述 N1～N10 面板组成结构。（适合【初级工】）

8. N1～N10 面板组成结构的主要作用。（适合【初级工】）

9. 车钩缓冲装置由哪些部分组成,其用途是什么？（适合【初级工】）

10. 车钩由哪些元件组成,各组成元件的作用是什么？（适合【初级工】）

11. 司机显示单元(DDU)的功能及作用。（适合【初级工】）

12. 简述 N1～N10 面板元件的更换工艺。（适合【中级工】）

13. 司机室低压电器柜布置特点是什么？（适合【中级工】）

14. 如何检测车钩的三态作用？（适合【中级工】）

15. 简述车体的检修工艺。（适合【中级工】）

16. 简述车钩缓冲装置的组成及用途。（适合【中级工】）

17. 密接式车钩结构及其工作原理是什么？（适合【中级工】）

18. 简述车钩锁的工作过程。（适合【中级工】）

19. 简述电连接器的分类及作用。（适合【中级工】）

20. 简述主控器的常见故障检修工艺。（适合【中级工】）

21. 简述 DDU 的实验方法。（适合【高级工】）

22. 简述 N1～N10 面板设备常见故障判断方法。（适合【高级工】）

23. 简述主控器的实验方法。（适合【高级工】）

24. 司机室低压电器柜的检测方法有哪些？（适合【高级工】）

25. 简述车钩三态作用的实验方法。（适合【高级工】）

26. 简述车钩故障的检查方法。（适合【高级工】）

27. 简述车钩故障检修工艺。（适合【高级工】）

28. 简述主控器面板的检测方法,对其故障检修进行方案设定。（适合【技师】）

29. 对司机室低压电器柜的典型故障出具检修方案。（适合【技师】）

第三章 转向架及悬挂装置

培训目标 ◄◄◄

　　通过本章学习,掌握城市轨道交通车辆转向架功能、一系及二系悬挂装置结构、组成及作用;掌握驱动装置的组成及作用;熟悉城市轨道交通车辆转向架构架、轮对轴箱装置的组成及作用;熟悉转向架的检修流程。

第一节　转　向　架

　　城市轨道交通车辆转向架是支撑车辆车体并负担车辆走行任务的部件,保证车辆灵活、安全、平顺地沿钢轨运行和通过曲线;承受作用于车辆各种力量并传给钢轨;缓和车辆和钢轨的相互冲击,减少车辆振动,保证足够的运行平稳性和良好的运行质量;具有可靠的制动机构,使车辆具有良好的制动效果。

　　转向架一般设计原则如下:

　　(1)采用高柔性的空簧悬挂系统,以获得良好的振动性能。这种高柔性空气弹簧在正常速度下均能表现出优越性。

　　(2)采用高强的、轻量化的转向架结构,以降低轮轨间的动力作用。

　　(3)采用能有效地抑制转向架蛇形运动,提高转向架蛇形运动临界速度的各种措施。

　　(4)基础制动装置采用复合制动系统。除采用常规的空气盘形制动和踏面制动外,可配以磁轨制动、涡流制动等非黏制动系统。

一、转向架的功能

　　(1)承载:承受车架以上各部分的重量(包括车体、车架、动力装置和辅助装置等),并使轴重均匀分配。

　　(2)牵引(动力转向架):保证必要的轮轨黏着,并把轮轨接触处产生的轮周牵引力传递给车架、车钩,牵引列车前进。

　　(3)缓冲:缓和线路不平顺对车辆的冲击,保证车辆具有良好的运行平稳性和稳定性。

　　(4)转向:保证车辆顺利通过曲线。

　　(5)制动:产生必要的制动力,以使车辆在规定的距离内减速或停车。

二、转向架分类

1. 按轴数分类

按转向架上的轴数,可分为2轴、3轴和多轴转向架。城市轨道交通车辆通常采用 2 轴转向架。

2. 按弹簧装置形式(悬挂方式)分类

按弹簧装置形式,可分为一系悬挂和二系悬挂转向架。城市轨道交通车辆通常采用二系悬挂转向架。

(1)一系悬挂

轮对轴箱与构架间设置的弹簧等减振装置,称为一系悬挂,用于缓解构架振动。一系弹簧悬挂转向架示意图如图 3-1 所示。

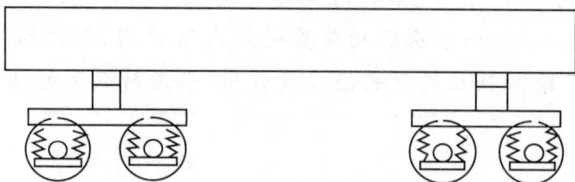

图 3-1 一系弹簧悬挂转向架示意图

(2)二系悬挂

除了在轮对轴箱与构架间有弹簧外,还在构架与车体间设置第二系悬挂装置,常用的二系悬挂装置是空气弹簧,适用于客车车辆。二系弹簧悬挂转向架示意图如图 3-2 所示。

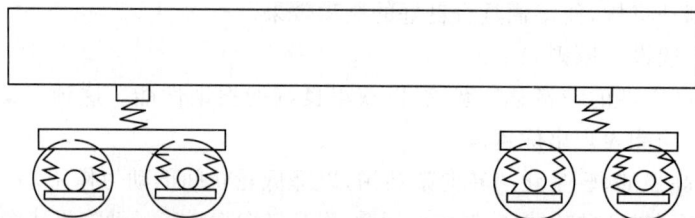

图 3-2 二系弹簧悬挂转向架示意图

3. 按轴箱定位形式分类

轴箱定位装置是指约束轮对轴箱与构架之间相对运动的机构。它对转向架的横向动力性能、曲线通过性能和抑制蛇形运动具有决定性作用。轴箱定位装置的纵向和横向定位刚度选择合适,可以避免车辆在运行速度范围内蛇形运动失稳,保证曲线通过时具有良好的导向性能,减轻轮缘与钢轨间的磨耗和噪声,确保运行安全和平稳。

常见的轴箱定位装置的结构形式有:

(1)导框式定位

轴箱上有导槽,侧架或构架上有导框,构架的导框插入轴箱的导槽内,铅垂方向允许有较大相对位移,前后左右仅容许有相对小的间隙。

(2)干摩擦导柱式定位

安装在构架上的导柱及坐落在轴箱弹簧托盘上的支持环均装配有磨耗套,导柱插入支持环,发生上下运动时,两磨耗套之间是干摩擦,它的作用原理是由于轴箱橡胶垫产生不同方向的剪切变形,实现弹性定位作用,如图 3-3 所示。

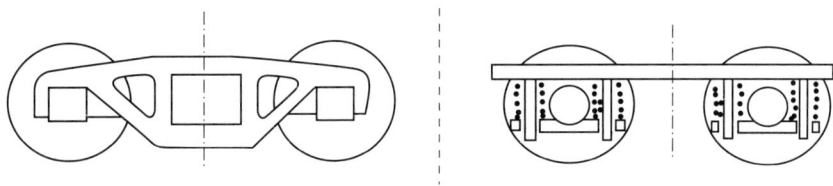

图 3-3　导框式定位/干摩擦导柱式定位

（3）拉板式定位

用特种弹簧钢制成薄形定位拉板，一端连轴箱，另一端通过橡胶节点连构架。利用拉板在纵、横向的不同刚度来约束构架与轴箱的相对运动，实现弹性定位。

拉板式定位如图 3-4 所示。

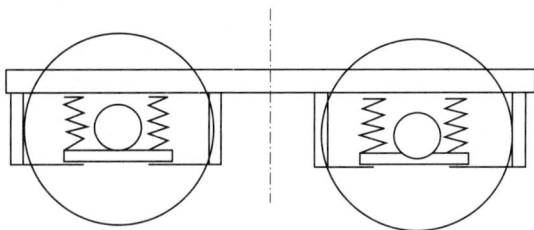

图 3-4　拉板式定位

（4）拉杆式定位

拉杆两端分别与构架和轴箱销接，拉杆可以容许轴箱与构架在上下方向有较大相对位移。拉杆中的橡胶垫、套分别限制轴箱与构架之间的横向与纵向位移，实现弹性定位。

拉杆式定位如图 3-5 所示。

图 3-5　拉杆式定位

（5）转臂式定位（又称弹性铰定位）

定位转臂一端与圆筒形轴箱体固接，另一端以橡胶弹性节点与焊在构架上的安装座相连。橡胶弹性节点容许轴箱相对构架有较大上下方向位移，但它里边的橡胶件使轴箱横向与纵向位移的定位刚度不同，以适应纵、横两个方向不同弹性定位刚度的要求。

转臂式定位如图 3-6 所示。

（6）橡胶弹簧定位

轴箱和构架间设有橡胶弹簧，合理选取刚度，实现弹性定位，如图 3-7 所示。

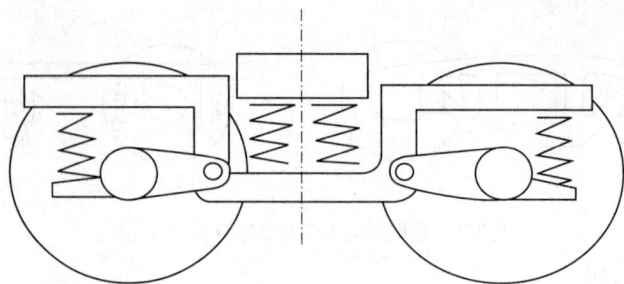

图 3-6 转臂式定位

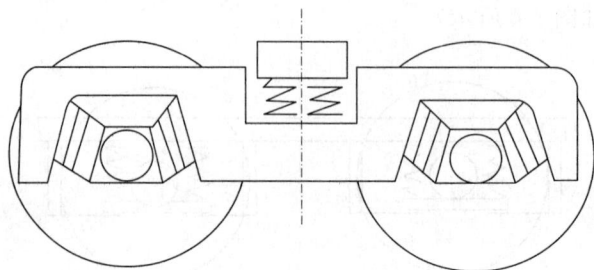

图 3-7 橡胶弹簧定位

4. 按垂向载荷的传递方式分类

（1）心盘集中承载

在车体上的全部重量通过前后两个心盘分别传递给前后转向架的两个下心盘。我国多采用这种承载方式，如图 3-8(a)所示。

（2）非心盘承载

该种形式的转向架没有心盘装置，虽然有的转向架上还有类似心盘的装置存在，但它是作为牵引及转动中心之用，而车体上的全部重量通过中央弹簧悬挂装置直接传递给转向架构架。其中有的转向架在中央弹簧悬挂装置与构架之间安装有旁承装置时，对这种转向架又称为旁承承载，如图 3-8(b)所示。

（3）心盘部分承载

这种承载方式的结构是上述两种承载方式结构的组成，即车体上的重量按一定比例分配，分别传递给心盘与旁承，使之共同承载。这种承载方式在旁承结构比较复杂，我国也有车辆采用这种承载形式，如图 3-8(c)所示。

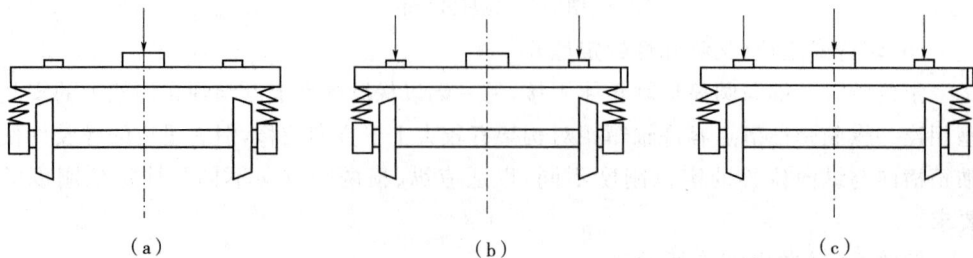

（a）　　　　　　　（b）　　　　　　　（c）

图 3-8 车体载荷承载方式

三、转向架组成及作用

城市轨道交通车辆转向架可分为动力转向架和非动力转向架。非动力转向架与动力转向架的最主要区别是:动力转向架有牵引电机和驱动装置,每个动力转向架安装2个接地装置,2个速度传感器,而非动力转向架没有驱动装置。

1. 动力转向架

动力转向架结构如图3-9所示。

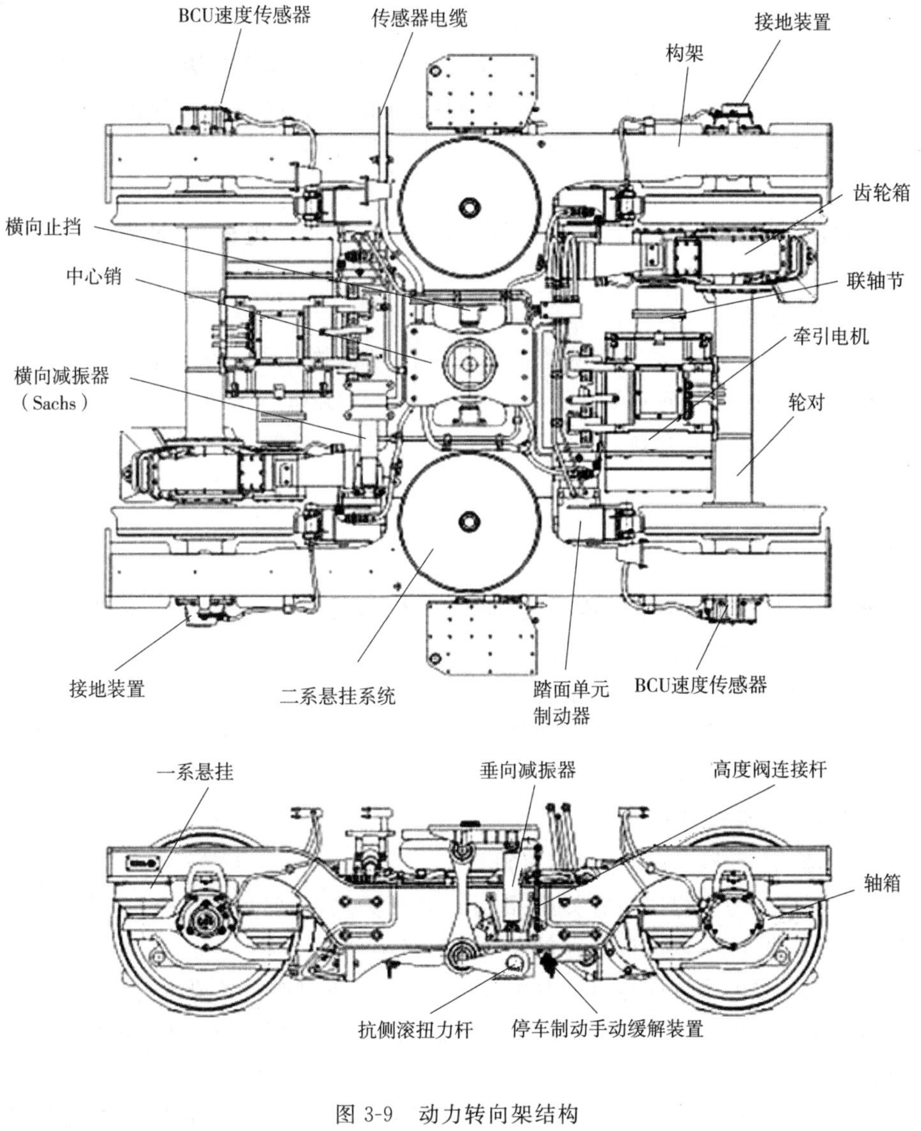

图3-9 动力转向架结构

①轮对

轮对直接向钢轨传递重量,通过轮轨间的黏着产生牵引力或制动力,并通过车轮的回转实现车辆在钢轨上的运行(平移)。

②轴箱

轴箱是联系构架与轮对的活动关节,它除了保证轮对进行回转运动外,还能使轮对适应线路不平顺等条件,相对于构架上下、左右和前后运动。

③一系悬挂(轴箱与构架连接装置)

用来保证一定的轴重分配,缓和线路不平顺对车辆的冲击,并保证车辆运行平稳性。它包括轴箱弹簧、垂向减振器和轴箱定位装置等。

④构架

转向架的骨架,它将转向架的各个零、部件组成一个整体,并承受和传递各种力。它包括侧梁、横梁或端梁,以及各种相关设备的安装或悬挂支座等。

⑤二系悬挂(车架/体与转向架间的连接装置)

用以传递车体与转向架间的垂向力和水平力,使转向架在车辆通过曲线时能相对于车体回转,并进一步减缓车体与转向架间的冲击振动,同时必须保证转向架安定。它包括二系弹簧、各方减振器、抗侧滚装置和牵引装置等。

⑥驱动装置(动力转向架)

将动力装置的扭矩最后有效地传递给车轮。包括牵引电机、车轴齿轮箱、联轴节或万向节和各种悬吊机构等。

⑦基础制动装置

由制动缸传来的力经放大系统(一般为杠杆机构)增大若干倍以后传给闸瓦(或闸片),使其压紧车轮(或制动盘),对车辆施行制动。基础制动装置包括制动缸(气缸或油缸)、防滑系统(杠杆机构或空—油转换装置)、制动闸瓦(或闸片)和制动盘等。

四、转向架构架

转向架构架是转向架的基础,把转向架的零、部件组成一个整体,承受、传递载荷及作用力,保持车轴在转向架内的位置。

构架一般由左、右侧梁和一个或几个横梁(或端梁)等组成。

构架上还设有中心座安装座、轴箱吊框、制动吊座、高度控制阀座、抗侧滚扭杆座、减振器座和止挡等,用于安装相关设备。

1. 转向架构架设计原则

转向架构架设计必须遵循以下原则:

(1)必须全面考虑构架与有关零、部件的相互关系,合理布置结构。构架各梁应尽可能设计成等强度梁,以保证获得最大强度和最小自重。

(2)构架各梁的布置应尽可能对称,以简化设计和制造。各梁本身以及各梁组成构架时,必须注意减少应力集中。除了保证强度外,应合理设计构架的刚度,使其具有一定的柔性。

(3)部分尺寸精度要求较高,使一些部件安装具有较高的定位精度,如轮对定位,使转向架达到较高的运行性能。

(4)结构经过设计具有足够高的强度,承受并传递牵引力、制动力、车体重量以及各种冲击、振动,保证列车运行安全。

(5)焊缝的结构尺寸和布置应选择合理,并注意消除焊接应力。

2. 转向架构架简介

下面以南京地铁 1 号线转向架构架为例进行介绍。

南京地铁 1 号线转向架构架是 H 形的,主要包括两根侧梁和一根由钢结构焊接成的横梁。

(1)侧梁

侧梁是构架的主要承载梁,是传递垂向力、纵向力和横向力的主要构件,侧梁还用来确定轮对位置。侧梁上设有踏面单元制动器、一系簧、二系簧等部件的安装座。各部件安装座的安装孔都经过精确定位,从而保证了所有部件组装后的转向架运行性能。

(2)横梁

横梁的作用是保证构架在水平面内的刚度,保持各轴的平行及承托牵引电动机等部件。

3. 动车转向架构架

动车转向架构架组件如图 3-10 所示。

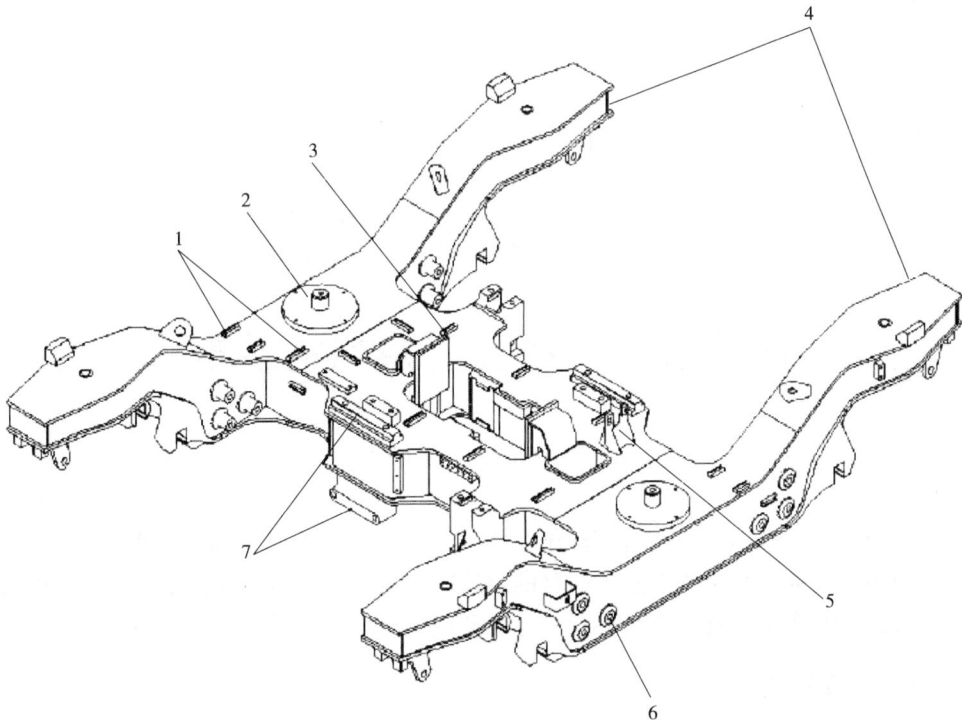

图 3-10　动车转向架构架组件
1—制动管固定座;2—二系悬挂安装座;3—横梁;4—侧梁;
5—横梁减振器安装座;6—制动单元安装座;7—牵引电机安装座

4. 拖车转向架构架

拖车转向架构架与动车转向架构架相同,但是不需要安装齿轮箱、电机的安装座以及安全挡块等,其结构如图 3-11 所示。

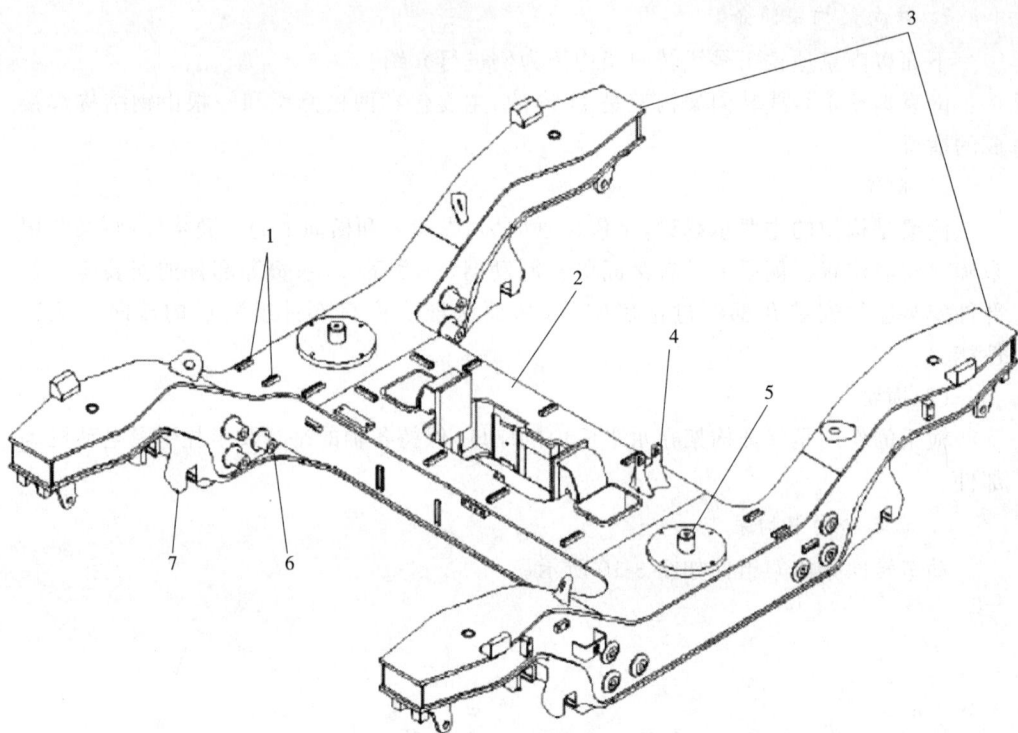

图 3-11　拖车转向架构架组件

1—制动管固定座；2—横梁；3—侧梁；4—横梁减振器安装座；
5—二系悬挂安装座；6—制动单元安装座；7——系悬挂安装座

第二节　一系及二系悬挂装置

一系悬挂是指仅在构架与轴箱间设有第一系的弹簧悬挂，一般用于低、中速机车车辆。

二系悬挂是指既有第一系弹簧，还在构架与车体间设有第二系的弹簧悬挂，用于中、高速机车车辆。采用二系悬挂的目的：可减少弹簧装置的合成刚度，增大其总静扰度，以改善机车车辆垂直方向的运行平稳性和减少机车车辆对线路的动作用力。

一、一系悬挂

一系悬挂为轮对和转向架构架提供连接，如图 3-12 所示。它传递轮对和转向架间的驱动力和制动力，并为轮对提供必要的平面刚度，以保证转向架的动态稳定性。

一系悬挂为转臂型悬挂。垂向刚度通过位于转臂和转向架侧架之间并定位于车轴中线上部的两根同轴的螺旋弹簧提供。侧向和纵向刚度通过安装在转臂端部并固定于构架定位臂的弹性节点提供。

转臂位于轴箱顶部，通过支撑座固定在悬挂中。安装在支撑座端部和构架端部之间的液压减振器提供了减振功能。

一个位于螺旋弹簧内部的弹性止挡块限制了转向架的向下运动。转向架的向上运动通过一个挡销限制,它能够与转臂端部接触;通过这种方式,当转向架被吊起时,悬挂使轮对保持在构架内。

根据转向架类型,不同厚度的垫片安装在弹簧上座以补偿不同的轴重,并保证转向架水平。

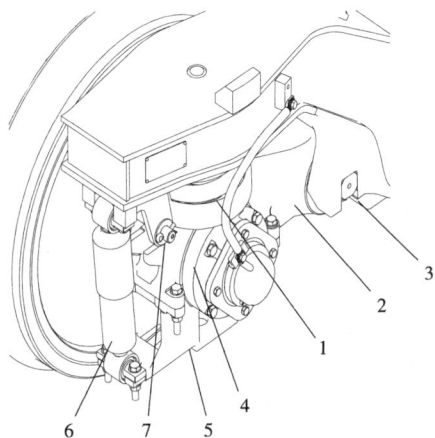

图 3-12　一系悬挂
1—螺旋弹簧;2—转臂;3—弹性节点;4—轴箱;5—支撑座;
6—液压减振器;7—挡销

二、二系悬挂

二系悬挂的主要功能是增加乘客舒适性。该悬挂为车体提供了弹性支撑,使车体能够相对转向架运动,同时提供横向对中功能。二系悬挂还可维持车体在预设的高度而与载客多少无关。

二系悬挂构成如图 3-13 所示。

安装在转向架和车体之间支撑车辆重量的两个空气弹簧。空气弹簧充气由安装在车体的空气压缩系统开始,通过高度阀系统,经过空气弹簧顶板的进气孔进入空气弹簧。每个空气弹簧平行安装有一个整体的金属—橡胶弹簧,该弹簧确保在空气弹簧放气情况下应急悬挂。空气弹簧的空气压力对应于车内乘客的重量自动增加或降低,因而能保证车体相对转向架构架的高度恒定。

两个垂向减振器,对角安装在转向架构架和枕梁之间。这两个减振器用弹性节点连接,能使转向架和车体相对运动。

一个横向减振器安装在转向架构架和中心销之间。该减振器也使用弹性节点连接,从而保证转向架和车体间的相对运动。

一个限制车体侧滚运动的抗侧滚扭杆固定在车体下的轴承单元中,并通过吊杆连接到车体上。车体的侧滚运动引起抗侧滚扭杆的扭曲,而扭杆抵抗侧滚,从而消弱车体的侧滚。

当车轮半径在旋修操作中减小后,为补偿车轮磨耗,在空气弹簧和转向架构架间安装垫片。

安装在车体的空气供应和高度调整系统,保证了空气弹簧顶部和转向架构架之间的高度恒定。两个固定在车体的高度阀通过调节杆连接到构架。

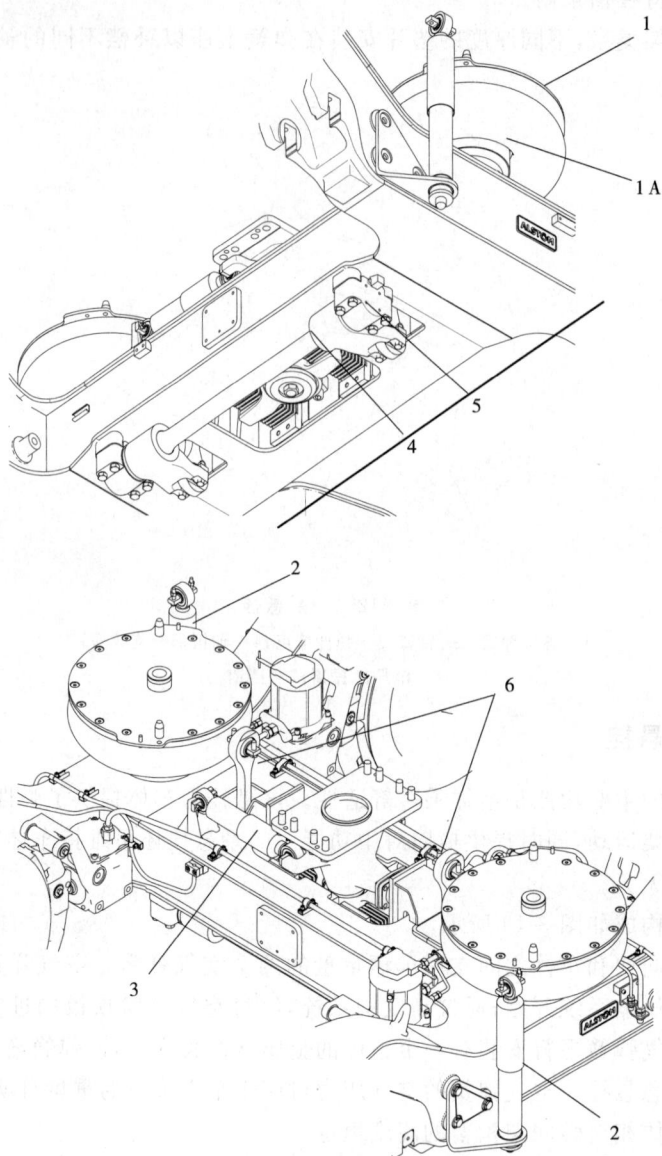

图 3-13　二系悬挂

1—空气弹簧;1A—金属—橡胶弹簧;2—液压减振器;3—横向减振器;

4—抗侧滚扭杆;5—轴承单元;6—吊杆

三、弹簧装置

1. 弹簧装置的作用

(1)使车辆的质量与载荷比较均衡地传递给各轮轴,并使车辆在静载状况下(包括空、重车)两端的车钩距轨面高度应满足相关规定的要求,以保证车辆的正常连挂。

(2)缓和因线路的不平顺、轨缝、道岔、钢轨磨耗和不均匀下沉,以及因车轮擦伤、车轮不圆、轴颈偏心等原因引起车辆的振动和冲击。

（3）提高车辆运行的舒适性和平稳性，改善机车车辆横向运动性能和曲线通过性能，延长车辆和轨道使用寿命。

2. 弹簧的主要特性

（1）挠度：指弹簧在外力作用下产生的弹性变形的大小或弹性位移量。

（2）刚度：弹簧产生单位挠度所需的力的大小称为该弹簧的刚度，一般用 K 表示。

（3）柔度：单位载荷作用下产生的挠度称为该弹簧的柔度，一般用 i 表示。

3. 橡胶弹簧

（1）橡胶元件优点

①可以自由确定形状，使各个方向的刚度根据设计要求确定。利用橡胶的三维特性可同时承受多向载荷，以便于简化结构。

②可避免金属件之间的磨耗，安装、拆卸简便，无需润滑，故有利于维修，降低成本。

③可减轻自重。

④具有较高内阻，对高频振动的减振以及隔音性有良好的效果。

⑤弹性模量比金属小得多，可以得到较大的弹性变形，容易实现预想的良好的非线性特性。

（2）橡胶元件缺点

主要是耐高温、耐低温和耐油性能比金属弹簧差，使用时间长易老化，而且性能离散度大，同批产品的性能差别可达 10%。

（3）橡胶元件的安装位置

车辆上的橡胶元件主要应用于弹簧装置与定位装置。此外，车体与摇枕、摇枕与构架、轴箱与构架、弹簧支撑面等金属直接接触的部位经常采用橡胶衬垫、衬套、止挡等橡胶元件。

（4）橡胶元件设计时的注意事项

①橡胶具有特殊的蠕变特性，即压缩橡胶原件时，当载荷加到一定数值后，虽不再增载，但其变形仍在继续，而当卸去荷载后，也不能立即恢复原状。通常称为时效蠕变或弹性滞后现象。因此，橡胶的动刚度比静刚度大。

②橡胶元件的性能（弹性、强度）受温度影响较大。

③橡胶具有体积基本不变的特性，即几乎是不可压缩的。

④橡胶的散热性不好，故不能把橡胶元件制成很大的整块，需要时应做成多层片状，中间夹以金属板，以增强散热性。

⑤橡胶变形受载荷形式影响较大，承受剪切载荷时橡胶变形最大，而承受压缩载荷时其变形最小，一般用于受剪或受压。

4. 空气弹簧

（1）空气弹簧的优点

①刚度可选择低值，以降低车辆的自振频率。

②具有非线性特性，可以根据车辆振动性能的需要，设计成具有比较理想的弹性特性曲线。

③刚度随载荷而改变，从而保持空、重车时车体自振频率几乎相等，使空、重车不

同状态的运行平稳性接近。

④空气弹簧和高度控制阀并用时,可按车在不同静载荷上,保持车辆地板面距轨面的高度不变。

⑤同一空气弹簧可以同时承受三维方向的载荷。

⑥在空气弹簧本体和附加空气室之间装调有适宜的节流孔,可以代替垂向安装的液压减振器。

⑦具有良好的吸收高频振动和隔音性能。

(2)空气弹簧缺点

空气弹簧的附件(如高度控制阀、差压阀)较多,成本较高,并增加了维护与检修的工作量。

(3)空气弹簧的分类

空气弹簧大体上可分为囊式和膜式两类。

①囊式空气弹簧:这类空气弹簧使用寿命厂,制造工艺比较简单。但刚度大,振动频率高,所以基本上已不采用。

②膜式空气弹簧:可分为约束膜式、自由膜式等形状。

a. 约束膜式空气弹簧

结构:由内外筒及橡胶囊组成,如图 3-14 所示。

特点:刚度小,振动频率低,但橡胶囊工作状况复杂,耐久性差。

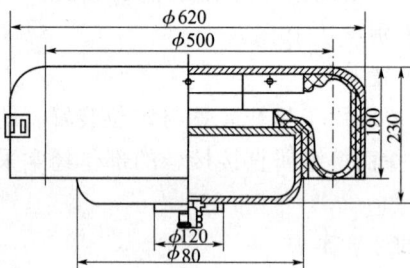

图 3-14　约束膜式自由弹簧(单位:mm)

b. 自由膜式空气弹簧

结构:由上盖板、橡胶垫、下盖板和橡胶囊组成,如图 3-15 所示。

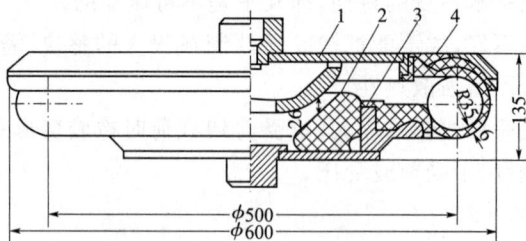

图 3-15　自由膜式空气弹簧(单位:mm)

1—上盖板;2—橡胶垫;3—下盖板;4—橡胶囊

特点:由于它没有约束橡胶囊变形的内、外筒,可以减轻橡胶囊的磨耗,提高了使用寿命。它本身的安装高度比较低,可以明显降低车辆地板面距轨面的高度。重量轻,并且其弹性特性可以通过改变上盖板边缘的包角加以适当调整,使弹簧具有良好的负载特性。在无摇动台装置的空气弹簧转向架上应用较多。

(4)空气弹簧的密封

空气弹簧密封要求高,以保证弹簧性能稳定和节省压缩空气。一般采用压力自封式和螺钉紧封式两种密封形式。压力自封式,是利用空气囊内部的空气压力将橡胶囊的端面与盖板(或内、外筒)卡紧加以密封;螺钉紧封式,是利用金属卡板与螺钉夹紧加以密封。压力自封式的结构简单,组装检修方便,应用较多。

四、高度控制阀、差压阀和节流孔

1. 高度控制阀工作原理

由车辆的装、卸载引起的车体和运转齿轮经过连接到正在使用的阀上作相应的垂向运动,并且将该动作传送到高度阀体凸轮支撑上。凸轮在活塞的长圆孔里动作,并且凸轮的上述转动使得活塞作上下运动。

当空气弹簧风缸内的空气压力降低时,防止空气弹簧内的压力空气向空气弹簧风缸倒流。

当车辆在水平位置时,高度阀处于中立位,在这个位置压力空气既不输入也不排出。在这个位置高度阀的输入阀口和输出阀口都处于关闭位置从而使得高度阀内的没有压力空气流动。

(1)加载——空气弹簧充气

车辆的载荷增加时,因为空气弹簧被压缩使得车体高度降低,较大的载荷施加而导致高度阀向上运动,推动凸轮,通过驱动机械装置使得活塞向上移动,高度阀的进口阀离开阀座使得压力空气从空气弹簧风缸经过高度阀进入空气弹簧,车体就得到升高。一旦达到原先设定的高度,动作的高度阀重新回到原先的位置并且入口阀关闭。高度阀重新处于中立位如图 3-16 所示。

(2)卸载——空气弹簧排气

空气弹簧卸载时,空气弹簧伸展而使得车体高度提升。压力降低导致高度阀向下运动,通过驱动机械装置转动凸轮。高度阀活塞向下移动使得排气阀离开排气阀座,通过活塞上的排气通路连通空气弹簧和排气口的通路。

高度阀的入口阀因空气弹簧和作用在入口阀上的空气弹簧风缸的压力仍然处于关闭位置。

空气弹簧风缸到空气弹簧的信号被切断,当车体高度被降低到恢复原先的高度,高度阀返回到原先设定的位置并且输出阀被关闭,高度阀重新回到中立位。高度阀排气状态如图 3-17 所示。

2. 差压阀的组成及工作原理

差压阀由一个铝的阀体和两个固定的软性负载弹簧组成,每个车装两个差压阀。它是空气弹簧的一部分,位于车辆每个端的两个空气弹簧之间并且接收高度阀的空气。两个高度阀的预定的压力值是不相等的,差压阀打开可以允许空气从高压力阀的一端流向低压力阀的一端并且流向空气弹簧。

差压阀总体布局结构如图 3-18 所示。

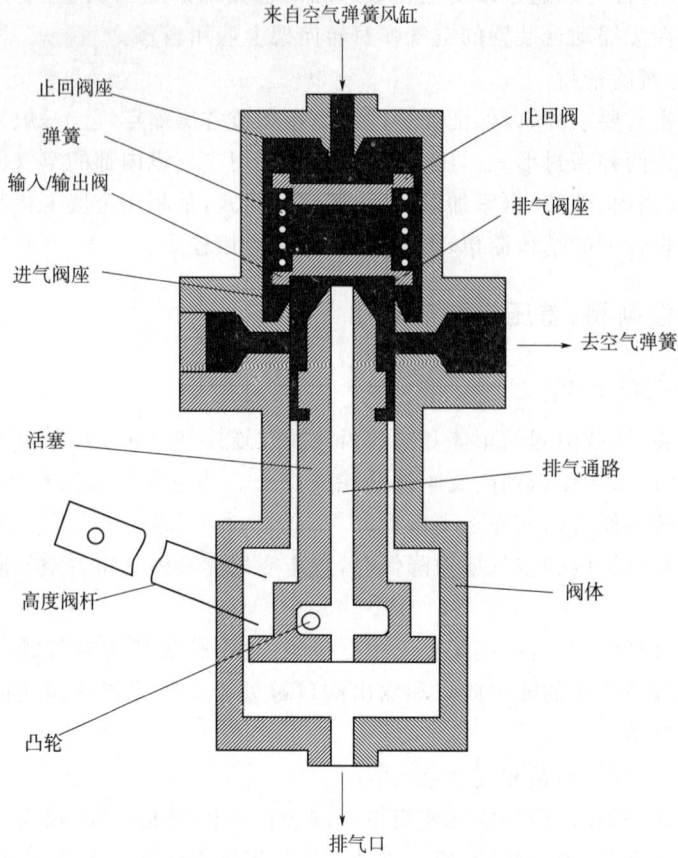

图 3-16　高度阀充气状态

　　差压阀连接两个高度阀(L2 和 L3),只有当一个高度阀的压力超过了另一个高度阀的压力并且克服了弹簧的作用力,在差压阀内才有空气的流动。可以通过调节弹簧来调节实际压力的大小。

　　两个软性的固定的阀安装在相对的位置。端口 A 和端口 B 的压力相等时,每个软性的固定阀通过弹簧的压力控制在相对的位置上,这样就阻止了在端口 A 和端口 B 之间空气的流动。

　　端口 B 要有一定的压力来克服弹簧 B 的压力,端口 A 的压力就大于端口 B 的压力,因此阀 B 打开允许空气从端口 A 流向端口 B,两个阀还有止回阀的作用是防止空气倒流。伴随着端口压力的逐步相等,弹簧 B 的压力和作用在阀 B 上的作用力就阻止空气在两个端口之间流动。

　　端口 A 要有一定量的压力来克服弹簧 A 的压力,端口 B 的压力就大于端口 A 的压力,因此阀 A 就打开而不是阀 B。

　　3. 空气弹簧节流孔

　　空气弹簧本体和附加空气室之间装设有适宜的节流孔,当车辆振动,空气弹簧垂向变位时,上述两者之间将产生压力差,空气流过节流孔,由于流动阻力而耗散部分振动能量,起到减振作用。

来自空气弹簧风缸

止回阀座

弹簧

输入/输出阀

进气阀座

止回阀

排气阀座

来自空气弹簧

活塞

排气通路

凸轮

高度阀杆

阀体

排气

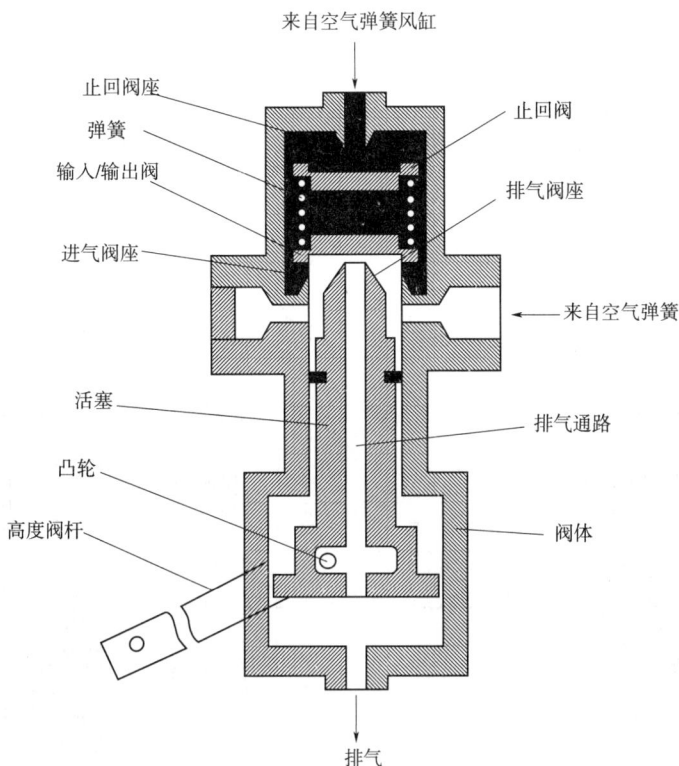

图 3-17　高度阀排气状态

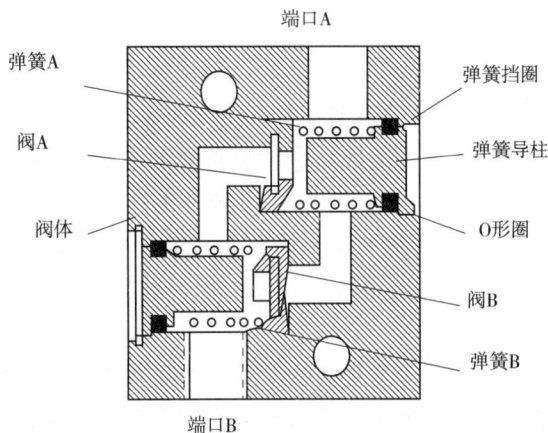

端口A

弹簧A

阀A

阀体

弹簧挡圈

弹簧导柱

O形圈

阀B

弹簧B

端口B

图 3-18　差压阀总体布局

　　空气弹簧节流孔分为固定节流孔和可变节流孔。一般采用空气弹簧悬挂装置的车辆都使用这种减振方式。

五、油压减振器

1. 油压减振器特点与应用

　　油压减振器主要利用液体黏滞阻力所做的负功来吸收振动能量。优点在于它的阻力是振动速度的函数,振幅的衰减量与幅值大小有关,振幅大时衰减量也大,反之亦

第三章　转向架及悬挂装置

然。缺点在于结构复杂,成本高,维护困难,受外界温度影响。为了改善振动性能,客车广泛采用性能良好的油压减振器。

2. 垂向油压减振器

油压减振器的减振性能主要是依靠活塞杆装置上的节流孔、进油阀装置和适宜的减振油液来决定。垂向油压减振器如图 3-19 所示。

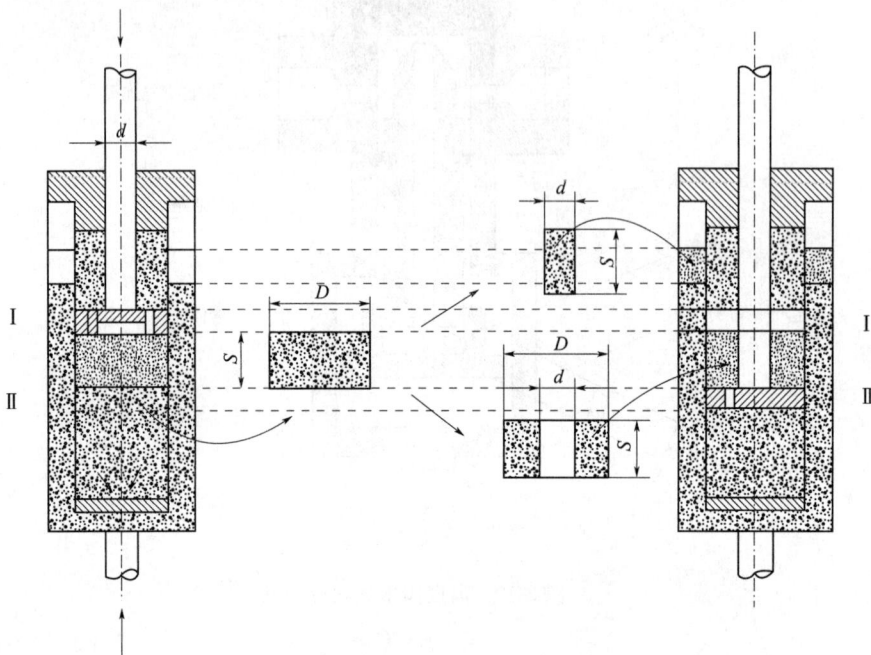

图 3-19　垂向油压减振器

当活塞杆向上运动时(又称减振器为拉伸状态),油缸上部油液的压力增大,上下两部分油液的压差迫使上部部分油液经过心阀的节流孔流入油缸下部,油液通过节流孔时产生阻力,该阻力的大小与油液的流速、节流孔的形状和孔径的大小有关;当活塞杆向下运动时(又称减振器为压缩状态),受到活塞压力的下部油液通过心阀的节流孔流入油缸上部,也产生阻力,因此,在车辆振动时液压减振器起减振作用。

3. 横向油压减振器

横向油压减振器的内部结构与垂向油压减振器基本相同,结构上的特点是增加了一个空气包。空气包的作用是为了使进油阀完全浸在油中,不露出油液面,防止空气进入缸筒内部。

横向减振器一般是水平的安装于摇枕与构架之间,其结构如图 3-20 所示。

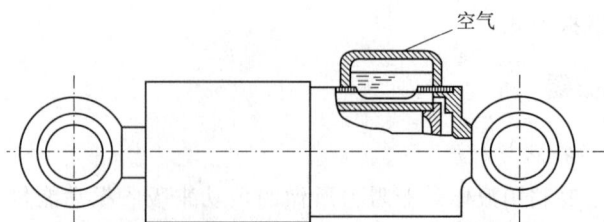

图 3-20　横向油压减振器

4. DISPEN2084-03 油压减振器

DISPEN2084-03 油压减振器是为保证转向架一系悬挂垂向运动的减振。该减振器的力—速特性为线性,通过两个弹性接头安装在转向架上。

(1)结构(图 3-21)

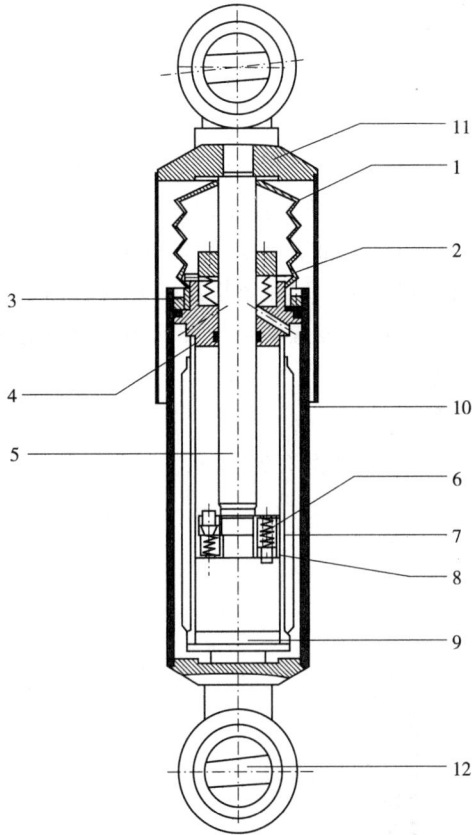

图 3-21　油压减振器结构图

1—防尘波纹管;2—小锁紧螺母;3—大锁紧螺母;4—活塞导向盖;5—活塞杆;

6—活塞单元;7—补偿气囊;8—压力缸;9—底阀单元;10—储油缸;11—防尘罩;12—连接头

(2)工作原理

DISPEN2084-03 油压减振器工作时,活塞在压力缸中往复运动,迫使液压油流过可变阻尼孔而产生阻力,同时,减振器将系统中的机械能量转变为油液的热能而向空气中散逸,使系统中的振动得到衰减。

(3)技术特点

城市轨道交通车辆的一系悬挂垂向运动有如下特点:频率较高;振幅较小。DIS-PEN2084-03 油压减振器采用了适用于上述运动特点的活塞杆密封技术,其运用可靠性较传统密封大大提高。

由于活塞杆随系统振动使压力缸内活塞杆所占容积不断变化,因此需要有一个附加储油腔进行液压油交换,储油腔内既要有变量的油,又要有压缩空气。

在传统的减振器设计中,活塞的高频运动会使储油腔中的空气和油由于振荡产生乳化现象。这种乳化油可压缩,且润滑效果差,会扩散并进入压力缸,从而产生以下不良后果:削弱减振效果;润滑性差;运动停止后乳化分解产生的空气进入压力缸,使减振器不再有效减振,即减振失效。

为了避免这种现象,DISPEN减振器装备有一个密封的弹性气囊,它的"呼吸"可弥补储油腔内油的体积变化,从而使储油腔中的空气和油之间不再直接接触,因而不会产生乳化现象,保证了有效减振,同时,气囊膨胀可在储油缸内产生一个微弱的正压,使油在回流阶段迅速回到压力缸。

六、抗侧滚扭杆

为能改善车辆垂向振动性能,需要相当柔软的垂向悬挂装置(如采用空气弹簧或柔软的钢弹簧),当然同时也就出现了车体侧滚振动的角刚度也随之变得相对柔软,车辆运行时车体侧滚角角位移增大,故需要设计出既能保证车辆具有良好垂向振动性能,又能提高抗侧滚性能的转向架。抗侧滚措施一是在转向架中央悬挂装置中设置抗侧滚装置;二是尽量增大中央悬挂装置中空气弹簧或钢弹簧的横向间距,以增大其角刚度,从而增强抗侧滚性能。

1. 抗侧滚扭杆装置的作用原理

抗侧滚扭杆装置结构及原理如图3-22所示。

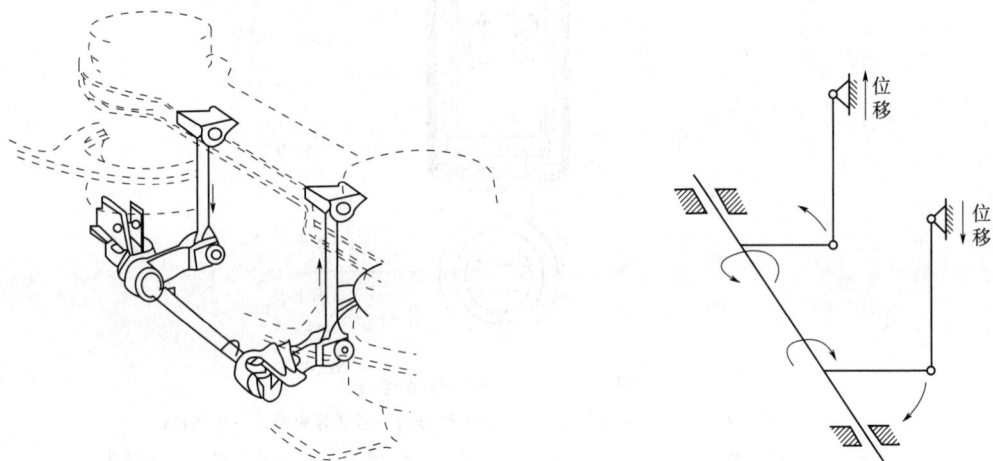

图3-22 抗侧滚扭杆装置及其示意图

2. 抗侧滚扭杆装置技术要求

(1)应具有前述的作用特点和适宜的抗侧滚动扭转刚度,同时应具有适应空气弹簧(中央弹簧)上、下支承两个部分之间相对运动的随动性。

(2)在垂向、横向及纵向的三个方向上,均应尽量减小对中央悬挂装置刚度的影响。

(3)扭杆与转臂之间应有足够大的刚度。

(4)应注意防止车辆高频振动的传递。

第三节　轮　　对

轮对一般由车轴、轮心和轮毂等组成。城市轨道交通车辆一般采用整体车轮,不再有轮心和轮毂之分。城市轨道交通车辆轮对有动力轮对和非动力轮对,其中动力轮对上通常装有牵引大齿轮(或齿轮箱)。轮对组成如图 3-23 所示。

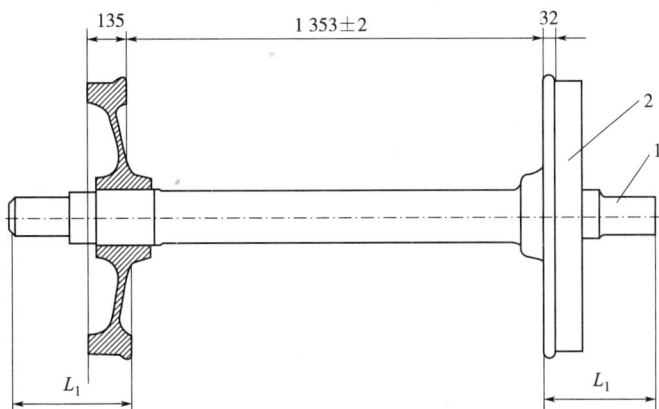

图 3-23 轮对组成(单位:mm)

1—车轴;2—轮对

一、轮对的基本要求

(1)应有足够的强度,以保证在容许的最高速度和最大载荷下安全运行。

(2)应在强度足够和保证一定使用寿命的前提下,使其重量最小,并具有一定弹性,以减小轮轨之间的相互作用。

(3)应具备阻力小和耐磨性好的优点,这样可以只需要较小的牵引动力并能提高使用寿命。

(4)应适用车辆直线运行,同时又能顺利通过曲线,还应具备必要的抵抗脱轨的安全性。

二、车 轮

1. 车轮组成

我国城市轨道交通车辆车轮绝大多数是整体辗钢轮,如图 3-24 所示,它包括踏面、轮缘、轮辋、辐板和轮毂等部分,车轮与钢轨的接触面称为踏面。一个突出的圆弧部分称为轮缘,轮缘是保持车辆沿钢轨运行,防止脱轨的重要部分。轮辋是车轮上踏面下最外的一圈。轮毂是轮与轴互相配合的部分,辐板是连接轮辋与轮毂的部分,辐板上有两个圆孔,便于轮对在切削加工时与机床固定和搬运轮对之用。

2. 踏面及轮缘

(1)关键的名称和尺寸(图 3-25)

①轮缘:高 25 mm,厚 32 mm,轮缘角 65°。

②踏面:

1:20 斜面的作用是在直线上自动对中,在曲线上使外轮滑动量小。

1:10 斜面的作用是通过小半径曲线时,接触于 1:10 斜面上,可进一步减小外轮滑动量。

③滚动圆:名义直径 ϕ600~840 mm。

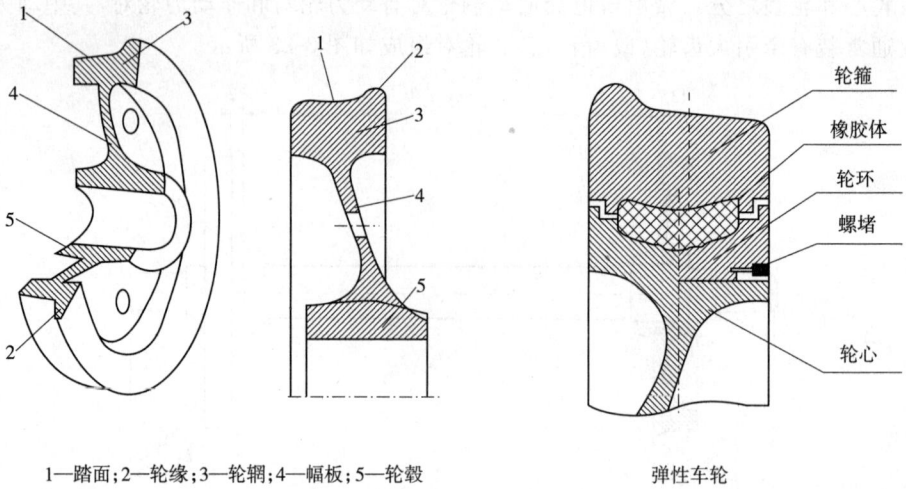

1—踏面；2—轮缘；3—轮辋；4—幅板；5—轮毂   弹性车轮

图 3-24   车轮结构图

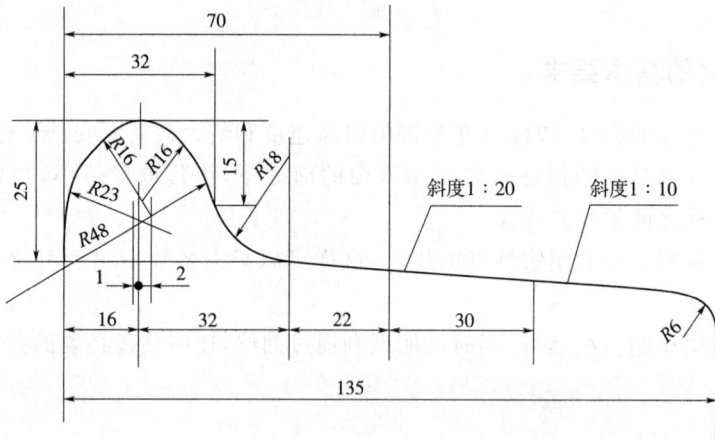

图 3-25   标准锥形踏面外形图（单位：mm）

（2）磨耗型（凹形、曲形、弧形）踏面

在新踏面投入运用的前期踏面和轮缘磨损严重。当锥形踏面磨耗到一定的凹形程度后，外形便相对稳定，磨耗速度减小（此时轮轨接触区域较宽）。因此，可以将新的车轮踏面外形直接做成与标准锥形踏面磨耗后的形状相类似（或近似）的一种踏面，即磨耗型踏面（亦称凹形、曲形、弧形踏面），如图 3-26 所示。

磨耗型踏面（亦称凹形、曲形、弧形踏面）的优点：

①延长旋轮公里（因轮轨接触点变化范围较大，使轮轨磨耗均匀），并减少旋轮时的车削量。

②在同样的接触应力下，容许更高轴重（因轮轨接触面积较大）。

③减少了曲线上的轮缘磨耗（因锥形踏面在曲线上时轮轨为两点接触，而磨耗型踏面在曲线上时轮轨为一点接触，如图 3-27 所示）。

三、车　　轴

城市轨道交通车辆目前使用的大多数是圆截面实心车轴，如图 3-28 所示。

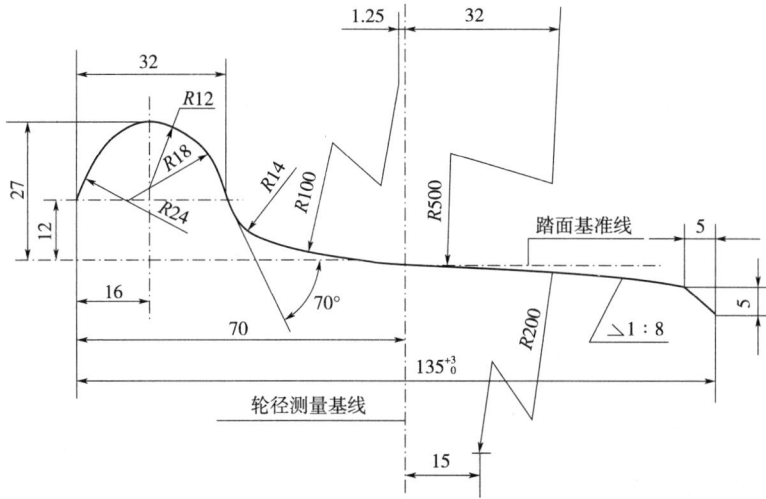

图 3-26 LM 磨耗型踏面尺寸

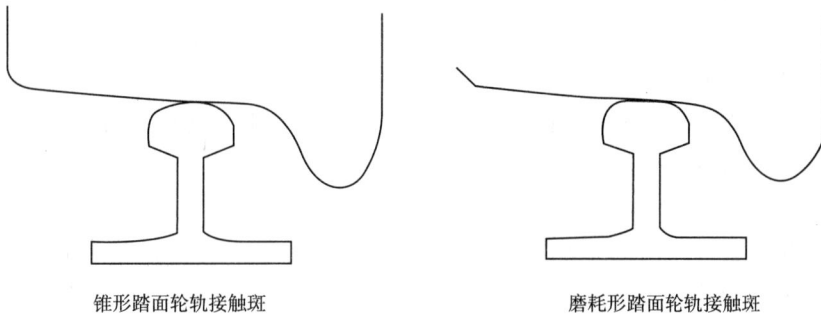

锥形踏面轮轨接触斑   磨耗形踏面轮轨接触斑

图 3-27 轮轨的接触范围

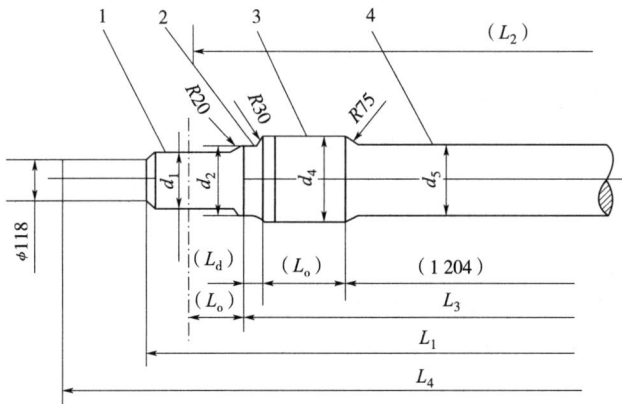

图 3-28 车轴(单位:mm)

1—轴颈;2—防尘板座;3—轮座;4—轴身

1. 轴颈

轴颈用以安装滑动轴承的轴瓦或滚动轴承,负担着车辆重量,并传递各方向的静、动载荷。

2. 防尘板座

防尘板座是轴颈和轮座的中间过渡部分,以减小应力集中。

3. 轮座

轮座是车轴与车轮配合的部位。为了保证轮轴之间有足够的压紧力,轮座直径比轮孔径要大 0.10~0.35 mm,同时为了便于轮轴压装,减少应力集中,轮座外侧(靠防尘板座侧)直径向外逐渐减小,成为锥体,其小端直径比大端直径要小 1 mm,锥体长 12~16 mm。轮座是车轴受力最大的部位。

4. 轴身

轴身是车轴中央部分,该部位受力较小。

四、轮对踏面的典型故障

城市轨道交通车辆运营速度一般低于 80 km/h,基础制动方式大都采用踏面制动。而且城市轨道交通线路站距短、车站多、制动和起动频繁,加上车轮工作环境恶劣,使得车轮踏面容易发生损伤。通过现场调查、静态轮轨匹配研究、车轮材质和闸瓦特性分析,发现制动频繁、闸瓦材质过硬以及轮轨不匹配是造成踏面擦伤的主要因素。

1. 踏面擦伤种类

常见的车轮踏面损伤包括踏面擦伤、踏面剥离、踏面碾堆、踏面磨耗、失圆(局部凹陷)等。各种踏面损伤形式及原因简述如下:

(1)踏面擦伤

车轮踏面擦伤是城市轨道交通车辆在运行中发生的主要损伤之一,其原因是当制动力过大时,车轮被闸瓦抱死或制动缓解不良,致使车轮在轨面滑行,形成一段平直部分,如图 3-29(a)所示。带有擦伤的车轮与钢轨接触状态恶化,形成周期性冲击,极易造成热轴,是导致轴承故障的罪魁祸首。

(2)踏面剥离

踏面剥离产生的原因是在踏面擦伤形成的同时,踏面与钢轨剧烈摩擦产生高温,冷却后,擦伤处的表层金属变的硬脆,在制动过程中,这些金属小块脱落或翘起而形成踏面剥离,如图 3-29(b)所示。另外由于轮钢材质中有夹渣,在运行中疲劳伤害而出现鳞片状剥落。

(3)踏面碾堆

踏面碾堆形成的主要原因是车轮材质不良,在列车运行中与钢轨接触摩擦,或在制动缸过程中与闸瓦强烈摩擦产生高温,使踏面发生塑性变形,冷却后形成的凹凸部分,如图 3-29(c)所示。

(4)踏面磨耗

踏面磨耗是由于线路养护条件差或轮轨外形不匹配,使得车轮踏面长期运行与钢轨摩擦而造成的踏面圆周磨耗,如果车轮踏面磨耗过大,变为圆柱形,也就失去了踏面的作用。当踏面磨耗过大的车轮通过道岔尖轨过渡或钢轨接头时,车轮将产生上下跳动,易砸坏尖轨、碰撞钢轨接头处的鱼尾板螺母或切断螺母。

(5)失圆

车轮失圆也称局部凹陷,其形成的主要原因是轮钢材质不良,由局部缩孔、软点、硬度不足,经滚动磨耗后造成的。如图 3-29(d)所示。

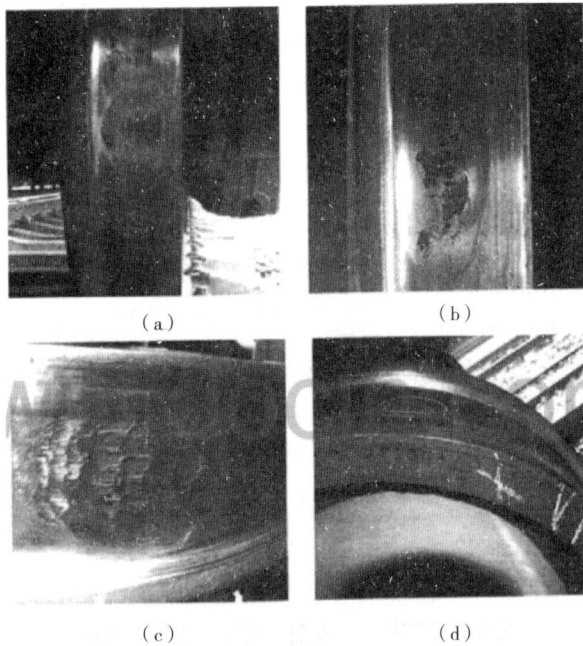

(a)　　　　　　　　　　　(b)

(c)　　　　　　　　　　　(d)

图 3-29　踏面磨耗

2. 踏面擦伤的危害

带有损伤的轮对车辆在轨道上运行,以数倍乃至十多倍于轮重的冲击力周期性地与钢轨作用,对行车安全造成威胁。城市轨道交通车辆车轮踏面损伤构成的危害概括起来主要有以下几个方面:

(1)擦伤车轮产生强烈冲击振动,增加了行车噪声,影响了行车的平稳性,降低了乘客的乘坐舒适度。

(2)车轮损伤过大,使轮对失去踏面的作用,安全搭载量减少,易造成脱轨。

(3)擦伤车轮产生强烈冲击振动,增加了滚动轴承和车轴疲劳断裂的可能性,缩短了轴承的使用寿命。

(4)擦伤车轮加大车体上下振动,易使车辆配件松动、折断、磨损、严重时可使转向架产生裂纹,甚至破碎,造成行车事故。

(5)擦伤车轮产生的强烈冲击力,使轮轨接触作用恶化,易损伤钢轨,甚至造成断轨。

(6)擦伤车轮产生的强烈冲击力从轨道传递给道床,影响轨枕和轨枕下面的道砟和路基,瞬时的加载和卸载,易造成道床失稳和坍塌。

(7)擦伤车轮还会增大行车阻力,造成额外的能量消耗。

由此看见,踏面擦伤的危害甚多,而且后果严重。但在实际运营中,踏面擦伤是不可能完全避免的,所以,应严格控制擦伤范围。

3. 踏面擦伤的标准

城市轨道交通车辆车轮踏面超限至今没有一个统一的标准。因此,暂时利用《铁路技术管理规程》中的相关规定,该规程中对轮对标准明确规定:

(1)轮对内侧距离为 1 353 mm,允许偏差±3 mm。

(2)轮毂或轮箍不松弛。

(3)轮毂、轮箍、辐板(辐条)、轮辋无裂纹。

(4)轮缘的垂直磨耗高度不超过 18 mm,并无碾堆。

(5)车轮踏面擦伤深度不超过 0.7 mm。

(6)车轮踏面上的缺陷或玻璃长度不超过 40 mm,深度不超过 1 mm。

(7)轮缘厚度在距踏面基线向上 H 距离处测量应符合表 3-1 的规定。

表 3-1　机车轮缘厚限度

序号	车轮踏面类型	测量点与踏面基线 之间距离 H(mm)	轮缘厚限度 (mm)
1	JM2、JM3	10	34~23
2	JM	12	33~23

(8)车轮踏面磨耗深度不超过 7 mm;采用轮缘高度为 25 mm 磨耗型踏面时,磨耗深度不超过 10 mm。

第四节　轴 箱 装 置

轴箱装置是转向架的重要组成部分之一,轴箱与轴承装置是连接构架和轮对的活动关节,使轮对的滚动转化为车体沿着轨道的直线运动。轮对沿钢轨的滚动同时,除承受车辆的重量外,还传递轮轨之间的其他作用力,包括牵引力和制动力。

一、轴箱的作用

(1)连接轮对与侧架(或构架),保持轴颈与轴承的正常位置。

(2)将车体重量传给轮对。

(3)润滑高速转动的轴颈,减少摩擦,降低运行阻力,防止热轴。

(4)防止砂尘、雨水等异物进入轴承及轴颈等部分,保证车辆安全运行。

二、轴箱类型

1.按轴承类型分

轴箱按轴承类型分为滑动轴承轴箱和滚动轴承轴箱,城市轨道交通车辆均采用滚动轴承轴箱。

(1)滚动轴承轴箱装置

滚动轴承轴箱装置其特点是:降低了车辆起动阻力和运行阻力,在牵引力相同条件下,可以提高牵引列车的重量和运行速度;改善了车辆走行部的工作条件,减少了燃轴等惯性事故;减轻了日常养护工作,延长了检修周期,缩短了检修时间,加速车辆的周转,节省油脂,降低运营成本低。

滚动轴承由外圈、内圈、滚子和保持架组成。按滚子形状可将其分为圆柱、圆锥和球面滚动轴承;按滚子排列方式可将其分为单列、双列滚动轴承。

（2）有轴箱体滚动轴承轴箱装置

内有两个单列圆柱滚动轴承，内圈紧固在轴颈上，轴箱体上设有前盖、后盖。

（3）无轴箱体滚动轴承轴箱装置

由双列圆锥滚子轴承、前盖、后挡及承载鞍（无轴箱体滚动轴承与转向架的连接部分）等组成。

2. 按定位方式分

（1）拉板式定位。

（2）转臂式定位。

（3）八字形（人字形）橡胶定位。

（4）层叠圆锥橡胶定位。

在现代城市轨道交通车辆上，使用最普遍的是转臂式定位、八字形橡胶定位和层叠圆锥橡胶定位。

三、转臂式轴箱定位装置

转臂式轴箱定位装置主要包括轴箱弹簧、垂向液压减振器、橡胶弹簧定位销（节点）等零部件。

1. 转臂式轴箱定位装置力的传递

转臂轴箱定位装置中三个力（即垂向力、纵向力和横向力）的传递过程是由不同部件来实现的，具体过程为：

（1）垂向力——由轴箱圆弹簧传递。

（2）纵向力——由转臂定位销（橡胶弹性节点）传递。

（3）横向力——由转臂定位销（橡胶弹性节点）和圆弹簧共同传递。

2. 转臂式轴箱定位装置结构特点

定位转臂一端通过弹性节点与构架上的定位转臂座相连，另一端则用螺栓固定在轴箱体的承载座上，如图 3-30 所示。而弹性节点主要由弹性橡胶套、定位轴（锥形销轴）和金属外套组成，其中弹性橡胶套的形状和参数对转向架走行性能的影响较大。

3. 转臂式轴箱定位装置优点

（1）轴箱与构架间无自由间隙和滑动部件，无摩擦磨损。

（2）构成的零件很少，分解、组装容易，且维修方便。

（3）轴箱的上下、左右及前后定位刚度可以各自独立设定，比较容易满足转向架悬挂系统的最佳设计要求，在确保良好乘坐舒适度的情况下，能够同时确保稳定的高速行驶性能。

四、八字形橡胶堆轴箱定位装置

1. 八字形橡胶堆轴箱定位装置力的传递

垂向力、纵向力和横向力均由八字形橡胶堆传递，其定位结构如图 3-31 所示。

2. 八字形橡胶堆轴箱定位装置结构特点

该橡胶堆具有三向弹性特性，且可根据需要设计。通常 $k_x : k_y : k_z = 1 : (2\sim2.5) : (10\sim12)$，即垂向刚度 k_x 最小（约为纯剪的 1 倍），纵向刚度 k_z 最大。

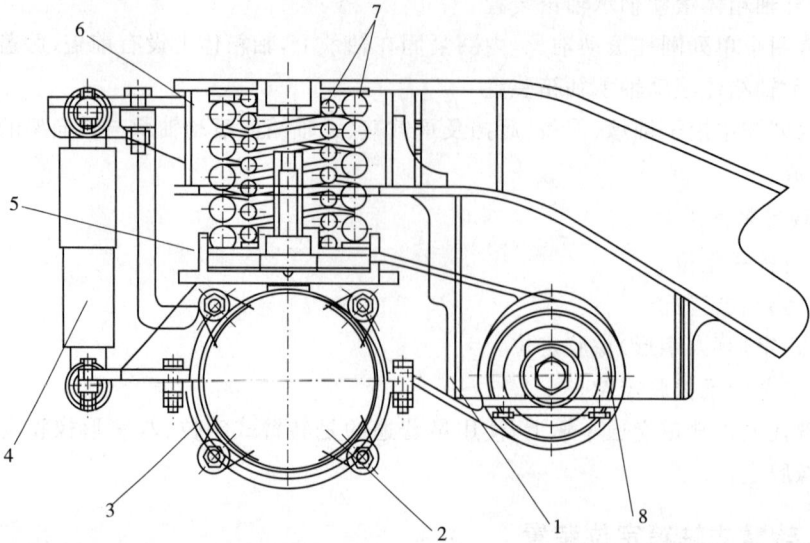

图 3-30　转臂式轴箱定位结构示意图

1—定位转臂；2—轴箱；3—底部压板；4—垂向减振器；5—转臂凸台；

6—弹簧套；7—螺旋弹簧；8—弹性节点

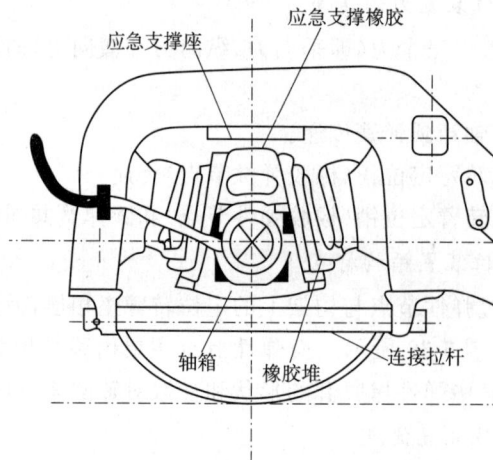

图 3-31　八字形橡胶堆轴箱定位结构示意图

在垂向载荷作用下，橡胶同时受剪切和压缩变形，改变其安装角度，可得到不同的垂向和纵向刚度，此安装角一般取 $10°\sim11°$。

3. 八字形橡胶堆轴箱定位装置优点

具有无损摩擦、重量轻、结构简单，吸收高频振动和减少噪声等优点，寿命可达 150 万 km 以上。

第五节　驱 动 装 置

驱动装置是指将机车或动车传动系统传来的能量有效地传给轮对（或车轮）的执行装置。对于液力传动机车或动车来说，其驱动装置包括牵引万向轴和车轴齿轮箱；

对于电力传动机车或动车来说,其驱动装置包括牵引电动机、车轴齿轮箱和驱动机构。城市轨道交通车辆通常采用电动车组驱动装置。

驱动装置是机车或动车有别于一般车辆的最主要特征,也是动力转向架最关键的技术之一。不同形式的驱动装置适合不同运行速度等级的机车或动车,一般观点认为:轴悬式驱动装置适合最高运行速度低于 120 km/h 的机车或动车;架悬式驱动装置适合最高运行速度低于 200 km/h 的机车或动车;最高运行速度高于 250 km/h 的机车或动车应该采用体悬式驱动装置。而挠性浮动齿式联轴节式架悬式驱动装置也是城市轨道交通车辆动车转向架最普遍采用的一种典型结构。

一、驱动装置的作用

驱动装置的作用就是将牵引电动机的扭矩有效地转化为转向架轮对转矩,利用轮轨的黏着机理,驱使机车或动车沿着钢轨运行。驱动装置是一种减速装置,用来提高转速。小扭矩的牵引电动机驱动具有较大阻力矩的动轴。

城市轨道交通车辆只有动车才具有驱动装置,它对驱动装置有以下要求:

(1)驱动装置应保证能使牵引电动机功率得到有效发挥。

(2)电动机电枢轴应尽量与车轴布置在同一高度上,以减少线路的不平顺对齿轮的动作用力。

(3)电动机在安装上应有减振措施。

(4)驱动装置应不妨碍小直径动轮的使用。

(5)驱动装置本身应该简单可靠,具有最少量的磨耗件。

(6)当牵引电动机或驱动机构发生损坏时,应易于拆卸。

二、电机布置结构形式

根据牵引电机和减速齿轮箱安装悬挂方式的不同,驱动装置的结构形式通常有轴悬式、架悬式和体悬式之分,本节内容只对轴悬式中的刚性轴悬式驱动机构和架悬式中的对角配置万向轴驱动架悬式驱动装置进行介绍。

1. 刚性轴悬式驱动机构

(1)结构原理

刚性轴悬式驱动机构的结构原理如图 3-32 所示。牵引电机的一端通过两个抱轴瓦(或轴承)支承在车轴上,另一端通过一根弹性吊杆悬吊于构架的横梁或端梁上,形成所谓的三点支撑。而齿轮箱除了同样通过两个抱轴承支承在车轴之外,其靠近电机一侧则用螺栓与电机壳体固定在一起,由电机壳体提供第三点支撑。这样,除了满足齿轮箱的三点稳定支撑要求外,还能保证大、小牵引齿轮啮合过程的良好随动性和平稳性。

(2)特点

①结构简单,检修方便。

②簧下死重量大(电机重量之半属簧下死重量)。

③牵引电机、轴承和牵引齿轮等工作条件恶劣。

④由于其驱动扭转弹性很差,往往造成集成电器过载甚至损坏。

⑤适用于运行速度较低的城市轨道交通车辆(有轨电车)。

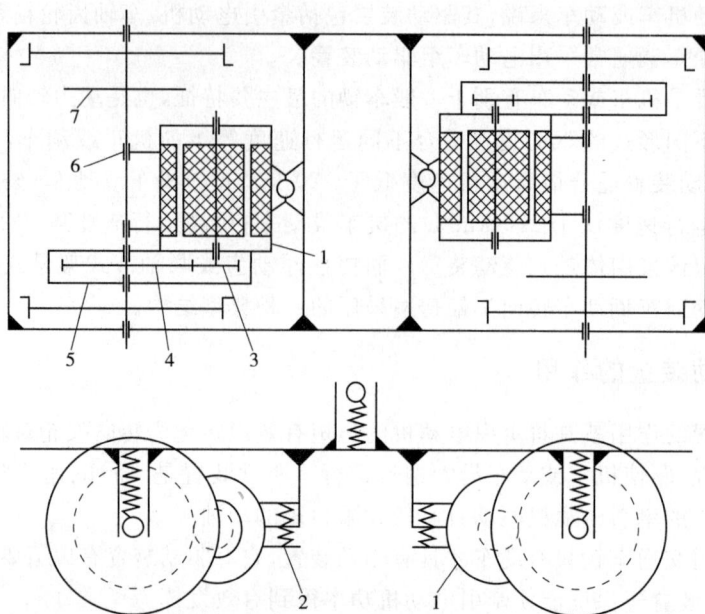

图 3-32　轴悬式驱动装置原理图

1—牵引电动机；2—电动机弹性悬挂；3—驱动小齿轮；4—车轴上大齿轮；

5—减速齿轮箱；6—爪形轴承；7—制动盘

2.对角配置的万向轴驱动架悬式驱动装置

(1)结构原理

两牵引电动机呈对角状完全悬挂于转向架构架的横梁上，通过万向轴传递牵引电动机与齿轮传动装置间的扭矩，并采用一对圆锥齿轮作为牵引齿轮以实现万向轴和车轴之间的直角传动。而齿轮箱一端通过吊杆弹性悬挂于构架的端梁，另一端则借助于滚动轴承抱在轮对车轴上，如图 3-33 所示。

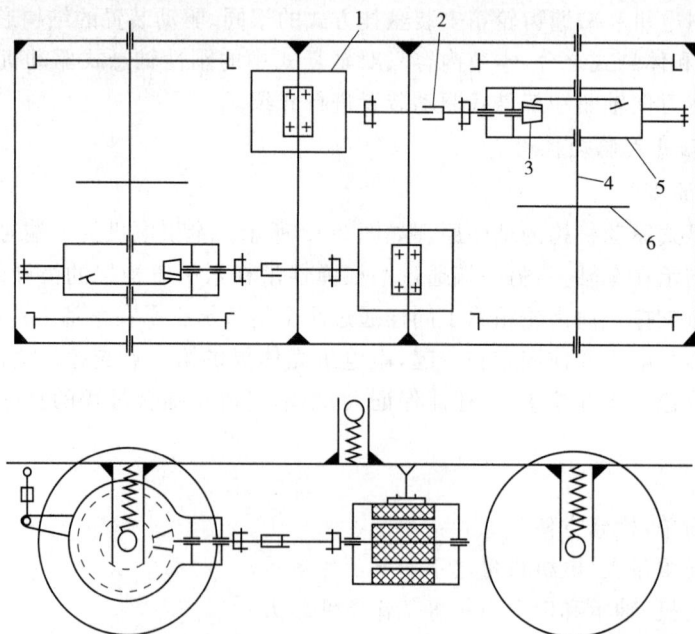

图 3-33　万向轴架悬式驱动装置原理图

1—牵引电动机；2—连杆轴；3—驱动锥齿轮；4—轮轴；5—减速箱；6—制动盘

万向轴在传递驱动扭矩的同时能较好地补偿牵引电机与车轴齿轮箱之间各方向的相对运动。

（2）特点

①簧下死重量较小（电动机悬挂在构架上，全部重量均为簧上重量。但齿轮箱的重量之一半仍然悬挂在轴上，属簧下死重量），减小了轮轨动作用力。

②改善了牵引电动机的工作条件，但牵引齿轮的工作条件与轴悬式相同并未有所改善。

③车轴周围空间得到释放，有利于安装其他设备（如基础制动装置）。

④万向轴和圆锥齿轮传动系统的传动效率有所降低。

⑤结构较为复杂。

三、齿 轮 箱

1. 齿轮箱动力传递

电机转矩通过双齿型联轴节传递给减速齿轮箱。双齿型联轴节能承受电机和减速齿轮箱之间的所有垂向、横向、纵向和圆锥方向上的振动。联轴节不需要特别的维护。联轴节设计成可以方便地将电机和减速齿轮箱分开的结构，不需要拆除其他系统。联轴节用润滑脂润滑。

减速齿轮箱采用半悬挂式安装，两级减速，如图 3-34 所示。减速齿轮箱是通过弹性吊杆连接到转向架构架上，工作时引起的反作用扭矩由该弹性吊杆吸收。构架上设有一个安全挡块，当齿轮箱吊挂出现问题时，可以限制减速齿轮箱相对车轴做旋转运动。

齿轮是用渗碳钢制成的柱面平行斜齿轮，这样可以降低减速齿轮工作的噪声。齿轮和轴承用油进行润滑。减速齿轮箱下部装了一个带油位计的注油塞。在最下部还安装了一个磁性排油堵，这样可以收集金属颗粒，在上部装有一个通气孔。

折流板和隔板装置可以确保靠联轴节侧的输入轴端和车轴端都起到很好密封，这种密封形式免维护，而且耐磨、不渗漏。

构架和减速齿轮箱壳体是通过一根吊杆和两个可吸收齿轮箱反作用力的弹性节点连接的。

2. 齿轮箱部件

齿轮箱结构如图 3-35 所示。

（1）齿轮箱和吊杆特性

传动单元包含一个机车两级传动单元，由传动装置，箱体，滚子轴承和轴向密封等组成。

（2）传动装置

二级传动齿轮箱有螺旋形齿轮，根据 ISO 1328 达到 6 级精度，齿轮经渗碳和回火处理，材料为 18CrNiMo7-6（per EN 10084）。输入齿轮轴带有一个锥度结构，用于压紧齿轮箱侧的半联轴节。此结构有一个油注射孔，可使联轴衬套由液压压力而扩大，方便安装和拆卸。

高精度的齿轮对降低噪声，确保安全和可靠运行有重大意义。

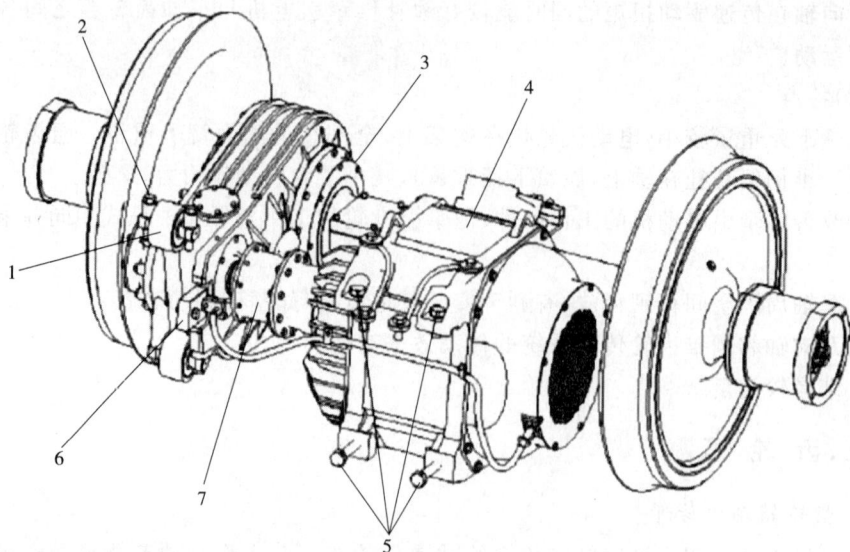

图 3-34　齿轮箱布局

1—吊杆；2—吊杆固定座；3—齿轮箱；4—牵引电机；
5—电机安全螺栓；6—齿轮箱安全挡块；7—联轴节

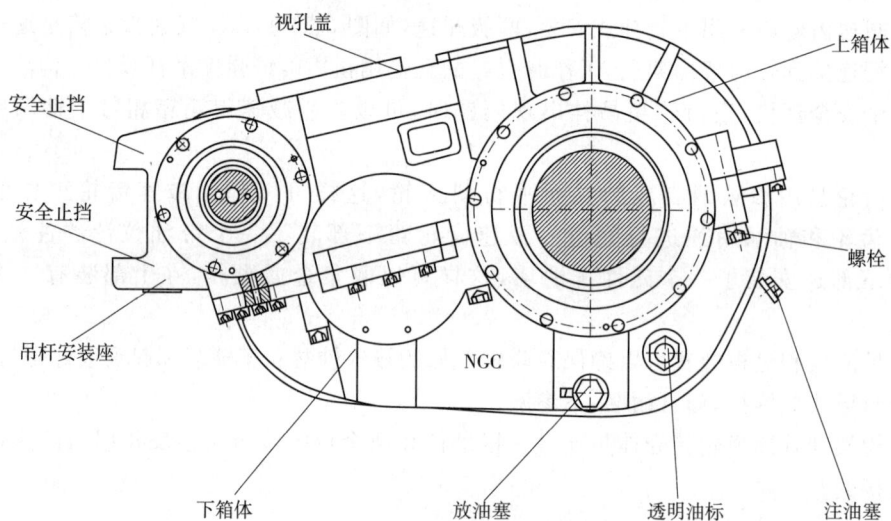

图 3-35　齿轮箱结构图

（3）箱体

箱体材料为球墨铸铁，结构为与轮轴平行的两半剖分式。

箱体设计有合适起吊的吊耳和视孔盖，检查油位的油标和一个用于换油的排油堵头。

齿轮箱是通过不同齿轮配对的方法来实现不同速比的。

（4）润滑油

齿轮部分和轴承是通过大齿轮的油溅来实现润滑。在运行过程中，润滑油会集中在上箱体的集油槽内，并通过相应的油路对轴承进行润滑。铁质油泥会被吸附在磁性油塞上。

（5）齿轮箱其他附件

齿轮箱下箱体装有磁性排油塞、检查运行时油位的油标、侧边的注油塞和一个日常维护时检查齿轮表面情况的视孔盖。

（6）滚动轴承

所有的轴均安装在滚动轴承上。

输入齿轮用一个固定的轴承座定位在箱体内，其轴承系统为一个圆柱滚子轴承类型为 NU217（径向力）配合一个四点球接触滚子轴承类型为 QJ217（轴向力）和一个圆柱滚子轴承类型为 NU217 所组成。其他的轴安装在圆锥滚子轴承上。

（7）轴密封

轴出口处的轴迷宫密封是防止油渗漏或灰尘进入齿轮箱。

（8）吊杆

吊杆是由两端各装有一个球铰轴承的杆体组成。吊杆的一端用螺栓连接在齿轮箱上，另一端带两个垫圈用螺栓连接在动力转向架上。

第六节　转向架构架的检修

一、转向架构架的检修

1. 构架清洗

用清洗剂，清洗构架，一系簧座空腔之间清洁干净；中心销安装位置、构架无积垢、无油脂。

2. 构架检查

转向架分解后首先进行目测检查，检查各悬挂点、焊接点和焊缝有无裂纹、变形，焊接是否良好，检查整个构架是否有撞击或断裂的痕迹。

（1）动车转向架构架外观检查

构架横梁与侧梁的连接部位；一系悬挂节点座与侧梁的连接部位；支撑座和垂向减振器的连接部位；构架内侧和外侧侧板的连接部位；横向挡座与构架横梁的连接部位；横向减振器座与构架的连接部位；制动单元安装管与侧梁的连接部位；电机座、齿轮箱连杆与构架横梁的连接部位。

（2）拖车转向架构架外观检查

构架横梁与侧梁的连接部位；一系悬挂节点座与侧梁的连接部位；支撑座和垂向减振器的连接部位；构架内侧和外侧侧板的连接部位；横向挡座与构架横梁的连接部位；横向减振器座与构架的连接部位；制动单元安装管与侧梁的连接部位。

（3）构架焊缝检查

构架焊缝油漆表面清洗脱漆并露出金属本色；构架 B 级以上焊缝进行磁粉探伤检查。

（4）构架尺寸检查

构架检修后须进行划线检查，各部尺寸（四角和对角）须符合限度要求，构架校对合格后，须在构架四角同一水平线上刻打测量高度的基准点。

（5）构架表面检查

当缺陷深度达到表3-2规定时须对缺陷部位进行打磨消除，并确保打磨部位与钢板轧制状态的表面交界处平滑过渡。

当缺陷深度大于表3-2规定的数值，但小于设计板厚的20%且缺陷面积在400 mm²以内时，允许通过焊接进行修补，焊修须由有资质单位或操作人员实施。焊接修补时焊接部位在边缘上不可有咬边或重叠，焊接时堆高至少高出轧制面1.5 mm以上，然后打磨去除堆高，使之与轧制面高度完全一致，并对焊接部位进行超声波探伤检查，不允许存在未熔合、裂纹等焊接缺陷；对焊接部位进行表面磁粉探伤检查，不允许存在任何缺陷磁痕聚集。

表3-2　板厚与允许缺陷深度表

设计板厚 D(mm)	缺陷允许深度（mm）	设计板厚 D(mm)	缺陷允许深度(mm)
6≤D<16	0.65	25≤D<40	0.8
16≤D<25	0.75	40≤D≤50	0.95

构架组成检修时，须对构架组成表面各外露可视焊缝进行外观状态检查，存在裂纹等缺陷时须焊修。构架主体及各安装座之间的焊缝裂纹长度不超过20 mm、深度不超过3 mm时打磨消除后焊修，焊修后表面打磨圆滑并探伤检查。构架各梁腐蚀、磨损深度大于表3-2规定的数值时，腐蚀、磨损深度超过该处原设计厚度的20%且面积超过400 mm²时更新。

（6）构架油漆

构架检查合格后，对构架进行油漆喷涂。

（7）记录

构架检查作业内容在相应作业记录表中记录。

84

关键名称与概念

1. 转向架：支撑车体并负担车辆走行任务的部件，保证车辆灵活、安全平顺地沿钢轨运行和通过曲线；承受作用于车辆各种力量并传给钢轨，缓和车辆和钢轨的相互冲击，减少车辆振动，保证足够的运行平稳性和良好的运行质量；具有可靠的制动机构，使车辆具有良好的制动效果。

2. 一系悬挂：连接轮组与转向架构架。它在轮组与转向架之间传输驱动和牵引力，使轨道上转向架稳定并允许将直线运行转换成曲线运行。

3. 二系悬挂：它的主要功能是使乘客感到舒适。该悬挂对车身进行挠性支承，使得车身相对于转向架移动并且与此同时提供横向重新定心功能。

4. 高度控制阀：为了配合空气弹簧的工作，在每辆车的车体和转向架之间都配置了四个高度阀。高度阀探测由于乘客的增加而引起的车体与转向架之间的高度变化，并且将车辆地板面高度保持在一个恒定值。

5. 压差阀：由一个铝的阀体和两个固定的软性负载弹簧组成，每个车装两个压差阀，是空气弹簧的一部分，位于车辆每个端的两个空气弹簧之间并且接收高度阀的空气。两个高度阀的预定的压力值是不相等的,压差阀打开可以允许空气从高压力阀的一端流向低压力阀的一端并且流向空气弹簧。

6. 轴箱:是转向架的重要组成部分之一,轴箱与轴承装置是连接构架和轮对的活动关节,使轮对的滚动转化为车体沿着轨道的直线运动。轮对沿钢轨的滚动同时,除承受车辆的重量外,还传递轮轨之间的其他作用力,包括牵引力和制动力。

7. 驱动装置:指将机车或动车传动系统传来的能量有效地传给轮对(或车轮)的执行装置。对于液力传动机车或动车来说,其驱动装置包括牵引万向轴和车轴齿轮箱;对于电力传动机车或动车来说,其驱动装置包括牵引电动机、车轴齿轮箱和驱动机构。

复习题

1. 简述转向架的功能。(适合【初级工】)
2. 转向架由哪些部分组成以及其有哪些分类方法?(适合【初级工】)
3. 转向架悬挂装置有哪几种? 其各自特点是什么?(适合【初级工】)
4. 弹簧装置有哪些作用?(适合【初级工】)
5. 弹簧装置有哪几种分类情况?(适合【初级工】)
6. 轮对部件及各部件的作用是什么?(适合【初级工】)
7. 驱动装置的组成及其作用是什么?(适合【初级工】)
8. 简述电机布置结构形式。(适合【初级工】)
9. 简述轴箱装置的作用和形式。(适合【初级工】)
10. 简述轮对踏面的典型故障种类。(适合【初级工】)
11. 分析轮对踏面的故障原因。(适合【中级工】)
12. 转向架的组成部分的作用是什么?(适合【中级工】)
13. 动车、拖车转向架构架的各自特点都是什么?(适合【中级工】)
14. 简述轮对轴箱装置的组成部分及其作用。(适合【中级工】)
15. 简述驱动装置的组成及作用。(适合【中级工】)
16. 简述橡胶弹簧的安装位置及安装位置对车辆性能的影响。(适合【高级工】)
17. 简述转向架垂向力传递的过程。(适合【高级工】)
18. 简述转向架横向力传递的过程。(适合【高级工】)
19. 简述转向架纵向力传递的过程。(适合【高级工】)
20. 简述空气弹簧的工作过程及检修方法。(适合【高级工】)
21. 轮对路面的典型故障有哪些,其判断方法是什么?(适合【高级工】)
22. 简述转向架构架及其附件的检修工艺。(适合【高级工】)
23. 简述转向架重要部件进行故障检测方法。(适合【高级工】)

第四章 制动系统

培训目标 ◄◄◄

通过本章学习,对城市轨道交通车辆压缩空气和空气制动系统有较全面的认识。掌握城市轨道交通车辆的制动系统的组成、作用、工作方式;熟悉城市轨道交通车辆制动系统工作方式;了解城市轨道交通车辆压缩空气的供给等制动系统基础知识;熟悉空气制动系统及制动机部件检修的基础知识。

第一节 制动系统概述

一、制动的基本概念

制动是指施加的外力使运动的物体减速或阻止其加速,或使保持静止的物体静止不变的作用。使列车减速或阻止其加速的力称为制动力,而产生并控制制动力的装置叫做制动机,也称制动装置。列车的制动过程必须具备两个基本条件:

(1)实现能量转换。

(2)控制能量转换。

城市轨道交通车辆实施制动的目的:

(1)使运行中的列车能迅速地减速或停车。

(2)防止列车在下坡道时由于列车的重力作用导致列车速度增加。

(3)列车停稳后,避免停放的列车因重力作用或风力作用而溜车,这时的制动也称停放制动。

对已经施行了制动的列车,重新起动或再次加速,必须解除或减弱其制动作用,这种作用称为制动的缓解。

二、列车制动系统

城市轨道交通车辆的起动、加速和定速运行需要通过其施加牵引力才能实现,同样,为了使运行的车辆能够迅速的减速、停车,还必须对其施加制动。牵引和制动是车辆运行过程中必不可少的两种行车状态。

为了能施行制动或缓解制动,在列车上安装一整套完整可操纵并能进行控制和执行的系统总称为列车制动系统。在普通铁路机车车辆上它通常分成机车制动系统和车辆客、货车制动系统。由于城市轨道交通车辆与铁路车辆的编组形式不同,一般由动车和拖车组成,因此也可按其编组形式的不同分为动车制动装置和拖车制动装置。

操纵全列车制动功能的设备一般安装在列车两端带司机室的头车上,头车既可以是拖车也可以是动车。一套列车制动装置至少包括两个部分:制动控制部分和制动执行部分。制动控制部分主要包括制动信号的发生与传输装置;制动执行部分(通常称为基础制动装置)包括闸瓦制动和盘式制动等不同的制动装置。过去由于列车上安装的制动装置比较简单、直观,而且使用压缩空气传递制动信号,因此称其为空气制动装置。但是随着轨道交通技术的发展,制动装置越来越多地采用了电气信号控制和电气驱动控制设备。特别是微型计算机和电子设备的出现使制动装置变得无触点化、集成化,并且使制动控制功能融入了其他系统控制而不能独立划分,因此将具有制动功能的电子线路、电气线路和空气制动控制部分总称为列车制动系统。制动系统是城市轨道交通车辆的重要组成部分之一。

三、城市轨道交通车辆制动方式

按照制动时列车动能的转移方式不同,城市轨道交通车辆的制动主要可以分为摩擦制动和动力制动。

1. 摩擦制动

通过摩擦副的摩擦将列车的运动动能转变为热能,逸散于大气,从而产生制动作用。城市轨道交通车辆常用的摩擦制动方式主要有闸瓦制动和盘形制动。

(1)闸瓦制动

闸瓦制动又称为踏面制动,它是一种最常用的一种制动方式,如图 4-1 所示。制动时闸瓦压紧车轮,车轮与闸瓦间发生摩擦,将列车的运动动能通过车轮与闸瓦间的摩擦转变为热能,逸散于空气中。

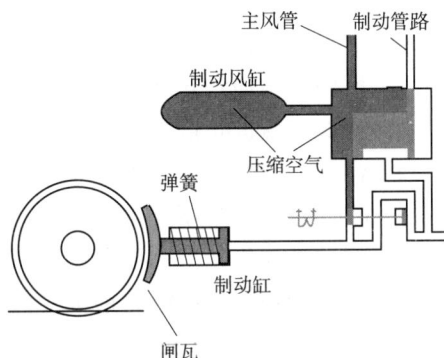

图 4-1　闸瓦制动

在闸瓦制动中,当制动功率较大时,产生的热量来不及逸散于大气,而在闸瓦与车轮踏面上积聚,使它们的温度升高,摩擦力下降,严重时会导致闸瓦融化和轮毂松弛等。因此,在采用闸瓦制动时,对制动功率要有限制。

在车轮与闸瓦这一摩擦副中,车轮主要承担着车辆走行功能,因此其材料不能随意改变,要改善闸瓦制动的性能,只能通过改变闸瓦材料的方法。早期的闸瓦材料主要是铸铁,为了改善摩擦性能和增加耐磨性,目前城市轨道交通车辆中大多采用合成闸瓦。但合成闸瓦的导热性较差,因此也有采用导热性能良好,且具有较好的摩擦性能的粉末冶金闸瓦。

（2）盘形制动

盘形制动有轴盘式和轮盘式之分，如图 4-2 所示。盘形制动一般采用轴盘式，当轮对中间由于牵引电机等设备使制动盘安装发生困难时，可采用轮盘式。制动时，制动缸通过制动夹钳使闸片夹紧制动盘，使闸片与制动盘间产生摩擦，把列车的动能转变为热能，热能通过制动盘与闸片逸散于大气。

盘形制动方式能选择高性能的摩擦副材料和良好的散热结构，可以获得比闸瓦制动大得多的制动功率。

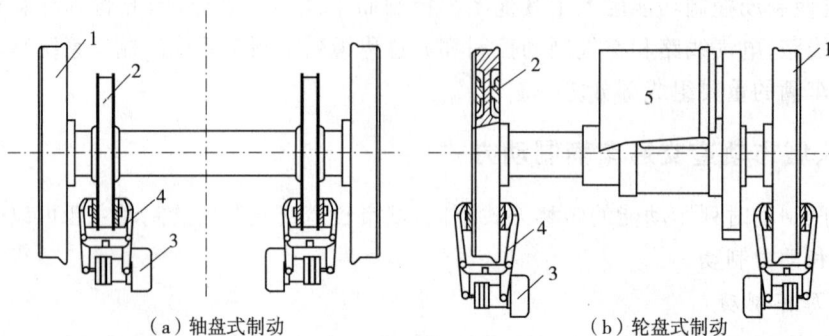

（a）轴盘式制动　　　　　（b）轮盘式制动

图 4-2　盘形制动

1—轮对；2—制动盘；3—单元制动缸；4—制动夹钳；5—牵引电机

2. 动力制动

从能量的观点来看，制动的本质就是将列车的动能转换成别的形式的能量。制动系统转移动能的能力称为制动功率。一般在一定的安全制动距离下，列车的制动功率是其速度的三次函数。现代化的轨道交通车辆的速度都很高，列车的质量也很大，其制动功率如果仅仅以一种机械方式实现转移是很难达到的。

目前，采用最多的闸瓦制动（踏面制动），其制动功率是有一定限制的，且闸瓦与车轮踏面磨耗后产生的粉尘和热量对环境也会造成严重污染，特别在通风条件不好的隧道内，这些粉尘和热量将对乘客和设备产生严重影响。此外，频繁使用摩擦制动，将使闸瓦更换频繁，车轮踏面的修正旋削量增加，不仅维修成本高，车辆修理时间也长，车辆的使用率就会降低。与闸瓦制动方式类似的盘形制动方式也存在以上的问题。为了减少机械摩擦，应尽量采用无污染的制动方式，目前最好的制动方法就是使用动力制动。

现代城市轨道交通车辆一般都采用了电力牵引的电动车组，利用直流或交流发电机作为牵引动力，因此以动力制动作为主要制动方式已成为城市轨道交通车辆的发展趋势。

城市轨道交通车辆中既有动车又有拖车，除了拖车没有电动机只能使用摩擦制动外，所有动车都可以进行动力制动，并且还可以承担部分拖车的制动力。

（1）动力制动的基本原理

动力制动建立在电机可逆性工作的基础上。在牵引工况时，电动机从接触网吸收电能，将电能转换为机械能，产生牵引力，使列车加速或在上坡的路线上以一定的速度运行；在制动工况时，列车停止从接触网受电，电动机变为发电机工况，将列车运行的机械能转换为电能，使列车减速或在下坡路上以一定的限速度运行，此为动力制动。

动力制动在制动过程中有牵引电机转化而来的电能通过直接反馈给接触网或消耗在电阻器上这两种方式消耗电能。通过转换电路和受电弓将电能反馈给接触网,提供给本车辅助电源或同一电网中相邻运行的列车使用这种方式称为再生制动,也称反馈制动。如果由于接触网电压太高,不能接受电能进行反馈,电能只能通过列车上的电阻器发热转变成热能散发到大气中去,这种方式称为电阻制动,也称能耗制动。

实施再生制动必须满足以下两个条件:一是再生制动电压必须大于接触网网压;二是再生制动的电能可由本列车的辅助电源吸收,也可由同一电网的其他列车吸收,这一条件不能由再生制动车辆自己创造,而取决于外界运行条件。

(2)动力制动系统的基本要求

一个安全可靠的动力制动系统应满足以下基本要求:

①具有一定的机械稳定性。即动力制动时,如果列车速度增加,制动力也应随之增加。

②应具有一定的电气稳定性。电气制动时如果发生瞬间电流波动时,系统应能自动恢复到原来的平衡状态。

③各台电机的制动力应相等。制动过程中无论外界条件有什么瞬时变化,例如电网电压瞬时波动、黏着条件突然发生变化或人为的调节等,都不应产生大电流的冲击和制动力的冲击。

④电气制动电路的设计要求结构简单、维护方便。

(3)制动电阻器箱

一般每个动车都安装有制动电阻箱,里面装有足够的制动电阻,如图4-3所示。

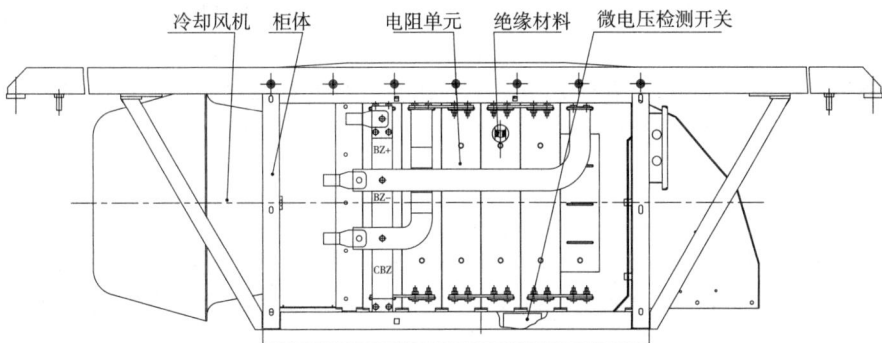

图4-3 制动电阻箱

制动电阻器的材料一般采用合金带钢条,因为这种材料具有稳定的电阻率和相当大的热容性。电阻带分组安装在电磁瓶绝缘的铁架上,电阻带之间留有很大的通风空间。为了尽快地将制动时在电阻带上产生的热量散发出去(有时电阻带会烧红),制动电阻器的一端装有功率很大的散热风机。

(4)电制动滑行保护

电制动具有独立的滑行保护功能。由于四台电机是并联连接的,因此当牵引控制单元检测出任意一根轴发生滑行时,会对四台电机进行同步控制,同时降低或切除四台电机的电制动力。

第二节　制动控制系统

一、制动控制系统的组成

制动控制系统主要由电子制动控制单元(EBCU)、空气制动控制单元(BCU)和电气指令单元等组成。制动控制系统框图如图 4-4 所示。

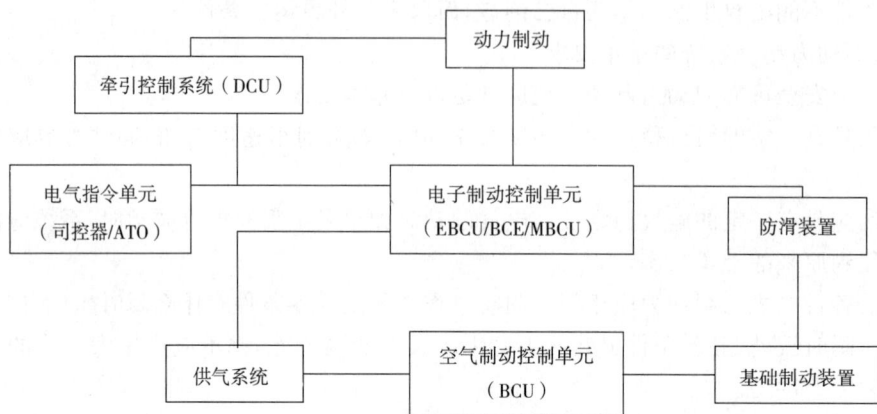

图 4-4　制动控制系统框图

1. 电子制动控制单元

随着电子技术的迅速发展,特别是微机技术的发展,列车制动控制不再靠司机的判断,而由微型计算机综合列车运行中的各种相关参数,经过运算、判断、分析后给制动系统发出精确的指令,使制动系统发出动作。以微型计算机为中心的电子控制装置被称为电子制动控制单元(EBCU)、微机制动控制单元(MBCU)或制动控制电子装置(BCE)。

电子制动控制单元的主要功能如下:

(1)接收司机控制器或 ATO 的命令,并与牵引控制系统协调列车的制动和缓解。设有紧急制动电路,当紧急制动指令发出时,列车能迅速调用全部空气制动能力实施紧急制动。

(2)将接收到的动力(电气)制动实际值经转换阀进行转换,将电信号转换成气动信号发送给空气制动控制单元(BCU),在保证电制动有限的条件下,空气制动能自动进行列车制动力的补偿,并将制动所需压力传递给基础制动装置,从而使列车制动力保持不变。

(3)控制供气系统中空气压缩机组的工作周期,监视主风缸输出压力等参数。如果供气系统中某台设备发生故障,它能及时调用备用设备填补。

(4)在列车制动过程中,始终收集列车所有轮对速度传感器发来的速度信号,对轮对在制动中出现的滑行进行监视,一旦发现滑行,将立即发出防滑信号并控制防滑电磁阀动作,实施防滑措施。

(5)对列车制动时的各种参数和故障进行监视和记录,故障记录可以再列车回库后使用便携式计算机读出各种故障信息。

电子制动控制单元从硬件上来说只是一台微型计算机和一些输入、输出设备,而起主要控制作用的是它的控制软件。随着制动控制软件的编制水平不断提高,使得电子制动控制单元的更能也越来越完美。

2. 空气制动控制单元

空气制动控制单元是制动控制系统中电气制动和空气制动的联系点,也是电子、电气信号与气动信号的转换点。

一般空气制动控制单元是由各种不同功能的电磁阀和气动阀组成,但根据各制造厂商的产品系列和电气指令的模式不同也有很大差别。空气制动控制单元尽管结构和组成不尽相同,但其基本组成部件大致类似,主要包含以下部件:

(1)内部有不同腔室及连通各腔室通路的阀体。

(2)控制腔室及各通路的活塞和阀门。

(3)控制活塞、阀门的膜板、弹簧、顶杆和铁芯。

(4)控制顶杆和铁芯的电磁线圈。

(5)与阀体内部各通路相连接的输入、输出接头。

(6)电—气或气—电转换部件等。

3. 电气指令单元

现代城市轨道交通车辆几乎都采用了电气指令单元来迅速、准确、可靠地传递来自于司机控制器或由自动驾驶系统发出的指令。电气指令单元也从根本上改变了传统意义上使用空气压力的变化来传递制动信号或作为制动力唯一来源的状况。随着电子技术的发展,也出现了新的电气指令传递方式,即采用电气指令控制线的方式,这种制动方式能够实现列车制动、缓解迅速,作用灵活无冲动,有效利用轮轨黏着,缩短制动距离。按其指令方式的不同又可分为数字指令式和模拟指令式制动控制系统。

(1)数字式电气指令制动控制系统

数字指令式制动控制系统实际上是使用了三根常用制动的电器指令线并通过对应的三个常用电磁阀各自得电或失电组成的组合。

在制动控制上,使 0 对应制动控制线 OFF,1 对应 ON。这样用三根制动控制线组合,除 000 外还有 7 种组合(001、010、011、100、101、110、111),这 7 种组合就是 7 种不同的数字指令,当用来控制制动系统时就会得到 7 级不同的制动力级别。如果采用更多的制动控制线(n 根),可以得到更多(n^2-1)级的制动。数字指令实际上是开关指令的组合,属于分挡控制,这样的分挡控制指令是通过具有多块气动膜板的中继阀动作,最后使制动缸获得恒定的 7 级压力。按电动车组的制动控制经验,有 7 级制动就已经足够了。利用上述原理传递制动指令的控制系统,称为数字指令式制动控制系统。

这种指令操纵灵活,可控性能好。我国自行制造的北京地铁车辆使用的 SD 型制动控制系统即为数字指令式制动控制系统。

(2)模拟式电气指令制动控制系统

模拟式电气指令制动控制系统可以实现无级制动控制和连续操纵。常用的模拟电信号有电流、电压、频率和脉冲信号等,这些模拟量可以传递制动控制的信号。理论上,模拟式电气指令制动控制系统的操纵性能比数字式的更方便,但它对指令传递的设备性能要求很高。

目前,南京地铁使用的电气指令制动控制系统即为模拟式电气指令制动控制系统。从司机控制器发出的指令经调制器转换为脉冲光宽度信号,即采用脉冲宽度调制方法,不同的脉冲宽度表示不同的制动等级。制动指令传递到每节车的微机制动控制单元。微机制动控制单元采集列车的运行速度和本车的负载信号,对制动指令进行修正并给出制动力值,根据动力制动优先的原则,计算出所需补充的空气制动力的数值,用电气指令传送给电—空转换阀,电—空转换阀向中继阀输出空气压力指令。中继阀起着压力空气流量放大的作用,它将足够的压力空气送入制动缸,以实现不同等级的制动作用,或者将空气排出制动缸,以实现不同程度的缓解作用。

从目前趋势来看,城市轨道交通车辆采用脉冲宽度调制的模拟式电气指令制动控制系统,属于较为先进的列车制动控制系统。

二、模拟式电气指令制动系统

模拟式电气指令制动系统以南京地铁的 AC01 型列车为例分析。

南京地铁 AC01 型列车采用的 KBWB 模拟式电气指令制动系统是由原来的英国 westing-house 公司设计的制动系统。该系统按照整车模块化原则设计,集成度较高。它将微机制动控制单元、空气制动控制单元、风缸和风源等全部安装在一个构架上,采用 PWM 信号传递制动指令,其制动单元的 EP 转换采用四个电磁阀对控制室充放气的闭环控制的方法,如图 4-5 所示。KBWB 模拟电气指令制动系统具有维护简单、质量轻、反应迅速、制动力大、制动距离短、停车精度高、安全可靠的特点,并具有自我诊断及故障保护显示功能。

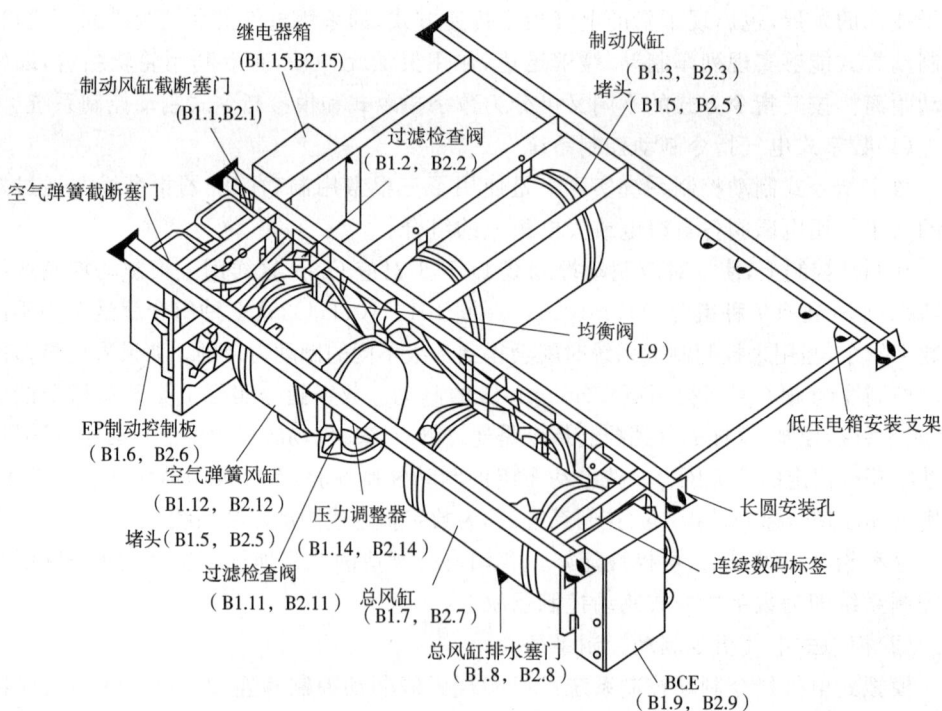

图 4-5　KBWB 模拟式电气指令制动系统集成化布置图

1. 空气制动系统

空气制动系统组成如图 4-6 所示。

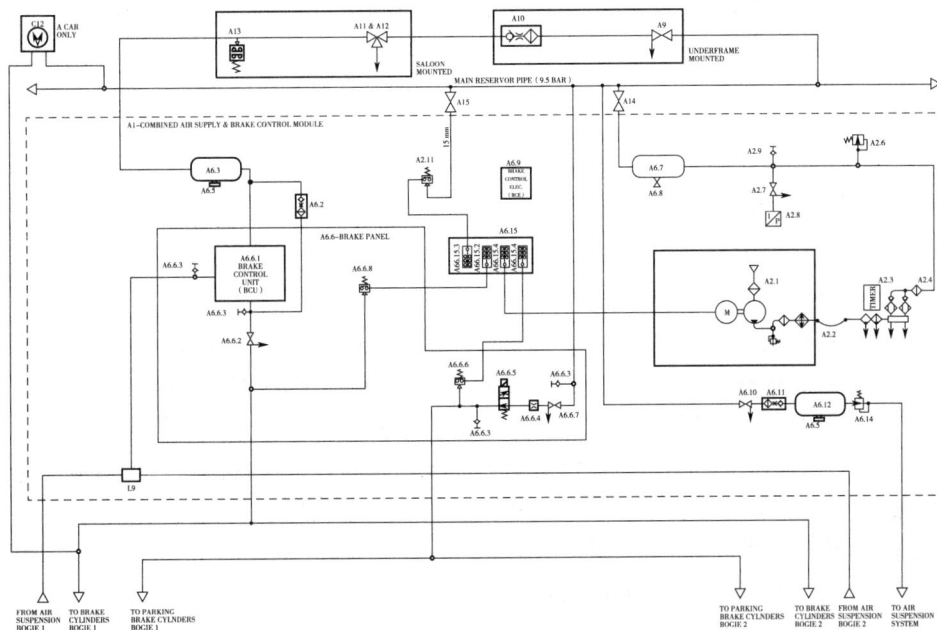

图 4-6　空气制动系统

（1）供风单元

每辆带司机室的拖车上装有一套供气单元，每列车有两套。供气单元按司机室启用位置定义为主供气单元或辅助供气单元。每套供气单元由空气压缩机组、空气干燥器及控制装置等组成。

①空气压缩机组

空气压缩机选用 VV120 型电动空气压缩机单元（A2.1）是由三个活塞缸、中间冷却器、后冷却器和电动机组成，它采用空气冷却并且提供公称压力 1 000 kPa（10 bar）冷却压缩空气约 950 L/min 给车辆制动系统。

空气压缩机只安装在拖车上，作为压缩空气的供给和制动控制模块的一部分（A1）悬挂在车下，它和车体采用柔性连接，能有效缓冲空气压缩机和减少其给车辆带来的振动。

空气压缩机的两个低压活塞缸和一个高压活塞缸在同一个曲轴上呈 W 形布置，采用名义压力为 400 V 的三相交流电来驱动。电动机和压缩机通过自动找正的中间联轴节来连接，对微小未对准的采用"桶"状形式进行柔性连接。活塞的弹性载荷的金属盘在空气冷却的铸铁汽缸中运动。

润滑油采用飞溅的方式，通过曲轴在曲轴箱中的旋转的喷洒。结合过滤器安装在曲轴箱的出气口处用来分离活塞运动产生的空气中的润滑油，这些油将通过油槽回到曲轴箱的油槽中。曲轴箱中润滑油量可通过可视镜进行观察，油量太少会导致温度过高或停机，油量过高会导致阀体碳化。

空气压缩机在压缩低压空气时，空气应先经过油纸过滤器，产生的低压空气经过中间冷却器，在这里能够将压缩产生的一些热能散发掉，低压空气经过高压活塞缸进

第四章　制动系统

一步压缩产生的高压空气进入后冷却器进行冷却,产生的高压空气经过空气干燥器处理后进入用风系统。

两个"圆桶"状的空气过滤器入口安装在空压机机舱内用来保护空气压缩机,作为空气压缩机的入口,它起到一个纱布过滤的作用,它通过旋转来充分利用离心力原理分离空气灰尘中大的颗粒和除去潮湿空气的水分,水分和灰尘的颗粒将先收集到机舱中一个小的容器中,并且在空气压缩机停止运转时利用地球的引力排除。

为了防止空气压缩机中的压力过高,在空压机中安装两个安全保护阀,一个呈线性安装在两个低压活塞缸和中间冷却器之间[正常设置为 500 kPa(5 bar)],另一个呈线性安装在高压活塞缸和后冷却器之间[正常设置为 1 400 kPa(14 bar)]。

②控制装置

空气压缩机启/停控制是通过微机制动控制单元(BCE)来实现的。每个供气单元和制动控制组合模块配有一个压力传感器,用于检测总风管的压力并且传送信号给BCE。BCE 根据压力传感器显示的总风管压力信号来决定空气压缩机的启/停和启用台数,并通过控制空气压缩机电机继电器的吸合或断开来实现。如果监测到主风缸压力持续下降到 0.6 MPa,列车安全保护系统会自动触发紧急制动。

该供气单元还装有安全阀来保证制动系统的安全。安全阀的动作压力为 10.5 MPa,防止因供风自动控制系统故障而导致主风缸过压。

③空气干燥器

供气单元采用双塔再生式空气干燥器对压缩空气进行干燥,双塔交替工作,在正常工况下,只有一个空气干燥塔增压,2 min 后停止向该塔增压,另外一个空气干燥塔立即开始增压,每一个空气干燥塔都轮流工作 2 min。如果空气干燥塔工作时间不到2 min,空气压缩机就停机,空气干燥器的计时器便会记下该塔已工作的时间。当空气压缩机再次启动时,计时器将从中断时刻开始计时,因此两个空气干燥塔的工作时间是均等的。

整个供气单元集中在一个安装框架内,空气压缩机吊挂在框内,双塔再生式空气干燥器则安装在框外的横梁上。干燥空气充入主风管后再经由主风缸管送入各节车的主风缸,最后分别进入制动储风缸和空气悬挂风缸等。

(2)微机制动控制单元

每节车都装有一套微机制动控制单元(BCE)用于制动控制,它是双列车线需求信号,空气制动控制单元(BCU)和牵引系统之间的界面和桥梁。BCE 控制所有空气制动的常用制动,包括随需求信号和车辆载荷变化而变化的压力值。如果使用电制动,BCE 为电制动和空气制动的混合控制提供了界面划分,以形成一个完整的制动系统。

BCE 还提供正常运行管理和故障检测,这些信息通过 FIP 数据线传给 TIMS 系统。数据线也可以通过便携式计算机接口作简单的诊断和维修。

常用制动时,BCE 接受所有车辆的空气弹簧平均压力信号,根据该信号计算出该车辆制动所需的制动力,同时将反映车辆种类的载荷信号传送给 FIP 网络系统,拖车载荷信号通过 FIP 网络传送到动车的 BCE 和牵引控制装置。动车的载荷信号也通过 PWM 线传送到相应的牵引控制电子装置,牵引控制电子装置经过综合计算后将决定制动力的分配。对于动车,动力制动系统和空气制动系统时同时存在的,这两种制动系统都是由司机控制器或 ATO 自动驾驶装置控制。无论采用哪种控制,动车随时都能得到连续的动力制动和空气制动。如果制动需求值超过动力制动能力,这时空气制动根据总的制动力要求补充动力制动不足部分。混合制动要求制动缸的压力可以不一样,只要动力制动和空气制动的和达到制动所需求的值即可。

BCE 还对空气压缩机和空气干燥器进行控制。

(3)空气制动控制单元

安装在拖车 A 和动车 B、C 上的制动控制单元(BCU)由于车辆载重不同而略有不同。制动控制单元(BCU)可分为三部分,即 EP 控制板、称重阀和主控阀,如图 4-7 所示。

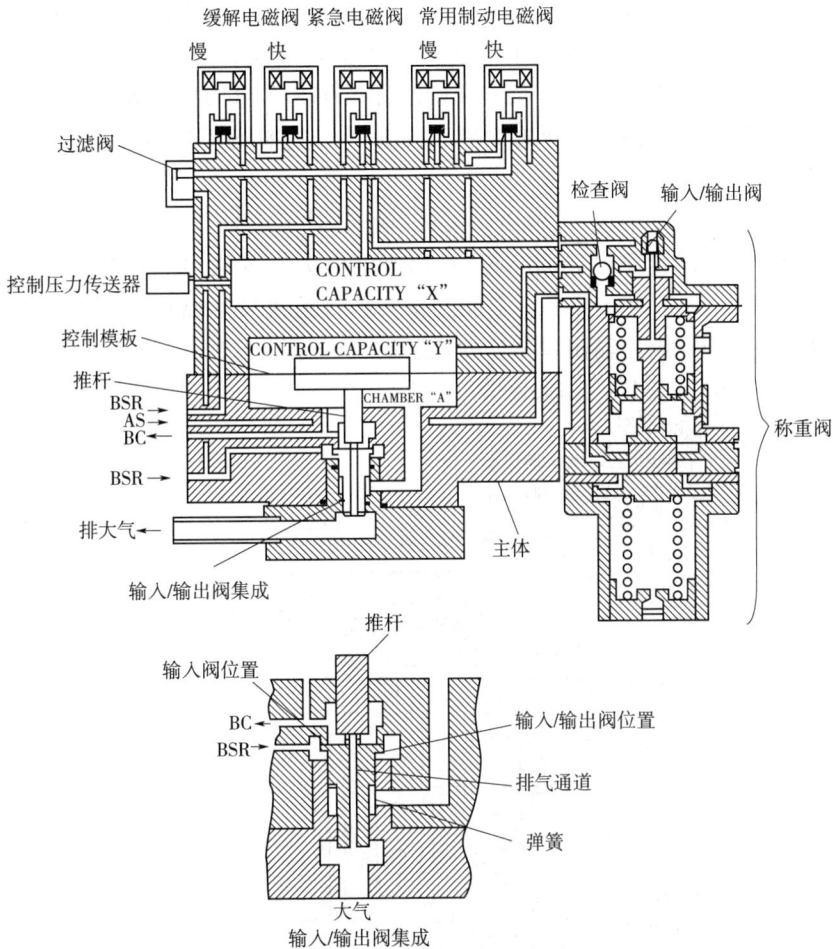

图 4-7 制动控制单元

①制动控制单元

制动控制单元是一种"从激活到实施"的形式,它完全具备制动和缓解的能力,制动控制单元安装在列车所有的车辆上,它能够使所有车辆的常用制动的控制和该车辆的平均载荷信号保持一致。

动车上动力制动装置和正常摩擦制动系统是同时存在的,这两种制动系统都由司机控制器和 ATO 装置控制,无论选择哪一种,该装置都能提供连续的动力制动和摩擦制动。优先尽最大限制的选择动力制动,在拖车和动车上尽量不用摩擦制动,除非动力制动的能力不足。

如果制动需求值超过动力制动能力,这时空气制动根据总的制动力的要求增加动力制动所不能达到的余量,混合制动要求制动缸的压力可以不一样,这样动力制动和摩擦制动制动力的和要求保持恒定,即和制动力需求值相等。

动力制动和空气制动系统在动车和拖车之间设计成交叉混合制动,因此动车上动力制动多余部分就应用到拖车上,相应的拖车摩擦制动就减少,在制动初始阶段摩擦制动施加到动车直到达到最大黏着系数,这样动车上多余的制动力也施加到拖车上。

②称重阀

称重阀安装在 EP 制动控制模块中的制动控制单元的旁边。为三个重量不同的车辆设计了三个不同的称重阀,它们的差异在于中间膜板盘直径、环、从动件的"A"和"B"的不同,而它们的结构和动作是一样的。称重阀和车辆的空气弹簧相连并且提供一个和车辆重量成比例的输出压力给制动控制单元,这样能够使紧急制动力和整列车的重量相匹配。

称重阀的顶部有一个输入/输出阀集成,输入阀的压力空气输入点和由制动风缸经制动控制单元上的紧急电磁阀相连,输出阀的压力空气输出点和制动控制单元上"Y"控制室相连。称重阀还包括一个经过排气推杆的排气通路以及一个和车辆空气弹簧压力信号的均衡阀的输出口相连的控制端口,如图 4-8 所示。

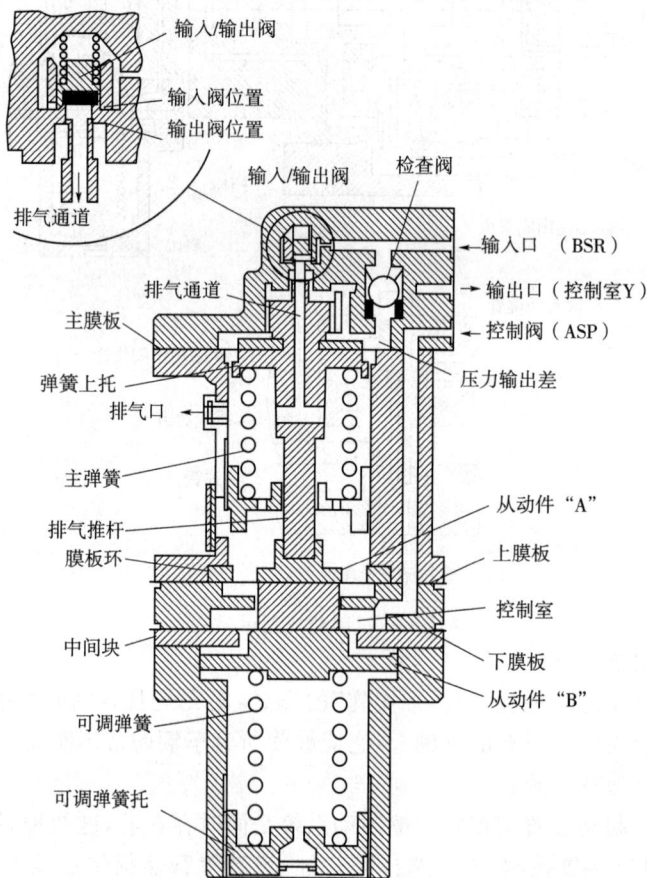

图 4-8　称重阀

一个由弹簧、从动件和三个膜板组成的集成来驱动输入/输出阀产生动作,三个膜板夹在部件之间形成独立的气室。一个弹簧气室在下膜板的下方,可调弹簧通过从动件和排气推杆的集成产生一个向上的作用力作用在输入/输出阀上;在控制气室的上面的气室,它接受由空气弹簧系统传送过来的控制压力;在上膜板的上方是第二个弹簧气室,它包含主弹簧向上产生的作用在输入/输出阀上的作用力;在主模板的上方是压力输出气室用来给继电器阀输出压力信号。

③BCU 的工作原理

每一辆车上都安装一个制动控制单元,制动缸不同的空气压力是由 BCE 控制信号反映的。它包含的控制阀按比例提供紧急制动时载荷信号。下面介绍制动控制单元里面部件的功能。

在列车正常运行没有制动的情况下,紧急电磁阀将切断制动风缸和称重阀入口压力控制室"X"。制动控制单元将关闭输入输出阀和制动风缸阀口,但是并不关闭输入口的通路。制动风缸的压力传送到两个施行电磁阀,这两个电磁阀没有被激活而关闭,这样压力空气就不能进一步前进,两个缓解电磁阀被激活而打开排空压力控制室"X"的空气。在控制室"Y"膜板上面的压力空气是通过称重阀里的检查阀排出,这样制动缸里的压力控制膜板向上移动排气阀座使得制动缸中的压力空气通过制动控制单元的底部排出。当需要执行常用制动时,从电制动控制单元(A6.9)传送过来的信号激活两个执行电磁阀并且打开它们,同时激活缓解电磁阀并且关闭"X"室的排气口通路,于是制动风缸的压力空气进入压力控制室"X",压力控制室的压力值由控制压力传送器预先设定并反馈给电制动控制单元,当反馈的信号等于初始设定的制动压力要求时,执行电磁阀将关闭,并且截断制动风缸继续向内输送压力空气。压力控制室"X"内压力空气也通过紧急电磁阀来打开称重阀的入口阀,从入口阀的压力空气返回到制动控制单元控制室"Y"并使得其膜板向下偏移,膜板的偏移量决定活塞推杆的位移量的大小,迫使入口阀打开使得制动风缸的压力空气进入制动缸。输出压力也在控制模板下方的压力控制室"A"中设定一定的值,当输出压力和膜板的作用力相等时,输出和输入阀将关闭,这时输出压力将不再上升。

运用电磁阀通过节流孔给压力控制室充气,节流孔的作用就是让压力上升的速度减缓一些,激活或不激活这两个电磁阀是不一样的,直到压力控制室"X"(在常用制动时该室的压力空气直接进入制动缸)的压力和由电制动控制单元产生的制动需要的信号值相等,在这种情况下,两个电磁阀处于不被激活状态而关闭。

如需要增加空气制动到相应强度时,上述描述的动作将继续运行,直到制动缸的压力值达到设定的需求为止。

如果需要执行降级模式的制动,电制动控制单元将不激活两个缓解电磁阀,因此压力控制室"X"中的压力空气将通过这些电磁阀排出,压力控制室"Y"中的压力空气通过称重阀排出(这时输出压力高于输入压力),交叉控制膜板上压力微小的差异是允许存在的。

控制膜板带动阀驱动杆将被迫向上移动,从而打开了排气阀,制动缸的压力空气通过排气口排出,制动缸的压力下降到与控制膜板上下压力相等时,排气阀将关闭。

缓解电磁阀通过节流孔来排出控制室中的压力,节流孔的作用是减缓排气的速度,两个电磁阀的动作是由电制动控制单元进行控制的,直到压力控制室"X"的压力(其中的压力空气将直接进入制动缸)和制动缸中需要减少的压力信号相等时,排气阀将关闭。

如果要求制动缸中的压力降到零,则上述动作将一直进行直到制动缸的压力降到零为止。

在正常运行和所有常用制动时,紧急电磁阀被激活使得压力控制室"X"和称重阀的入口相通。

当施行紧急制动时,紧急电磁阀不被激活而关闭压力控制室"X"和制动风缸到称重阀入口的通路,从称重阀出来的压力空气将进入压力控制室"Y"。

当控制室向下的作用力作用在排风阀作用推杆向下运动打开进气阀,打开的进气阀使得制动风缸的压力空气进入制动缸,这样输出的压力空气是按照控制室"A"设定的压力值。当设定压力室"A"压力上升使得膜板向上移动促使弹簧力作用在输入/输出阀上,当两个压力室压力相等时,输入/输出阀将充分的移动而关闭输入阀,这样切断制动风缸和制动缸的通路。

(4)复式排风阀(防滑阀)

每辆车上安装两个复式排风阀,每个转向架上一个。

WSP系统通过使用制动缸上的复式排风阀改变制动力,复式排风阀直接由制动控制单元来完成任一制动缸压力的减少、维持一组压力或所有制动力的保压。该阀是一种快速动作快速排放的阀,它要求对WSP命令作出快速反应。

每一个复式排风阀是由四个膜片作用阀、两个进气阀和两个排气阀组成,其中,一对进气阀和排气阀控制一根轮对上的制动缸,每一个复式排风阀控制车辆一端的两根轮对上的制动缸,每一个进气阀由一个电磁阀来控制,每一个排风阀亦是如此。

复式排风阀由三个机加工的铝合金块构成的,它的主要部件是阀体,它需要给四个膜片提供安装位置、压力空气的通路和输入/输出接口的位置,控制压力空气进出的电磁阀的空气保护需加装精密过滤器,该过滤器也安装在阀体上,两个排气口使用橡胶翼片来防止阀口没有空气排出时的灰尘进入。

复式排风阀有四个膜片安装在阀体中,两个进气口和两个出气口安装在膜片盖上,两个用弹簧装载的排气阀处于常闭位,所有进气口都装有O形密封圈。复合块装在阀体的底端,它从制动控制单元接受压力空气,直接将压力空气进入阀体,并且将修正的压力空气送到制动缸,复合块也提供阀体组成的安装位置。电磁阀安装在膜片盖的顶部,电磁阀和阀体通过螺钉进行连接,阀体内的压力空气的分配通过阀体上的孔进入电磁阀。用一块金属板安装在膜片盖上来保护电磁阀和电力连接口。复式排风阀就是在一个组合件中组合了两个相同的排风阀。

根据WSP系统(电制动控制单元)发出的信号的需求,排风阀进行打开或者关闭。进气阀和排气阀是动作快,并且是大流量的装置。它快速响应电磁阀的操作,可以分为排气、保持、进气这样三个位置。

在复式排风阀的输出端,WSP信号的组合可以产生不同的结果,见表4-1。

表 4-1　WPS 信号组合结果

复式排风阀的位置	进气电磁阀"C"	排气电磁阀"A"	进气电磁阀1的位置	排气电磁阀1的位置	制动缸压力（输出端1）
排气	激发	激发	关闭	打开	排气
进气	不激发	不激发	打开	关闭	自有通道,根据继电器阀输出端的响应
保持	激发	不激发	关闭	关闭	保持状态压力
复式排风阀的位置	进气电磁阀"F"	排气电磁阀"D"	进气电磁阀2的位置	排气电磁阀2的位置	制动缸压力（输出端2）
排气	得电	得电	关闭	打开	排气
进气	失电	失电	打开	关闭	自有通道,根据继电器阀输出端的响应
保持	得电	失电	关闭	关闭	保持状态压力

①进气

排风电磁阀"A"不得电（打开）,允许空气从进气口进入,作用在排风阀1的上部。这个辅助压力通过空气弹簧关闭排风阀1,隔离排风端口1。

同时进气电磁阀"C"失电（关闭）,通过关闭的进气电磁阀1的排气1将进气电磁阀1上面的压力空气排到大气。作用在进气阀1下面的进气压力打开阀,这样就连接了进气压力到排气口1和制动风缸。

复式排风阀的进气口位置的压力空气直接传递到出口位置和制动风缸。

②保持

排气电磁阀"A"失电（打开）,允许来自进风端口的压力空气通过它作用在进气阀1的上部。这个辅助压力通过弹簧关闭排气阀1,隔离排气端口1。

同时进气电磁阀"C"得电（打开）,允许来自进气端口的压力空气通过它作用在进气电磁阀1的上部。这个压力将要关闭进气阀1,截断进气端口和出气端口。

在保持位置的复式排风阀的进气阀1和排气阀1都关闭,保持出气端口和制动缸的压力。

③排气

排气电磁阀"A"得电（关闭）,隔离来自排气阀1上部的进口压力空气,并且允许在排风阀1上面的压力通过排风电磁阀到大气,这样就使出气口1的压力空气到打开的排风阀1,而不是大气。

同时,进气电磁阀"C"得电（打开）,允许来自进气口的压力空气通过它作用在进气阀1的上部。这个压力将要关闭进气阀1,隔离进气端口和出气端口。

（5）基础制动装置

基础制动装置采用单侧双闸瓦踏面单元制动机,每个轮对设有两个基础制动装置,每台转向架设有四个,其中一半带有停放制动功能,在转向架上对角安装。

停放制动由单元制动机上的储能弹簧提供制动力。在车辆无电、无压缩空气的情况下,可使列车安全可靠地停放在 15‰ 的坡道上。停放制动可由司机在司机室进行整列车的施加操作,或进行充气缓解。检修作业或更换闸瓦时,也可通过拔出停放制动缸上的弹簧卸载销进行手动缓解。

2. 空气制动系统控制

(1)控制原理

①司机控制器或 ATO 发出制动信号,制动列车线被激活,发出制动指令。动车 PCE/BCE 及拖车 BCE 经过对电制动信号、电制动实际值和电制动滑行等综合计算后进行判断:如果运行速度在 18 km/h 以上,使用的主要制动模式是电制动,而以空气制动为辅。

②控制制动力大小的电流信号被编码器编译成两个 PWM 信号,PWM 信号由 PWM 列车线输出。

③PWM 信号触发牵引系统单元的逆变原件,使所有电机减速。为了使制动力效果最好,同时兼顾冲击极限的限制,总的制动力应综合考虑空气制动的载荷要求。

④当司机手柄上发出最大制动力指令时,制动列车线被激活,它将提供最大制动力(快速制动),达到紧急制动的性能(1.3 m/s^2 的减速度)。除非列车线 LV 被设为低电平,否则快速制动将一直保持激活。但快速制动是可逆的。

⑤当列车运行速度在 18 km/h 以下时,电制动取消,BCU 发出空气制动指令,制动控制功能由 BCU 独立完成。

2. 制动控制过程

①常用制动

当动车上的 BCE 接受到"制动力需求"和"进行制动"的指令时,作为"动力制动实施"的功能,BCE 控制该动车和混合一辆拖车的制动,制动力的计算要考虑车辆的载荷,如图 4-9 所示。

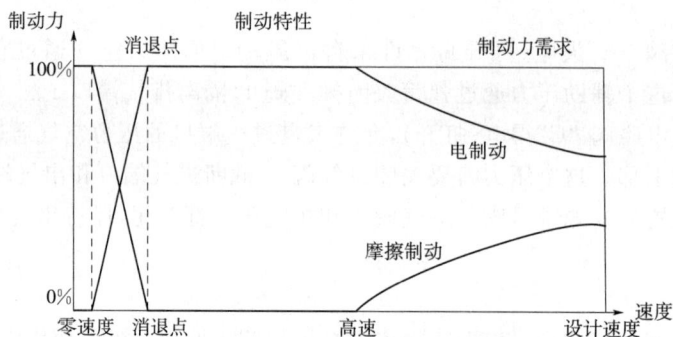

图 4-9 制动特性图

当 BCE 接受到"牵引"指令时,制动缓解必须实施。

在正常条件下,摩擦制动在列车速度为从零速到消退点速度和高速的时候施加,和动力制动混合进行。

当 BCE 从列车指令线接受到"制动力需求"和"进行制动"指令,从牵引装置得到关于低速"消退点"的信号,摩擦制动施加的制动力的值是根据由牵引装置发送的"制动力需求值"和"动力制动的完成量"差来进行的。

②制动施加/缓解(图 4-10)

ABAR 是检查列车所有制动施加的一种继电器,ABRR 是检查列车所有制动缓解的一种继电器。

当列车所有制动都施加时,司机台上的 ABAL 指示灯亮。当列车所有制动设施都缓解时,司机台上的 ABRL 指示灯亮。

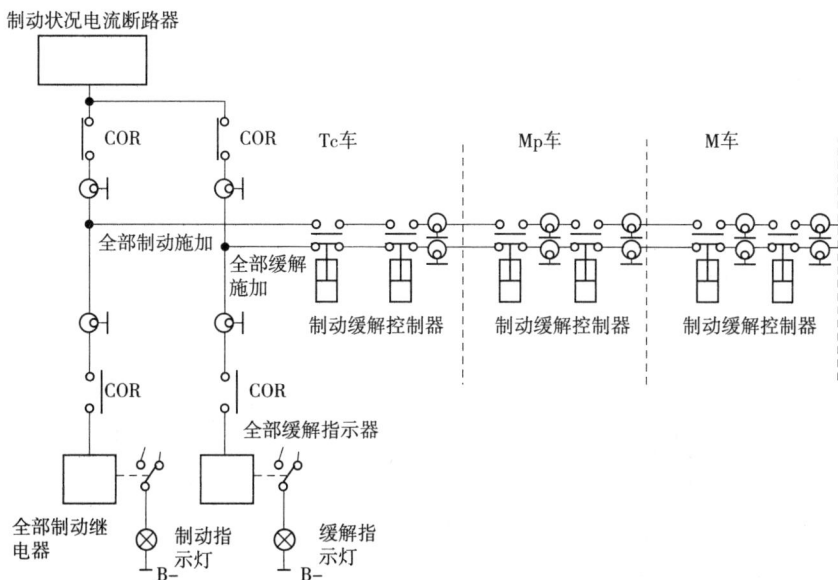

图 4-10　制动施加/缓解

③制动隔离(图 4-11)

如果列车上有一辆车摩擦制动被隔离,打开司机台上一个指示器(FBFI)开关。该指示器由 TIMS 系统控制,每个的 BCE 连接到 FIP 网络上,TIMS 系统了解每一辆车的制动状况。

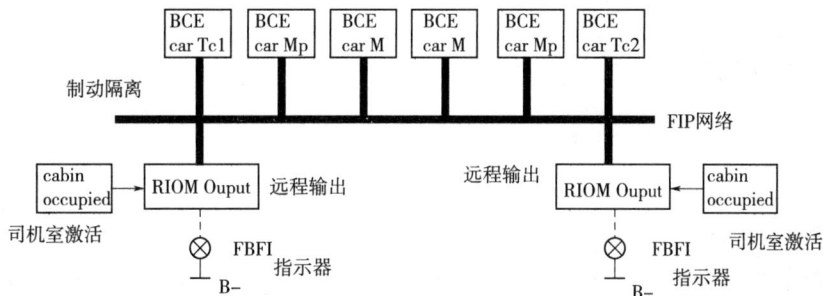

图 4-11　制动隔离

④停放制动

停放制动控制是通过停放制动指令来实施的,当没有压力空气时,停放制动能够自动实施,如图 4-12 所示。

当列车处于休眠状态时,停放制动没有施加而是施加的紧急制动,直到总风管的压力空气漏光时为止。当司机通过按下停放制动按钮(PBPB)施加停放制动。

在每一辆车上,都有一个停放制动指示灯,当所有的停放制动都缓解时,绿色指示灯亮。当至少有一个停放制动没有缓解时,蓝色指示灯亮。

当列车停放制动缓解时,停放制动缓解继电器(APBAR)激活。如果这一列车停放制动都缓解的话,司机台上一个缓解指示灯(PBL)亮,如图 4-13 所示。

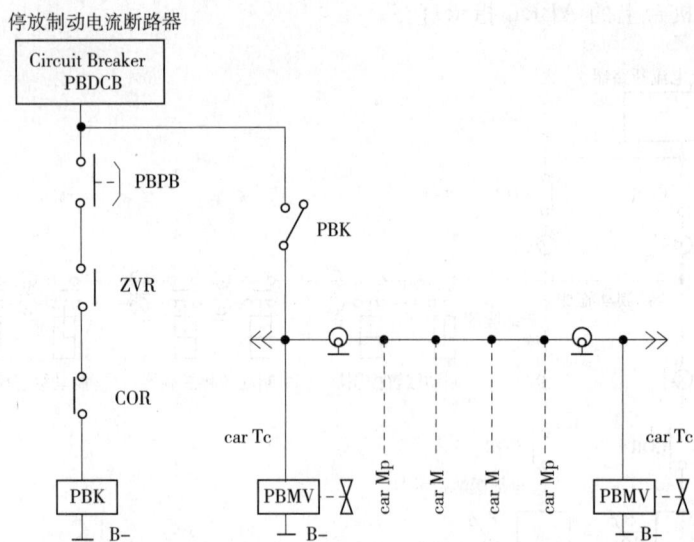

图 4-12　停放制动实施

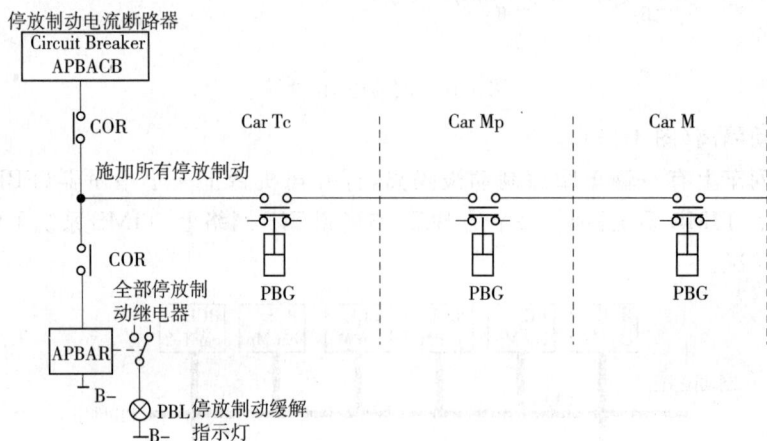

图 4-13　所有停放制动都缓解

⑤滑行操作

防滑装置监测滑行是为了改善黏着和避免车轮擦伤。每个轮对上都安装有防滑处理系统,由摩擦制动单独处理车轮的滑行而不需要和它连接的牵引系统进行处理。

车轮滑行的时间小于 10 s,在延时之前,车轮防滑装置是断开的,车轮防滑装置能够探测和处理所有轮对的滑行,即使在紧急制动时空气防滑装置也一直在起作用。

当 BCE 探测到车轮滑行时,它发送"车轮存在滑行"给 TIMS 系统、"电力制动失效"给相应的牵引装置,牵引装置发送的"动力制动完成值"降到零。

当牵引装置探测到一个车轮滑行,它迅速降低电制动力,"动力制动完成值"将冻结在滑行发觉之前的水平,为了安全的因数"EDB 冻结"的信号发送到 BCE,它将防止因动力制动的消失造成空气制动力的上升导致车轮重新开始滑行,当滑行结束后,为制动和牵引系统提供的新的制动处理系统将被定义。

所有的车上都装有 WSP 系统的微处理器,它作为 BCE(A6.9)的一部分,KBWB 提供的范围包括 WSP 处理器(也就是 BCE)、每个转向架上一个复式排风阀(W2)和安装在每根轴端的速度探测装置。复式排风阀的工作电压是 DC 24 V,并且以一个恒定的动力保证其工作。

WSP 装置为紧急制动和常用制动提供服务,以每根轴为基础进行滑行探测,制动力的修正也是以每根轴为基础的。

通过 BCE 来探测每根轴的速度信号。轮对滑行系统测定和其相关联轴的速度并且通过它们来断定下列两种滑行的产生。

a. 一个轴的减速度超出预先设定的参数,它比所有常轨制动情形最大预期值要高。

b. 在 WSP 系统控制下任何两个轴的相关速度差异的探测。

当探测到车辆滑行时,WSP 系统通过减少有关车轴上制动缸压力控制车轮滑行的深度,WSP 系统设计成探测最适宜轮对滑行状态,使得最大限度的利用黏着力。这样能够使 WSP 系避免了轮对最小擦伤而锁定车轮从而限制了制动距离的延长。

WSP 系统能自动加入车轮磨损补偿来保证车轮以类似基本尺寸进行比较,无论车辆以何种方式运行,车轮尺寸的补偿都是自动施加的。

只要车轮出现滑行时,WSP 系统都给出一个指令,这种信号被列车监控系统所采用。

为了保证该系统的安全完整性,每个速度信号和每个转向架上的复式排风阀(W2)输出量的控制一样都需要监控。在每个输出控制上安装一个计时器,如果保压或排气的信号执行的时间超出预先设定的时间或速度信号发生错误,则该轴上的计时器将不受复式排风阀的控制。

WSP 系统在使用前进行包括计时器在内的一系列的内部检查来保证该系统的可行性,任何发现的错误都发送到 FIP 系统。微控制器也由检测回路进行检测。

⑥紧急制动

紧急制动是为了万一有紧急情况和进行滑行/空转保护而设计的,一旦有紧急情况时,司机必须按下蘑菇状按钮(EMPB)。紧急制动只采用空气制动,而且制动命令是不可更改的。

当需要执行紧急制动,所有车辆都按最大值施加摩擦制动。

紧急制动必须是安全可靠的,再生制动是不予考虑的。

在紧急制动过程中,牵引立即切断,紧急制动激活是不可挽回的。紧急制动命令施加后,紧急制动必须重新设置(由 ATC 控制 EBRST 或由列车长按下 REBPB 按钮)才能得到牵引,当列车速度等于零时这种操作是可行的,如图 4-14 所示。

出现下列情况将施加紧急制动:

a. 列车压力,如果总风压力低于 700 kPa(7 bar)。

b. 触发死人按钮(DMS)。

c. 操纵司机室紧急蘑菇按钮(EMPB)。

d. 列车脱钩(ACR)。

e. 直流 110 V 的动力供给系统全部断电。

f. ATC 系统产生紧急制动指令(EBATP)或模选择器的连接在 RM 和 WM 位置关闭。

g. 两辆车之间的管线(风、电)遭破坏。

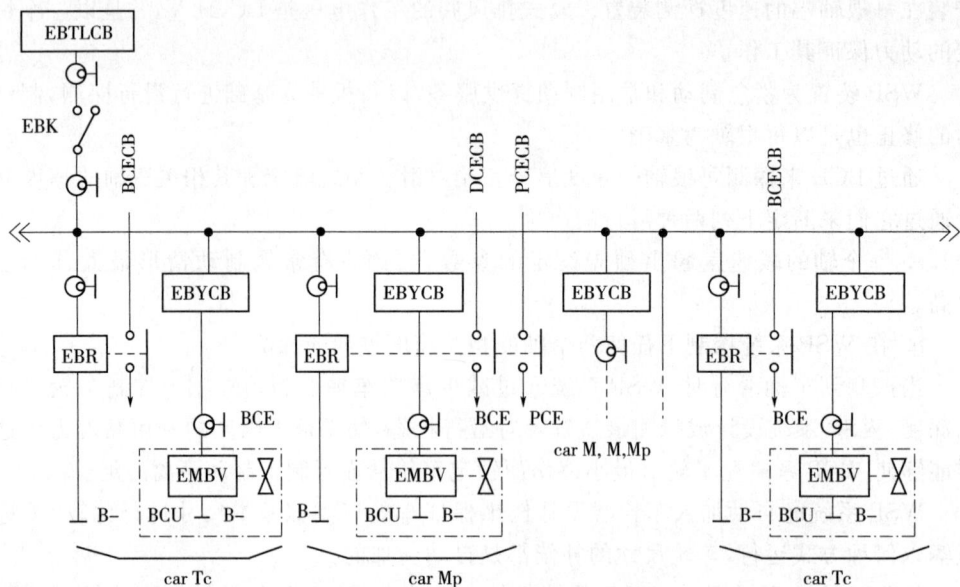

图 4-14　激活紧急制动回路

h. 列车运行时，模选择器完全改变。

这些情形连成一列是为了形成"紧急制动"安全回路，安全回路一旦断开就进行紧急制动。

司机死人按钮（DMS）操作采用手动模式，当驾驶的模式是自动时，ATC 系统将通过一个触发装置来替代推式按钮。

通过推动 TDMPB 按钮对死人按钮测试是有必要的，当采用降级模式驾驶时，该测试是不可行的。

图 4-15 和图 4-16 是说明紧急制动设计的图表。

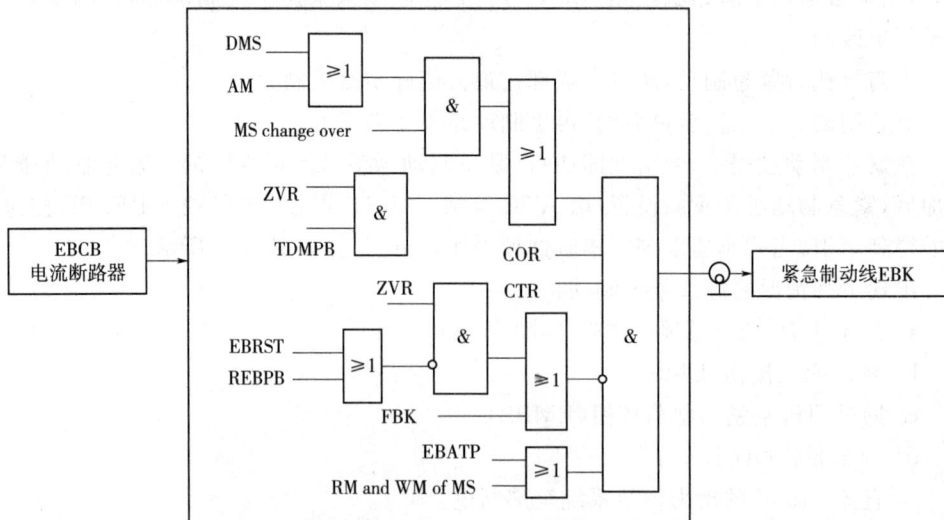

图 4-15　安全互锁控制

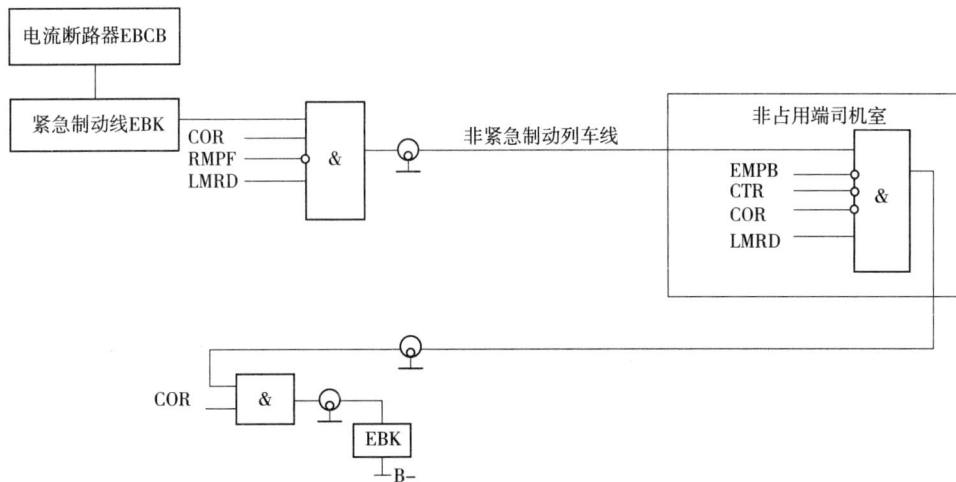

图 4-16　安全互锁回路

⑦总风缸低压控制

如果紧急制动是由一辆拖车的 LMRG 激活的,制动控制电流必须抑制轮对防滑保护。这种装置的两个 LMRG(每辆拖车一个)形成一个回路,如图 4-17 所示。

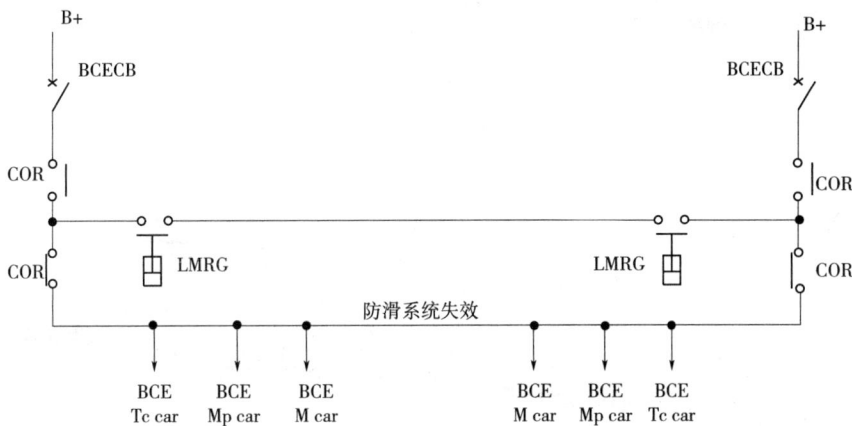

图 4-17　总风缸低压控制

(3)KBWB 模拟式电气指令制动系统的特点

KBWB 模拟式电气指令制动系统实现了空气制动与电制动的高度结合,在系统上保证了车辆运行的安全。列车制动时不仅满足了电制动优先的要求并实现了电空混合制动的平滑过渡,还设有冲动限制以提高乘客乘坐舒适度。该系统的设计开发和应用在于以下几个特点:

①采用模拟式电气指令制动控制系统,模拟方式为 PWM。

②采用"拖车空气制动滞后控制"的制动控制策略,充分利用动力制动。

③采用充气、排气各两个电磁阀进行精确闭环控制实现 EP 信号转换。

④常用制动采用空重车调整信号加微机计算给定信号。

⑤紧急制动根据空重车调整信号限制冲动,采用单独回路控制、失电控制和纯空气制动。

⑥防滑控制采用动力制动和空气制动分别控制。

⑦整个制动系统采用模块化,结构紧凑,重量轻。

⑧制动控制系统具有故障诊断、故障存储及故障显示功能,同时通过网络进行数据交换和监控。

三、EP2002 制动控制系统

1. EP2002 制动控制系统的组成

EP2002 制动控制系统是新一代轨道车辆制动控制系统,在综合机电设计装置中结合了分布式体系结构。EP2002 系统单一机电装置中的常用制动、紧急制动及轮缘防滑集成了制动控制和制动管理电子装置,被装配在每一个转向架附近(EP2002 网关阀,RIO 阀,智能阀)。空气供给可以由中枢点向每一个 EP2002 阀供给,也可以由阀附近向每一个 EP2002 阀供给,如图 4-18、图 4-19 所示。

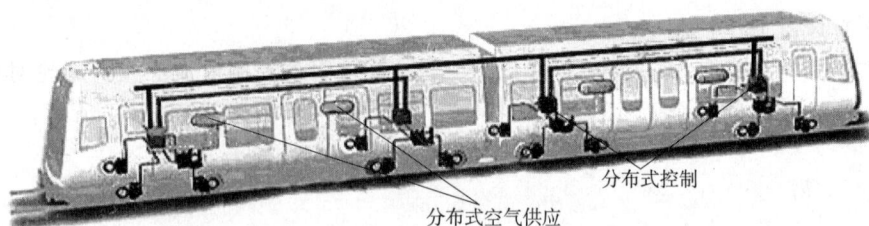

图 4-18　EP2002 完全分布式控制

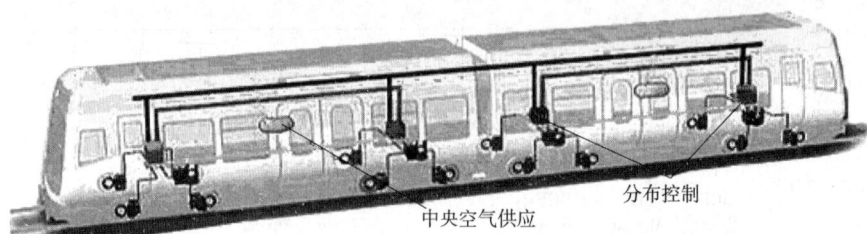

图 4-19　EP2002 半分布式控制

EP2002 制动控制系统主要由 EP2002 阀、制动控制模块以及其他辅助部件组成,部件集成化程度高,节省了安装空间,同时也便于安装、使用和维护。

EP2002 阀相当于常规制动控制系统中制动微机控制单元 ECU 和制动控制单元 BCU 的集成。根据功能的不同,EP2002 阀可以分为智能阀、RIO 阀(远程输入/输出阀)和网关阀三种,每节车设有两个 EP2002 阀,每个 EP2002 阀都安装在其控制的转向架附近的车体底架上,所有的 EP2002 阀上都提供了多个压力测试接口,可以方便地测量制动风缸的压力、制动缸压力、载荷压力、停放制动缸压力等。EP2002 阀的主要技术参数见表 4-2。

表 4-2　EP2002 阀的主要技术参数

项目	网关阀	RIO 阀	智能阀
最高工作压力(kPa)	1 030	1 030	1 030
允许环境温度(℃)	−25～+55	−25～+55	−25～+55
防护等级	IP66	IP66	IP66
额定工作电压(V)	110	110	110
额定功率(W)	85	85	70
重量(kg)	18.5	18.5	17.2
外形尺寸(mm)	210×210×324	210×210×324	210×210×268

(1)EP2002 智能阀

EP2002 智能阀包括一个电子控制部分,直接安装在气动伺服阀上,称为气动阀门装置(PVU)。每个阀门分别按照由其相应的 EP2002 网关阀通过 CAN 制动器总线提供给它的制动要求来控制其所在转向架上的制动器执行机构中的制动器缸压力(BCP)。EP2002 制动控制装置提供常用制动和紧急制动,同时进行每根轴的 WSP 控制。阀门采用软件和硬件组合的方式予以控制和监视,从而能够检测到潜在的危险故障。车轮滑动保护是采用本车取得的轴速数据和从其他阀门(三种阀)获得的速度数据相结合并通过专用 CAN 制动器总线来提供的。EP2002 智能阀的输入/输出如图 4-20 所示。

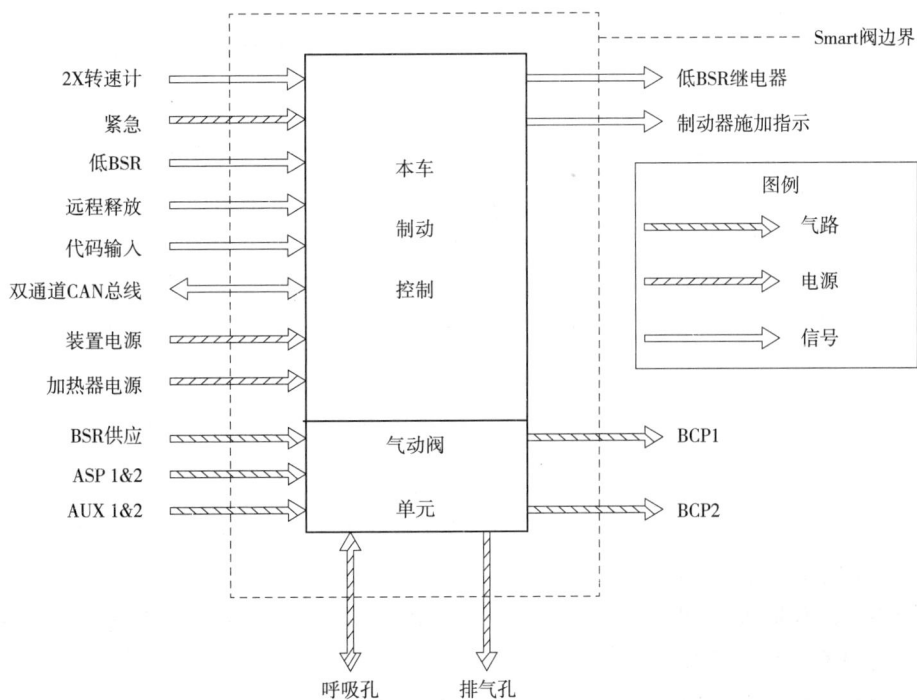

图 4-20　EP2002 Smart 阀输入/输出

107

第四章　制动系统

(2)EP2002 网关阀

EP2002 网关阀执行 EP2002 智能阀的所有功能,另外还能够执行制动管理功能和提供 EP2002 控制系统与列车管理系统之间的接口。EP2002 网关阀可以进行量身定制以便与 MVB、LON、FIP、RS-485 通信网络和(或)传统的列车线及 PWM 系统接口。在任何 EP2002 系统中,EP2002 网关阀内的制动管理功能可以将制动器作用力要求分配到列车上安装的所有制动系统上,以便达到驾驶员所要求的制动作用力。网关阀的输入/输出图如图 4-21 所示。

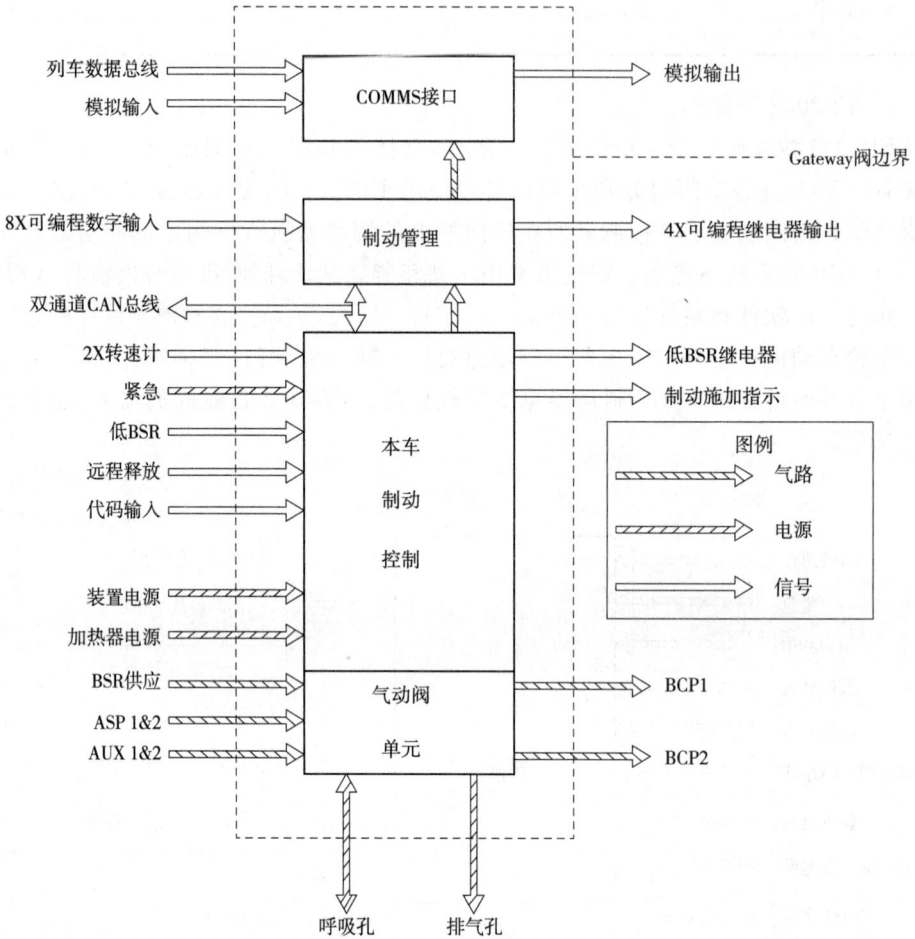

图 4-21　Gateway 阀输入/输出

(3)EP2002 输入输出阀

RIO(远程输入/输出)阀与 Gateway 阀的输入/输出相同,但是它不进行制动控制运算,也没有安装网络接口卡。

RIO 阀读取可编程输入,主要的 Gateway 阀通过 EP2002 双通道 CAN 总线也可应用可编程输入。RIO 阀可编程输出的状态由主要的 Gateway 阀控制。

每个网关阀、智能阀和输入输出阀都引入了硬线安全输入,如紧急线和远程释放功能,如图 4-22 所示。

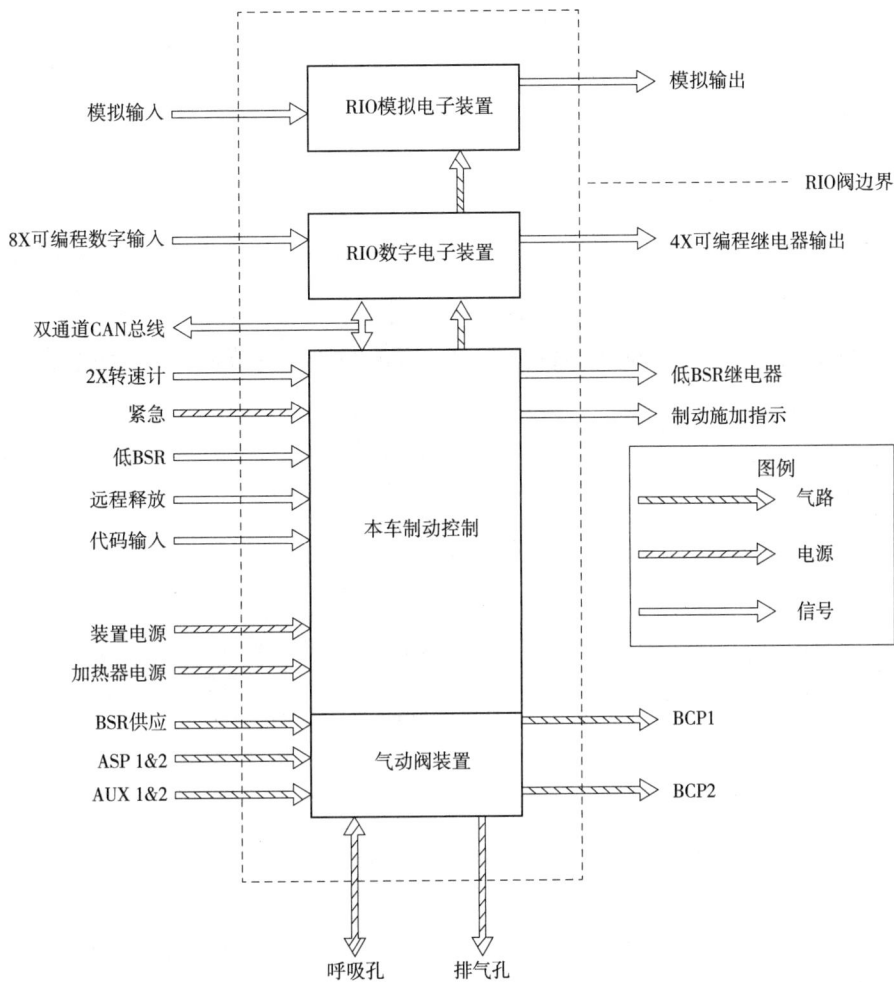

图 4-22 RIO 阀输入/输出

南京地铁 2 号线三种阀的配置如图 4-23 所示。

2. EP2002 制动控制系统气动结构

EP2002 Gateway 阀、Smart 阀和 RIO 阀的气动部分完全相同,称为气动阀单元 (PVU)。其功能区域可分组如下:

(1)一次调节

有一个继电器阀负责将气动阀单元供应的压力调低到与加载紧急制动压力相对应的水平上。它还负责在电子称重系统失灵时提供机械的紧急空车压力。

(2)二次调节

二次调节器位于一次调节器的上部,负责将供应至制动缸的最大压力限制在与满载荷车辆紧急制动压力相对应的水平上。

(3)称重

负责提供紧急加载控制压力给一次调节继电器阀。此控制压力始终处于激活状态,且与空气悬挂系统压力成比例。

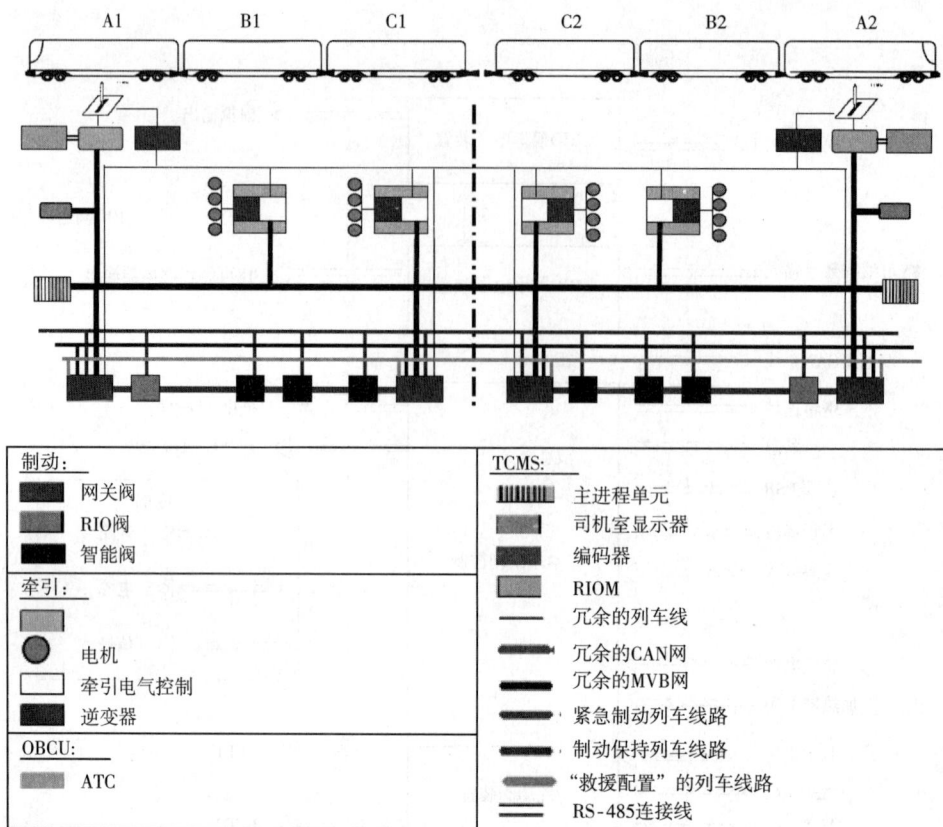

图 4-23　EP2002 阀配置示意图

（4）BCP 调节

负责从一次调节器提取输出压力，并将它进一步调节至踏面制动所需的 BCP 水平。BCP 调节部分还负责通过 WSP 激活对制动缸压力进行气动控制。

（5）链接阀

链接阀使得 BCP 输出能够进行气动连接和分离。在常用与紧急制动期间，两个 BCP 输出被连接，使得单个转向架的控制成为可能。在 WSP 激活期间，两根轴相互气动隔离，每根轴上的 BCP 通过 BCP 调节进行独立控制。

每个区域均在图 4-24 内部气路示意图上标明。

表 4-3 详细列出了 EP2002 系统能正常工作的操作环境。

表 4-3　EP2002 工作环境

环境	规　格
温度	−40～ +55 ℃周围环境（装置外壳的外部）
湿度	0～100％RH
振动	BSEN61373 Cat 1
密封	IP66

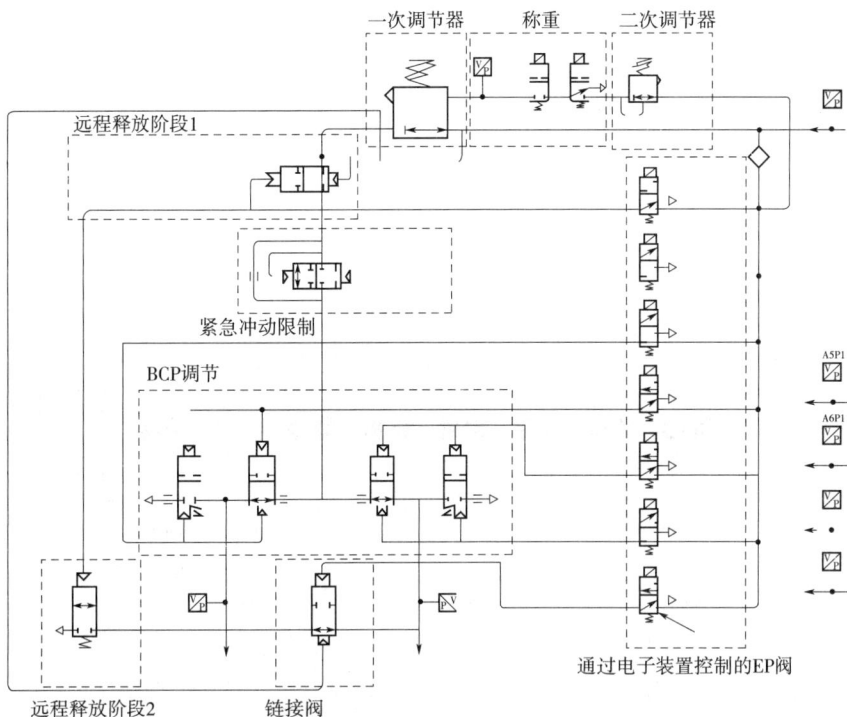

一次调节器　　称重　　二次调节器

远程释放阶段1

紧急冲动限制

BCP调节

A5P1

A6P1

通过电子装置控制的EP阀

远程释放阶段2　　　链接阀

图 4-24　EP2002 阀门内部气路示意图

3. EP2002 制动控制系统网络

EP2002 具有可支持许多系统结构的内在能力。当有两个 EP2002 网关阀安装在一个 CAN 总线部分上时,摩擦常用制动的实用性达到最大,内置的 EP2002 网关阀角色管理软件保证一个阀门分配为主通路角色,而另一个 EP2002 网关阀则以"热备用"模式运行。当主网关阀发生故障时,另一个网关阀则被提升为主通路角色,从而能够提供不间断的常用制动控制。

EP2002 系统支持的制动器系统 CAN 总线部分范围从最少两个 EP2002 阀门到最多十个 EP2002 阀门。将制动器系统 CAN 总线的长度伸展到一台车厢以外有助于减少 EP2002 通路阀的数目,同时又能保持主网关阀和"热备用"网关阀的实用性优势。如果制动系统 CAN 总线上只安装了一个 EP2002 网关阀,则当它发生故障时,将会导致有关制动器系统 CAN 总线上的摩擦常用制动失灵。在设计 EP2002 系统时,应当在成本和发生故障时可接受的制动失灵之间寻找一个平衡。

南京地铁 2 号线网络结构图如图 4-25 所示。

4. EP2002 制动控制系统装置结构组成及功能

主 EP2002 Gateway 阀把制动信息分配到同一段 CAN 网内的 EP2002 Smart 阀,或者分配来自同一段 CAN 网内的 EP2002 Smart 阀的制动信息。一段 CAN 网的长度一般在 2~10 个转向架(1~5 辆车)之间。

有线安全输入,例如紧急线和远程释放功能,被分别输入到每一个 Gateway 阀、RIO 阀和 Smart 阀,如图 4-26、图 4-27、图 4-28 所示。

RIO 阀应用在 Smart 阀上需要更多输入/输出的地方。

EP2002 Gateway 阀、Smart 阀和 RIO 阀辅助部件的职责分工。

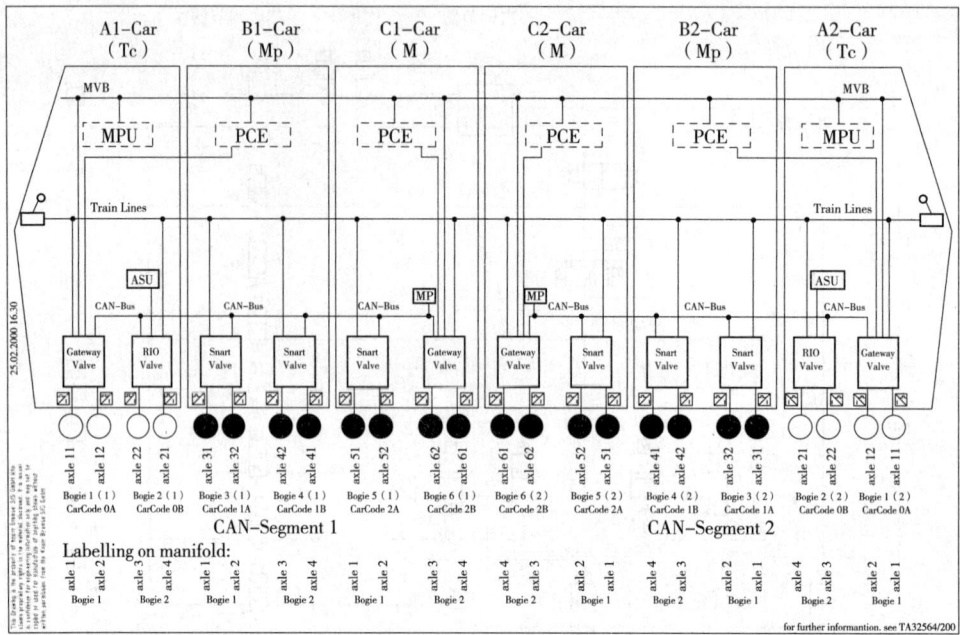

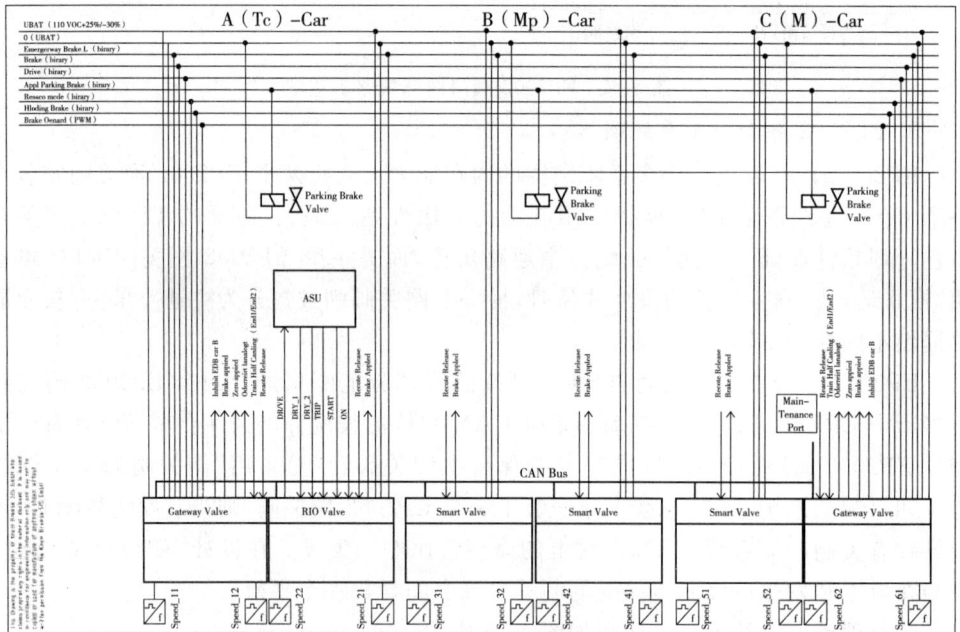

图 4-25　南京地铁 2 号线网络结构图

（1）装置外壳

重型挤压式阳极氧化铝壳体。它可以保护电子装置免受运行环境的侵害，可以为装置提供 IP66 级的密封。

（2）气动阀单元（PVU）

在本车制动控制卡的指示下，此气动伺服装置控制着本车轴上的 BCP 压力，提供常用制动、紧急制动以及车轮防滑保护。

（3）电源装置（PSU）卡

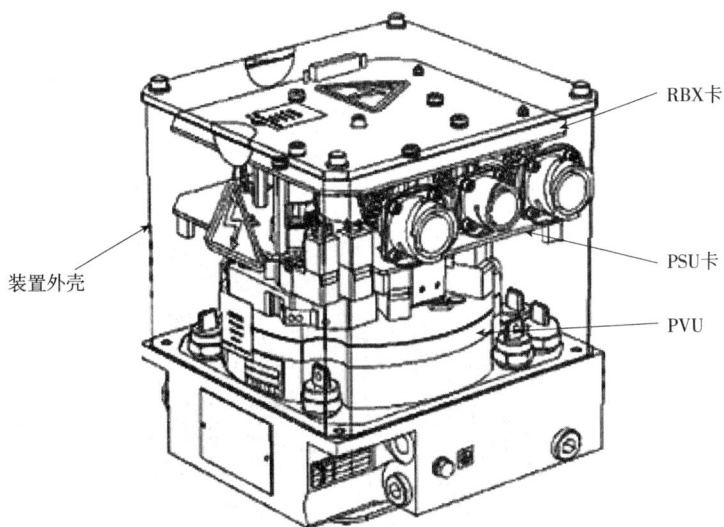

图 4-26　Smart 阀结构

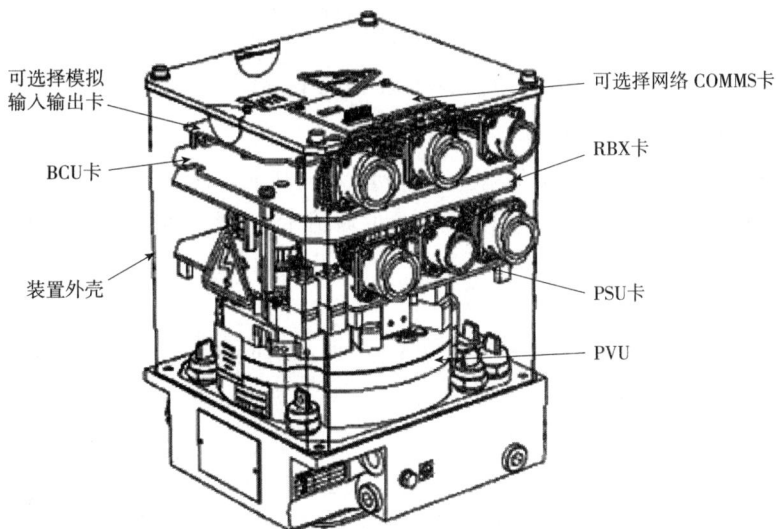

图 4-27　Gateway 阀结构

此卡接收电池和加热器电源。主电源经过调节,并分配到装置内的其他电子装置卡上。加热器电源供应给装置加热器,从而能够实现极低温度下的运行。

(4)本车制动控制(RBX)卡

此卡按照主 Gateway 装置接收到的由专用 CAN 总线传递的制动需求控制着 PVU,提供踏面制动、紧急制动以及车轮滑动保护。

(5)制动管理(BCU)卡

此卡只装在 EP2002 Gateway 阀上,包括了对整个列车进行制动管理所需的功能。还可以支持可配置的输入/输出端口。对于主 Gateway 而言,制动管理功能主动地通过 CAN 总线与所有其他的 Smart & Gateway 阀保持通信。对于非主 Gateway 阀,BCU 卡可以作为一个远程输入/输出(RIO),从而能够在访问制动 CAN 总线的同时不需要将线路信号发往主通路。

第四章　制动系统

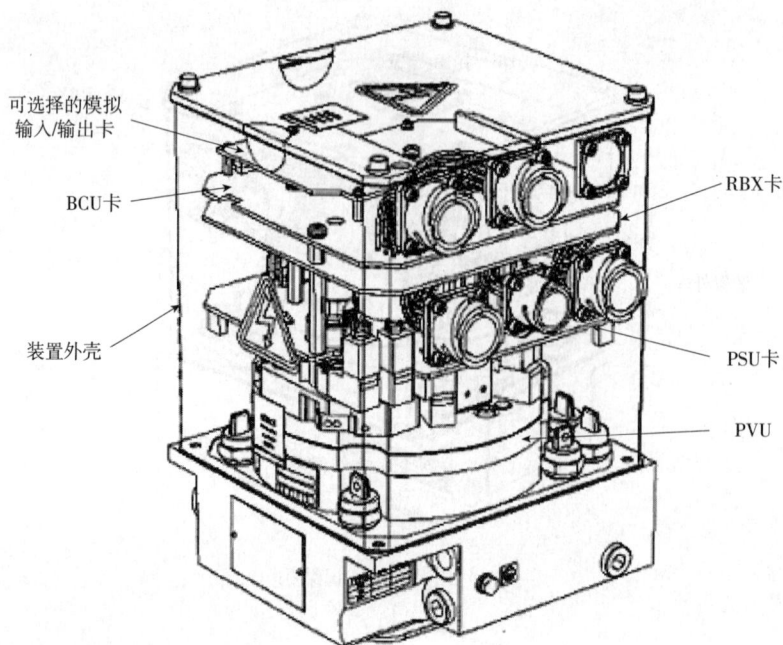

图 4-28　RIO 阀结构

（6）可选择网络 COMMS 卡

可选择网络通信卡仅安装在 EP2002 Gateway 阀上。该卡遵守 MVP、FIP、LON 和 RS-485 接口标准（每一个协议标准有一个通信卡）。该通信连接装置可用于传递控制和诊断数据。

（7）可选择模拟输入/输出卡

可选择模拟输入/输出卡可被安装在 Gateway 和 RIO 阀上，用于为踏面制动控制提供模拟信号。

5．EP2002 制动控制系统功能

（1）常用制动

在常用制动中，本地制动控制卡（RBX）提供停止向网关阀制动管理卡加载信息的功能，并且控制常用制动缸压力以与来源于网关阀制动管理卡双信道 CAN 总线的要求保持一致。常用制动汽缸压力的循环关闭控制是通过使用压力传感器和装配在 PVU（气动阀单元）上的 EP 阀。

（2）紧急制动

紧急制动（EB）功能独立控制每一个转向架的加载的制动缸压力（BCP），同时隔离出常用制动控制（SB）。紧急制动功能应用于列车控制系统的紧急输入能量不足时。

载荷功能（内部）由电子控制并且有进行预设置的能力，这个预设置是通过考虑不同车体重量进行译码输入来实现的。紧急制动的制动缸压力是机械地被限制在约定的特定的最小和最大压力之间。这是为了阻止在电子紧急制动加量控制失败的情况下完全失去紧急制动的制动压力或者破坏制动激活系统的耐压性能。

（3）载荷系统计算

主要的调节阶段服从于加载规则。为达到这个要求,控制电子单元测量空气悬浮压力,提供与 PVU,然后通过加载 EP 阀的操作向主调节器提供适合的控制压力。ASP(空气悬浮压力)和控制压力间的关系存储在 PAL(可编程阵列逻辑)装置中。正是这个逻辑装置控制 EP 阀的。

PAL 装置可以存储多达 16 种不同的 ASP 与紧急 BCP 间的关系。阀译码插栓的输入是为在列车上已安装好位置的阀配置正确的关系。

（4）车轮滑动保护

EP2002 阀内提供了车轮滑动保护,系统通过控制制动力来检测和纠正车轮滑动。每根轴上安装的速度探头用于监视轴速,此信息在 CAN 部分内的 EP2002 阀之间分享。如果一个 EP2002 阀门检测到滑动,它将控制制动缸压力以纠正滑动的轴。当列车制动时,车轮滑动控制能够独立地控制检测到滑动时每根轴上的制动力。采用两种滑动检测方法来确定是否存在着持续的低黏着条件:

①单个轴是否过度减速。

②每根轴之间是否存在速度差,以及轴是否在最高速度转动。

一旦检测到以上两种条件中的任何一种,控制系统都会按照一定的间隔进行地速测试,以便更新计算真实的列车速度。系统能够精确地控制滑动的深度,从而使轨道条件能够进行调整。这样可以提高后续车轮的黏着条件,使低黏着条件下的制动力最大化,同时保证不会造成车轮损坏。当 WSP 运算法则确定黏着条件已经恢复正常时,系统返回到其原始状态,定期地速测定停止。为了保证制动器不会长时间释放,采用了硬件监视器回路来监视阀门状态。轴的减加速度检测是独立于所有其他轴的,轴之间的补偿将不会对其准确度产生影响,但软件中使用了来自维护时输入的实际车轮尺寸来为每根轴提供精确的减加速度检测。

（5）低制动供气风缸（可选择）

EP2002 阀门可以将由于 WSP 工作造成的压力损耗控制在一定压力之上来确保紧急制动的用气量。由每个 EP2002 阀监视着供气压力。当压力降低到一定的门槛值时,EP2002 入口和排气阀门的 WSP 控制可以由阀控制硬件进行本车隔离,一个来自 EP2002 阀门的无压力输出将会改变状态。EP2002 输入和排气阀门的常用制动控制仍保持激活状态。

（6）制动应用指示（可选择）

当压力值大于 40 kPa(0.4 bar)时,自由传送电压输出量被提供与指示器。制动应用指示独立于 EP2002 微控制器。

（7）远程解除（可选择）

远程解除功能可以作为 EP2002 阀的组成部分包括在内。当远程解除输入生效,则供给压力被隔离并且来源于阀的制动气缸输出被排入大气。当有紧急制动要求时,硬件互锁阻止远程解除 EP2002 阀。

（8）位置译码

位置译码如图 4-29 所示,提供了一个位置译码插栓。关联于阀的固定复式接头的插栓被用来配置与车厢位置相关的紧急压力控制(ASP 与 VLCP 的关系)。译码同样应用于 CAN 总线网络配置。位置译码可以使同样的 EP2002 硬件可以被安装在列车组成的多处位置。

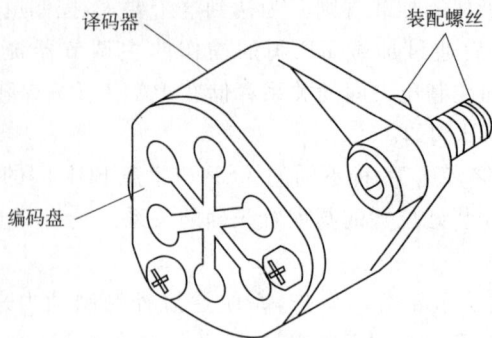

图 4-29 位置译码

①自测

网关阀或者 EP2002 服务终端能够要求系统执行自检测来激活按要求检查检测硬件错误的功能。只有在操作环境是自我检测操作不会影响系统安全的情况下,阀才会执行自我检测。

自我检测被分为以下几个部分。

a. WSP 检测。

b. 控制定时器。

c. 排气定时器。

d. BCP 传感器合理性。

e. WSP/常用制动选项。

f. 常用制动检测:

控制和排气阀。

链接阀。

BSR(制动供给风缸)压力合理性。

主调整器——设置。

幅调整器——设置。

远程解锁阀。

阀泄漏。

g. 紧急制动检测:

紧急制动检测。

电源供给检测。

自检测的结果和状态将会通过网关阀报告给列车管理系统。

②运行试验

EP2002 系统执行运转检测是为了发现硬件和软件的问题。运转检测包括检查以下内容:

a. 在所有不稳定的和稳定的内存空间进行内存检查。

b. 检查项上的程序代码检查。

c. 译码插栓的奇偶性检查(如果适合的话)。

d. LBSR(低速制动供给气缸)运行监控是为了对 BSR(制动供给气缸)进行正确

的操作。

e. 外部 LBSR 的监控是为了确保在外部 LBSR 运行过程中 WSP 是禁止的(如果合适的话)。

f. 紧急制动加载状态的监控是为了译码奇偶错误、译码差异以及 ASP 问题。

g. 加载 BCP 的监控是为了纠正错误的 BSR 压力调整器输出压力,这个输出压力通过监控与 ASP 及车厢译码相关的 VLCP(可变加载控制压力)得出。

h. 压力传导物——应该检测出 BCP(制动气缸压力)、ASP(空气悬浮压力)、BSRP(制动供给气缸压力)、VLCP(可变加载控制压力)以及辅助压力传导物的范围信号(配置符合特定的硬件)。

i. WSP 定时器运行监控阀控制器是为了保证 WSP 硬件定时器的运行。

j. 加热器控制器的监控是为了 PVU(气动阀单元)温度及与信号相关的加热器的正确操作,应该监控加热器供给电压(如果合适的话)。

k. 硬件阀控制器的监控是为了正确的逻辑操作。

l. 转速器速度探测监控是为了正确提供当前速度值,以及当转速器静止时公开其电路错误(只探测电压)。

m. 制动应用指示上的检查是为了 BCP(制动气缸压力)1&2 的正确逻辑操作。

③事件记录

EP2002 系统保持的记录中包括了关于以下事项的数据:

a. 一般性统计。

b. 将记录相对于运行数据的统计。

c. 一般性事件。

d. 将记录相对于本车和一般故障的数据。

e. 管理事件。

f. 将记录一般管理事件,例如记录下载和编码上载。

g. 有关特定的应用(制动管理)记录。

h. 有关特定应用故障和正常监视数据的列车制动管理器、部分制动管理器和本车制动管理器事件。

④人机装置(MMU)

BCU 运行系统可以支持以下数据,通过 CAN 通信接口与 MMU 进行交换:

a. BCU 记录信息 BCU 将应要求将其记录信息下载到 MMU。

b. BCU 当前状态 BCU 将应要求下载其当前的正常/故障状况信息至 MMU。

c. BCU 现场数据 BCU 应要求将选择的 BCU 应用级现场数据下载至 MMU。应要求可以提供 RIO 基于输出反馈的当前物理输出状态等。

EP2002 运行系统可以支持以下数据,通过 CAN 通信接口与 MMU 进行交换:

a. 记录信息。EP2002 阀门将应要求将其记录信息下载到 MMU。

b. 当前状态。EP2002 阀门将应要求下载其当前的正常/故障状况信息至 MMU。

c. 现场数据。EP2002 阀门应要求将选择的 EP2002 现场数据下载至 MMU。(通常只用于调试活动期间。)

d. 编码更新。EP2002 阀门应要求将上载来自 MMU 的新的应用和配置编码。

自测启动当 MMU 要求时,以及当运行条件使得自测操作不会危及系统安全时,EP2002 阀门将开始其自测顺序。

常用指示器 EP2002 阀门应要求将下载常用指示器的细节至 MMU。应 MMU 的要求,EP2002 阀门将复位其常用指示器。

6. EP2002 制动控制系统优点

(1)减小了故障情况下对列车的影响。如果一个 EP2002 阀出现故障,则只有一个转向架的制动失效,地铁列车只需要对此转向架损失的制动力进行补偿;而如果常规制动控制系统中的制动电子控制单元 BECU 出现故障,地铁列车需要对此本节车损失的制动力进行补偿。所以使用架控方式的 EP2002 制动控制系统尤其适合于短编组的地铁列车。

(2)缩短了制动响应时间。根据克诺尔的试验数据,EP2002 制动控制系统的响应时间比常规制动控制系统的响应时间缩短约 0.2 s。

(3)提高了制动精确度。常规制动控制系统的精确度约为 ±0.02 MPa;而 EP2002 制动控制系统提供给制动缸制动力的精确度可以达到 ±0.015 MPa。

(4)空气消耗量少。由于 EP2002 阀靠近转向架安装,从 EP2002 阀到制动缸的管路长度减小,所以在制动时的空气消耗量将减小,同时空气泄露量也将减小。

(5)节省安装控件、减轻重量、减少布管和布线数量。

(6)更高的可靠性和可用性,减小了故障率,根据克诺尔的计算,EP2002 制动控制系统的故障率比常规制动控制系统的故障率减少了约 50% 左右。

(7)维护工作量小。EP2002 制动控制系统部件集成化程度高,需要维护的部件较少,大修期从常规制动控制系统规定的 6 年提高到 9 年。

(8)缩短了安装和调试时间。

(9)降低总体成本。EP2002 制动控制系统的产品价格基本与常规制动控制系统价格相同,但是由于缩短了安装和调试时间以及后期维护费用降低等原因,EP2002 制动控制系统的总体成本将低于常规制动控制系统。

(10)可以根据每个转向架的载荷压力调整施加在其控制的转向架上的制动力,比常规制动控制单元以每节车载荷压力进行制动力控制更加精确和优化。

第三节 基础制动装置

一、闸瓦制动装置

1. 概述

闸瓦制动装置也称为踏面制动,是最常见的一种制动形式。闸瓦制动装置在制动时根据制动指令使制动缸内产生相应的制动缸压力,该压力通过制动缸使制动缸活塞杆产生推力,经基础制动装置中的一系列杆件的传递、分配,使每块闸瓦都贴靠在车轮踏面上,并产生闸瓦压力。车轮与闸瓦之间相对滑动,产生摩擦力,最后转化为轮轨之间的制动力。缓解时,制动控制装置将制动缸压力空气排除,制动缸活塞在制动缸缓解弹簧的作用下退回,通过各杆件带动闸瓦离开车轮踏面。

城市轨道交通车辆基础制动装置是制动装置的执行部件,普遍采用单元制动器,其主要原因是转向架的安装空间有限,特别是动车空间相对较小,采用单元制动器是解决基础制动装置安装问题的有效途径。

2. KLX-7 型踏面制动

KLX-7 型踏面制动中有两个不同的踏面制动单元安装在车辆上,即标准踏面制动单元(E1)和带停放制动的踏面制动单元(E2),如图 4-30 所示。

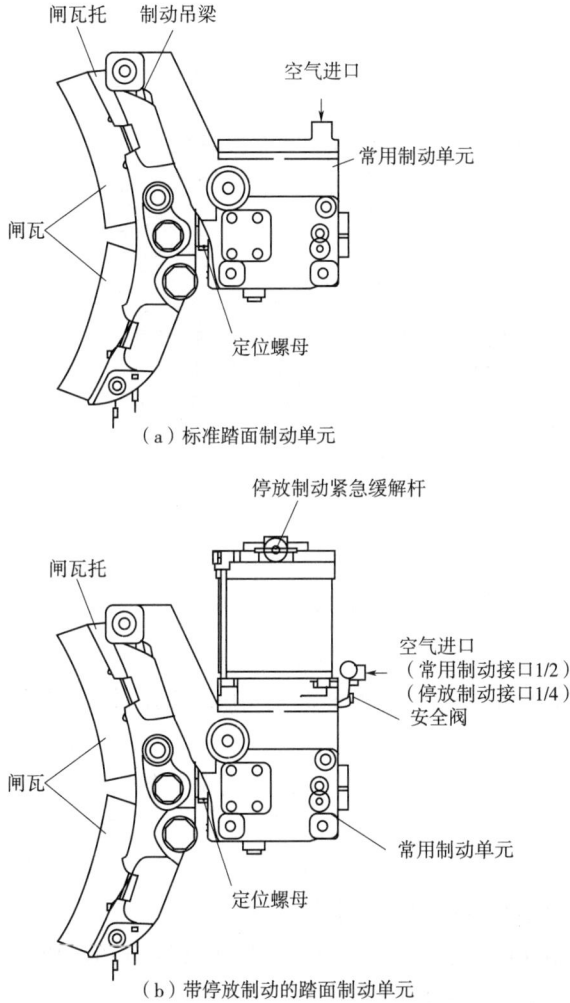

（a）标准踏面制动单元

（b）带停放制动的踏面制动单元

图 4-30 KLX-7 典型的踏面制动单元的标准布置

通常在常用制动和紧急制动时直接采用摩擦制动力作用在车轮踏面上。

弹簧式停放制动的目的是防止列车停止时,由于自身重力的作用而溜逸,当总风管压力排出同时常用制动缓解时,弹簧停放制动将自动施加。必须注意的是弹簧的总压力以车辆能够停放在 4% 的坡道上为标准。

施加在车轮上的制动闸瓦有两种标准模式,制动闸瓦托通过制动闸瓦托吊架悬吊着。制动力直接由常用制动单元(或停放制动单元)通过回转推杆施加在闸瓦托上,如图 4-31 所示。

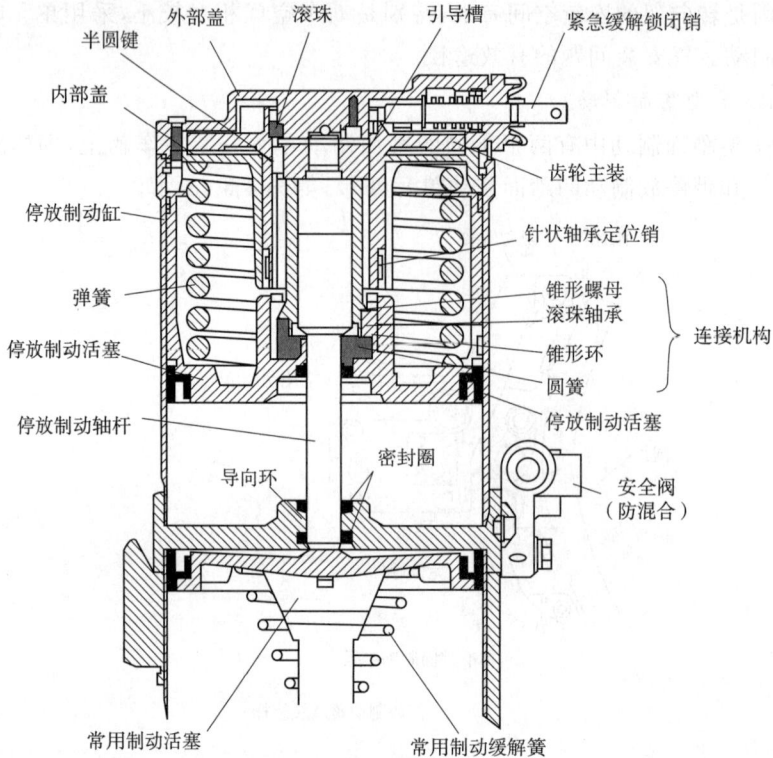

图 4-31 带停放制动装置的踏面制动单元

为了防止闸瓦不均匀的磨损，在制动构架制动缓解的基础上，在两个安装座之间安装两个压缩弹簧，这样有助于装有制动闸瓦的回转推杆从制动车轮上缓解。

弹簧驱动的停放制动装置是附加在常用制动单元的制动缸体上的，并且当通过轴杆实行停放制动时，如果在没有压力空气的情况下进行车辆缓解，就需要通过执行制动缸上紧急缓解装置，从而保证制动缸的活塞能够缓解，但需要注意的是弹簧停放制动的再实施就必须通过空气制动重新安排。

为了防止常用制动（空气压力）和停放制动（弹簧压力）的同时施加，在每一个停放制动单元上安装安全阀（防混合阀）。

两种型号的踏面制动单元是基于一个标准的空气制动单元，该单元由空气制动和活塞组成的。由两个对称排列的凸轮连接起来，用来传送、放大由活塞产生的制动力，凸轮的传送能力由凸轮的形状详细说明。

为了补偿制动闸瓦和车轮的磨损设计了自动松弛调节装置，该操作单元将自动调整闸瓦与车轮的间隙并且在制动过程中将清扫车轮的踏面，调整的效果将达到设计的要求。

制动闸瓦和车轮磨损自动调整装置将延伸到指向车轮的轴杆，因此在制动模块需要的时候来调整间隙，它将需要重新安装轴杆的位置，通过旋转推杆上的调整螺母来达到要求。

（1）常用制动单元

常用制动单元是将制动执行装置和松弛调整装置安装在一个紧凑的密封的箱体中的简洁的单元。悬吊在安装构架上外部支架上的是外部制动吊杆和闸瓦托。

制动组成部件全部安装在制动缸体内通过推杆延伸到前盖，内部组成部件通过襻型风箱来阻挡灰尘，制动推杆用来定位和传递制动力到制动闸瓦托。

作为制动缸体一部分的支架是用来提供制动吊杆和制动闸瓦托的位置，这样的安装有利于闸瓦的安装和更换。

铸铁制动吊杆是通过吊架的安装销固定在叉形安装座的端部，制动吊梁离开两个超载压缩弹簧的情况下制动位为基准。闸瓦托悬吊在以制动吊梁的低端为定位的较低的转轴上。

为了防止闸瓦托的运动太灵活而影响到制动梁和一对安装在闸瓦托上的闸瓦，由弹簧和摩擦盘组成的部件通过两个螺帽安装在闸瓦托上，摩擦盘用来承担作为推杆一部分的法兰所产生的推力。

铸铁闸瓦托用来安装闸瓦和承受由基础制动装置产生的推力，并且将推力传送到车轮上，推力从制动缸的推杆传送到低轴点的制动头上，闸瓦托通过闸瓦钎将闸瓦固定在所在的位置，闸瓦钎通过一个弹性夹来保证其安全性。

常用制动单元缸的活塞在常用制动缸体内运动，活塞上有一个叉状的伸出杆，每个伸出杆通过转轴安装在凸轮上。在活塞的下面是一个锥形的复原弹簧，它产生一个让制动缸活塞运动到缓解位的力。活塞上安装一个软密封圈，它允许活塞可以"摇动"从而确保活塞杆成直角伸出，这样使得闸瓦能完全接触车轮踏面。

每一个凸轮的反向安装的端部通过制动缸体上针状滚子轴承能够产生局部转动，在每一个凸轮端部的侧面安装针状滚子轴承的止推环，止推环上的滑块能够传递松弛调整装置和传动装置。一个安装在护套内的呼排气口来保证制动缸活塞的运动。

推杆头部通过制动缸体滑槽内两个滑块来进行定位的，滑槽是通过固定在缸体上的端盖来进行保护的。

闸瓦的磨损是通过安装在制动缸制动执行机构上的松弛调整装置进行调整的。

当闸瓦磨损时，松弛调整装置的转轴将伸出重新定位，直到更换磨损的闸瓦。

（2）弹簧停放制动

弹簧驱动的停放制动装置是安装在常用制动缸上，通过停放制动活塞杆推动常用制动缸活塞进行动作。如果在没有压力空气的情况下让车辆移动的话，通过拉动停放制动缸紧急缓解装置使车辆停放制动缓解。

停放制动装置由动力弹簧、停放制动活塞、停放制动活塞杆和紧急缓解装置安装在密封的制动缸内。在制动缸体的上面是由内盖和外盖包裹着，外盖是紧急缓解装置锁闭销和滚动轴承所在位置，内盖里包含动力弹簧和针状轴承的安装位置。停放制动缸的下部是安装在常用制动缸体上，停放制动缸的底部为常用制动和停放制动的活塞杆提供一个压力密封盖，停放制动活塞位于制动缸体内，其压力密封装置是由活塞密封环来保证的。活塞通过一个弹簧锥形离合器装置安装在活塞杆上，活塞通过缸体内一个导向机构进行垂直安装在一个固定的大齿轮装置中，导向机构为了防止活塞在缸体内松动，所以在滑槽中沿径向方向用一个半圆键来安装。在停放制动缸上为了防止常用制动力（压力空气）和停放制动作用力（弹簧力）同时施加，所以安装了安全阀（防混合阀），如图 4-32 所示。

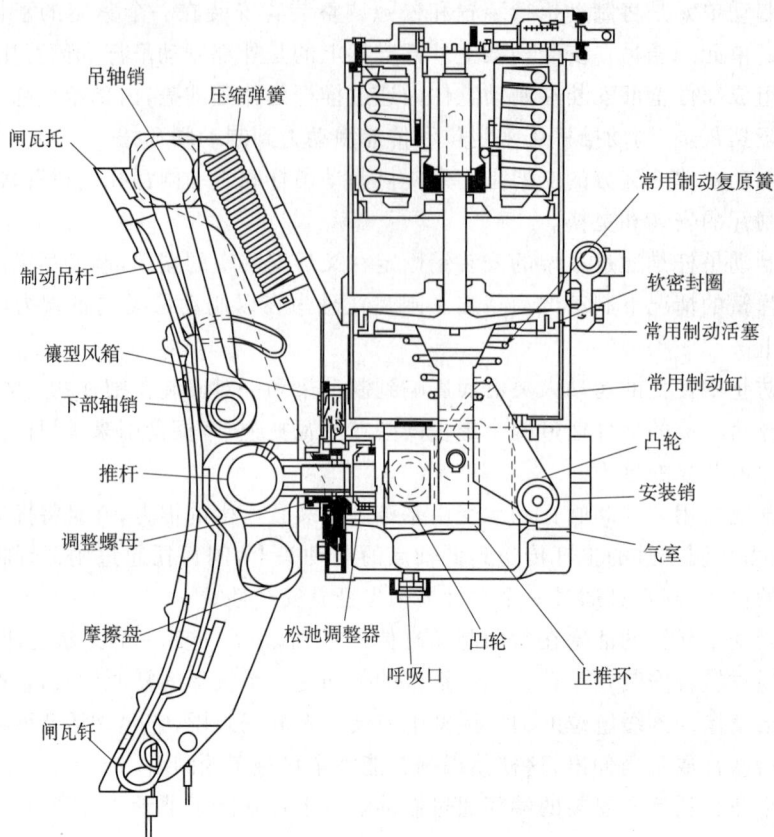

吊轴销　压缩弹簧

闸瓦托

制动吊杆

襁型风箱

下部轴销

推杆

调整螺母

摩擦盘　松弛调整器　凸轮

呼吸口　止推环

闸瓦钎

常用制动复原簧

软密封圈

常用制动活塞

常用制动缸

凸轮

安装销

气室

图 4-32　KLX-7 带停放的踏面制动单元

二、盘形制动装置

1. 概述

盘形制动又称为摩擦式圆盘制动，是在车轴上或在车轮辐板侧面装设制动盘，用制动夹钳将合成材料制成的两个闸片紧压在制动盘侧面，通过摩擦产生制动力，把列车动能转变成热能，耗散于大气之中。

与闸瓦制动相比，盘形制动有以下优点：

（1）可以大大减轻车轮踏面的热负荷和机械耗能。

（2）可按制动要求选择最佳"摩擦副"，制动盘可以设计成带散热筋的，旋转时使其具有强迫通风的作用，以改善散热性能。

（3）制动平稳，几乎没有噪声。

但盘形制动也存在下列不足：

（1）车轮踏面没有闸瓦的磨刮，轮轨黏着将恶化。所以，为了防止高速滑行，既要考虑采用高质量的防滑装置，也要考虑加装踏面清扫器。

（2）制动盘使簧下重量以及其引起的冲击振动增大。运行中还要消耗牵引功率，速度越高，这种功率损失越大。

2. 盘形制动装置的种类

按照摩擦面配置的不同,制动盘可分为单摩擦面和双摩擦面两类,一般为铸铁圆盘;按照制动盘的形状可分为整体式和由两个"半圆盘"组合而成的"对半式";按照制动盘的安装位置可分为轴盘式和轮盘式。

非动力转向架一般采用轴盘式,当动力转向架轮对之间由于牵引电机等设备使制动盘的安装发生困难时,可采用轮盘式。制动时,制动缸通过制动夹钳使闸片夹紧制动盘,使闸片与制动盘之间产生摩擦,把列车的动能转变为热能,热能通过制动盘与闸片逸散于大气。盘形制动采用的高性能摩擦副材料和良好的散热结构,可以获得比闸瓦制动大得多的制动功率。

盘形制动装置的结构一般由单元制动缸、夹钳装置、闸片和制动盘组成,如图4-33所示。其中,单元制动缸中包含闸调器,夹钳装置由吊杆、闸片托、杠杆和支点拉板组成。夹钳的悬挂方式为制动缸浮动三点悬挂,即两闸片托的吊杆为两悬挂点,另一悬挂点是支点拉板。

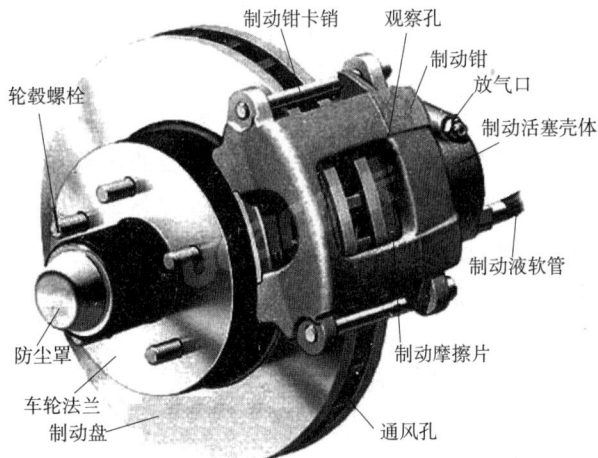

图 4-33　盘式制动结构

盘形基础制动装置在制动时,制动缸活塞杆推出,制动缸缸体和活塞杆带动两根杠杆,通过杠杆和支点拉板组成的夹钳,使装在闸片托上的闸片同时夹紧制动盘的两个摩擦面,产生制动作用。

第四节　风源及空气管路部件

一、概　述

1. 供风系统的组成

城市轨道交通车辆一般在 A 车设置供风系统,每套供风系统主要由空气压缩机(A01)、软管(A04)、干燥器(A07)、主风缸(A09)、主风缸排水塞门(A10)、排气式截断塞门(A11)、压力调节器(A13)和空压机控制单元(A15)等部件组成,如图4-34 所示。

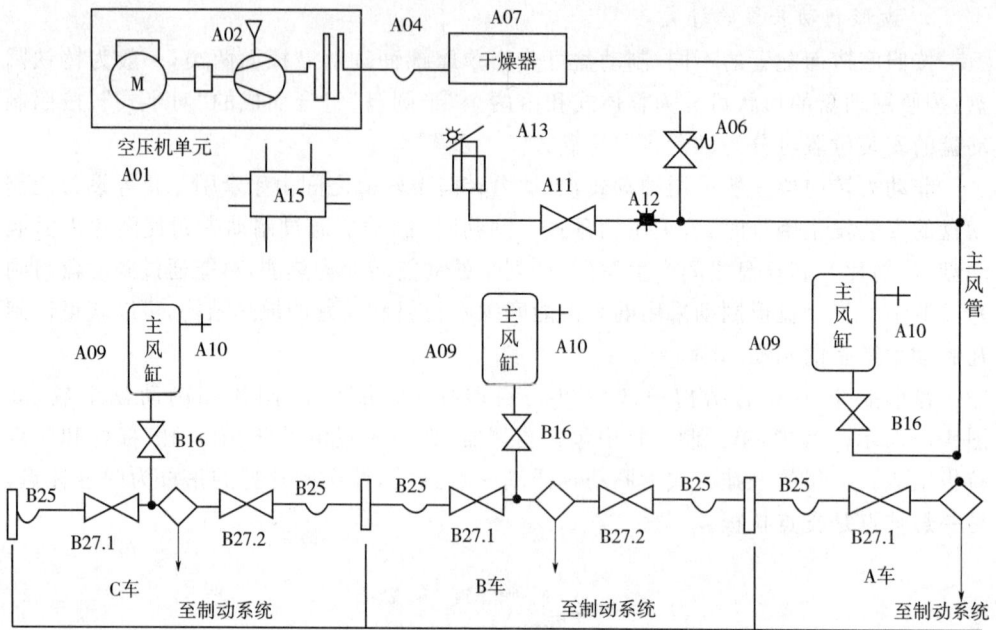

图 4-34　供风系统示意图

供风系统为制动及所有其他用风设备提供所需要的压缩空气,系统中设有三相 380 V 交流电机驱动的活塞式空气压缩机或螺杆式空气压缩机。

2. 压力空气的供给和处理装备

主空气压缩机是活塞型的空气压缩机,它能产生 950 L/min 的压力空气,该空压机由一个 400 V、50 Hz 的交流电驱动的功率为 8.5 kW 马达来驱动。空气压缩机的噪声要求在 5 m 处不超过 68 dB。压力空气处理要求给总风管和辅助用风的空气经过干燥和过滤达到较高的标准来确保该系统有个可靠的维护保养。

空气压缩机压力空气的输送是通过空气压缩机的柔性输送软管进入干燥器,双塔干燥器是用活性氧化铝作为干燥剂进行再生干燥的,每辆车的压力空气储存在总风缸里。

空气压缩机的控制是由电制动控制单元(BCE)来完成的,控制方式是列车单元一位端的空压机作为主空压机(也就是常用模式),则后面一端的空压机作为储备(也就是补助模式)。如果列车需要的压力空气由一个空压机就能满足,则第二个空压机就不再启动,只有当总风压力低于 750 kPa(7.5 bar)一个空压机不能满足要求时才启动第二个空压机。

每个压力空气供给和制动控制模块都装有一个压力传送器,它连接在总风管上,压力传送器监控总风管的压力并将压力信号传送到电制动控制单元(BCE),BCE 根据压力传送器的压力信号控制控制空气压缩机的启动或关闭,并且依据不同的压力决定开通常用模式或辅助模式的空压机。

总风缸上的安全阀是防止总风压力过高而使空压机运转控制失败。在运用中,主风缸压力保持在一定的范围,如 750～900 kPa,它是通过空压机压力控制器(调压器)自动控制空压机的起动或停止来实现。当主风缸的压力逐渐增高,达到规定压力上限时,压力控制器切断空压机驱动电机的电源,使空压机停止工作;而随着设备的用风和管路的泄漏等,使主风缸的压力逐渐降低,达到规定压力下限时,压力控制器接通空压机驱动电机的电源,使空压机开始工作,主风缸压力又回升。这样主风缸压力一直被控制在规定的范围之内。

(1)生产压力空气的操作

生产压力空气系统有两种不同的方法控制:

①常用模式。空气压缩机在规定的压力范围内启动和关闭。

②辅助模式。空气压缩机在低于规定的压力范围启动和在规定的高压范围内停止。

工作模式是:

①常用模式。空气压缩机的常用工作模式是当压力降到启动极限时空压机开始启动,当压力超过到停机极限时空压机开始关闭。压力控制就在两个压力极限之间。

②辅助模式。空气压缩机的辅助模式就是当压力降到辅助启动极限开始启动,当压力超过到停机极限时空压机开始关闭。其压力控制就在两个压力极限之间。

压力极限是:

①安全极限。在安全调整阀起作用的压力(主管安全阀)。

②停机极限。在所有的模块上的空气压缩机停止工作的压力值。

③启动极限。在指定模块上的空气压缩机开始启动的工作压力值。

④辅助极限。当主风管的压力达到该极限时,第二个空气压缩机开始作用,用来帮助该列车的主空压机的运转,这是一种辅助的模式。

⑤紧急极限。当总风管的压力达到该极限时,紧急制动开始实施直到列车停下。

图 4-35 反映了不同压力时间下的工作模式(常用模式和辅助模式)。

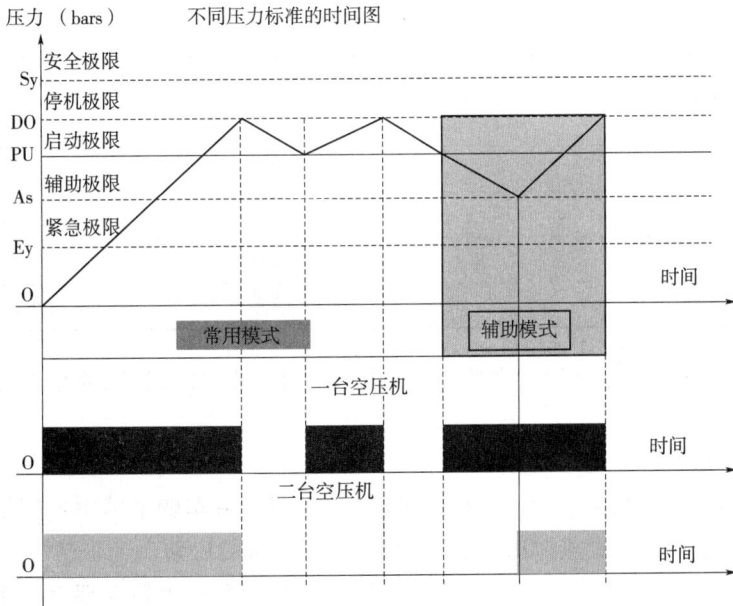

图 4-35 不同压力的时间图

"开始"的功能是针对以常用模式运行的空气压缩机的,当主要空压机万一产生故障时,由 TIMS 系统允许开关来决定联合空气压缩机的运行,如图 4-36 所示。

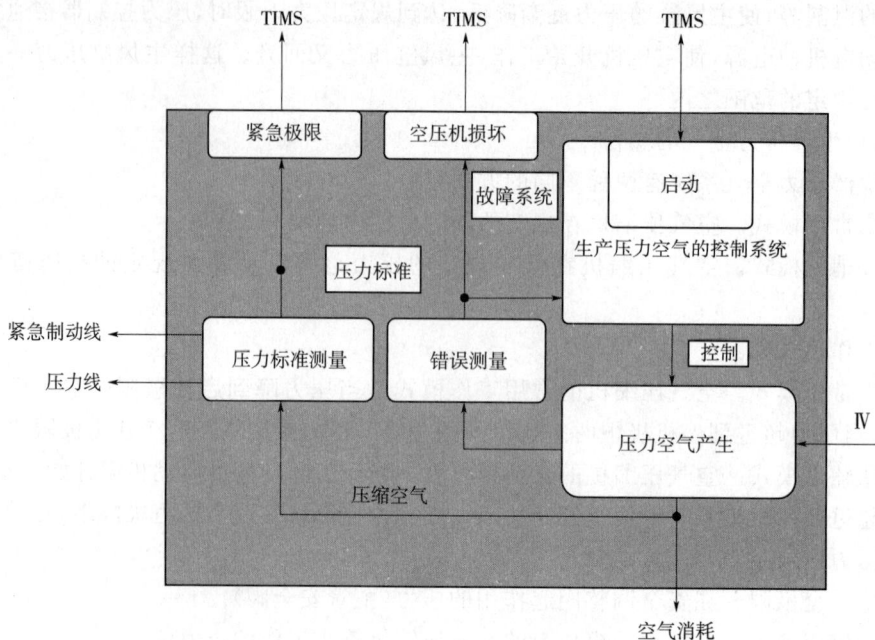

图 4-36　压力空气的产生和分配线路图

在列车运行过程中,空气产生系统工作采用常用模式或辅助模式。

当一个空气压缩机收到被激活"使用中的司机室"的信号时,该空气压缩机运作采用常用模式;当它没有收到这种信号时,则该空气压缩机采用辅助模式。当没有司机室被激活时,则采用最近作为常用模式的空气压缩机作为常用模式,见表 4-4。

表 4-4　空气压缩机工作模式

司机室 1 在使用中	司机室 2 在使用中	司机室 1 车上的空气压缩机	司机室 2 车上的空气压缩机
0	0	辅助模式	辅助模式
0	1	辅助模式	常用模式
1	0	常用模式	辅助模式
1	1	常用模式	常用模式

司机室 1 和司机室 2 同时在使用这种情况是不允许的,TIMS 系统严密防止这种情况的发生。

(2)列车运行

在正常运行中,如果压力低于启动极限,使用司机室车辆上的空气压缩机就开始启动,当压力下降到辅助极限时,则第二个空气压缩机被启动。

在司机室上的压力表显示的是总风管的压力和拖车一个转向架上一个制动管的压力。

(3)降级运行

如果有一个空气压缩机出现故障时,则第二个空气压缩机在常用模式运行下能完全供应整个列车压力空气。

如果两个空气压缩机出现故障时,则列车必须停止运行。

当两列车进行连挂时,则总风管也必须进行连挂。

(4)电器连接

空气压缩机用中等电压作为它的驱动电压,其控制和监测的电压采用低压电,空气压缩机产生的压力空气为摩擦制动、喇叭、二次悬挂使用,空气压缩机的沟通由TIMS系统来完成。

为了使空气压缩机得到最好的可靠性,每一个空气压缩机采用不同的三相交流电线路。

(5)设备操作

空气通过进口过滤器进入空气压缩机,除去大部分灰尘和其他微粒的空气通过盘形吸入阀进入低压活塞缸。

当活塞开始它的往复压缩时,吸入阀将被关闭,空气在里面被压缩,打开弹性卸载阀,压力空气通过中间冷却器进行冷却。中间冷却器中的压力空气将进入高压活塞缸。

低压压力空气通过盘形吸入阀进入高压缸,在这里压力空气将进一步压缩到满工作压力,然后进入后冷却器进行进一步冷却。

当总风管的压力达到规定的工作压力,电制动控制单元将打开马达电流接触器,空气压缩机将停止工作。

二、空气压缩机

1. 活塞式空气空压机

VV120 型电动空气压缩机单元是由三个活塞缸、中间冷却器、后冷却器和电动机组成,它采用空气冷却并且提供公称压力 10 000 kPa(10 bar)冷却压缩空气约 950 L/min给车辆制动系,如图 4-37 所示。

空气压缩机只安装在拖车上,作为压缩空气的供给和制动控制模块的一部分悬挂在车下,它和车体采用柔性连接,能有效缓冲空气压缩机和减少其给车辆带来的振动。

空气压缩机的两个低压活塞缸和一个高压活塞缸在同一个曲轴上呈 W 形布置,采用名义压力为 400 V 的三相交流电来驱动。电动机和压缩机通过自动找正的中间联轴节来连接,对微小未对准的采用"桶"状形式进行柔性连接。活塞的弹性载荷的金属盘在空气冷却的铸铁气缸中运动。

润滑油采用飞溅的方式,通过曲轴在曲轴箱中的旋转来喷洒润滑油,结合过滤器安装在曲轴箱的出气口处用来分离活塞运动产生的空气中的润滑油。这些油将通过油槽回到曲轴箱的油槽中,一个可视镜能够指示曲轴箱中润滑油量,油箱中的油量决不允许从可视镜中消失,油量太少会导致温度过高或停机,油量过高会导致阀体碳化。

空气压缩机在进行压缩低压空气时的空气先经过油纸过滤器,产生的低压空气经过中间冷却器,在这里能够将压缩产生的一些热能散发掉,低压空经过高压活塞缸进一步压缩产生的高压空气进入后冷却器进行冷却,产生的高压空气经过空气干燥器处理后进入用风系统。

两个"圆桶"状的空气过滤器入口安装在空压机机舱内用来保护空气压缩机,作为空气压缩机的入口,它起到一个纱布过滤作用的原理,它的旋转是充分利用离心力的原理来分离空气灰尘中大的颗粒和除去潮湿空气的水分,水分和灰尘的颗粒将先收集到机舱中一个小的容器中,并且在空气压缩机停止运转时利用地球的引力排除。

为了防止空气压缩机中的压力过高,在空压机中安装两个安全保护阀,一个呈线性安装在两个低压活塞缸和中间冷却器之间[正常设置为 500 kPa(5 bar)],另一个呈线性安装在高压活塞缸和后冷却器之间[正常设置为 1400 kPa(14 bar)]。

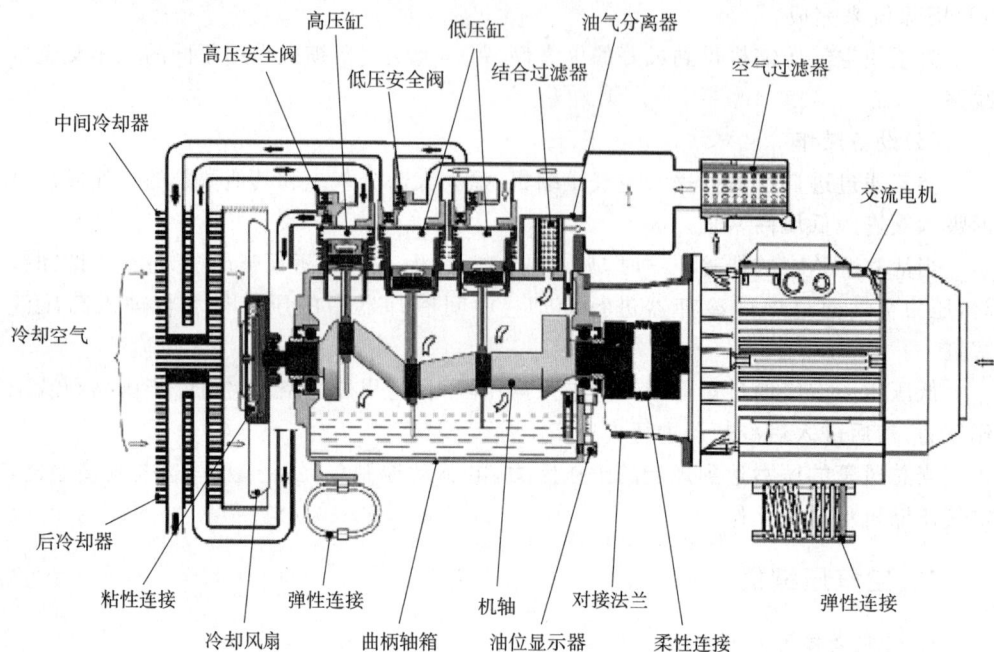

图 4-37　VV120 型空气压缩机示意图

2. 螺杆式空气压缩机(图 4-38)

(1)螺杆式空气压缩机的产品特点

①噪声低、振动小。

②可靠性高和寿命长。

③维护简单。

(2)螺杆式空气压缩机的工作原理

该压缩机的工作过程分为吸气、压缩、排气三个阶段。

①吸气过程

螺杆安装在壳体内,在自然状态下就有一部分螺杆的沟槽与壳体上的进气口相通。也就是说,在任何时候,无论螺杆式空气压缩机的螺杆旋转到什么位置,总有空气通过进气口充满与进气口相通的沟槽。这是压缩机的吸气过程。

主副两转子在吸气终了时,已经充盈空气的螺杆沟槽的齿顶与机壳腔壁贴合,此时,在齿沟内的空气即被隔离,不再与外界相通并失去相对流动的自由,即被"封闭"。

②压缩过程

随着压缩机两转子继续转动,封闭有空气的螺杆沟槽与相对的螺杆的齿的啮合从吸气端不断地向排气端发展,啮合的齿占据了原来已经充气的沟槽的空间,将在这个沟槽里的空气挤压,体积渐渐变小,而压力则随着体积变小而逐渐升高。空气是被裹带着一边转动,一边被继续压缩的,从吸气结束开始,一直延续到排气口打开之前。当前一个螺杆齿端面转过被它遮挡的机壳端面上的排气口时,在齿沟内的空气即与排气腔的空气相连通,受挤压的空气开始进入排气腔,至此在压缩机内的压缩过程即结束了。这个体积减小压力渐升的过程是压缩机的压缩过程。

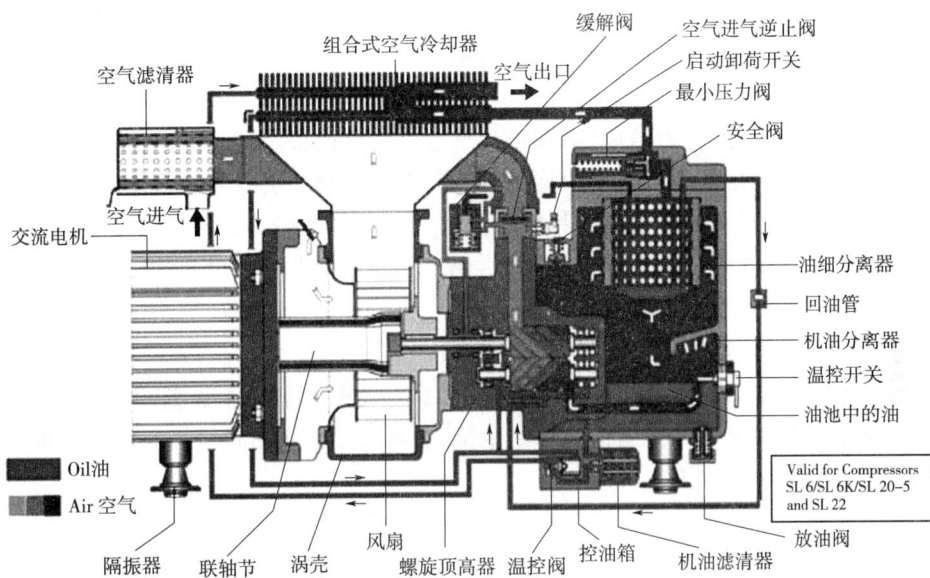

图 4-38　螺杆式空气压缩机的结构图

③排气过程

压缩过程结束,封闭有压缩空气的螺杆沟槽的端部边缘与螺杆壳体端壁上的排气口边缘相通时,受到挤压压缩的空气被迅速从排气口推出,进入螺杆压缩机的排气腔。随着螺杆副的继续转动,螺杆啮合继续向排气端的方向推移,逐渐将在这个沟槽里的压缩空气全部挤出。这是压缩机的排气过程。在排气过程中,由于排气腔并不直接连着压缩空气用户,在它的排气腔出口设置的最小压力维持阀,限制自由空气外流,会使压缩空气的压力继续上升或者受到制约。

3. 压缩机润滑油作用

在压缩过程中,压缩机不断地向压缩室和轴承喷射润滑油。其主要作用如下:

(1)润滑作用:喷入的机油在螺杆的齿面形成油膜,使啮合齿的齿面与齿面,齿顶与机壳间不直接接触,不产生干摩擦及由此引起的磨损。

(2)密封作用:润滑油油膜填充了螺杆啮合齿与齿间及齿顶与机壳间的间隙,阻止压缩空气的泄漏,起密封作用,提高压缩机的容积效率。

(3)降噪作用:喷入的机油与压缩空气混合,在油气混合物压力变化时,不可压缩的液态油可以部分地吸收缓和压缩空气膨胀产生的气动高频噪声。

(4)冷却作用:喷入的润滑油接触到螺杆、机壳壁和压缩空气,吸收压缩热并将其带出。通过机外冷却系统将机油带出来的热转由冷却空气散掉,从而保证压缩机在理想的工作温度下工作,保证机器的可靠性和使用寿命。

三、空气干燥设备

压缩空气对于城市轨道交通车辆来说，由于其安全性高、结构简单而被广泛应用。但由于压缩空气是从大气中得到的，大量杂质很容易进入，特别是压缩空气中的水分。压缩机吸入大气储存压缩能，由于大气中含有水蒸气，水蒸气被统一吸入压缩机压缩，因此在压缩空气中含有大量的浓缩水蒸气，但在空气中含水蒸气的量是有限度的，一旦超过限度，多余的水蒸气就会结露变成水滴。在空气中水蒸气的限度（饱和水蒸气量）随温度变化。温度越低含量越少，例如按二次冷却器冷却温度排出结露的水后，由于配管或设备内气温的变化或绝热膨胀再冷却后还会再次有冷凝水产生。冷凝水的危害是：①在设备及配管内结冰，引起重大事故。②使设备及配管内锈蚀，缩短使用寿命。③污染设备及配管内部造成检修困难。④发生的锈蚀引起网眼堵塞。

所以，城市轨道交通车辆供风系统中的空气压缩机提高的风源必须经过干燥器的干燥，去除压力空气中存在的水分和油气，以防止管路的堵塞。干燥器有单塔式和双塔式干燥器，目前应用主要以双塔式为主。

1. 双塔式空气干燥器

LTZ015. H双罐式空气干燥设备能使压缩空气含湿量降至极低，从而防止压缩空气设备由于湿气过高产生腐蚀和冻结危险，引起气动装置出现故障和过早磨损。

该设备主要功能如下：

大气中总是含有水蒸气。只要水分以蒸汽形式存在，它始终与空气结合在一起。直到超过饱和极限（＝100％空气相对湿度），水分才以雨滴、雾或雪的形式落下。

从图4-39可以看出，饱和极限根据温度而变化，随着温度的升高，空气能吸收更多的水分。由此说明，在压缩机压缩过程中，由于温度升高，不会凝结出水。只有当输送的压缩空气在二次冷却器中重新冷却时才会凝结出水。

尽管空气在压缩机中得到很好冷却且可能会析出冷凝水，但仍有一些水以水蒸气的形式残留在压缩空气系统中。只有当压缩空气设备中的空气干燥至空气相对湿度低于35％时，压缩空气装置才能可靠而经济地工作。在这种"临界湿度"以下不会产生大气腐蚀，即使空气中含有腐蚀诱发剂如酸等，也不会出现腐蚀。

LTI015. H双罐式空气干燥设备根据冷却再生吸附法进行工作，已证明这种方法应用在轨道车辆中是行之有效且最经济的方法。该方法基于以下物理过程：潮湿的压缩空气通过由结晶硅酸铝制成的干燥剂（吸附质），这种结晶硅酸铝由于其分子结构而具有特别大的内表面，从而可从流经的空气中吸走水蒸气。与其他干燥剂相比较，这种干燥剂的突出优点是对油很不敏感。所选定的硅酸盐孔隙均匀，其大小正好能吸附水分子，而较大的油分子不能同时被吸附。

（1）双塔干燥器结构

LTZ015.2-H型双罐式空气干燥设备主要由以下部件组成。

①两个干燥剂罐，带有内置的油分离器。

②支架，含再生罐喷嘴和下列阀门：

a. 一个阀用电磁铁和用于控制循环的电路板。

b. 一个双活塞阀，带有内置消声器，用于设备排水。

c. 两个用于风缸的止回阀。

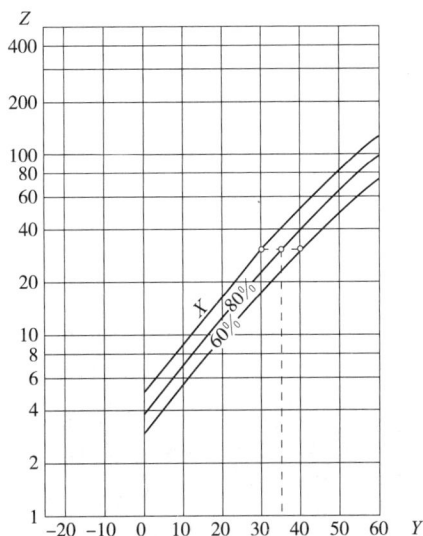

图 4-39　饱和曲线图

X—100％空气相对湿度；Y—空气温度 t(℃)；Z—绝对含水量

d. 装在通向主风缸的排放道上的一个中心溢流阀。

e. 一个用于控制空气的先导阀。

f. 在设备 LTZ015. H 中装有一个自动调温控制的电热芯。

（2）作用原理

双罐型冷却再生吸附干燥设备同时运行两个工序，即干燥阶段和再生阶段并行。当一个风缸中主气流被干燥时，另一个风缸中的干燥剂则再生。

（3）功能流程

图 4-40 表示处于工作状态的空气干燥设备，其中风缸 19a 处于干燥阶段，风缸 19b 处于再生阶段。

电磁阀体 43 通过从循环控制装置发出的电输入信号而得电。阀座 V3 打开，从通向压缩空气接口 P2 的压缩空气管道中分流出来的压缩空气流经开启的阀座 V2 和 V3，流至活塞阀 34。空气压力作用在活塞上，抵抗弹簧力，将活塞分别压至下部和上部位置，以打开阀座 V5 和 V8。

由压缩机供给并随之经过再冷却和预排水的压缩空气流经接口 P1 和开启的阀座 V5，流至风缸 19a，它从下向上流过该风缸，接着通过中心管再向下，经过止回阀 24a 和溢流阀 71 被导向接口 P2。空气在流入干燥剂 19.7 之前，先要流经油分离器 19.11 中的拉西环填料。这样，通过多次环流、涡旋和碰撞后，残留在压缩空气中的最小的油滴和水滴都落在拉西环的较大的表面上。然后结成较大的滴液在重力作用下落到下面的集流室中。

接着在通过干燥剂时，空气中尚含的水分被吸走，使压缩空气从风缸 19a 中流出时的相对湿度小于 35％。

一部分已干燥的空气被分流出来，经过再生罐喷嘴 50 被减压，通过风缸 19b 的干燥剂后被送入相反方向。这种减压后的空气也称为再生空气，它从需要再生的干燥剂中吸走了水分，并通过开启的阀座 V8 和消声器而排入大气。

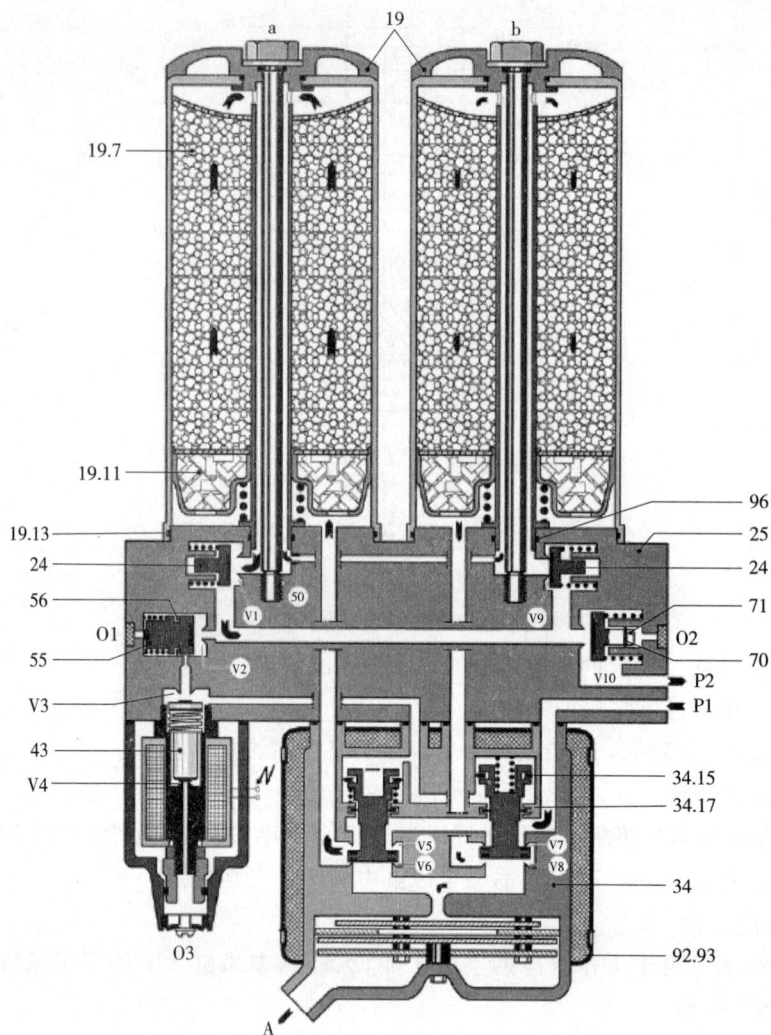

图 4-40　LTZ015.H 双罐式空气干燥设备

19a—处于干燥阶段的风缸;19b—处于再生阶段的风缸;19.7—干燥剂;25—支架;
19.11—带拉西环的油分离器缸;24—止回阀的阀锥;34—双活塞阀;19.13—O 形环;
50—再生罐喷嘴;71—溢流阀阀盘;34.15—KNORR. K 形环;34.17—KNORR. K 形环;
43—KNORR. K 形环;55—先导阀的活塞;56—KNORR. K 形环;70—KNORR. K 形环;
92—绝缘套(仅 LTZ 015. H 型具备);A—排水接管;O—排风孔;93—绝缘套
(仅 LTZ 015. H 型具备);V—阀座;96—O 形环;P1—压缩机的压缩空气接口;
P2—主风缸的压缩空气接口

　　当干燥剂即将达到饱和极限时,通过电子控制装置在 $T/2$ 阶段（图 4-41）被换接,即阀用电磁铁 43 失电。阀座 V3 关闭,阀座 V4 打开。活塞阀 34 中的空气排出,活塞在弹簧力的作用下分别向上、向下运动,关闭阀座 V5 和 V8,同时打开阀座 V6 和 V7。

　　在这个操作位置,主气流（P1＞P2）在风缸 19b 中被干燥,而干燥剂在风缸 19a 中再生。操作位置的时间顺序和相应的工作阶段在图 4-41 中显示。

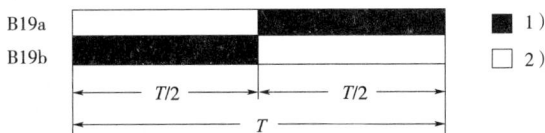

图 4-41 转换周期图

B19a、B19b—干燥剂罐；1)—再生阶段；2)—干燥阶段；T—转换周期

为使设备完好地工作，需要有一定的转换压力，在这种转换压力下先导阀 55 打开并且活塞阀 34 可以转换。溢流阀 71 确保这种压力在设备中迅速形成。通往主风缸的通道直到超过转换压力时才打开。这样可以避免在长时间充气过程中风缸 19b 中的干燥剂出现过饱和。两个止回阀 24 可防止空气压缩机停机时车辆内管路向主风缸充气。

转换机构控制系统控制装置与压缩机同时接通。该控制装置按固定程序控制阀用电磁铁 43 的关闭和接通时间。

在空转或关闭压缩机后，控制装置将接通的实际状态储存下来，当重新接通时继续计数。由此可以确保需要再生的干燥剂能够完全干燥，而不会因推迟转换周期出现过饱和状况。

空气干燥设备的转换控制设计缜密，当转换单元中出现波动时，总能保证有一个干燥罐供应压缩空气。

2. 单塔式空气干燥器

单塔式空气干燥器是一种无热再生作用的干燥器，其特点是吸附剂的吸附作用与再生作用在同一个干燥筒内进行。单塔式空气干燥器如图 4-42 所示。

（1）单塔式空气干燥器工作原理

空气干燥器工作过程：空气压缩机工作时，电空阀 13 得电，活塞下方通过排气阀 15 排向大气，活塞 12 在弹簧力作用下关闭排泄阀 9，而空压机输出的压力空气从干燥塔中部的进口管 I 进入干燥塔，首先到达油水分离器，当含有油分和机械杂质的压缩空气经过"拉希格"圈时，油滴吸附在"拉希格"圈的缝隙中，机械杂质则不能通过"拉希格"圈的缝隙，这样就将压缩空气中的油分和机械杂质滤去，然后再进入干燥筒内与吸附剂相遇，吸附剂大量地吸收水分，使从干燥筒上方输出的压缩空气的相对湿度降低，达到车辆用风系统的要求。

（2）干燥剂再生原理

经过干燥的压力空气，一路经过接口 II 及单向阀 3 送往主风缸，单向阀的作用是防止压力空气从主风缸逆流；另一路经节流孔 19 充入再生风缸 18。当空气压缩机停止工作的同时电空阀 13 失电，再生风缸 18 内的压力空气经过打开的电空阀向活塞 12 下部充气，活塞上移，打开排泄阀 9，干燥塔内的压力空气迅速排出，这时再生风缸内的压力空气经节流孔回冲至干燥塔内，从而沿干燥筒、油水分离器一直冲至干燥塔下部的积水积油腔内，在下冲过程中，干燥空气吸收了干燥剂中水分同时还冲下了"拉希格"圈上的油滴和机械杂质，这样干燥剂再生的同时"拉希格"圈也得以清洗。

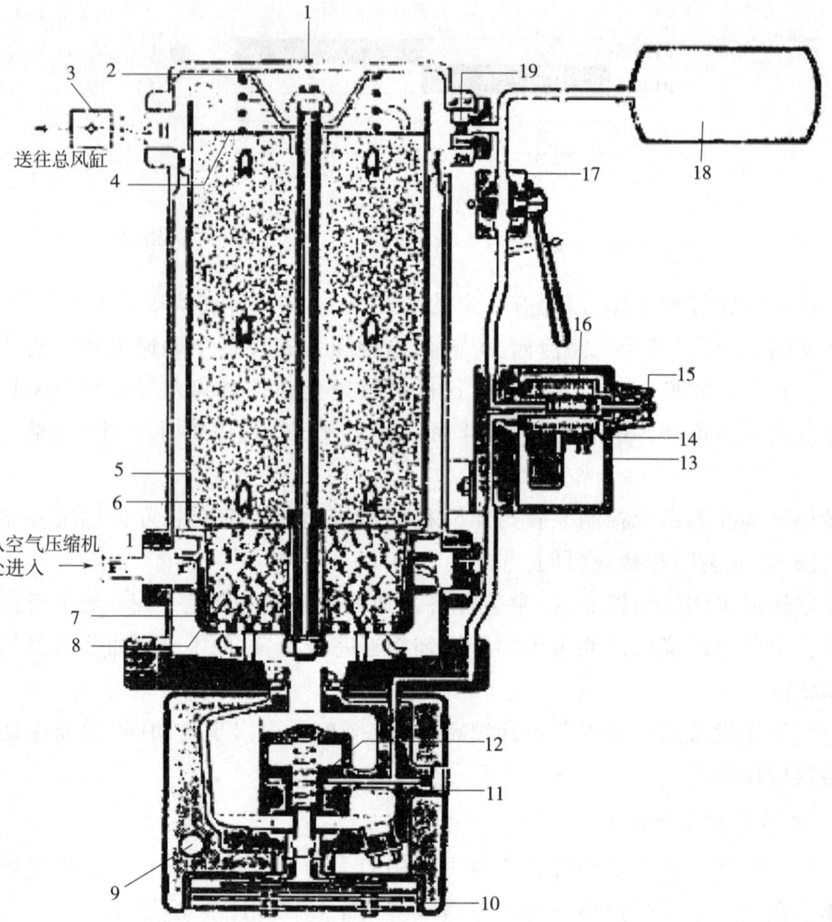

图 4-42　单塔式空气干燥器

1—空气干燥器;2—弹簧;3—单向阀;4—带孔挡板;5—干燥筒筒体;
6—吸附剂;7—油水分离器;8—"拉希格"圈;9—排泄阀;10—消声器;
11—弹簧;12—活塞;13—电空阀;14—线圈;15—排气阀;16—衔铁;
17—带排气的截断塞门;18—再生风缸;19—节流孔

四、辅助设备

1. 速度传感器

(1)技术描述

FS01A 型速度传感器(图 4-43)通过采用非接触的方式,感应铁磁齿轮(磁极轮)的速度来测量轮轴速度(轨道车辆速度)。

(2)技术特征

该装置具有以下显著特征:

①通过一个铁磁齿轮和一个微分霍尔传感器,采用非接触的方式测量轮副速度。

②轴箱上装有简洁但粗糙的凸缘。

③设有短路保护和防止磁极反向的电子装置。

④该装置根据 EN50155 和 EN50121-3-2 标准开发而成。如果正确安装并连接,

具有良好的电磁兼容性。

⑤该单元安装在一个含有感应设备的封闭装置中。由于结构高低不平,它尤其适用于轨道车辆。感应设备由一个基于磁力的磁控电阻器和一个电子放大器组成。电子放大器密封在一个铝包装中。所用的专用电缆可以很好的防止物理损伤,放置方式简单、安全。

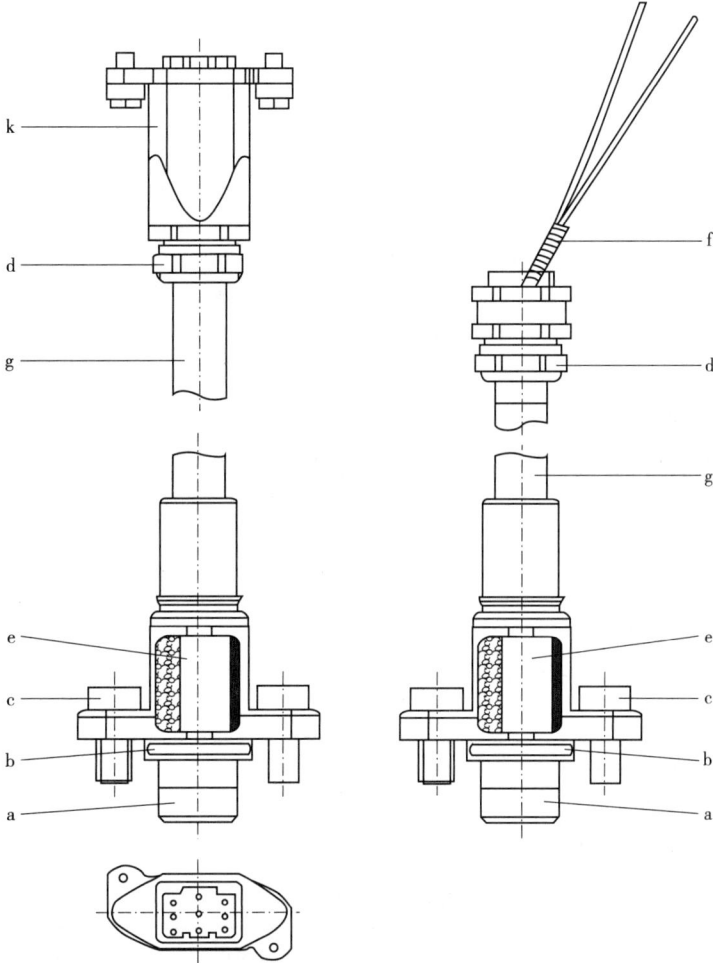

图 4-43 FS01A 型速度传感器结构
a—速度传感器;b—O 形圈;c—螺栓;d—连接件;
e—标牌;f—收缩软管;g—电缆;k—连接器

(3)工作原理

该装置感应具有一定形状、处于旋转状态的铁磁齿轮的轮齿和间隙。改变磁通量,即改变微分霍尔传感器内的电压。通过传感器集成电路,磁场的变化转化成电信号。传感器集成电路的输出可使电流源处于打开和关闭的状态。如图 4-44 所示,高电位,电流源打开;低电位,电流源关闭。

根据单位时间内脉冲的数量,即可确定轴速(车辆速度)。停止时,输出高电位或低电位。

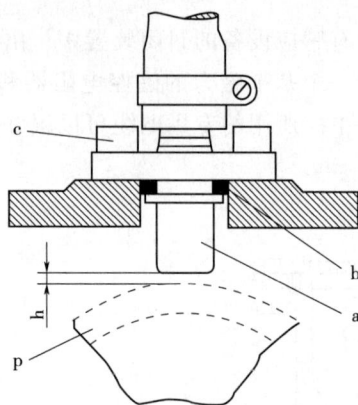

图 4-44　速度传感器安装示意图

a—速度传感器；b—O 形圈；c—螺栓；p—旋转齿轮；
h—旋转齿轮与速度传感器之间所需间距

2. 双针压力表

(1)技术说明

双针压力表可同时测量两个压力：主风缸压力和 A 车一位转向架一轴制动缸压力。两个压力值显示在同一装置上，如图 4-45 所示。

(2)一般特征

①照明方式：LED

②设有安装面板

③管子螺纹接头：3/8″BSP

④指示器颜色：

橙色——主风缸压力。

白色——制动缸压力。

(3)零件号详细特征(表 4-5)

表 4-5　零件号特征

零件号	压力范围(kPa)	精确度	温度范围(℃)	名义电压	准人保护
B88800/001	0～1 600	±1% FSD	−25～+40	DC 110 V	IP54

压力表安装面板厚度为 2～4 mm，安装孔直径为 80 mm。压力表通过一个保持支架、两个固定螺母和两个锁紧螺母固定在面板上。

MRP 和 BCP 通过压力表后面的两个螺纹接头供应空气。面对压力表后面，位于右手侧、带有红色油漆圆点的接头，是 MRP 进气口，其压力值由上部指示器(橙色)显示。

LED 照明电气连接也在压力表后面。

3. 汽笛介绍

汽笛通过凸缘安装，喇叭状，发出单向、单音调、高音量的警告声音，如图 4-46所示。

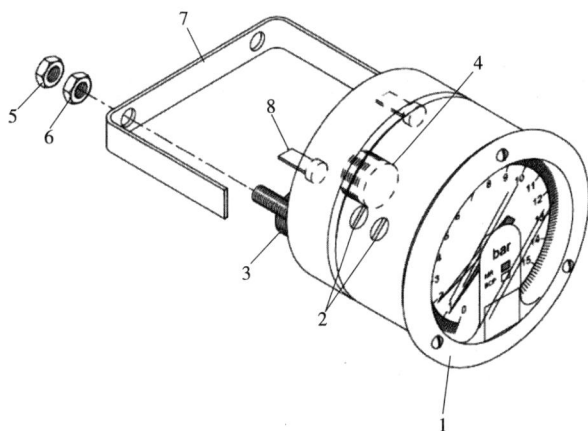

图 4-45　双针压力表

1—压力表主体；2—调节螺栓；3—上部指示器气动连接（MRP）；4—下部指示器气动连接（BCP）；
5—锁紧螺母；6—固定螺母；7—保持支架；8—电气连接

(1)一般特征

材料	铸铝和不锈钢
能听度	16 ℃时，静态空气中 3～4 km
响度	140 dB @10 m
空气压力	100～1 000 kPa(1～10 bar)
重量	3.2 kg
空气消耗量	20 ℃时，空气压力为 700 kPa(7 bar)时，11 800 cm^3/s
主空气进口	锥形内螺纹 1/2″ BSP (Rc1/2)
选择性空气进口	锥形内螺纹 3/8″ BSP (Rc3/8)
凸缘安装孔	在 76 mm 的 PCD 上，四个直径为 13.5 mm 的孔。

(2)零件特征(图 4-46)

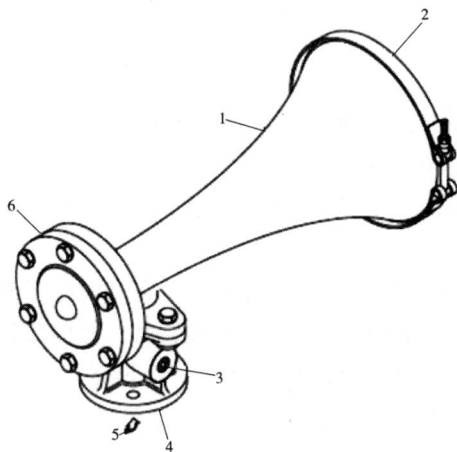

图 4-46　喇叭的结构组成

1—喇叭；2—防护装置；3—选择性进气口接头（每侧一个）；4—安装凸轮；5—主进气口接头；6—主体

第五节　空气制动系统及制动机部件的检修

一、检修作业内容和方法

1. 拆卸前的准备

(1)调节闸调器,以使制动闸瓦回退到最大回退位。

(2)拆开并卸下构架和制动之间的供风管,如图 4-47 所示。

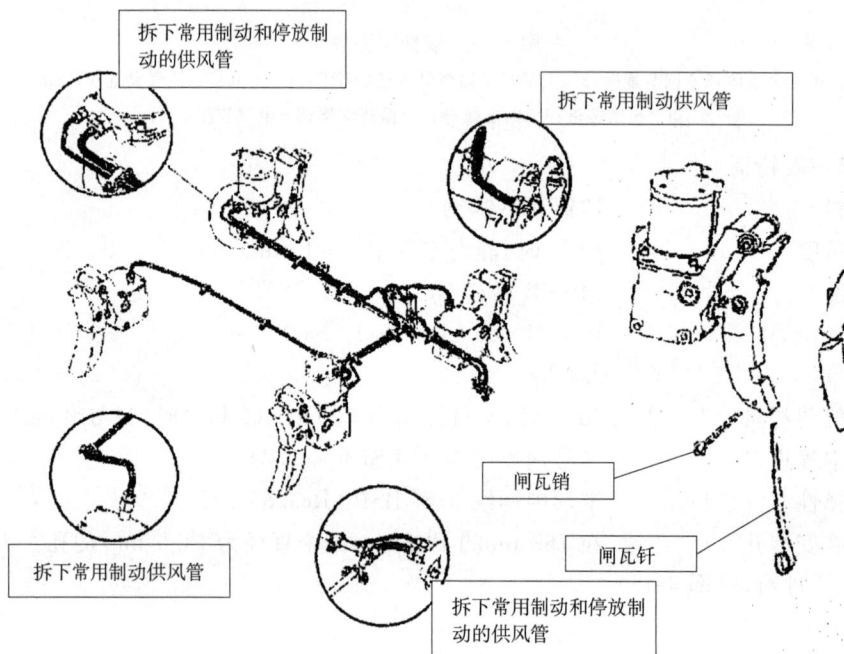

拆下常用制动和停放制动的供风管

拆下常用制动供风管

闸瓦销

闸瓦钎

拆下常用制动供风管

拆下常用制动和停放制动的供风管

图 4-47　闸瓦托架设备的装配

2. 拆下制动缸

注:动车和拖车转向架上制动缸的拆卸操作是一样的。

(1)将吊装设备放到位。

(2)拆下制动缸安装螺杆,该安装螺杆还用于固定二系悬挂垂向减振器安装座。

(3)拆下制动缸。

①搬运工具放在将要被拆卸的制动缸下面。在转向架下部拆卸制动缸。

②对于拆卸下来的转向架要用吊索和天车起吊。要确保起吊吊索的拉力(起吊能力:250 kg)。在转向架上部拆卸制动缸,如图 4-48 所示。

(4)拆下闸瓦销和 V10 制动闸瓦钎。

(5)拆下制动闸瓦。

(6)制动闸瓦拖上的制动闸瓦钎和闸瓦销有异常更换。

3. 安装

（1）制动单元的准备，在制动单元上安装好闸瓦。

带停放的制动单元安装在转向架的前端右侧和后端左侧；不带停放的制动单元安装在转向架前端左侧和后端右侧。

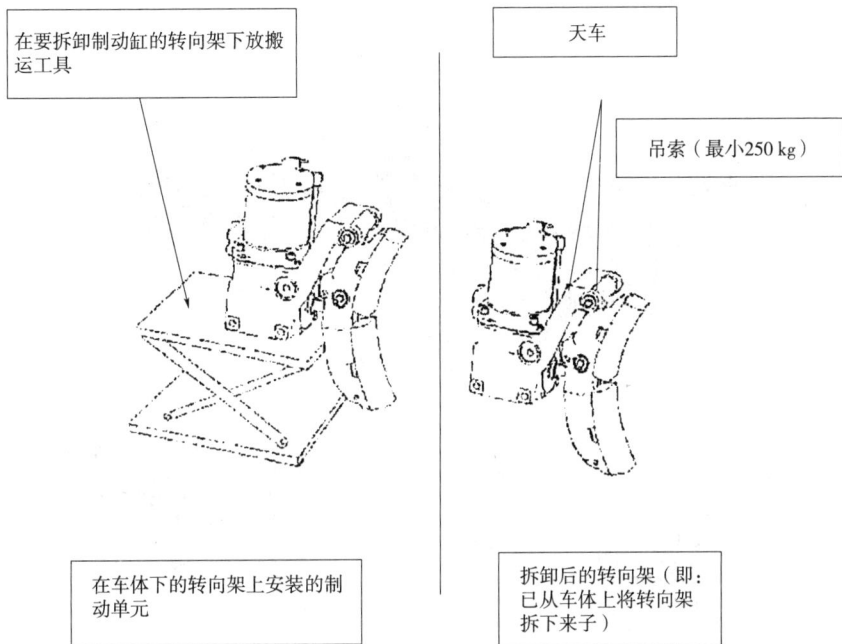

在要拆卸制动缸的转向架下放搬运工具

天车

吊索（最小250 kg）

在车体下的转向架上安装的制动单元

拆卸后的转向架（即：已从车体上将转向架拆下来子）

图 4-48　闸瓦托架设备的装配

①确保制动单元调节器完全复位。

②在构架侧梁上面安装制动单元的凸台上涂乐泰胶 AS76732。

③用起吊设备将制动单元在构架上定好位。

④在三个制动单元安装螺杆的螺纹上涂乐泰胶 AS767。先用扭力扳手把三个安装螺栓至 120 N·m，然后套上专用工装，再旋转每个螺栓转动 155°，用记号笔做好防松标记，如图 4-49 所示。

（2）制动管路连接

①接上制动单元的管路，带停放制动单元紧固扭矩：47 N·m，不带停放制动单元紧固扭矩：80 N·m。

②用转向架气密性试验机，试验制动机闸瓦动作是否正常，管路是否有泄漏现象。

三、记　　录

检修作业项目、标准及检测方法见表 4-6：

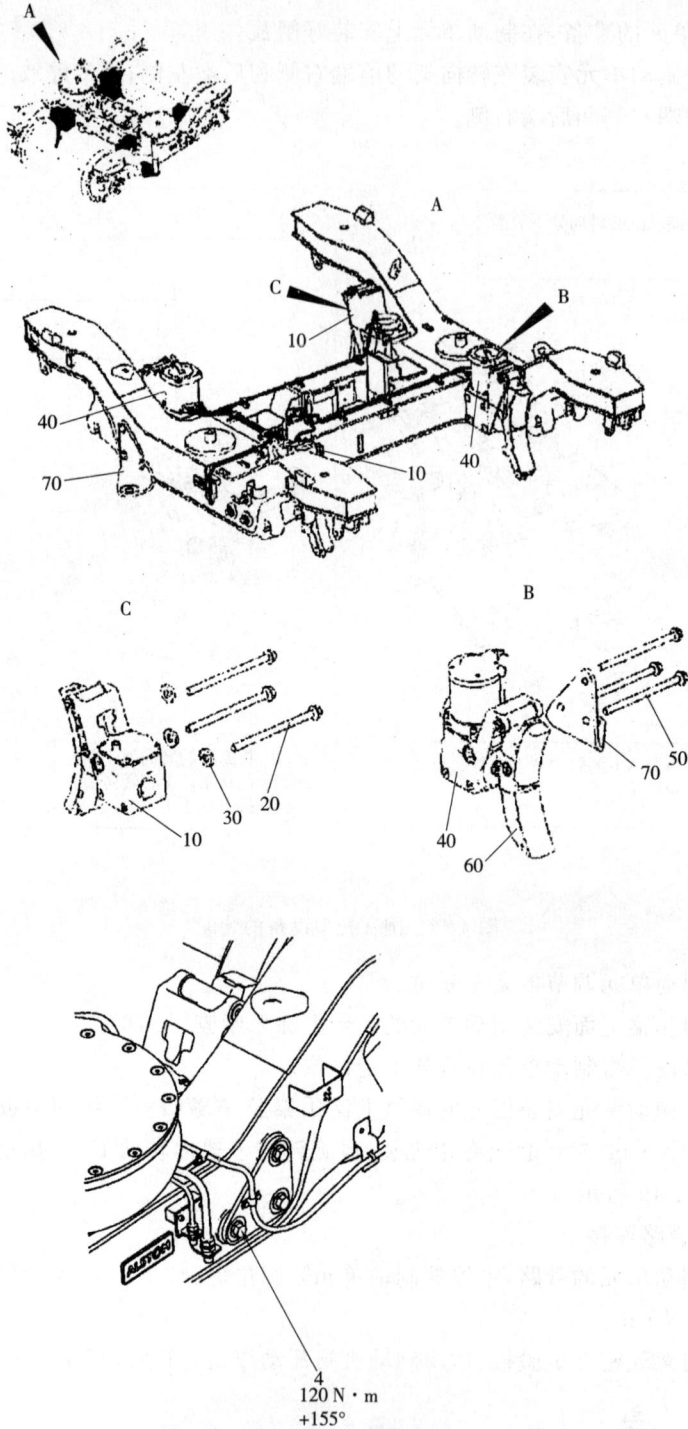

图 4-49 制动组件

10—常用制动单元;20—TRV 螺栓;30—防松垫块;
40—制动单元(带停放制动);50—三个制动单元安装螺杆;
60—制动闸瓦;70—二系悬挂垂向减振器安装座

表 4-6　电客车大修制动系统部件拆装作业记录表

车号：　　　　　　　　　　　　　　　　　　　　　　　　　　　　拆卸时间：

序号	项目	标准、要求	作业、检测手段	记录编号	质量控制		
					作业人	检查	验收
1	空压机	确保电线、管路不被损坏，做好电线、管路的防护	开口扳手,密封袋,记号笔				
2	空气干燥器	确保管路不被损坏，做好管路的防护	开口扳手,密封袋,记号笔				
3	空气干燥器过滤器	确保管路不被损坏	开口扳手,密封袋,记号笔				
4	喇叭控制模块	确保管路不被损坏	开口扳手,密封袋,记号笔				
5	制动控制单元（BCU）	确保管路不被损坏，做好管路的防护	开口扳手,密封袋,记号笔				
6	高度阀(4个)	确保管路不被损坏	开口扳手,密封袋,记号笔	1: 2: 3: 4:			
7	滤尘止回阀（3个）	确保管路不被损坏	开口扳手,密封袋,记号笔	1: 2: 3:			
8	压差阀(2个)	确保管路不被损坏	开口扳手,密封袋,记号笔	1: 2:			
9	均衡阀	确保管路不被损坏	开口扳手,密封袋,记号笔				
10	双向排风阀	确保电线、管路不被损坏	开口扳手,密封袋,记号笔				
11	带停放制动的TBU	确保管路不被损坏	开口扳手,密封袋,记号笔				
12	不带停放制动的TBU	确保管路不被损坏	开口扳手,密封袋,记号笔				
13	低压风缸压力开关及安全阀及压力开关	确保电线、管路不被损坏	开口扳手,密封袋,记号笔				
14	调压阀,空气弹簧压力开关	确保电线、管路不被损坏	开口扳手,密封袋,记号笔				

序号	项目	标准、要求或记录	作业、检测手段	质量控制		
				作业人	检查	验收
1	空压机	管路连接严密。紧固件安装牢固。力矩 M10X40-47N/M 符合要求，加润滑油。ML 防松标记涂打规范	目测，手动，扭力扳手，记号笔			
2	空气干燥器	管路连接严密。紧固件安装牢固。力矩 M12X90-82N/M 符合要求，防松标记涂打规范	目测，手动，扭力扳手，记号笔			
3	空气干燥器过滤器	管路连接严密。紧固件安装牢固。力矩 M8X25-24N/M 符合要求，防松标记涂打规范	目测，手动，扭力扳手，记号笔			
4	喇叭控制模块	管路连接严密。紧固件安装牢固。力矩 M10X50-47N/M 符合要求，防松标记涂打规范	目测，手动，扭力扳手，记号笔			
5	制动控制模块 BCU	管路连接严密。紧固件安装牢固。力矩 M12X25-82N/M 符合要求，防松标记涂打规范	目测，手动，扭力扳手，记号笔			
6	高度阀（4个）	管路连接严密。紧固件安装牢固。力矩 M8X50-24N/M 符合要求，防松标记涂打规范	目测，手动，扭力扳手，记号笔			
7	滤尘止回阀（3个）	管路连接严密。紧固件安装牢固。力矩 M8X35-24N/M 符合要求，防松标记涂打规范	目测，手动，扭力扳手，记号笔			
8	压差阀（2个）	管路连接严密。紧固件安装牢固。力矩 M5X35-6N/M 符合要求，防松标记涂打规范	目测，手动，扭力扳手，记号笔			
9	均衡阀	管路连接严密。紧固件安装牢固。力矩 M10X35-47N/M 符合要求，防松标记涂打规范	目测，手动，扭力扳手，记号笔			
10	低压风缸压力开关及安全阀及压力开关	管路连接严密。紧固件安装牢固。力矩 M6-10N/M 符合要求，防松标记涂打规范	目测，手动，扭力扳手，记号笔			
11	调压阀,空气弹簧压力开关	管路连接严密。安装牢固。力矩 M6-10N/M 符合要求，防松标记涂打规范	目测，手动，扭力扳手，记号笔			

序号	项目	标准、要求或记录	作业、检测手段	质量控制		
				作业人	检查	验收
12	双向排风阀,带停放制动的TBU,不带停放制动的TBU	先用扭力扳手把三个安装螺栓至120 N·m,然后套上专用工装,再旋转每个螺栓转动155°,用记号笔做好防松标记	目测,手动,扭力扳手,记号笔			
13	制动试验	管路连接严密无漏气	八点找平阶段			

关键名称与概念

1. 制动控制系统:由电子制动控制单元(EBCU)、空气制动控制单元(BCU)和电气指令单元等组成。

2. 摩擦制动:通过摩擦副的摩擦将列车的运动动能转变为热能,逸散于大气,从而产生制动作用。城轨车辆常用的摩擦制动方式主要有闸瓦制动和盘形制动。

3. 电制动:在制动工况时,列车停止从接触网受电,电动机变为发电机工况,将列车运行的机械能转换为电能,使列车减速或在下坡路上以一定的限速度运行。

4. BCE:微机制动控制单元。

5. BCU:空气制动控制单元。

6. EP2002制动控制系统:由EP2002阀、制动控制模块以及其他辅助部件组成,部件集成化程度高、节省了安装空间,同时也便于安装、使用和维护。

7. EP2002智能阀:包括一个电子控制部分,直接安装在气动伺服阀上,称为气动阀门装置(PVU)。每个阀门分别按照由其相应的EP2002网关阀通过CAN制动器总线提供给它的制动要求来控制其所在转向架上的制动器执行机构中的制动器缸压力(BCP)。

8. EP2002网关阀:执行EP2002智能阀的所有功能,另外还能够执行制动管理功能和提供EP2002控制系统与列车管理系统之间的接口。

复习题

1. 简述制动概念。(适合【初级工】)

2. 城市轨道交通车辆有哪几种制动模式?其分别应用在什么情况下。(适合【初级工】)

3. 对城市轨道交通车辆的制动方式进行简述。(适合【初级工】)

4. 简述车辆制动控制系统的组成及组成部分作用。(适合【初级工】)

5. 简述空气制动系统组成部分。(适合【初级工】)

6. 简述空气制动系统组成部件的作用。(适合【初级工】)

7. 简述基础制动装置的组成。（适合【初级工】）

8. 简述基础制动装置的作用。（适合【初级工】）

9. 简述空气压缩机的种类。（适合【初级工】）

10. 空气压缩机的由哪几种分类方法，其作用是什么？（适合【初级工】）

11. 简述 EP2002 制动控制系统组成及作用。（适合【中级工】）

12. 简述基础制动系统的组成及作用。（适合【中级工】）

13. 电机的空转是由什么引起的，有什么危害？（适合【中级工】）

14. 简述城市轨道交通车辆制动系统的组成部件及组成部件的作用。（适合【中级工】）

15. 什么是黏着状态，影响黏着的因素有哪些？（适合【中级工】）

16. 简述车辆载荷的分析方法。（适合【中级工】）

17. 简述 EP2002 制动控制系统故障的检测方法。（适合【中级工】）

18. 简述 EP2002 制动控制系统检修方法。（适合【高级工】）

19. 简述空气制动系统检修方法。（适合【高级工】）

20. 简述制动机部件的检修方法。（适合【高级工】）

21. 简述防空转的方法。（适合【高级工】）

22. 如何对车辆的载荷进行分析？（适合【技师】）

23. 简述车辆制动控制系统的实验方法。（适合【技师】）

24. 对空气压缩机特殊故障进行检修工艺修订。（适合【技师】）

第五章 车门系统

培训目标 ◀◀◀

通过本章学习熟悉车门系统类别及优点；掌握城市轨道交通车辆电动塞拉门的组成及作用；熟悉城市轨道交通车辆车门控制过程；了解城市轨道交通车辆车门检修流程。

第一节 车门系统概述

城市轨道车辆车门系统是乘客及司机上下车的通道，是车辆车体的一个组成部分。门系统的外形设计、开合方式以及加工制造与控制方式都影响客车外形的美观与动感及城市轨道车辆的安全运营状况。车门系统与客车的动力性、经济性、综合性能密切相关，对协调客车的整体造型起着重要的作用。

一、国内外车门系统发展

德国、奥地利和日本在轨道车辆门系统方面具有优势，起步早，技术相对成熟。目前国外的车辆门系统厂家包括：德国 BODE，奥地利 IFE，日本 Nabco、法国 Faiveley 等。

国内掌握车辆门系统技术并能为各大车辆厂提供配套及技术支持的厂家主要有康尼公司等，可提供干线列车门系统、城市轨道交通车辆车门系统、地铁站台安全门（屏蔽门）等产品。

二、车门系统分类

车门系统（地铁车门系列）包括：电动塞拉门系统、内藏平移电动门系统、外挂密闭电动门系统、司机室门系统和紧急疏散门系统，包含了列车所有上下车辆的通道。

1. 电动塞拉门系统

电动塞拉门系统如图 5-1 所示。车门关闭时，车门外表面与车体外表面平齐，在开门过程中，车门门扇沿车体运行方向和车外方向复合运动。在车门门扇运动过程中具有塞和拉两种动作。塞拉门开启时，由锁闭位置向车外方向摆出，使之打开；塞拉门关闭时，由开门位置向车内方向塞拉，使之关闭。塞拉门分为内塞拉门和外塞拉门两种，分别由车内或车外塞入门口处。

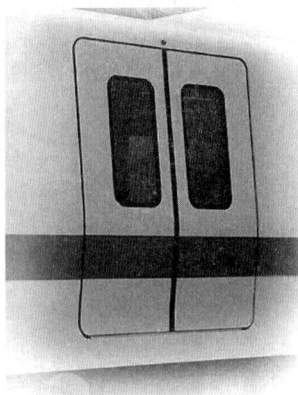

图 5-1 电动塞拉门系统

电动塞拉门优点：

(1)车门密封性能良好，对传入客室内噪声有较好的屏蔽作用，同时可降低客室空调的能耗。

(2)车门在关闭状态时，门页外表面与车体侧墙成同一平面，利于列车在高速运行时减小空气的阻力。

(3)可靠性高，控制智能化。

(4)列车外观平滑，整体和谐美观。

2. 内藏平移电动门系统

车门开/关时，门扇在车辆侧墙的外墙板与内饰板之间的夹层内移动，故而称之为内藏式平移电动门。内藏平移电动门系统如图 5-2 所示。

内藏平移电动门优点：

(1)结构简洁、可靠，占用车辆的空间小。

(2)对车辆与站台之间的距离要求低，有利于车站建设成本的降低。

(3)平移的动作轨迹具有较高的抗乘客挤压能力。

(4)维护成本相对较低。

图 5-2　内藏平移电动门系统

3. 外挂密闭电动门系统

外挂密闭电动门因其门扇和上下导轨均设置在轨道车辆的车外侧，门扇通过移动机构挂在外部上导轨上而得名。外挂密闭电动门系统如图 5-3 所示，它是在传统外挂移门系统的基础上，增加了微小的塞拉行程，使得该门系统既具有塞拉门良好的密封性能，同时保持了外挂移门结构简单、重量轻、易安装调整的特点，是传统外挂移门系统的升级和替代产品。

外挂密闭电动门系统优点：

(1)结构简洁、可靠，占用车辆的空间小。

(2)密封性能好，极大地提高了乘客的舒适度。

(3)能最大限度地保证在乘客拥挤状态下实现正常开、关门功能。

4. 司机室门系统

内藏平移式司机室门如图 5-4 所示，是地铁和轻轨列车普遍采用的一种车门系统，通常采用无动力源的手动开启、关闭方式。

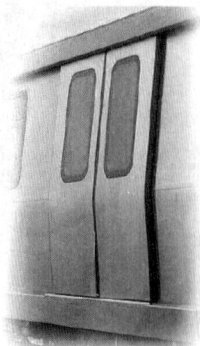

图 5-3　外挂密闭电动门系统

图 5-4　内藏平移式司机室门

司机室门系统优点：

(1)结构简洁、安全可靠。

(2)不占用地铁车辆与站台之间的空间,增大站台的有效使用面积。

5. 紧急疏散门系统

紧急疏散前门如图 5-5 所示,紧急疏散坡道如图 5-6 所示。

图 5-5　紧急疏散前门图

图 5-6　紧急疏散坡道

紧急疏散门系统是轨道车辆必须配备的紧急备用装置,安装在轨道车辆最端头部位,车辆在遇到紧急情况时两者相结合形成了乘客的临时快速通道以紧急疏散乘客。

紧急疏散门系统特点：

(1)紧急疏散前门

①上翻旋转式设计,适应车头复杂曲面造型要求。

②采用开门增力机构和解锁同步技术,操作更加便捷。

③双重密封设计,有效提高隔音、隔热性能。

(2)紧急疏散坡道

①可采用折叠方式,节省车内空间。

②采用吊带设计,承载能力强、稳定性高。

③自动坡道展开方式简便、迅速,便于乘客紧急逃生。

④两侧设有吊带,使得乘客紧急疏散更加安全。

第二节　电动塞拉门

一、电动塞拉门的组成

电动塞拉门的组成如图 5-7 所示。

1. 门页/定位销

每扇门页是由两块铝合金板对折覆盖在一块铝合金挤压型材的框架上组成。

中间夹芯由铝合金蜂窝组成。门页上半部还装有一块 19 mm 厚的双层钢化透明玻璃。门页边压嵌有橡胶密封条,分别起到密封和防夹作用。

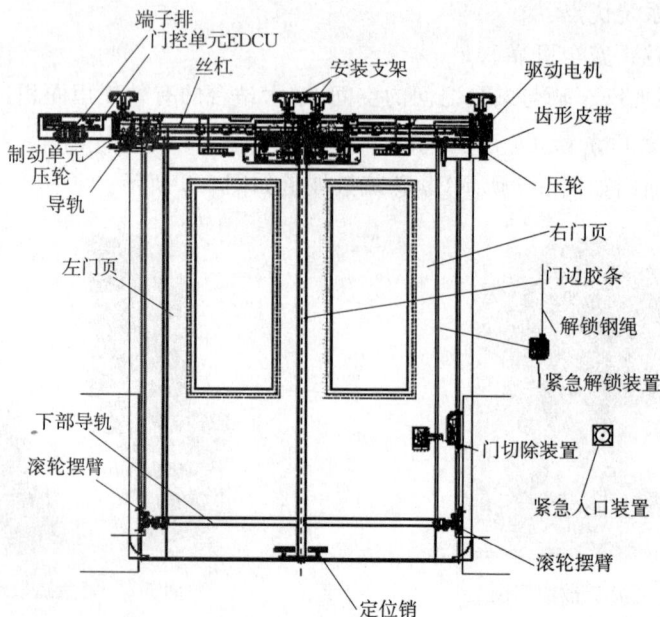

图 5-7　电动塞拉门的组成

在每一扇门页的前部下边缘处安装了一个附加的定位销,与安装在门槛的定位槽相配合,满足车门关闭时的门页偏差要求。

2. 支承杆

支承杆通过一个能承载整个门机构重量的底板固定到车体上。在开门和关门时,支承杆承载着整个门页的重量,使门页与车体保持平行位置。

3. 滑车/托架

滑车通过滚珠轴承在导杆上滑行,同时将来自门机械装置的力传给门页,反过来也一样,同时使门页托架和导杆保持平衡。门页托架一方面通过两个球轴承连接到滑车上,另一方面通过用螺栓刚性地连接到门页上,可以将门页的重量和运行力全部传递到支承杆上。

4. 驱动电机

门的移动主要由一个带齿轮的电动机驱动。电机驱动一个从动转轴(一半左旋,一半右旋),丝杠螺母连接在带有平行臂叉的滑车上,然后通过滑车和门页承载臂驱使门页移动。

5. 制动单元

一个由自由轮/离合器组成的车门制动单元通过法兰连接在丝杠上。车门关上后,它们相互啮合,通过机械运用防止打开车门。在开门的同时,它被电磁解锁。在紧急情况下,可以手动解锁自由轮/离合器装置。

6. 紧急解锁装置/外部紧急解锁装置

紧急解锁装置/外部紧急解锁装置如图 5-8 所示。

为了能够在紧急情况下打开客室车门,在客室内每扇门的右侧内墙上装有一个紧急解锁装置。

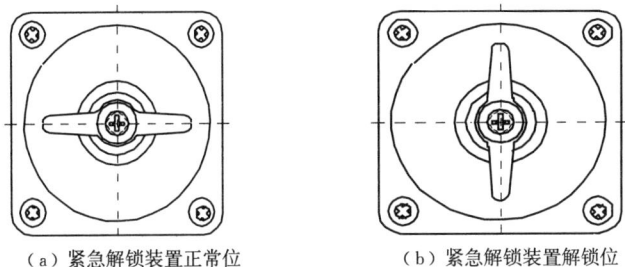

（a）紧急解锁装置正常位　　　　　　（b）紧急解锁装置解锁位

图 5-8　紧急解锁装置

紧急解锁装置装有一个带锁紧卡的旋转手柄,乘客在遇到突发或紧急情况时,可将旋转手柄转到解锁位,也可由司机用方形钥匙来操作,再用手将车门扒开。在紧急手柄扳回原始位置后,车门开关又重新回到正常工作状态。

另外在每辆车的 1B 门和 5A 门外部还装有一个外部紧急解锁装置。外部紧急解锁装置仅能由司机或检修人员用方形钥匙来操作。

操作解锁装置时,门驱单元上的主轴(丝杆)解锁自由轮/离合器装置将通过弓形钢缆进行解锁,弓形钢缆将解锁车门,并触发门驱单元制动装置上的限位开关。

7. 门切除装置

门切除装置如图 5-9 所示。

在每一对门的一扇门页上安装有门切除装置,可以机械地切除车门,在出现故障时,工作人员可以在车内或车外通过方形钥匙切除车门。

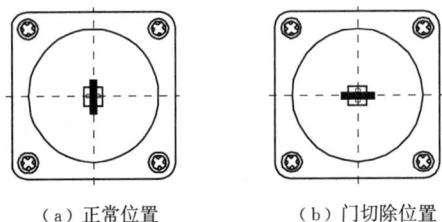

（a）正常位置　　　　　　　（b）门切除位置

图 5-9　门切除装置

8. 上/下导轨

上部导轨被安装在门头机构上,托架上的滚柱沿导轨滚动。下部导轨安装在门页上,与安装在车体结构上的滚轮摆臂相配合,滚轮摆臂上滚柱可以引导每页门下部的运动。滚柱只能提供横向力而不能提供纵向力和垂向力。

二、电动塞拉门功能

1."零速"列车线

"零速"是指列车的运行速度小于 1 km/h 时,开门列车线才可能激活。在"零速"信号有效时,直接激活内部安全继电器(装在 EDCU 上),才允许开门。"零速"列车线一旦失电,指列车运行速度大于 1 km/h 时,开启的车门将立即关闭。

2. 开门/关门

客室车门的开关是由车门控制单元(EDCU)根据列车控制(开门列车线、关门列车线、零速列车线)电平信号和车门驱动机构上的元件(限位开关、车门位置传感器)电平信号来控制的。

（1）开门

通过激活"开门"列车线来执行开门。如果在开门过程中，"开门"列车线断电，车门仍将开启到最大开启位。另外，还可以通过按下 EDCU 上的维护按钮来执行开门，如图 5-10 所示。

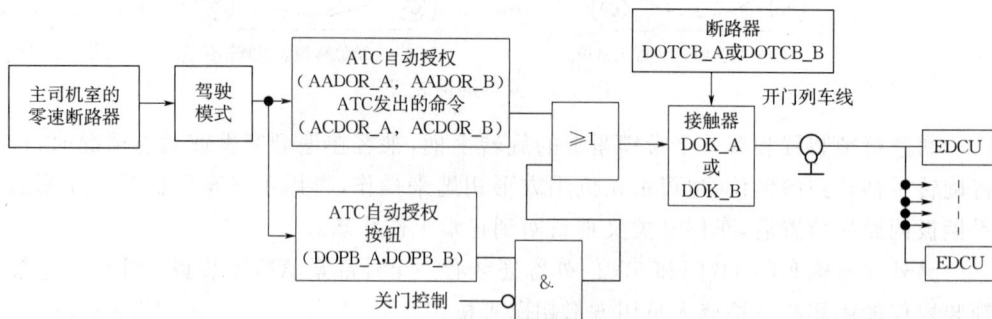

图 5-10　客室门开门逻辑

（2）关门

关门通过激活"关门"列车线来执行关门，"关门"列车线激活 3 s 后，车门开始关闭。在关门过程中，如果"关门"列车线断电，车门仍将关闭到最终关闭位。在关门过程中，如果"关门"列车线断电，同时"开门"列车线得电，车门关闭程序停止，1 s 后车门重新开启到最大开启位。

客室门关门逻辑如图 5-11 所示。

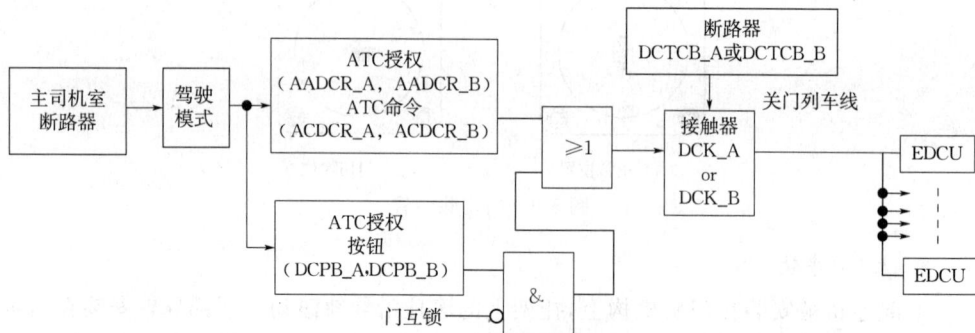

图 5-11　客室门关门逻辑

3. 警示灯/蜂鸣器

在每扇客室车门的上方车体内外部各装设有一个警示灯，开关门时警示灯将会亮并闪烁。当车门被切除时或遇障碍物六次激活后，警示灯将常亮。

同时在开关门时光电管式的蜂鸣器将会发出蜂鸣声音，并持续 3 s，以警告乘客车门将要打开或关闭。

4. 障碍物探测

（1）关门防夹（关门时的障碍物探测）

车门在关闭的过程中，遇到障碍物，车门的防夹功能将被激活，将施加一定的关门力（<300 N），持续时间为 0.5 s。然后车门驱动电机将会处于解锁状态（在电机上短

路)2 s,以便可以手动移动车门并移开障碍物。

这样的循环能重复六次,如果防夹功能在第六次关门过程中仍被激活,此时车门将反向运动,打开并停留在开启位。车内外的两个指示灯将亮,以引起司机的注意,司机可再启关门指令来关闭车门。

（2）开门时障碍物探测

开门时障碍物探测也能被激活六次。在开门方向上检测到障碍物时 EDCU 将中断开门程序,中断时间为 2 s。在进行第六次尝试开门被激活后,车门将停留在这个位置上,同时车门控制单元（EDCU）认为这个位置就是车门可达到的最大开门位,然后只有通过关门命令将门关闭后再开启。

5. 车门切除

一旦运营中有车门开关故障时,司机或检修人员可以通过方形钥匙将故障车门切除。转动方形钥匙时必须将车门拉到关闭并锁紧位。转动方形钥匙时会激活"车门切除"限位开关并机械锁紧这扇车门。"车门切除"限位开关 S2 的触点将向车门控制单元（EDCU）发送该扇车门已被切除的信号。这时车门控制单元（EDCU）将切除这扇门所有的功能,同时警示灯常亮。

6. 主隔离开关

在每扇门的驱机构上安装有一个主隔离开关。可以通过该主隔离开关切断该扇车门的供电电源,以便于对车门做维护、检修工作。

7. 紧急解锁

(1)在速度低于 1 km 时操作紧急解锁装置将导致:

①传给门控单元的信号将使门控单元切断其所有的门控功能。

②通过弓形钢缆手动解锁丝杆的制动装置,车门处于解锁位。

③触发门驱动件上制动装置处的限位开关。

④将中断车门关闭和锁定环路。

⑤门控单元发出信号。

⑥门可以通过手动在开门和关门方向上移动。

(2)当速度大于 1 km/h 时操作紧急解锁装置将导致:

①产生一个持续 1 s 的 8 A 的脉冲发给电机（完全关门）,在这个短暂的脉冲之后,将会给电机施加连续的大约为电机正常工作电流的 50%（1.5 A)电流以使车门保持在关闭位,而且这个连续电流施加的时间不限。

②"紧急解锁"限位开关上的常闭触点断开,这时"门关闭和锁定回路"中断。

(3)如果乘客企图打开门,"门关闭并锁定"限位开关将监控到车门正在被打开,这将引起:

①持续时间为 1 s 的 8 A 的脉冲电流,以较大的关门力关门。脉冲电流过后,将以 150%（4.5 A)的电流关紧车门,持续时间为 3 s。持续 3 s 后,再次产生持续时间为 1 s 的 8 A 的脉冲电流。脉冲电流过后,将以 150%（4.5 A)的电流关紧车门,持续时间为 5 s。持续 5 s 后,再次产生持续时间为 1 s 的 8 A 的脉冲电流。脉冲电流过后,将以 150%（4.5 A)的电流关紧车门,持续时间为 5 s。一直如此循环下去,在这一期间 ,加在车门门板上的推力将大于 300 N。

②60 s后,由于电机发热的原因,上面所说的过程又将开始,但是两脉冲电流之间的电流将降为电机电流的100%(3 A)。

③180 s后,这个功能将下降到50%的持续电流,并且没有脉冲。

(4)当乘客停止开门,门会自动回到关紧位。

三、电动塞拉门控制

1. 车门指令

(1)DOMS on MO/MC(手动打开/手动关闭的DOMS)

打开车门动作是用按钮完成,关闭车门动作是用按钮完成。

(2)DOMS on AO/ΛC(自动打开/自动关闭的DOMS)

打开车门动作是通过ATC完成,关闭车门动作是通过ATC完成。

(3)DOMS on AO/MC(自动打开/手动关闭的DOMS)

打开车门动作是通过ATC完成,关闭车门动作是用按钮完成。

2. 车门解锁原理

门释放列车线有效才有可能打开门。在这种情况下内部安全继电器(位于电子门控器中)直接由此信号(硬连线)激活。安全继电器的电流消耗约为10 mA。激活的安全继电器将关闭接到电机电源的接线,从而使软件可以在开门方向上驱动门机构。门释放列车线无效时开启的门将立即开始关闭。

车门解锁原理如下:

(1)在正常模式下,解锁车门列车线是由ATP授权供电(根据零速和所选择的站边在左侧或右侧解锁)。

(2)当驾驶模式为洗车模式时,解锁车门列车线是由模式选择开关处于洗车模式(WM)位,从而激活洗车模式继电器WMR1、WMR2供电,如图5-12所示。

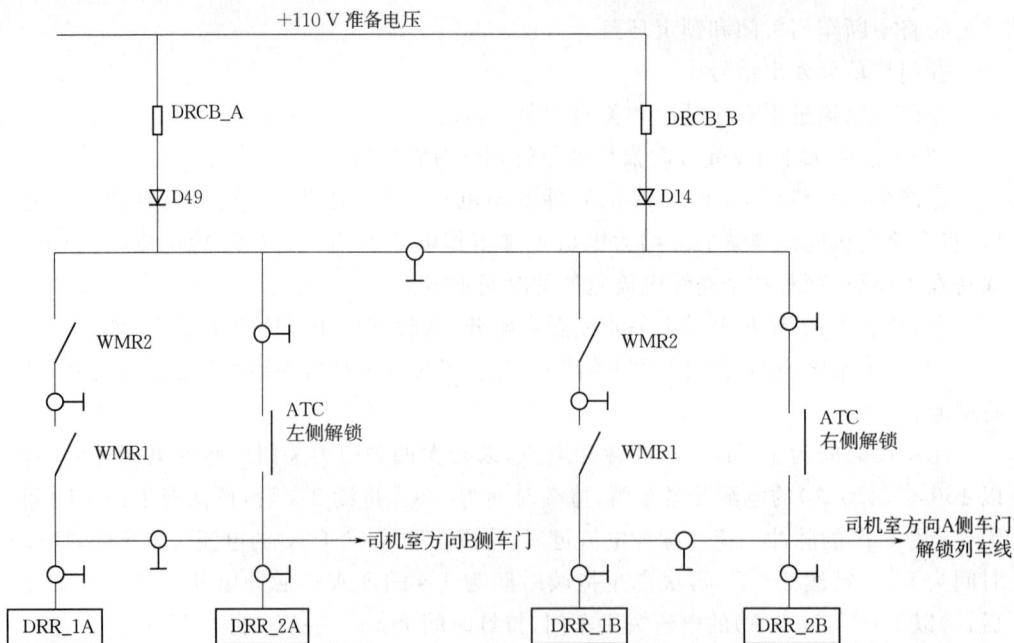

图 5-12　洗车模式车门解锁(释放)原理

（3）在 ATC 被隔离情况下,解锁车门列车线则是由零速继电器供电,如图 5-13 所示。

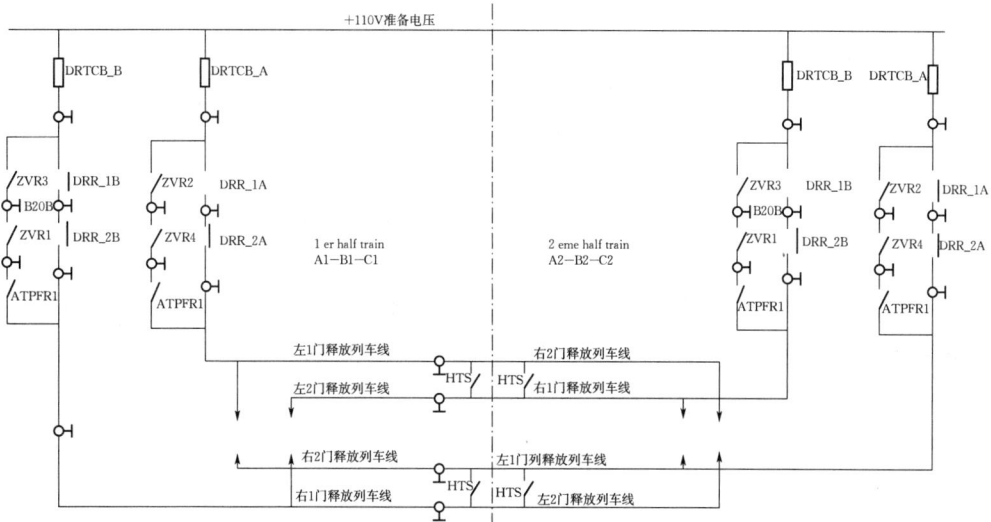

图 5-13　ATC 隔离模式车门解锁（释放）原理

3. 车门的开启和关闭逻辑

门的开启和关闭是由表 5-1 和图 5-14 所示门释放列车线、开门列车线和关门列车线的电平决定的。

表 5-1　客室门开、合状态表

零速列车线	开门列车线	关门列车线	门的状态
0	0	0	关
0	0	1	关
0	1	1	关
0	1	1	关
1	0	0	保持
1	0	1	关
1	1	1	关
1	1	0	开

注"保持"表示门保持原来的状态,包括开门、关门和中间位置。

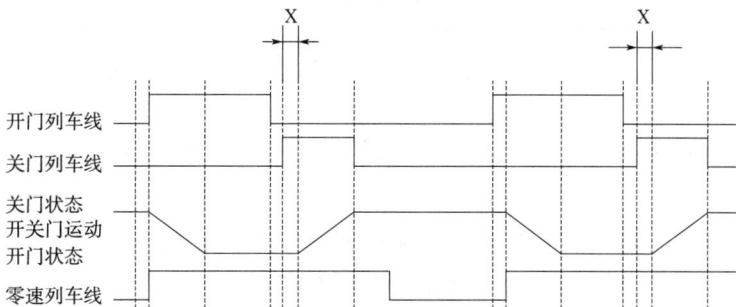

X:关门延时时间

图 5-14　车门动作逻辑

4. 开门

(1)开门的两种方式

①通过激活开门列车线开门

激活开门列车线和释放列车线,延时设定的时间后,车门开始开启。

门开启到开门终点位置并且在接收到关门指令之前保持在这一位置上,直到再接受到关门指令。

如果在开门过程中开门列车线无效,门仍然会开启到开门终点位置。

②通过维护按钮开门

只有在关门列车线无效且释放列车线有效时,维修人员才可通过操作维护按钮打开响应的门,门在接收到关门指令之前保持在开门终点位置。再次操作维护按钮持续1 s后,开门顺序会转变为关门顺序。

(2)开门指令的产生(图 5-15)

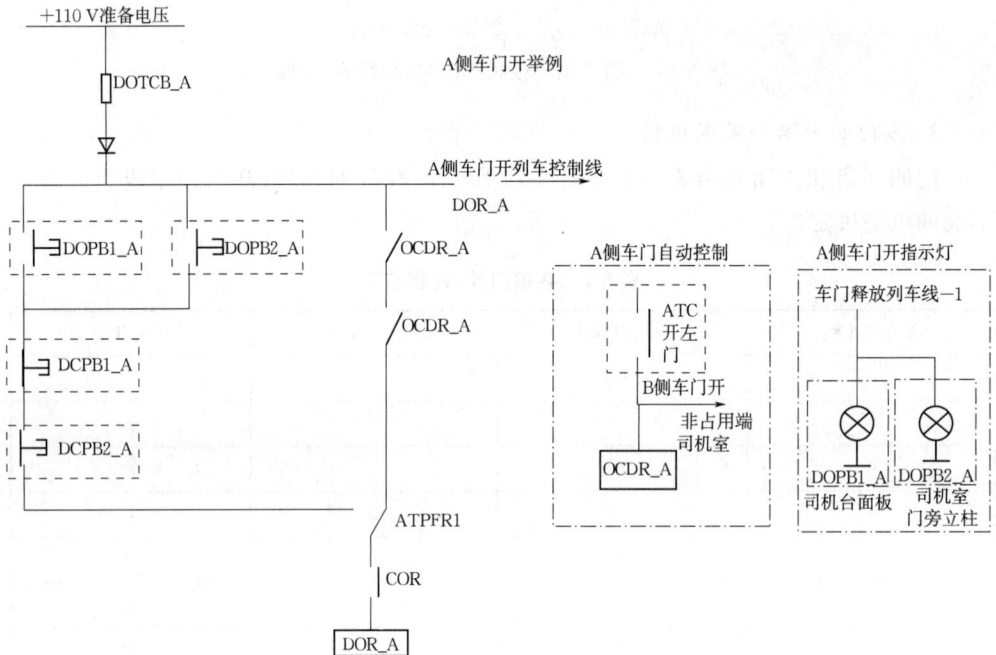

图 5-15　车门由司机操控打开命令

①由 ATC 操控的车门打开动作:

在正常模式下,列车由 ATO 控制,在冗余条件下由前部驾驶室的 ATP 监控。后部 ATC 处于待机状态。如果出现故障,控制就会变换到另一个(后部)ATC。之前使用的(前部)ATC 就变为待机模式。

ATO 每侧可提供一个输出,根据所选择的站边,它可以向两个继电器(OCDR_A 或 B)供电。

ATC 打开命令是一个保持命令,按照以下情况执行:如果 ATC 命令打开车门,继电器就被通电;如果 ATC 命令关闭车门,继电器就被断电。

②由司机操控的车门打开动作:

车门打开命令是通过安装在司机操纵台或各驾驶室车门台柱上的车门打开按钮

脉冲发送给所占用的驾驶室的,车门关闭按钮无动作。

当 DOMS 位置被切换为"MO",ATO 则可以提供一个输出,根据车门打开按钮上的脉冲打开通道门。

当 ATPFS 被激活时,打开命令被直接连接到 DOPB。

5. 关门

(1)关门的三种方式

①激活关门列车线关门

通知车门关闭,如果在关门过程中关门列车线无效,门仍然会关闭到关门终点位置。

②维护按钮关门

只有在开门列车线无效时,可通过操作维护按钮将相应的门关闭,门立即开始关闭。再次操作维护按钮持续 1 s 后,关门顺序会转变为开门顺序。

③门释放列车线无效的方式关门

如果门释放列车线无效,门立即开始关闭,再要打开门已不可能。

(2)关门指令的产生

关门指令的产生如图 5-16 所示。

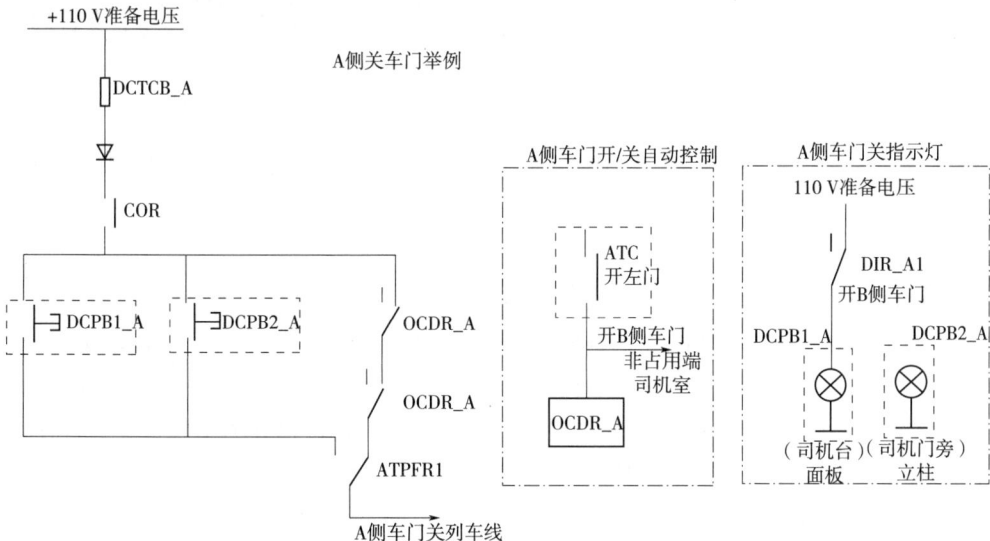

图 5-16　车门由司机操控关闭命令

①由 ATC 操控的车门关闭动作

受 ATC 操控时,"车门关闭"列车线是根据所选择的站边由 ATO 输出从"被占用的驾驶室"向 OCDR_A 或 B 供电。在正常模式下,列车由 ATO 控制,在冗余条件下由前部驾驶室的 ATP 监控。后部 ATC 处于待机状态。如果出现故障,控制就会变换到另一个(后部)ATC,之前使用的(前部)ATC 就变为待机模式。

②由司机操控的车门关闭动作

车门关闭命令是通过安装在司机操纵台或各驾驶室车门台柱上的车门打开按钮脉冲发送给所占用的驾驶室的,车门打开指令无动作。

当 ATPFS 被激活时,打开命令被直接连接到 DOPB。

6. 紧急操作

如果出现紧急情况，乘客可使用紧急解锁装置开门。

紧急解锁逻辑如图 5-17 所示。

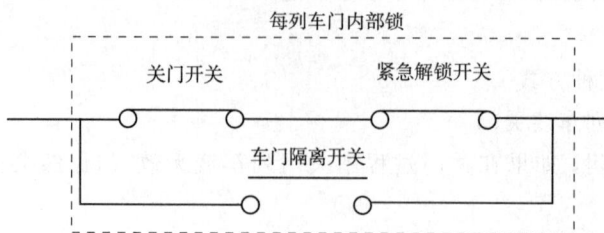

图 5-17　紧急解锁逻辑

7. 车门互锁回路

车门互锁回路如图 5-18 所示。

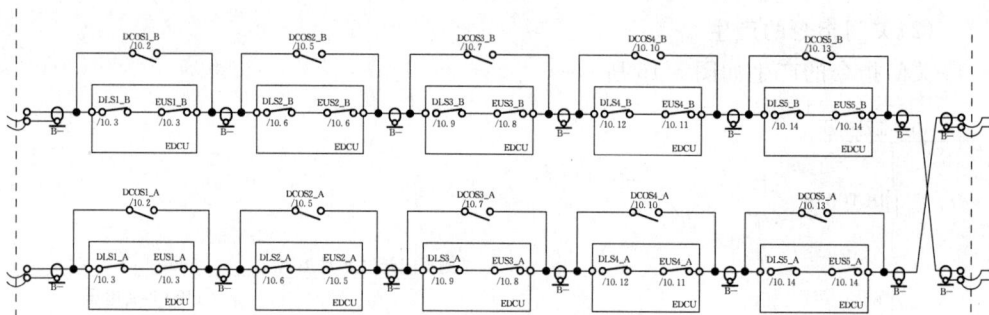

图 5-18　车门互锁回路

每个车门上均有一个门锁位置行程开关 S1 和一个门页位置行程开关 S2。列车每侧车门所有的门锁位置行程开关和门页位置行程开关全部串联在一个回路中，如果有一个不能连通，则说明门锁没有锁好或者门叶没有关好。如果这个回路没有连通，列车就不能起动，所以称由列车每侧车门所有的门锁位置行程开关和门页位置行程开关全部串联在一起的电器回路为车门安全监控回路。

8. 车门指示灯和蜂鸣器

(1)车门内外使用了两个警示灯。功能如下所述。

①车门被关闭或打开：指示灯不会发光。

②车门打开或关闭过程中：指示灯会闪烁警示。

③车门出现故障时：指示灯会发光。

④车门信号被切断：指示灯会发光。

(2)音频功能可发出警报，告知车门开关的信息。

①如果在打开车门，收到"车门打开指令"后，音频功能会立即发出一段 3 s 的警报 。

②如果在关闭车门，收到"车门关闭指令"后，音频功能会立即发出一段 3 s 的警报，或直到收到"所有车门被都被关闭和锁定"的信息为止。

第三节　车门的检修

一、客室门检查检修

1. 客室门检修内容

（1）客室门各装配部件的螺钉应紧固良好、无松动,防松线标记明显。

（2）上下导轨清洁无异物,无变形。

（3）门叶外观整洁,玻璃无破损,密封良好,门叶胶条无异常磨损。

（4）检查车门电路部分以及地线接线牢固,应无松动、无虚接。

（5）检查门控器各插头是否安插到位,通信插头紧固螺栓是否松动。

（6）使用手动润滑枪,用3号锂基脂对下列部位进行润滑。

①润滑导柱和两个携门架中的直线轴承。

②对整个丝杠和三个短导柱进行润滑:将润滑脂均匀地涂抹在丝杠和短导柱的表面上,完成后需手动开关门2～3次。

③对上滑道圆弧处、下滑道内侧、平衡压轮周边进行润滑。

（7）用甲基硅油对门周边胶条进行润滑,在润滑后,需用一块干净的布擦干护指胶条。

（8）客室车门的测试与调整（图5-19）。

①检查测量客室车门的净开度,净开度标准（1 300±10）mm。

②检查车门的"V"形情况:在门全关闭后,即两页门叶下部紧密接触,两门扇上部存在2～5 mm的间隙。

③操作各门的紧急解锁装置后,确认制动装置的齿间间隙满足1.5～2 mm,如图5-20所示。

④检查铰链板上挡卡（开口销）应装配正确,无脱落,调节锁紧螺母无松动。

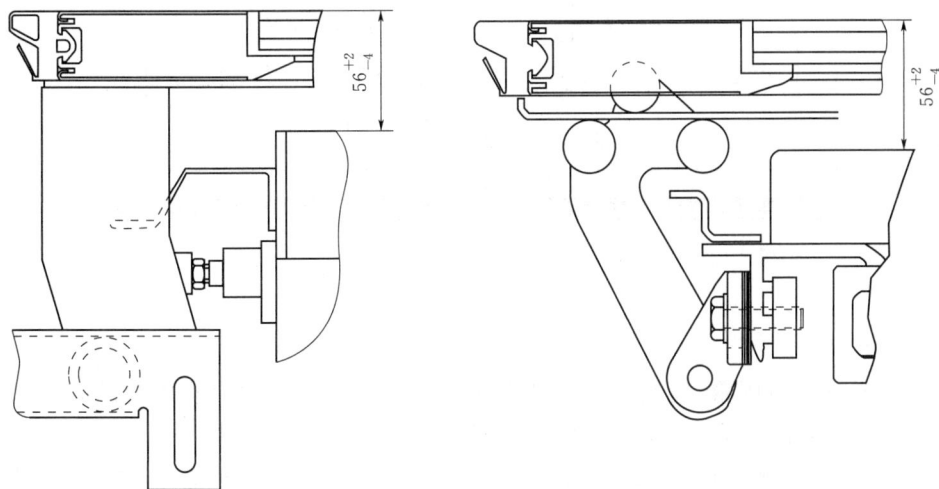

图5-19　车门开门后的状态（单位:mm）

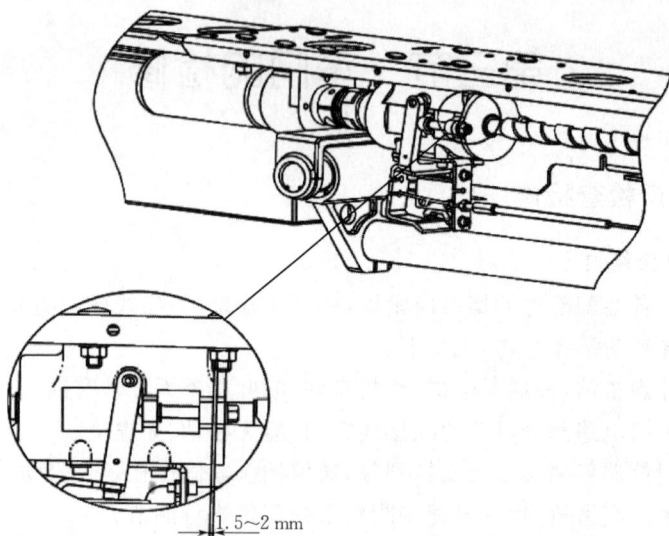

图 5-20　制动装置的齿间间隙示意图

⑤检查紧急解锁钢丝绳和套管、夹头等情况应正常,无损坏。

⑥将门槛下挡销槽清理干净,避免关门时,影响下挡销的进出。

⑦将所有客室门下摆臂滚轮拆下,然后重新涂上乐泰胶,将其紧固。

⑧检查及调整门到位开关位置:

a. 当门处于关闭位置时,该开关处于松开的状态,测量门处于关闭位置时左右携门架组件中运动小车之间的距离为 X。手动开门,再手动慢慢地使门板位于关闭位置,关门限位开关应在距尺寸"X"还有 3.5^{+1}_{0} mm 时动作,若不能满足上述要求,需通过调整限位开关组件安装板的位置来完成。在门关闭后,手动门到位开关可以移动,如图 5-21 所示。

b. 手动将门叶打开,将门到位开关用力扳到到最大行程位置,检查其是否能平滑的复位,是否有卡滞现象,如果出现卡滞时需对门到位开关进行更换。

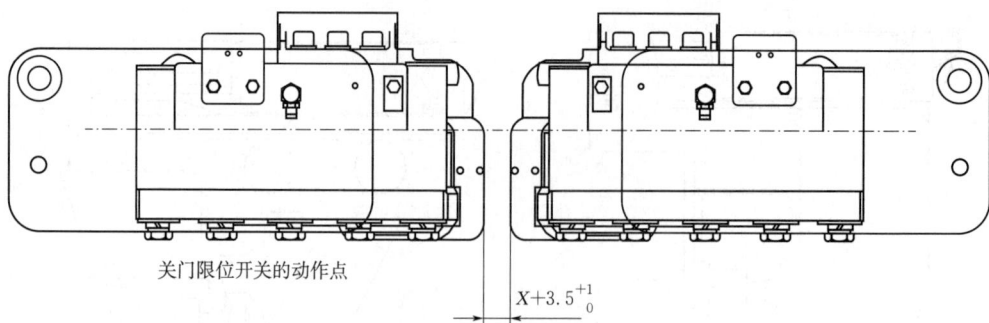

关门限位开关的动作点　　$X+3.5^{+1}_{0}$

图 5-21　限位开关调整图

(9)检查平衡压轮:检查压轮轴的台阶与门扇上压轮槽的台阶之间的间隙满足 $1 \sim 2$ mm,并且门关闭后,门板相互平行,滚轮接触压板,很难转动。

(10)障碍检测功能:关门时,用截面 30 mm$\times 60$ mm 长方体或直径 30 mm 的圆柱体测试物进行检查,出现三次防挤压后,门处于完全打开状态。

(11)检查隔离锁功能:通过方形钥匙操作门右下角隔离锁,门隔离指示灯亮,并且手动可以开门。

(12)手动开关门时,检查门机构是否有卡滞现象,是否有异响;电动开关门时,门机构是否有异响。

(13)检查客室门下部门槛固定螺栓是否有松动,如有松动,需重新涂上乐泰胶,然后将其紧固。

关键名称与概念

1. 电动塞拉门:指车门关闭时,车门外表面与车体外表面平齐,在开门过程中,车门门扇沿车体运行方向和车外方向复合运动。在车门门扇运动过程中具有塞和拉两种动作的车门系统。

2. 紧急解锁装置:装有一个带锁紧卡的旋转手柄,乘客在遇到突发或紧急情况时,可将旋转手柄转到解锁位,也可由司机用方形钥匙来操作,再用手将车门扒开。在紧急手柄扳回原始位置后,车门开关又重新回到正常工作状态。

3. 障碍物探测:车门在打开/关闭的过程中,遇到障碍物,车门的防夹功能将被激活并按程序进行控制的功能。

4. 车门切除:一旦运营中有车门开关故障时,司机或检修人员可以通过转动方形钥匙时必须将车门拉到关闭并锁紧位,激活"车门切除"限位开关并机械锁紧这扇车门的功能。

复习题

1. 简述城市轨道交通车辆门系统分类情况。(适合【初级工】)

2. 司机室侧门组成及组成部件作用是什么?(适合【初级工】)

3. 电动塞拉门是由哪些部件组成?(适合【初级工】)

4. 承载驱动机构的组成及组成部件的作用是什么?(适合【初级工】)

5. 简述车门系统的构成。(适合【初级工】)

6. 简述司机室门的组成。(适合【初级工】)

7. 逃生门有哪些组成部件。(适合【初级工】)

8. 简述电动塞拉门的工作过程。(适合【初级工】)

9. 简述电动塞拉门的控制系统的组成。(适合【初级工】)

10. 简述电动塞拉门"关门"列车线的作用。(适合【中级工】)

11. 简述电动塞拉门"零速"列车线的作用。(适合【中级工】)

12. 简述电动塞拉门"开门"列车线的作用。(适合【中级工】)

13. 简述车门状态与"零速"/"开门"/"关门"列车线的逻辑关系。(适合【中级工】)

14. 简述电动塞拉门有哪几种开门的方法。(适合【中级工】)

15. 简述电动塞拉门有哪几种关门的方法。（适合【中级工】）

16. 认识电动塞拉门的主要部件。（适合【中级工】）

17. 客室车门正常开关门的前提条件有哪些？（适合【中级工】）

18. 客室车门开门、关门有哪几种方法。（适合【中级工】）

19. 解释车门指示灯的状态。（适合【中级工】）

20. 对警示灯的/蜂鸣器的不同状态进行解释。（适合【中级工】）

21. 简述客室车门 V 形调整的方法。（适合【高级工】）

22. 简述客室车门平面度调整的方法。（适合【高级工】）

23. 如何利用 EDUC 故障灯进行故障判断。（适合【高级工】）

24. 简述安全互锁回路的检查方法。（适合【高级工】）

25. 简述车门的检修方法。（适合【高级工】）

26. 简述车门的障碍物有哪几种检测方法。（适合【高级工】）

27. 简述安全互锁回路的故障判断方法,并根据不同的故障做出相应的维修方案。（适合【技师】）

第六章　牵引受流系统

培训目标 ◀◀◀

　　通过本章学习,掌握城市轨道交通车辆受流系统及受流装置的组成及工作原理;熟悉城市轨道交通车辆牵引系统的组成及运行控制;熟悉城市轨道交通车辆高压电器的结构及工作原理;熟悉牵引受流设备的检修流程。

第一节　高压受流系统

　　城市轨道交通车辆所有的牵引逆变器、高压列车线、静态辅助逆变器由高压系统供电,高压电源来自接触网与车间电源插座 WOS。静态辅助逆变器通过高压列车线供电,一旦列车供电有高压电源并且该设备供有低压电源,高压列车线和静态辅助逆变器就投入使用。受电弓从接触网受流,电压为 1 500 V 直流。高压配电系统采用在线路的首端保护的方式,在每个受电弓后面,设过载保护和过压保护。

　　B 车高压受流系统由受电弓、熔断器(箱)、浪涌吸收器(避雷器)、受电弓控制盒组成,如图 6-1 所示。

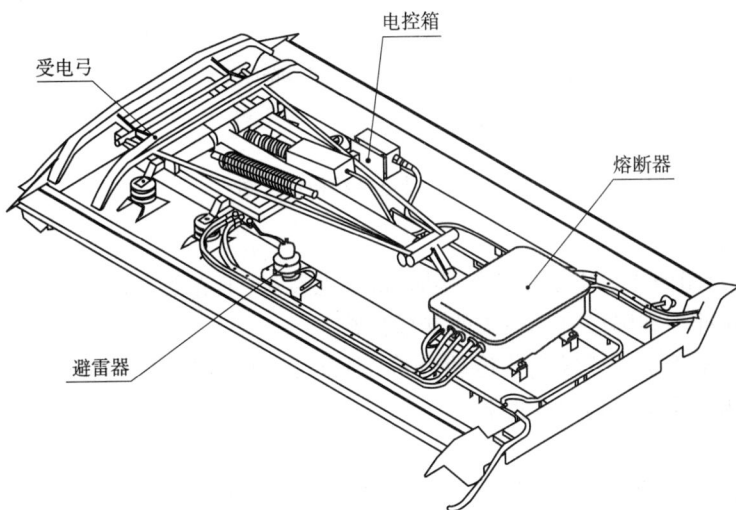

图 6-1　B 车高压受流示意图

一、受电弓

1. 受电弓参数

电压　　　　　　　　　　　　　DC 1 500 V

电流	1 350 A,max. 1 550 A
接触压力	(120±10) N
上升/下降时间	7 s
弓头宽度	(1 685±10) mm
碳滑板长度	1 050 mm
相对于静躺位置的最小工作高度	80 mm
相对于静躺位置的最大工作高度	2 040 mm

2. 受电弓组成

受电弓的结构示意图如图 6-2 所示。

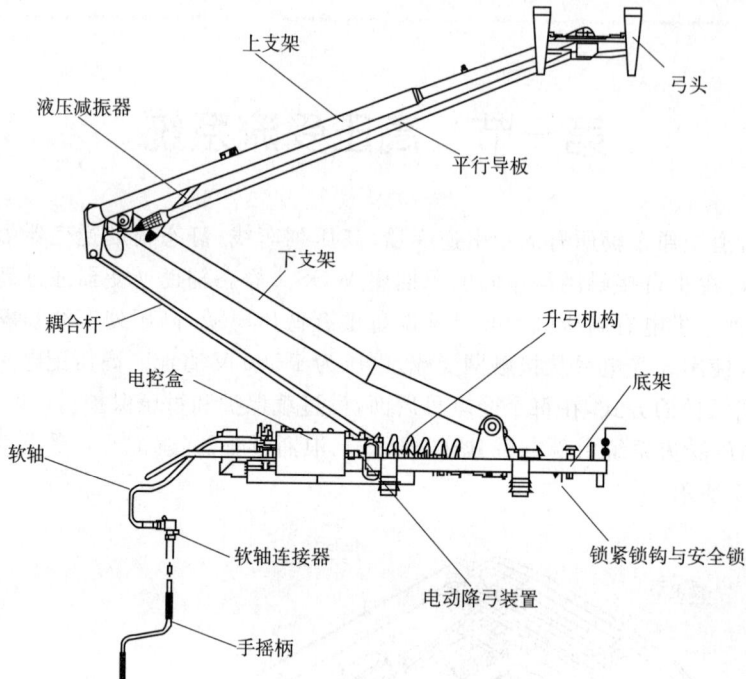

图 6-2　受电弓结构示意图

（1）底架

底架由封闭的矩形空心钢管焊接而成,其上装有:下支架主轴承、上支架及下支架缓冲垫、运输挂钩和降弓支撑弓头的支撑弹簧。

同时,底架用于支撑或安装传动弹簧、耦合杆、电动降弓驱动、绝缘子、高压连接板、锁紧锁钩与安全锁钩和电控盒。

（2）下支架

下支架由无缝钢管焊接而成。它的底板可支撑于底架上。安装在下支架上零部件有:带驱动弹簧绳索、安装用支承的凸轮、电控下降装置的释放控制杆、液压振动阻尼器和上支架用座套。

（3）上支架

上支架由无缝钢管焊接而成,对角拉线可实现所需的横向稳定性。安装在上支架上零部件有:弓头、耦合杆、液压振动器、上举止动器和下支架。

（4）耦合杆

耦合杆由一个用喷涂钢圆管制成的连接管和两个分别带有左旋及右旋螺纹的重型球窝形接头组成。通过转动连接管，可调节和微调受电弓的几何形状。

（5）弓头

弓头安装在一根位于上支架上的轴上。叶片弹簧用于悬承碳滑条。它们被固定在托架内。平等导向滑环确保碳滑板与接触网平行工作。每个碳滑板的单个悬承可实现最大的接触特性，因而磨损最小。悬承架在水平和竖直力异常大时保护弓头的叶片弹簧，防止毁坏。

（6）平行导杆

平行导杆可防止升弓或降弓时弓头失稳翻转。整体长度的平衡使得弓头能够在接触网上自由转动。该系统实现碳滑条的同等磨损。

（7）升弓机构

受电弓通过驱动弹性作用升起并对悬链施加压力，驱动弹簧通过装在下支架上的钢丝绳和一个凸轮而工作。

（8）液压振动阻尼器

通过安装于上支架与下支架之间的减振器来实现振荡衰减。它保证了碳滑板和悬链线之间有良好接触。减振器工作温度范围为：－40～80 ℃。

（9）电动降弓装置

受电弓的降弓通过电动降弓机构来实现。该降弓机构安装在受电弓底架和下支架之间，且与底架与下支架彼此绝缘。降弓机构由永磁直流马达驱动，该永磁直流马达位于一个带滚珠丝杆与机械制动的线性激励器的上方。

（10）液压减振器

含有弹性弹簧阻尼器的减振装置用于平衡机械振动。该减振装置固定在下支架上，可确保受电弓的升弓与降弓匀速进行。

（11）锁紧锁钩

锁紧锁钩可防止当受电弓动作，处于休息位置时（如在运输等过程中），降弓装置将受到约束。受电弓升弓时，由降弓装置驱动锁紧锁钩自动打开。

（12）电控盒

电控盒安装在底架上，并通过线缆连接在电动降弓装置上，另一端与机车相连。电控盒上装有继电器，该继电器可控制电动降弓装置的运动，且在机车内可得到有关受电弓位置的信号。

（13）软轴连接器、软轴、手摇柄

软轴从电动降弓装置处接入机车内，且连接在软轴连接器上。这种布置方法可确保当电动降弓装置故障时，操作人员可通过手动摇杆从车内降弓与升弓。

（14）安全锁

受电弓上装有安全锁。安全锁可以通过一个钥匙进行操作。

安全锁处于关闭时，可防止受电弓的升弓。

二、熔断器箱

熔断器箱的结构示意图如图 6-3 所示。

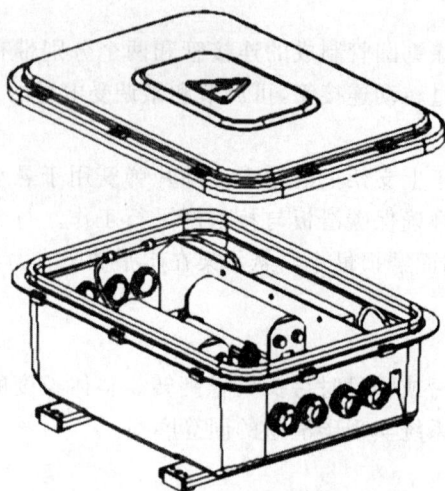

图 6-3 熔断器箱

1. 熔断器箱组成

熔断器箱由具有防尘防水功能的箱体、一个高压检测继电器 HVDR、高压熔断器、高压设备的绝缘子、接地电缆等组成。

2. 熔断器箱功能

(1)保护列车的 1 500 V 电源网络不发生过载、短路。

(2)通知 TCMS 列车的主熔断器发生了故障(如过载、短路等)。

(3)通过高压检测继电器 HVDR 给 TCMS 系统信息指示列车 DC 1 500 V 电压有效可用,或者无 DC 1 500 V 电压,或者 DC 1 500 V 电压低于/超过正常值。

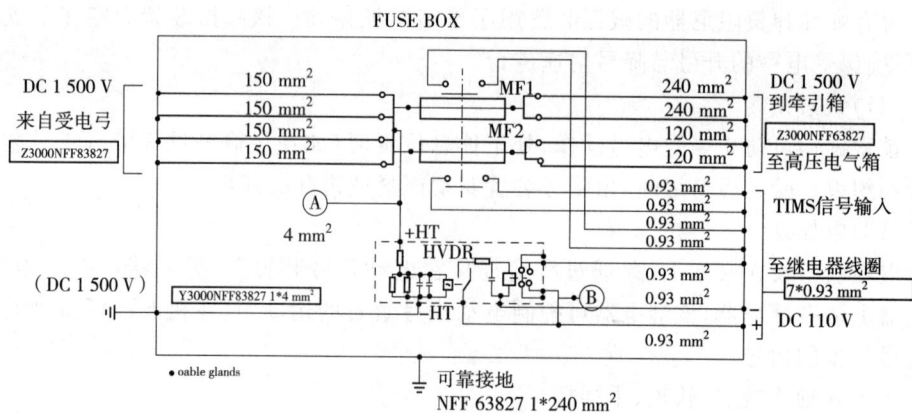

图 6-4 高压熔断器箱电气接口

3. 高压检测

一旦受电弓升起,接触网正常供电,高压检测继电器 HVDR(安装在 B 车车顶的熔断器箱内)检测到高压电。该继电器安装在受电弓支承架上,其线圈采用的与高压电阻串联供电的方案,由电池供电的二级继电器与安装在车顶的高压检测继电器的一个触头形成通路。内部电容用于避免受电弓跳弓时引起的浪涌。TCMS 通过两个信号的"或"逻辑向司机台报"高压存在"信号。

4. 高压保护

高压配电系统采用在线路的首端保护的方式,在每个受电弓后面设过载保护(主熔断器 MF1 保护 B 车,MF2 保护 C 车)。每个主熔断器都带有一个微动开关的小熔断器,这个装置可以监视主熔断器的状态,通过微动开关可以向高压监测继电器输送状态信号。微动开关通过导线连接在低压位置的 HVDR 上,连接时要确保和高压有足够的绝缘距离。

三、浪涌吸收器(避雷器)

浪涌吸收器用于防止来自城市轨道交通车辆外部的过电压(如雷击等)对车辆电气设备的破坏。浪涌吸收器与被保护物并联,当出现危及保护物绝缘的过电压时放电,从而限制保护物绝缘上的过电压值,它的保护范围应与变电所过电压保护相协调。

1. 浪涌吸收器组成

浪涌吸收器安装于 B 车车顶的受电弓侧。它包括一个火花间隙和一个非线性电阻,两部分装配于一个陶瓷壳内,用法兰盘密封。外壳用硅橡胶材料或其他抗紫外线、不分解的绝缘材料制成。其外形如图 6-5 所示。

2. 浪涌吸收器工作原理

图 6-5　浪涌吸收器

在正常电压下火花间隙处于不通状态,出现大气过电压时,击穿放电。当过电压达到规定值,立即动作,切断过电压负荷,将过电压限制在一定水平,保护设备绝缘。当过电压终止后,迅速恢复不同状态,恢复正常工作。

击穿电压的幅值同击穿时机间的关系曲线称为伏秒特性。显然,要可靠地保护用电设备,避雷器的伏秒特性应比被保护绝缘的伏秒特性低,即在同一过电压作用下避雷器先击穿。非线性电阻(氧化锌)是一种压敏电阻器,具有理想的伏安特性(相当于稳压二极管的反向特性)。在正常工作状态下呈高阻,流过的电流非常小,可视为绝缘体。当系统出现超过某一电压动作值的电压时,呈低阻,流过的电流急剧增加,此时电流的增加抑制了电压的上升,使避雷器的残压被限制在允许值下,并将冲击电流迅速泄入地下,从而保护了与其并联的设备,避免绝缘击穿。电压恢复到正常工作范围时,电阻呈高阻,避雷器又呈绝缘状态。

第二节　牵 引 系 统

一、牵引系统概述

城市轨道交通车辆的高压电源来自接触网或车间电源插座 WOS。列车运行时,DC 1 500 V 直流电压持续从接触网通过每个 B 车的受电弓供给列车的牵引逆变器。静态辅助逆变器通过高压列车线获得 DC 1 500 V 直流电压供电。

牵引系统示意图如图 6-6 所示。

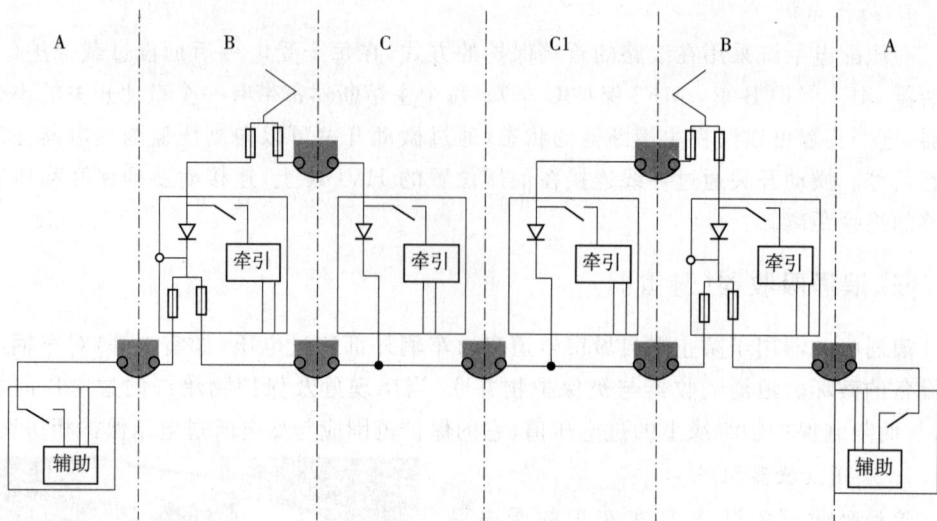

图 6-6　牵引系统示意图

以南京地铁 2 号线的牵引系统为例,牵引系统包括每辆动车上的一台安装在车下的逆变器。每个逆变器由 AGATE 控制系统所控制,可驱动四台交流电机。

二、牵引系统部件

城市轨道交通车辆是六辆车一列:编组形式为 A—B—C—C1—B—A

1. 每辆拖车(A 车)上装有的设备

(1)TCMS MPU DDU。

(2)主控制器。

(3)PWM 编码器。

2. 每辆带有受电弓的动车(B 车)装有的设备

(1)受电弓。

(2)浪涌吸收器。

(3)两个主熔断器。

(4)带有牵引控制电子的牵引逆变器箱。

(5)带有速度传感器的牵引电机。

(6)强迫风冷的制动电阻。

3. 每辆不带有受电弓的动车(C、C1 车)装有的设备

(1)带有牵引控制电子的牵引逆变器箱。

(2)带有速度传感器的牵引电机。

(3)强迫风冷的制动电阻。

三、牵引系统组成

动车牵引系统主要部件组成:一个牵引逆变器箱,一个线路滤波电抗器,一个 ONIX 变流器装置(OCU),一个制动电阻和四台牵引电动机。

牵引系统组成如图 6-7 所示。

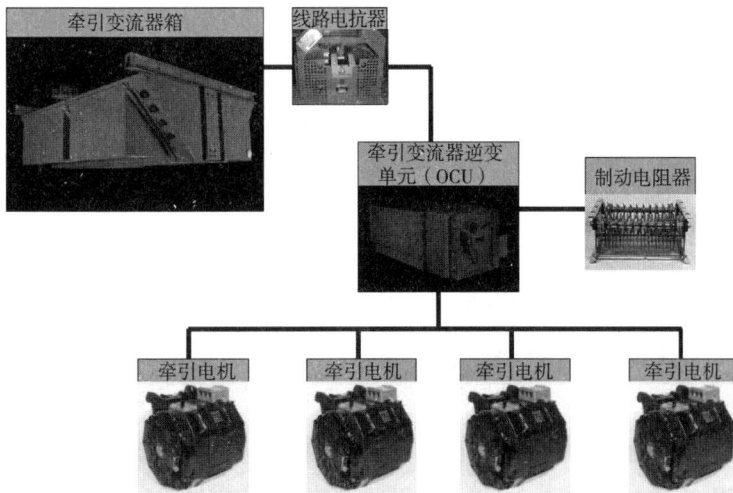

图 6-7 牵引系统组成

四、牵引系统参数

1. 牵引逆变器箱参数

逆变器类型	带有电阻制动斩波器的变压变频(VVVF)三相交流
开关元件	带反向并联二极管的绝缘栅双极型晶体管(IGBT)
开关频率	650 Hz(电阻制动斩波器)
持续输出功率	1 450 kV·A
尺寸	2 427×2 644×610
重量	1 520 kg
冷却风扇	2 000 W,5 A,2 900 r/min

2. 制动电阻器参数

电阻	1.7 Ω
额定电压	1 700 V
尺寸	900×1 620×600
重量	360 kg
冷却风扇	1 500 W,3.5 A,2 900 r/min

3. 线路滤波电抗器参数

感抗	2.5 mH
额定电流	500 A
额定电压	1 500 V(牵引),1 650 V(制动)
尺寸	615×805×450
自然冷却	

4. 牵引电机参数

型号	三相交流感应电动机
速度	半磨耗轮、80 km/h 时,电机转速为 3 660 r/min
持续的额定轴功率	185 kW

牵引转矩	1 400 N·m（最大值）
制动转矩	1 350 N·m（最大值）
速度监测	霍尔效应速度探测器

5. 主控制器

特征　　旋转模式选择开关，线性牵引/制动操作杆，钥匙开关和警惕按钮。

6. PWM 编码器

PWM 输出	24 V，峰峰值，500 Hz
尺寸	400×190×75

7. 高速断路器 SWD2AB-002

自跳闸	1 500 A
复位延时	30 s

五、牵引系统组件

牵引逆变器箱内的多个标准箱体被安装在一个构架上（图 6-8），并通过连接管组件连接在一起。设备通过在中央配电箱中发挥的功能分为：高速断路器、充电电路、监控器上的电子仪器和隔离与接地开关等。变流器装置（ONIX）也被安装在构架上作为一个单独模块。电源通过插头及插座连接器接通，用于三相电源输出和直流电源接线。

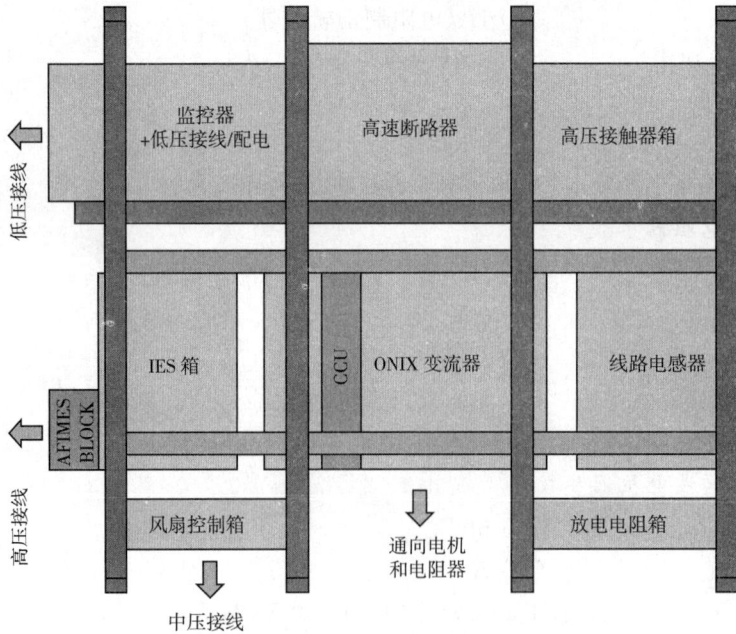

图 6-8　牵引逆变器箱

1. 输入电感器（L-FL）

输入电感器安装在 OCU 旁边的功率转换器构架上。LC 输入滤波器可在发生电压浪涌时保护牵引逆变器，而且还能稳定地进行直流供电。滤波器还能在供电时停止不必要的转换。为了减少杂散电感电流，应采用高频率滤波器（C-HF 和 R-HF）进行

EMC 控制。线路滤波器电感器的数值为 2.5 mH。其电感值已被选定,以确保的逆变器稳定运行,并提供最低限度的信号兼容性。

2. 制动电阻器

制动电阻器采用空气进行强制冷却,并直接安装在车辆底架上。其最大电阻值为 1.7 Ω。制动电阻内有一个惠斯通电桥监测装置提供超温报警。监测装置的输出传送给 PCE。制动电阻分接 1.0 Ω 电阻作为撬棒电阻。用该电阻器可对地铁车辆和撬棒电路起进行动态制动。

3. ONIX 变流器装置(OCU)

ONIX 变流器装置由用于逆变器和斩波器的 IGBT、电容器(C-FK)、放电电阻器(R-FKZ)、电压传感器(FVMD)、高频电容器(C-HFK1/2)、相电流监控设备(INV-CMD1/2)、电机风扇(GMV)、封闭控制单元(CCU)等组成。

4. IES 箱

IES 箱由逆变器接地开关(Q-IES)、辅助二极管(D-AUX)、辅助熔断器 1 和 2(F-AUX 和 F-AUXUS)、电流平衡继电器(CBR)、带车间插座供电(SSS)等组成。

5. 风扇控制箱

风扇控制箱包括接触器和保护 MCBs,MCBs 为 OCU 风扇和制动电阻风扇供电。

6. 高速断路器(HSCB)箱

高速断路器箱由高速断路器(Q-HSCB)、高速断路器控制面板、线电压测量装置(LVMD)、用于 LVMD (F-CC)的熔断器等组成。

7. 高压接触器箱

高压接触器箱由线路接触器(K-IC)、预充电接触器(K-CCC)、预充电电阻(R-CCZ)、滤波电流滤波检测设备(FCMD)等组成。

8. 牵引控制电路(PCE)

牵引控制电路包含两个主要设备:AGATE Supervisor (监控器)和 AGATE CCU (OCU 中)。

(1)AGATE Supervisor 的功能

①使用以太网连接 PC 进行通信。

②即时接收处理列车信号。

③开关设备控制。

④车轮空转和打滑保护。

⑤维护:记录列车运行时的所有事件和故障。

(2)AGATE CCU 的功能

①电机扭矩控制。

②异步电机控制:调节,保护 IGBT 脉冲。

③电制动控制。

④监测每个电机速度。

⑤故障处理:保护 OCU 记录本地故障以便于修复 OCU。

六、牵引系统电气

牵引系统电气接口如图 6-9 所示,高压电经受电弓后直接供应牵引逆变器,牵引系统把从受电弓获得的 1 500 V 直流电压逆变成供三相电机使用的交流电,用于每个逆变器驱动四个电机。列车控制监控系统(TCMS)接受司控器或者 ATC 信号,通过控制单元 PCE 来实现对牵引和电制动的控制。每个 PCE 通过 MVB 网络将信息提供给 TCMS。牵引和电制动接收 ATC 或者 TCMS 的驾驶模式,运行方向,牵引、制动和停车指令。

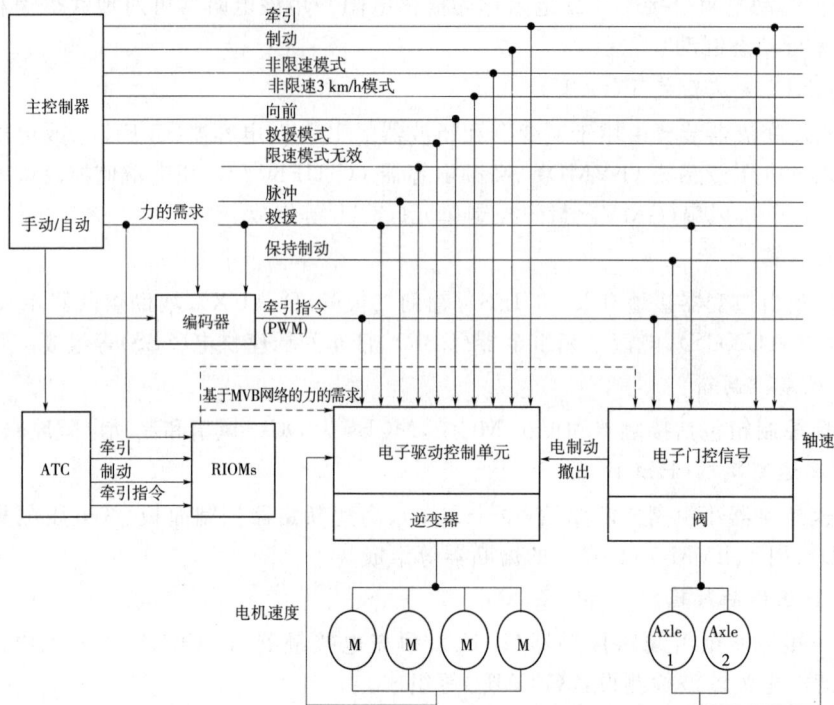

图 6-9　牵引系统电气接口

(1)使用列车救援模式(RESCUE)时,牵引系统接受司控器通过硬线与编码器产生牵引和制动的指令与需求。

(2)在制动时,牵引电制动与摩擦制动之间有接口关系,以便提供最大制动效果。牵引电制动系统的配电方式为:高压供给牵引电机,低电压供给控制和监视单元,中压供给冷却风机。

(3)牵引系统与其他系统的接口都是与自身功能的实现紧密相联系的,可分为列车 TCMS 网络接口、列车控制信号列车线接口、制动信号接口。

(4)如果"限速模式"列车线未激活,那么执行限速模式,"限速模式"指令和运行速度一起决定电机转矩大小,使得前行速度限制在 25 km/h,后退速度限制在 10 km/h。"限速 3 km/h 模式"列车线未激活,执行限速 3 km/h 模式,"限速 3 km/h 模式"指令和运行速度一起决定电机转矩大小,使列车运行速度限制在 3 km/h 以下。当"限速模式"列车线和"限速 3 km/h 模式"列车线同时处于激活状态时,列车运行速度将不受限制。

七、牵引系统控制

牵引系统主电路图如图 6-10 所示。

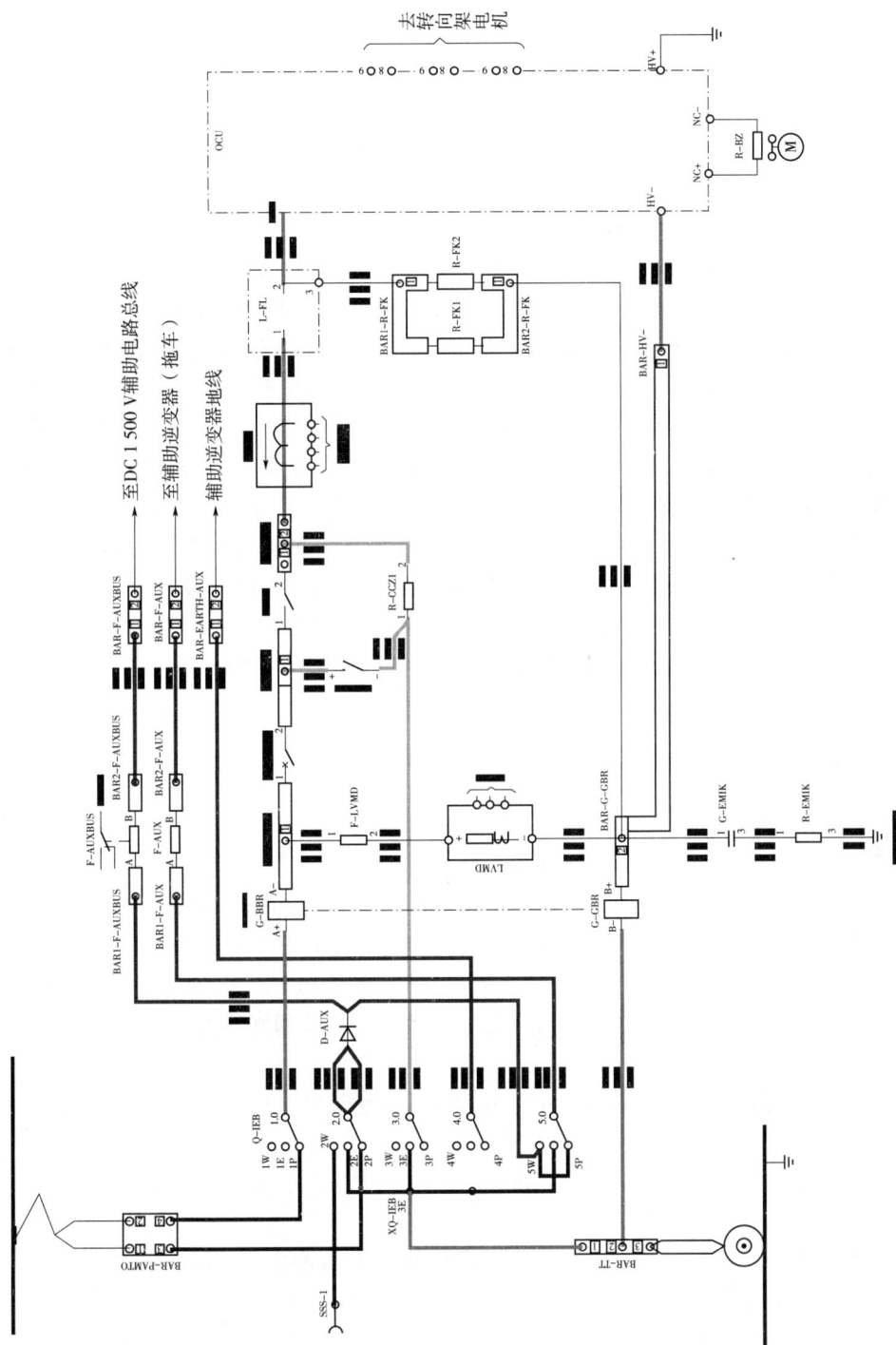

图6-10 系统主电路图

当 DC 1 500 V 进入牵引箱时预充电接触器(K-CCC)和预充电电阻一起允许滤波电容软充电,限制至输入滤波器的冲击电流保护内部设备。当输入电压达到 900 V 后,线路接触器(K-IC)闭合,而预充电接触器断开。线路接触器(K-IC)负责断开和连接牵引逆变器和网压,在没有选择时和紧急制动时断开。

每个逆变器的电抗器和主电容一起,组成一个低通滤波器。电感降低了逆变器在传输信号频率时产生的泛电流的影响,同时保护瞬时电压对逆变器的影响。ONIX 变流器装置(OCU)将 DC 1 500 V 直流电压逆变成供三相电机使用的交流电,用于每个逆变器驱动四个电机。

电流平衡继电器(CBR)测量牵引系统变流器的输出及回路电流,可以比较输入和输出的直流电流,如果差值超过门槛电流值,CBR 的接点将直接开启 HSCB。HSCB 控制板给 HSCB 提供控制接口需求并且提供低压,保持 HSCB 闭合。LVMD 检测 HSCB 侧的线网压,熔断器保护电缆。保护功能只有在发生错误时才执行,断开 HSCB 并能被电子控制单元打开或者通过其内部的过流检测打开。

DC 1 500 V 通过逆变器接地开关(Q-IES)输入至牵引箱内。牵引箱的接地开关(辅助逆变器的隔离使用 B 车 Q-IES)有两种开关,分别是 B 车的 3 极开关和 C 车的 2 极开关并且在 B 车上安装有车间电源插座。辅助熔断器(F-AUX)、辅助总线熔断器(F-AUXBUS)和辅助二极管(AD)安装在 IES 箱内部。辅助二极管(D-AUX)防止 1 500 V 辅助线路回流到牵引逆变器;辅助熔断器(F-AUX 和 F-AUXBUS)保护到辅助逆变器的电缆和 1 500 V 传输的辅助线路上电缆。而辅助的总线熔断器及二极管只能安装在 B 车上。由于向辅助总线供电的熔断器不止一根,因此要对 F-AUX 总线熔断器的状况进行监测,从而有助于发现故障。

八、牵引系统运行

1. 车辆运行参数

最高速度	80 km/h
加速度	可以以 0.932 m/s^2 的加速度加速到 45 km/h
牵引力	每台电机的牵引力为 21.33 kN
电制动	从 65 km/h 开始以 0.976 m/s^2 的制动加速度减速
制动力	每台电机提供 23.5 kN 的制动力
电制动性能	
额定冲击极限	0.75 m/s^3,可调范围为 0.6~1.5 m/s^3
响应时间	0.4 s
制动力消退点	8 km/h
六车编组的最大减速度	1.15 m/s^2
最大电压	再生制动期间,电压被限定在 1 800 V 以内

2. 车辆运行控制

驾驶时通过激活"牵引列车线"发出牵引指令。牵引列车线要综合考虑以下信息:制动缓解信息、门关闭和门锁到位信息、零速信息。在网络模式下控制牵引/电制动力大小的信号被 TCMS 收集由 MVB 网络完成牵引的命令与需求,PCE 触发 IGBT,驱动所有电机。在使用列车救援模式(RESCUE)时,控制牵引/电制动力大小的信号被编码器编译成一个 PWM 信号，PWM 信号由 PWM 列车线输出。

（1）牵引

牵引时 ONIX 变流器装置采用六个开关元件的 IGBT（绝缘栅双极晶体管）向四台牵引电机提供变压变频供电。逆变器可在高频率下运行，每个功率器件的开启时间都可在较低频率下调节，从而使电机的输出频率和电压发生变化。逆变器的输出电流，由两台电流监控装置（INV-CMD1 和 2）进行监测。

（2）电制动

电制动时采用了变阻式制动用斩波器，才能在不依赖线电压的情况下，持续进行电力制动。在标准工作模式下，可根据预先设定的电流限值进行回馈制动。

列车需要施加制动时，司控器发出牵引/制动指令与 PWM 指令输出给牵引控制单元（AGATE）和制动电子控制单元（BCE）。列车先进行电制动，电制动时，优先采取再生制动，它将最大限度地把能量反馈给电网。此时，列车牵引控制单元连续监控电网电压，当电网吸收电能的能力不足或不能吸收时，电网电压将会升高，当电压升高到 1 750 V 时，斩波控制器开通，制动电阻投入工作，1.55 Ω 制动电阻将提供电阻制动，将多余能量通过电阻转换成热能消耗掉。如果电制动不能提供所需求的所有制动力，拖车空气摩擦制动首先弥补不足，如制动力还是不足，再施加动车的空气摩擦制动。这样就充分利用了电制动，既节约了电能又减少了制动闸瓦的磨耗。

（3）载荷重量补偿/冲动极限

主控制器与 ATC 通过接口产生所需的牵引和制动力，并通过监控器的电子设备进行分析，接着根据车辆重量进行修正以控制车辆的加速度。然后将关于负载重量的信息通过 MVB 网络中的 TCMS 传送至 PCE。为了使牵引效果最好，同时兼顾冲击极限的限制，总的牵引力应综合考虑摩擦制动的载荷要求。同时每个动车上的电机的运行速度受到 PCE 的监控（每车四台电机）。PCE 根据所需的牵引和制动力的额定值对其进行限制，以确保车辆的顺利运行。

（4）防空转/防滑保护

PCE 的电子设备包括了一个空转/滑行检测系统。通过测量车轮加速度和/或每个车轮速度之间的差和车辆的基准速度，提供空转/滑行保护。

若车轮产生空转，应减少牵引力（即扭矩）从而能贴紧钢轨。空转产生偏差被纠正后，可通过两个阶段增大扭矩。第一阶段是在刚产生滑动时，以 70% 的增长速度满足所要求的扭矩值。而在第二阶段中，可以以很低的速度满足所需的扭矩值。如果在重新施加扭矩时再次产生滑动，则降低所需的牵引力（或扭矩），该点的爬坡速率（即拐点）会变得很低。这样，系统会调节所需的扭矩，从而尽量使车轮能充分贴紧钢轨。

若制动时，当 PCE 探测到车轮出现滑行时，电制动力快速削减直到滑行消失。车轮滑行应在 10 s 内被消除。在延时 10 s 期间内，防滑器保护功能被切除。防滑器要能探测到整个车轮同时滑行的情况。当车轮滑行被摩擦制动监测到时，它将给 PCE 发送一个"废除电制动"信息，电制动迅速消减，而仅由摩擦制动来处理车轮的滑行，从而修正车轮产生滑动造成的偏差。

九、车间电源

供电电源由高压供电转换开关（IES）的位置选择。高压供电转换开关有三个位置：接触网位、车间电源插座 WOS 位、接地位（图 6-11）。

当列车停在车库内时，在每个 B 车也可通过车间电源插座（WOS）用外接电源供电。用外接电源供电时，仅允许按程序启动辅助逆变器而不允许启动牵引逆变器。车间电源插座 WOS 不允许任何牵引，同时受电弓被禁止升起。

6 编组的列车对辅助电源功率（包含电池充电器）容量的要求大约为 240 kV·A，车间供电的消耗在 1 500 V 标准电压范围内可变。维护人员将高压电缆插进车间电源插座 WOS 的两

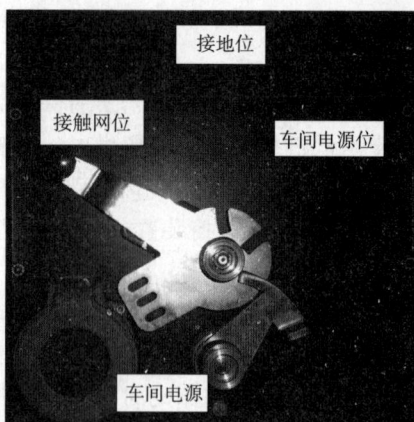

图 6-11　IES 开关

个插孔中，将高压供电转换开关 IES 转到"车间电源"位置，然后将车间电源合上。列车提供两个无源触头给地面车间电源控制回路以确保在通电之前两个车间电源 WOS 触头接触良好。

接地开关 IES 可使牵引逆变器箱和辅助逆变器箱的高压设备同高压供电网络电源隔离。接地开关在"接地"位时可用锁锁上。接地通过每个车的转向架接地。

第三节　牵引受流设备的检修

一、受电弓检修

1. 受电弓弓头托架检修

(1)拆下碳滑条支撑座。

(2)从托架箱上拆下托架、叶片弹簧、下弹簧、导向单元及导向盒。

(3)检查零部件，更换有缺陷的零部件。

2. 受电弓分流导线处理装配

(1)清理接触面。

(2)采用铜膏润滑接触面。

(3)安装分流导线，并按以下标准将它们对齐：

①分流导线既不能相互之间发生接触，也不能接触受电弓的其他部件。

②分流导线必须是松散悬挂，不允许拉紧。为此，必须将分流导线转到适当的层之内，必要时还必须将线缆接线座拧弯。检查受电弓调整量时，须将受电弓升至整个上升高度之上。必要时应重新调整分流导线。

3. 其他部件检修

根据损坏类型对以下部件进行检查，并更换有缺陷的零部件有：

(1)平等导杆和调节机构。

(2)电动降弓传动（减振器、升弓传动装置等）。

（3）上支架上的对角拉紧杆。

（4）上支架上的上升限位。

（5）上支架横管中弓产学研芯轴轴套。

（6）重型球窝接头和耦合杆的连接管。

（7）驱动弹簧驱动钢绳。

（8）下支架上的凸轮和杠杆。

（9）底架处的缓冲垫。

二、避雷器检修

1. 外观检查

（1）检查避雷器有无损坏的地方，特别是坑洼、破裂等现象。

（2）检查避雷器上有无污染物质，如有且聚集明显请用纯棉布擦拭干净，再用100％工业酒精擦洗，检查与擦拭时请务必小心避雷器的接地一端，接地端子容易损坏且与瓷绝缘子底部的压力释放隔膜相连，安装、拆卸与擦拭时必须小心谨慎，不要松动瓷绝缘子底部的四个小螺母。

2. 避雷器大修作业内容

（1）作业准备

①用无水乙醇和清洁布清洁避雷器硅胶护套和高压输入端。

②用 17 mm 的开口扳手紧固好接地。

③将高压输出线钳夹在避雷器上。

④盖上防护罩。

（2）避雷器测试

①打开测试软件，按下测试台上的"开始"按钮，允许高压输入。

②点击软件上的"测试开始"，旋转"电压调节"旋钮，给避雷器施加高压。

③观察窗口上的泄露电流值和电压特性曲线。

④当泄露电流值为 1 mA 时，点击"标称电压"记录下此时的电压值，记为 U1mA。

⑤得到标称电压后，计算出 0.75U1mA。

⑥旋转"电压调节"旋钮，将电压下降到 0.75U1mA。

⑦测试完成后，下降电压至零位，按下"停止"按钮。

（3）记录实验数据

①点击"操作数据集"填写相关信息。

②点击"保存"按钮，记录下测试数据。

③点击"填写报表"保存为 Excel 格式。

（4）卸下避雷器

①关闭软件，取下防护罩。

②戴高压绝缘手套，取下高压输出端，将其快速触碰接地端子，确保无残余电流后再用 17 mm 的开口扳手卸下接地线并取下避雷器。

③将避雷器放回，摆放整齐。

（5）张贴合格标签

（6）避雷器大修作业内容在相应作业记录表中记录

三、熔断器箱检修

1. 箱体检修

(1)用 6 mm 扳手卸下端盖安装螺丝,检查螺孔、螺栓作用良好,更换不良螺栓。

(2)清洁检查箱体、盖板。

(3)更新箱盖密封胶条。

2. 箱内检修

(1)用白洁布、无水乙醇清洁高压熔断器、高压检测继电器表面及箱内各处,要求清洁、无灰尘。

(2)记下箱内线号的连接位置,并做好标记。

(3)用 19 mm 套筒扳手断开高压输入、输出线连接,用斜口钳断开低压控制、信号线的连接,更新橡胶密封堵,按原先位置固定。

(4)重新固定高压输入、输出线缆,在接触面涂抹导电脂,扭力符合标准 M12＝74 N·m。

(5)按照事先做好的标记重新接入低压控制线和信号线。

(6)检查线缆完整、无破损;线号清晰,接线正确,安装牢固。

(7)检查箱内无工具、杂物遗留。

(8) 重新安装盖板,拧紧安装螺栓,M6＝8.8 N·m。

3. 熔断器箱大修作业内容在相应作业记录表中记录。

关键名称与概念

1. IES:高压供电转换开关的位置选择开关。高压供电转换开关有三个位置,即接触网位、车间电源插座 WOS 位、接地位。

2. 浪涌吸收器:用于防止来自城市轨道交通车辆外部的过电压(如雷击等)对车辆电气设备的破坏。浪涌吸收器与被保护物并联,当出现危及保护物绝缘的过电压时放电,从而限制保护物绝缘上的过电压值,它的保护范围应与变电所过电压保护相协调。

3. 制动电阻:采用空气进行强制冷却,并直接安装在车辆底架上。其最大电阻值为 1.7 Ω。制动电阻内有一个惠斯通电桥监测装置提供超温报警。监测装置的输出传送给 PCE。制动电阻分接 1.0 Ω 电阻作为撬棒电阻。用该电阻器可对地铁车辆和撬棒电路起进行动态制动。

4. 防空转/防滑保护:PCE 的电子设备包括了一个空转/滑行检测系统。通过测量车轮加速度和/或每个车轮速度之间的差和车辆的基准速度,可以提供这种保护。

复习题

1. 简述牵引受流系统的组成部分。(适合【初级工】)

2. 简述高压受流的主要组成部件。(适合【初级工】)

3. 简述受电弓的组成部件及部件作用。(适合【初级工】)

4. 简述牵引系统组成部件及组成部件作用。(适合【初级工】)

5. 简述牵引逆变箱的内部结构。(适合【初级工】)

6. 列车运行方式有哪几种?(适合【初级工】)

7. 简述线路滤波电抗器的作用。(适合【中级工】)

8. 简述牵引受流系统对列车运行情况的控制方式。(适合【中级工】)

9. 描述主电路的运行情况。(适合【中级工】)

10. 简述受电弓的升弓过程。(适合【中级工】)

11. 简述受电弓的降弓过程。(适合【中级工】)

12. 受流装置将高压电是如何引到车辆上的?(适合【中级工】)

13. 简述避雷器的检修工艺。(适合【中级工】)

14. 简述车间电源的检修工艺。(适合【中级工】)

15. 简述受电弓的检修工艺。(适合【中级工】)

16. 简述主电路的实验方法。(适合【高级工】)

17. 简述受电弓的实验方法。(适合【高级工】)

18. 简述变流器的实验方法。(适合【高级工】)

19. 简述主电路的故障检测方法。(适合【高级工】)

20. 简述受电弓的故障检测方法。(适合【高级工】)

21. 简述变流器的故障检测方法。(适合【高级工】)

22. 简述典型故障检修方案的制订方法。(适合【技师】)

第七章　辅助电气系统

通过本章学习,掌握城市轨道交通车辆辅助电气的组成及其工作原理;熟悉城市轨道交通辅助电气系统供电网络工作情况;了解城市轨道交通车辆蓄电池试验过程;熟悉辅助供电系统的检修流程。

第一节　列车电能管理系统

列车电能管理系统主要包括供电方式管理、电压转换方式管理、负载的分级管理以及对整个能量分配环节的监控和管理。

一、列车供电网络

列车供电网络按照电压等级分为三级网络,分别是由受流装置到逆变器的高压母线、逆变器输出到负载的中压母线和低压母线。

1. 高压母线

城市轨道交通车辆受流系统一般通过受电弓或第三轨受流的方式来吸收电能向列车设备供电。高压母线是特指由受流装置连接到高压设备(牵引逆变器、辅助逆变器)的母线。为了确保当一个受流装置故障时,列车能维持所有的辅助系统正常工作,辅助的高压母线贯穿全列车,所有的受流装置和辅助逆变器都连接在该条母线上。

以受电弓受流方式为例,受电弓从接触网吸收电能用于向列车供电,冗余的受电弓同时向辅助高压母线供电。一个受电弓未升起或不工作时,由另外的受电弓通过辅助系统高压母线向整列车辅助系统供电。高压网络如图 7-1 所示。

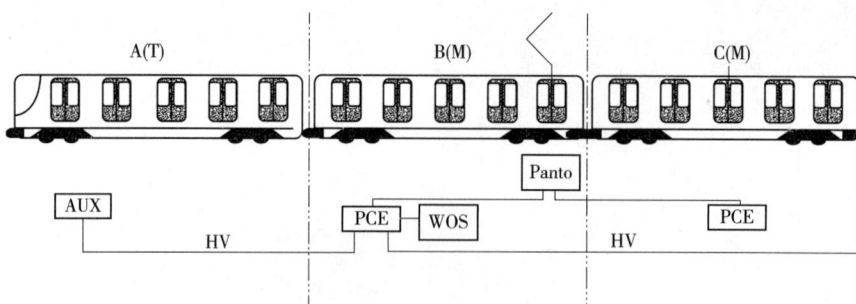

图 7-1　高压网络

AUX—辅助逆变器箱;HV—高压电缆;PCE—牵引控制单元;WOS—车间电源插座

辅助高压母线采用二极管与牵引高压母线隔离,以避免辅助的供电母线串入到牵引系统中。

整列车在牵引箱中设两个车间电源插头以代替受电弓向整列车辅助系统供电。当任何一个车间电源接通时,均能够向整列车辅助系统供电。车间电源供电与受电弓供电之间要有联锁,保证在任何时候,列车仅由一种电源供电。车间电源供电与牵引系统之间也要有联锁,确保当由车间电源供电时牵引系统不能得电。

2. 中压供电网络

辅助逆变器输出的 AC 400 V 电源通过中压母线给列车上所有的交流负载供电。不同辅助逆变器输出的中压母线是相互隔离的,共同形成一个中压供电网络。网络中,中压母线的数量是由辅助逆变器决定的,通常有以下几类:

(1)双网络交叉供电

全车两个辅助逆变器,安装在每列车的两辆 A 车。每一台辅助逆变器提供一个独立的三相电网向全列六辆车的一半负载供电。当一台辅助逆变器出现故障时,这时正常的辅助逆变器对整列 6 辆车一半的辅助电气设备供电,此时空调减载运行,每个车的空调一个保持通风,一个正常工作。中压网络如图 7-2 所示。

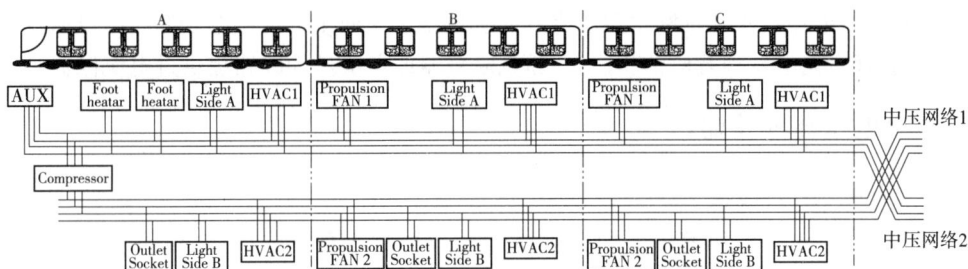

图 7-2　中压网络

(2)双网络独立供电

全车两个辅助逆变器,安装在每列车的两辆 A 车。每一台辅助逆变器提供一个独立的三相电网,分别供本单元的设备。当一台辅助逆变器出现故障时,由列车控制系统来闭合一个接触器以使两个单元的中压网络连接,这时正常的辅助逆变器对整列 6 辆车辅助系统设备供电。双网络布置如图 7-3 所示。

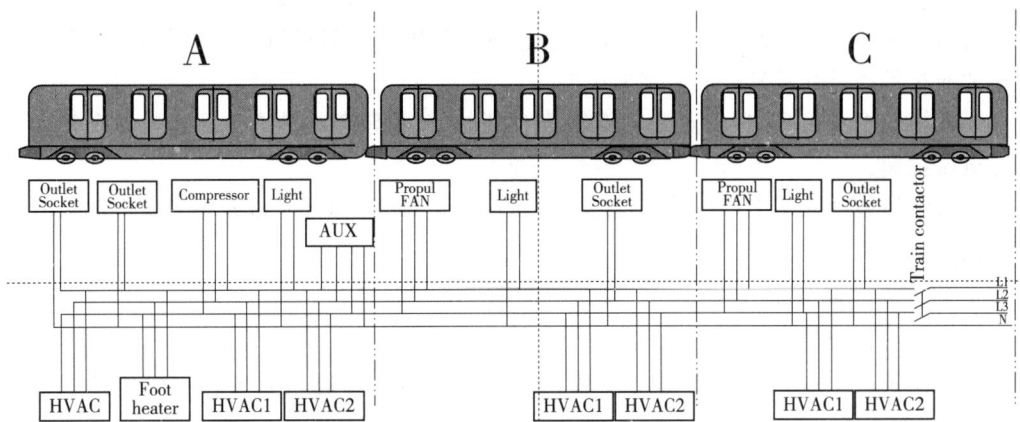

图 7-3　双网络布置

(3)四网络交叉供电

全车四个辅助逆变器,安装在每列车的两辆 A 车和两个 C 车。每一台辅助逆变器,分别向三辆车的一半负载供电。当一台辅助逆变器出现故障时,该逆变器供电的三辆车各有一半负载失去电力,其余车辆正常供电。四网络布置如图 7-4 所示。

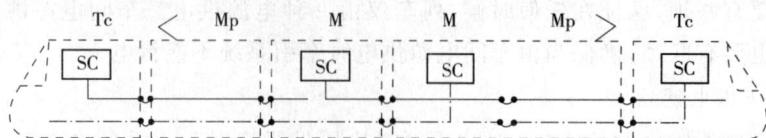

图 7-4　四网络布置

3. 低压母线

低压电源主要用于车门、紧急照明、乘客紧急通风、通信、控制和数据处理。全车有两条低压正母线,其中一条由蓄电池输出开关控制,为在休眠时唤醒列车及连挂的列车功能所需的负载供电;另一条由列车启动按钮控制,该母线只为唤醒后的列车低压负载供电。所有的负载根据需要分别由这两条母线供电。

城市轨道交通车辆通常使用一个大容量的接触器来控制唤醒后低压母线负载的输送,休眠的列车必须通过唤醒功能才能激活接触器来为列车正常供电。低压母线通过防逆流二极管与充电器和蓄电池相连,并通过断路器或保险丝为线路提供过电流保护。

二、电压转换策略

1. 高压—中压转换

列车在唤醒方式(向设备提供低电压)时,一旦发现有高电压,电容器充电顺序启动,一旦电容器达到合适电压,在短时间延时后,辅助主接触器闭合。辅助逆变器只在该顺序结束时启动。

一旦提供三相电压,输出三相接触器就闭合。只有在得到充分授权后,各种负荷(A/C 设备)才顺序启动。

2. 中压—低压转换

安装在辅助逆变器中的一个充电器模块会将辅助逆变器提供的中压转换成低压。

充电器的输出同时提供给蓄电池充电和车上所有负载电源。每个蓄电池都是由与自己对应的充电器来充电,所以在充电电路和低压母线间设置了二极管,以防止蓄电池通过低压母线从其他充电器充电。

蓄电池本身由 TCMS 监测,如果断路器脱扣,就取消蓄电池充电器运行以免发生过电压控制。

蓄电池温度采用 PT100 传感器监视,从而降低每度 -3 mV 以及每只蓄电池极板的充电电压级。

3. 列车负载管理

(1)地铁列车中压负载

中压负载主要是列车舒适度负载和部分设备的冷却通风装置。一般包括以下几种:

①空气压缩机。

②客室空调和客室正常照明。

③牵引、辅助系统设备的冷却装置。

④司机室空调和加热装置。

⑤维护电源插座。

⑥乘客资讯系统设备。

中性线通过与电阻器并联的断路器连接大地。如果中性线与连接大地的车身之间漏电,电阻器就限制电流值,并且脱扣的断路器记忆该故障。断路器为整个负载及其相关电缆提供防止过电流的保护。

为了保证负载平衡,"U"相供应 A 车正常照明,"V"相供应 B 车正常照明,"W"相供应 C 车正常照明。

(2)中压负载分级

中压负载一般会根据安全级别的不同,使用不同的优先级供电策略。

①一级负载:一级负载的安全性要求较高,可采用冗余供电或转换电网供电的方式。确保只要有一个辅助逆变器启动,一级负载的设备就能正常工作,保障行车安全。

一级负载的设备通常有:空气压缩机、牵引系统的冷却装置、司机室空调或客室空调的通风机。

②二级负载:二级负载由本设备所在的中压母线提供电源,当负载所在的电源母线失电时,设备将不能工作。

二级负载的主要设备有:客室空调、辅助箱冷却装置、维护插座、正常照明和乘客资讯系统设备。

(3)低压负载

低压负载主要是列车各系统的控制电源和部分司机室功能设备以及其他低压控制信号。一般包括以下几种:

①客室紧急照明。

②客室内、外部指示灯。

③司机室内部照明。

④司机室外部指示灯(每车一个 24 V DC/DC 变流器)。

⑤挡风玻璃刮雨器(驾驶台挡风玻璃和逃生门挡风玻璃所用的电源同上,采用 24 V DC/DC变流器)。

⑥挡风玻璃除霜器。

⑦列车上所有控制用电(包括所有微机控制系统)。

⑧列车通信和乘客信息系统。

⑨车门驱动系统。

⑩受电弓驱动系统(电动受电弓)。

⑪信号设备。

⑫车载无线电通信设备。

⑬客室和司机室紧急通风。

(4)低压负载分级

①一级负载:一级负载由蓄电池隔离开关来控制,除非在维护时隔离蓄电池,否则在任何情况下,蓄电池都为一级负载提供电源。

一级负载主要有：列车唤醒电路、列车连挂和解钩的部分信号。

②二级负载：列车上大部分的直流负载都是二级负载。二级负载受到列车唤醒电路的控制，蓄电池通过一个大容量的接触器为二级负载供电。

二级负载主要有：牵引系统控制电源、辅助逆变器控制电源、制动系统控制电源、ATC、司机室辅助功能设备、空调控制电源、车门控制电源、紧急照明、乘客信息系统、无线电、车载监控等。

4. 能量管理和监控

（1）能量管理模式

列车的能量选择有多种模式，辅助供电系统可以选择正常工作模式（来自受流装置）、外部供电模式（来自车间高压电源）或者维修模式（隔离并接地）。

①正常工作模式：在此模式，辅助供电系统和牵引系统均由位于列车上的受流装置提供高压。如果一个受流装置失效，则辅助逆变器总是能够通过列车的高压母线从另外的受流装置获得电源，但列车会失去相应的牵引力。

②外部供电模式：通过一个手动的选择转换开关，列车可以使用外部供电模式，辅助逆变器可以通过一个车间电源来获得电能。但是，在使用车间电源之前，两个受电弓必须降弓，以避免在维修期间，牵引母线上有高压电存在。为安全起见，每个接地开关附近必须安放一个标志。

③维修模式：将手动的选择开关转到"接地"的位置，在此位置可以将牵引逆变器和辅助逆变器的内部与受流装置的连接隔离，并将系统内部高压侧接地，以便进行维修。

（2）管理和监控辅助逆变器

管理和监控辅助逆变器功能由 TCMS 和低压实现。

TCMS 的目的是命令辅助逆变器启动或停止，并且发送选择的运行模式。

启动或停止辅助逆变器的命令是由 TCMS 发到各自辅助逆变器。同时，运行模式的选择也是由 TCMS 发出。

如果列车上的网络有故障，辅助逆变器可在无网络命令的情况下自行工作，前提是必须有所需的 110 V 硬线输入信号。

（3）载荷保护和载荷能量分配

TCMS 监控着列车上直流和交流电的熔断器，控制着列车上的电源，不会在某种降级模式下过载，同时也监控着列车的主蓄电池。

中压和低压的过流保护、蓄电池过流保护均是通过断路器或是熔断器来保证。

（4）交流负载的错时启动

同时启动多个交流负载会导致瞬态峰值电流，并会导致逆变器过载。因此必须制定一个交流负载的错时启动策略，以缓和瞬态的峰值电流。

并不是所有负载都需要错时启动策略，如照明、插座、空调通风机等。依据负载的重要程度以及各自的特性，以下负载按照从高到低的优先级顺序加入错时启动策略中：

①辅助冷却风机。

②空压机。

③空调压缩机。

④牵引逆变器风扇。

⑤制动电阻风扇。

根据负载的安全级别,启动优先级管理策略如下:

①一旦逆变器工作,辅助逆变器风扇就启动,以确保自身散热。

②只要辅助逆变器输出的三相电源有效,主压缩机无条件启动,启动时通知 TC-MS。

③当车辆高于零速时,牵引和制动电阻风扇开始启动。

④空调压缩机根据 TCMS 的授权开始启动。

部分负载的启动需要 TCMS 授权或受到 TCMS 的监控,具体授权方式如下:

①空压机

一列车上的两个空压机均位于 A 车上。在正常模式下,每个辅助逆变器向各自半列车供电,这样两个空压机可在需要时同时启动。

空压机警示几秒钟后会启动。有了此信息,TCMS 应禁止对应半列车上的空调机启动。

在正常情况下,如无故障出现,空压机是由本地网络供电的,本地网络是指来自本地 ACE 的网络:网络 1 来自 A1 车上的 ACE1 的网络。同样,本地网络 2 是指来自 A2 车上的 ACE2 的网络。

如本地辅助逆变器有故障,由于远程网络接触器关闭,空压机可由另一个远程辅助逆变器供电。

②牵引风机

当有来自本地辅助逆变器的中压 400 V 存在时,如有需要,可授权半列车上的所有牵引风机运行。

牵引风机通常是由本地网络供电的。如辅助逆变器有故障,则牵引风机由远程辅助逆变器来供电。

③空调压缩机

空调压缩机的启动是有顺序的。

每个空调机组如需启动其压缩机时要发出一个启动请求,并且等待授权启动。如无其他空调压缩机要启动时,则发出授权。如果所有单元均发出启动请求,启动的顺序是按照预定的顺序进行的。如每个辅助逆变器为各自半列车供电,则列车上的两个空调压缩机可同时启动。如空压机要启动,则要发出禁止空调机的启动。

(5)能耗管理和监控

列车持续监控总的能量消耗,所有的牵引和辅助系统将会计算自己能量消耗数值,并通过网络传递到列车控制系统 TCMS。TCMS 汇总数据通过维护软件或其他方式,通知维修部门整个列车的能量消耗情况。

第二节　辅助逆变器

辅助逆变器是一个三相逆变器,拥有六个静态开关,辅助逆变器的作用是将直流电压转换成交流电压。辅助逆变器主要功能块包括:输入电路三相逆变器,输出隔离变压器,逆变器输出交流滤波器,冷却系统与电池充电器,辅助逆变器工作原理如图 7-5 所示。

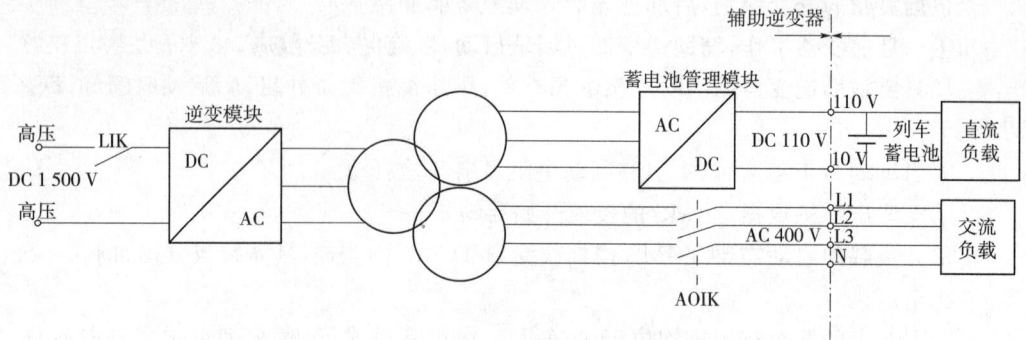

图 7-5　辅助逆变器工作原理图

一、辅助逆变器结构

辅助逆变器箱结构以南京地铁 2 号线为例,如图 7-6 所示。辅助逆变器箱安装于A 车底架,它由防护等级为 IP20 和 IP55 的不同隔间组成。

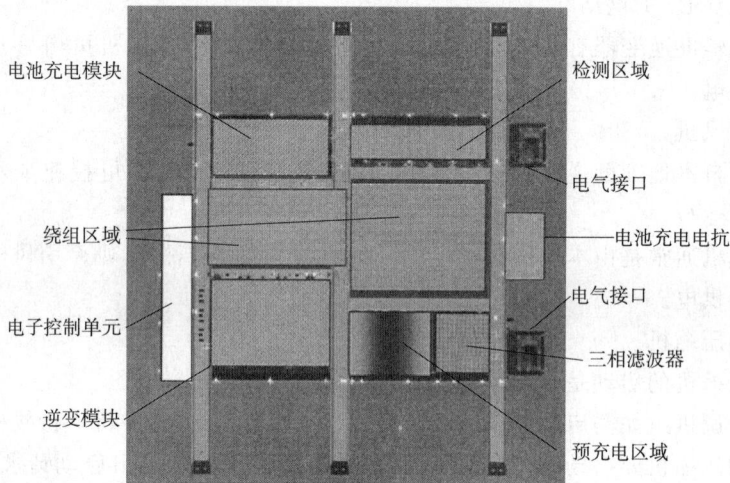

图 7-6　辅助逆变器整体结构

1. 绕组区域(007.1、007.2)

绕组区域包括:输入电抗器(LFL)、带两个副边的三相变压器(IOT)、GMV(FAN)、风速传感器(AFMD)。

2. 逆变模块区域(003)

逆变模块区域包括:逆变器模块(IM)、空气过滤系统(IAFS)。

3. 电池充电模块区域(004)

电池充电模块区域包括:蓄电池充电模块(BCM)、自举电池(8 块)(FBSB)、熔断器(用于保护自举电池)(F1)、蓄电池充电模块的空气过滤系统。

4. 输入预充电接触器区域(002)

输入预充电接触器区域包括:主接触器(LIK)、预充电接触器(CCK)、预充电电阻

(CCZ)、电压传感器(LVMD)、连接器(X_PT-HT)。

5. 电子控制区域(008)

电子控制区域包括:电子控制单元 Agate Auxiliary(AA3)、DC/DC 斩波器(X110/15)、二极管"OR"(V01-V02)、电子控制单元的手动开关(AS)、电池输出过压浪涌保护继电器(RBCO)、控制电压"ALIMK＋"提供继电器(RELK＋)、二极管(DZ1)。

6. 检测区域(005)

检测区域包括:交流输出电流传感器(IOCMD_R,IOCMD_S 和 IOCMD_T)、交流输出隔离接触器(AOIK)、交流输出电压传感器(AOVMD1 和 AOVMD2)、风机电流断路器(FANP)、中线接地断路器(GNP)、中线接地电阻(GNZ)、自举电池启动变压器(FBST)、自举电池启动镇流器(FBSR)、自举电池启动限制电阻(FBSLZ)、自举电池启动接触器(FBSK)、自举电池启动断路器(FBSP)、连接自举电池与按钮 FBSK 的二极管(SDB)、电磁兼容高频输出滤波器(OHFF)、电磁兼容电容(C9～C12)、电流测量接口(AOCMD)。

7. 三相滤波器区域(001)

三相滤波器区域包括:三相滤波器(IOFC 和 IOFC2)。

8. 电池充电电抗区域(006)

电池充电电抗区域包括:电池充电电抗器(BCL)。

9. 接口连接区域(009 和 010)

二、辅助逆变器组成及控制

辅助逆变器在得到高压信号后,充电接触器 CC 会先闭合,在接触器与系统内部有一个串联的 100 Ω 充电电阻,如图 7-7 所示。充电电阻的作用是避免电容两侧的冲击电流。只有在电容电压上升到 900 V 以上,主接触器 LC 才闭合,预充电接触器才断开。

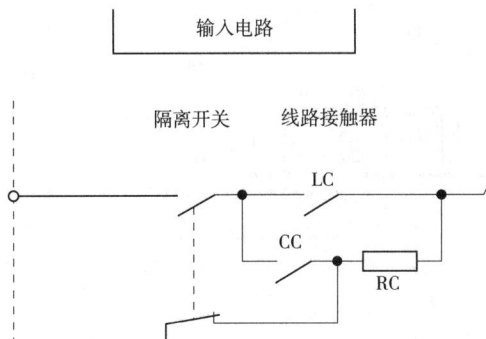

图 7-7 逆变器预充电过程

1. 输入滤波器

在高压输入端安装有一个 6.5 mH 的电感器,与逆变模块上的一个 900 mF 充电电容组成一个滤波器。滤波器主要作用为:

(1)对进线电压过滤。

(2)保护 CVS 防止电压突变。

2. 逆变模块

辅助逆变器的逆变模块采用 IPM 半导体元件,使用 PWM 波形调制。IPM 模块是 IGBT 控制技术和模块中过流和过热保护电路组成的集成模块。

(1)IGBT 逆变原理

三相逆变器由六个静态 IGBT 开关构成,它用于将 DC 电压转换成 AC 电压,如图 7-8 所示。

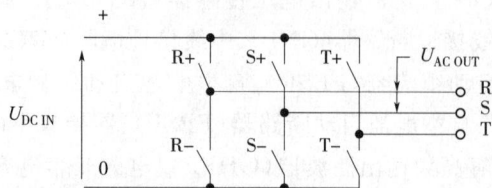

图 7-8 三相逆变器原理

(2)PWM 调制

为了通过单步转换同时从非调制 DC 输入电压中获取固定频率和固定 AC 输出,采取 PWM(脉冲宽度调节)策略控制逆变器。结果使变流器十分简单,如图 7-9 所示。

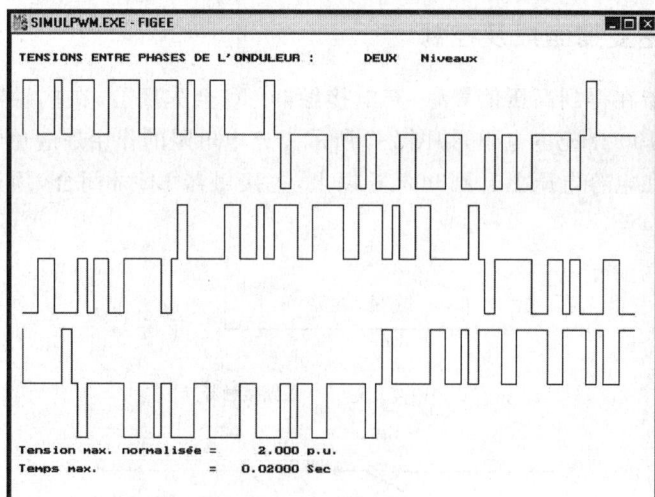

图 7-9 经过逆变后输出的电压波形

(3)三相输出滤波

在逆变模块的输出端,由一个 310 mF 的三相电容和一个 1.1 mH 的三相电感器组成了一个三相滤波电路,如图 7-10 所示。

逆变后的三相电压波形为 PWM 电压方波。必须经过三相滤波电路将波形滤波为三相正弦波,虽然负荷的电流也受到逆变器中高脉动的影响,但也呈正弦波,如图 7-11所示。

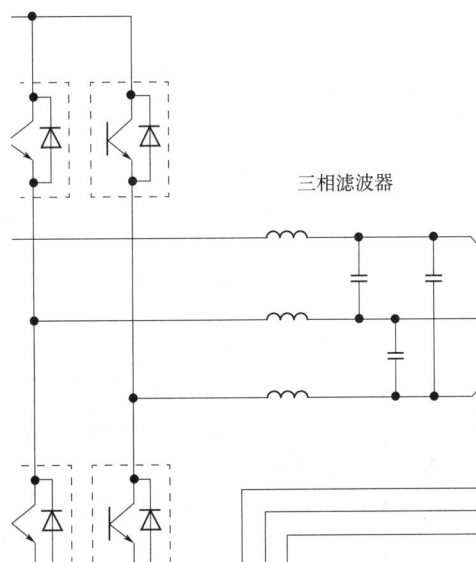

图 7-10　三相滤波电路

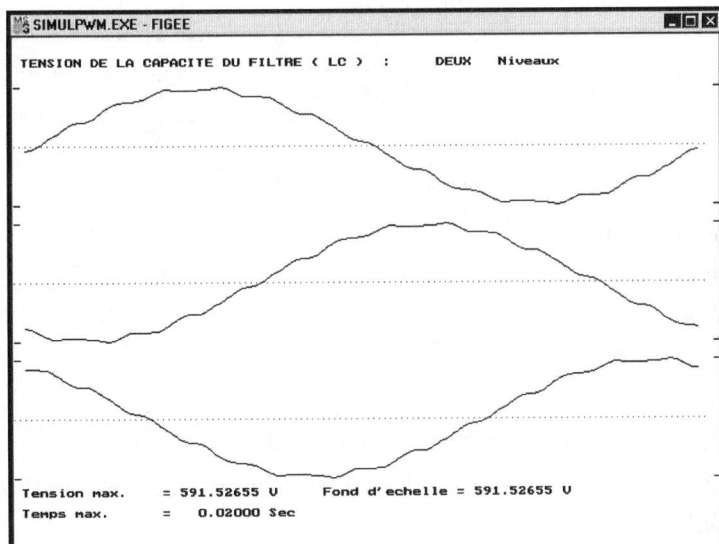

```
SIMULPWM.EXE - FIGEE                                                    _ □ ✕

    TENSION DE LA CAPACITE DU FILTRE ( LC )  :       DEUX   Niveaux




    Tension max.   = 591.52655 V      Fond d'echelle = 591.52655 V
    Temps max.     =   0.02000 Sec
```

图 7-11　三相滤波后的电压波形

(4)三相变压器

逆变器输出电压经过滤波后进入一个三相隔离变压器,如图 7-12 所示。

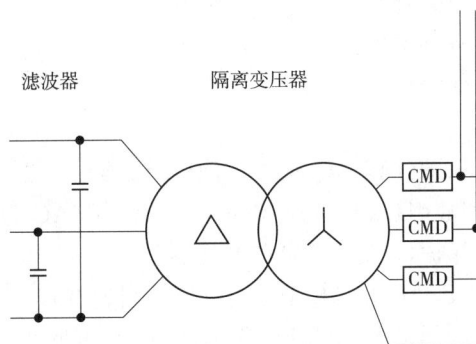

图 7-12　三相变压器

三相隔离变压器作用为：

①隔离。将 AC 400 V 输出与 DC 1 500 V 进线电压隔离。

②电压转换。变压器的匝数比为 715/400,将逆变后的三相电压降到 400 V。

③为车辆交流负载提供中性点。

(5)充电器

辅助逆变器中的充电器为主蓄电池提供充电,分为三个工作单元,充电器原理图如图 7-13 所示。

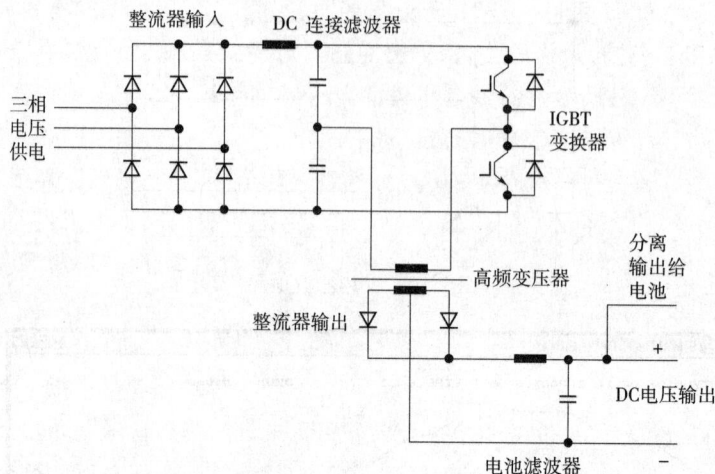

图 7-13 充电器原理图

①充电器输入滤波

电池充电器由辅助逆变器提供的 AC 400 V 供电,AC 400 V 通过整流器后变为 DC 540 V,输入滤波器对 DC 540 V 电压滤波。滤波电抗器 7 mH,滤波电容器 2.35 mF。

②充电模块

进入充电模块的 DC 电压通过高频半桥逆变器(10 kHz)转换为一个高频 AC 电压,AC 电压通过一个高频变压器转换为充电所需的相应电压。AC 电压通过高频二极管整流成为 DC 电压。

③充电输出滤波

经过高频二极管整流的 DC 电压再经过一次滤波,该滤波器对 20 kHz 的波纹滤波以提供一个稳定的 DC 电压提供蓄电池充电。

(6)逆变器故障保护和检测

逆变器提供下列检测和保护：

①输入过压及欠压保护。

②输入过流保护。

③输出过压和欠压保护(DC/AC 和 AC/DC 变流器)。

④输出过流(包含相故障保护)、短路保护(DC/AC 和 AC/DC 变流器)。

⑤半导体元件过热保护(仅对 DC/AC 逆变器)。

⑥冷却系统故障(DC/AC 和 AC/DC 变流器共同拥有)。

⑦控制电压过高或过低保护(DC/AC 和 AC/DC 变流器共同拥有)。

（7）逆变器控制系统具有自诊断功能。

①蓄电池电压过低/高保护。

②保护和检测电路将完全与调节电路分开。

③控制电子装置具有其他检测和保护。

④DC 输入电流接触器状态。

⑤DC 输入预充电电流接触器状态。

⑥输入电抗器由热能模式保护，并通过检测风量以及温度来保护。

⑦AC 输出电流接触器状态。

⑧三相输出变压器的热超负荷。

⑨三相逆变器某一相与地之间的故障。

⑩半导体击穿故障。

⑪控制电子装置温度过高。

（8）逆变器的冷却和散热

逆变器工作时，三相变压器、滤波电感、电容、IGBT 的散热片和其他绕阻被安装在一个连续的风道中。由一个安装在橡皮减振垫上的冷却风机来进行强迫风冷却。该风道的防护等级是 IP20，而除此之外的其他地方的防护等级为 IP55。

二、辅助逆变器启动

1. 辅助逆变器正常启动

（1）启动顺序

①辅助逆变器控制设备通过蓄电池电压接通。

②逆变器接受来自高电压检测继电器的"有高电压"低电压信号（110 V＝高电压）。

③控制设备使预充电接触器（CCK）闭合。

④输入电压达到 900 V 后，主接触器闭合，而预充电接触器断开。

⑤逆变器输出接触器闭合。

⑥控制设备使逆变器启动。

⑦逆变器输出电压达到 400 V 后，控制设备启动蓄电池充电器。

（2）停机顺序

①辅助逆变器"受电弓降低"低压信号。

②控制设备切断逆变器和蓄电池充电器。

③控制设备使线路接触器和逆变器输出接触器断开。

④软短路器使滤波电容器迅速放电。

2. 车间电源模式启动和停机顺序

（1）启动顺序

①辅助逆变器控制设备通过蓄电池电压接通。

②逆变器接受来自 TCMS 网络的信息"车间电源模式"。

③控制单元使预充电接触器（CCK）闭合。

④输入电压达到 900 V 后，主接触器闭合，而预充电接触器断开。

⑤逆变器输出接触器闭合。

⑥控制单元使逆变器启动。

⑦逆变器输出电压达到 400 V 后,控制单元使蓄电池充电器启动。

(2)停机顺序

①来自 TCMS 的信号"车间电源模式"消失。

②控制设备切断了逆变器和蓄电池充电器。

③控制设备使线路接触器和逆变器输出接触器断开。

④软短路器使滤波电容器迅速放电。

3. 紧急启动方案

当列车主蓄电池过放电时,列车不能唤醒。可以采用紧急启动方案来启动辅助逆变器。在紧急启动时,辅助逆变器无条件启动(因为列车没有唤醒,所以无法提供启动信号)。在执行以下顺序之前,必须手动升起受电弓。

(1)辅助逆变器控制设备通过主蓄电池电压接通(蓄电池放电)。

(2)一个备用的自举蓄电池按钮接通并保持该状态。

(3)一旦接通了按钮,接触器得电闭合。

(4)辅助逆变器控制单元通过备用的自举蓄电池接通。

(5)控制单元使预充电接触器(CCK)闭合。

(6)输入电压达到 900 V 后,主接触器闭合,而预充电接触器开路。逆变器输出接触器闭合。

(7)控制设备使逆变器启动。逆变器输出电压达到 400 V 后,控制设备使蓄电池充电器启动。

(8)一旦蓄电池充电器启动,就向主蓄电池供电。主蓄电池电压达到足够水平后,辅助逆变器收到高压检测继电器提供的"有高电压"低电压信号(110 V=有高电压)。

第三节　蓄 电 池

蓄电池是城市轨道交通车辆重要的能量储存单元,在无高压的情况下,蓄电池要为列车的直流负载提供稳定的电源。至少要保证 6 辆编组列车的紧急负载工作 45 min,并且在 45 min 后,蓄电池的电压仍然要>84 V,满足正常唤醒列车的需求。

在满足列车配备容量的前提下,蓄电池要求低维护量,低维修密度以及较长的使用寿命,并符合国家关于废旧蓄电池的回收政策、达到资源化无害化回收的要求,符合环保标准。

一、蓄电池的用途和分类

1. 蓄电池的用途

电池是将化学能变为电能的工具,又称为化学电池。常用的化学电源有原电池和蓄电池,手电筒用干电池等属于原电池,酸性蓄电池和碱性蓄电池等属于蓄电池。

蓄电池顾名思义就是储蓄,使用时再把化学能转变为电能放出来,变换的过程是可逆的。就电能作用来说,当蓄电池已完全放电或部分放电后,两电极表面形成了新的化合物,这时如果用适当的反向电流通入蓄电池,可以使已形成的新化合物还原成原来的活性物质,又可供下次放电之用。这种用反向电流能输入蓄电池的做法,叫做充电;电池供给电流处电路使用,叫做放电。

2. 蓄电池的分类

根据电极和电解液所用物质的不同,蓄电池一般分为酸性蓄电池和碱性蓄电池。

酸性蓄电池的电解液是浓度为 27% ~ 37% 的硫酸(H_2SO_4)水溶液,即稀硫酸,硫酸是酸性化合物。酸性蓄电池正极板的活性物质是二氧化铅(PbO_2),负极板的活性物质是绒状铅(Pb),所以酸性蓄电池又叫做铅蓄电池。

碱性蓄电池的电解是浓度为 20% 的氢氧化钾(KOH)水溶液,氢氧化钾是碱性化合物。在碱性蓄电池中,用氢氧化镍[$Ni(OH)_3$]做正极板,用铁(Fe)做负极板的叫做铁镍蓄电池;用镉(Cd)做负极板的叫做镉镍蓄电池。用银(Ag)做正极板,用锌(Zn)做负极板的,叫做锌银蓄电池。

城市轨道交通车辆用的蓄电池多采用镉镍蓄电池。

3. 蓄电池的主要参数

(1)额定容量

蓄电池从额定电压放电到终止电压所提供的电能,一般用 A·h 表示。

额定容量 (A·h)=放电电流(A)×放电时间(h)

(2)放电率

蓄电池在一定电流下,放电所能持续的时间称放电率。

1 小时率以下为高放电率,用字母"G"表示;1 ~ 5 小时率(包括 1 小时)为中放电率,用字母"Z"表示;5 小时率以上(包括 5 小时率)为低放电率,不用字母表示。

(3)放电最终电压

蓄电池应停止放电,进行充电的电压为最终电压。

二、镉镍蓄电池工作原理和使用

镉镍蓄电池具有体积小、机械强度高、工作电压平稳、可以大电流放电、使用寿命长和宜于携带等特点,可用作移动的通信设备、仪器仪表、自动控制等电子设备的直流电源。

1. 镉镍蓄电池工作原理

镉镍蓄电池极板的活性物质在充电后,正极板为氢氧化镍 $Ni(OH)_3$,负极板为金属镉(Cd);而放电终止时,正极板转化为氢氧化亚镍[$Ni(OH)_2$],负极板转化为氢氧化镉[$Cd(OH)_2$]。电解液多选用氢氧化钾(KOH)溶液。蓄电池充电时电能变为化学能储存起来,放电时将化学能变为电能而输出,两电极所发生的电化学反应是可逆的。在充放电过程中总的化学反应式如下:

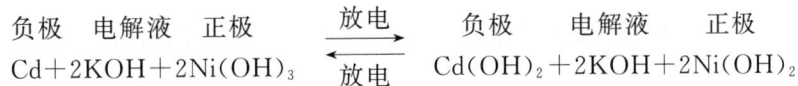

$$\underset{负极}{Cd} + \underset{电解液}{2KOH} + \underset{正极}{2Ni(OH)_3} \; \underset{放电}{\overset{放电}{\rightleftharpoons}} \; \underset{负极}{Cd(OH)_2} + \underset{电解液}{2KOH} + \underset{正极}{2Ni(OH)_2}$$

2. 镉镍蓄电池的使用

(1)新蓄电池安装前的检查与连接。

(2)蓄电池外壳应无裂纹、损伤、漏液等现象。

(3)电池的正负极性必须正确,壳内部件应齐全无损伤,有孔气塞通气性能应良好。

（4）连接条、螺栓及螺母应齐全，并无锈蚀。

（5）带电解液的蓄电池，其液面高度应在两液面线之间，防漏运输螺栓应无松动、脱落。

（6）测量电池的干燥电压，开箱取出蓄电池，先不注入电解液，直接测量极柱间的电压。

（7）蓄电池排列上架：小心仔细地将未注入电解液的蓄电池按顺序入座放置架上，电池间距离由连接片的尺寸来定。蓄电池底部不需加垫任何东西，蓄电池排列好以后，用连接片严格按相邻电池正负极相接依次串联起来，连接片和螺母上涂上凡士林作为保护层。完成电池组内部接线后，再进行充电器和蓄电池间的连接，先接充电器柜一侧，再接蓄电池极柱侧。

3. 电解液的配制和蓄电池注液

蓄电池的电解液一般是氢氧化钾和氢氧化锂的水溶液，配制电解液时，容器应选用干净的塑料或钢制容器，不可使用铜、铝或镀锌容器。

电解液的配制必须用蒸馏水或去离子水（脱盐水）。如果使用普通水，即使是饮用水（因为含有杂质），电池经过长时间的运行，电解液将会被污染，并会影响电池的使用寿命。

电解液对脱盐水的要求是：①电导不大于 $10\ \mu S/cm$；②水中含有杂质，折合成 $KMnO_4$ 的消耗量不超过 $0.03\ g/L$。根据电解质的类型，电解液的技术参数见表 7-1。

表 7-1　电解液对脱盐水的要求

编号	电解液类型	密度（kg/dm³）	水的数量	电解质数量
1	E22	1.21	2.74	3.09
2	E13	1.21	2.85	3.2
3	E4	1.20	3.10	3.4
4	E30	1.28	1.96	2.31
5	E12	1.25	2.25	2.6
6	E21	1.27	2.03	2.38

（1）电解液的配制

在配制电解液（物理变化）的过程中，会产生大量的热量致使溶液的温度升高。为使电解液的技术参数达到要求，应先将电解液冷却至室温（20～25 ℃）后测量其比重，并通过增加电解质或脱盐水调整电解液的比重，直到达到要求时为止。

①将适量的水注入大塑料桶中。

②把氢氧化锂（粉状）加入水中，用木棒轻轻搅拌，使之混合，直到其完全溶解时为止。

③小心将氢氧化钾（颗粒状）加入到溶液中，轻轻搅伴，直到溶解为止。

（2）蓄电池注液

蓄电池注入电解液前，用万用表测量每个电池的干燥电压和总电压，并记录在表格里。

当电解液冷却静置一段时间,电解液中无悬浮颗粒时,便可以将电解液注入蓄电池中。打开所有蓄电池的出气孔,去掉运输时加的密封盖,用吸管、漏斗、塑料舀子等器具将电解液慢慢加入蓄电池中。电解液面应达到最高和最低水平标注线中间附近。最后在蓄电池电解液的表面注入大约 5 mm 厚的蓄电池电解液专用油(Cell Oil)。

蓄电池电解液注液完毕后,用干布将电池表面(包括极板)擦干净。在充电之前,应先将注液后的蓄电池静置 1~2 h,静置期间,应注意观察电解液的液面,如果液面低于最低液面线,则需要再注入电解液达到液面要求。

4. 蓄电池充放电试验

(1)蓄电池充放电前准备

①备齐充放电记录表格,掌握记录工作。

②检查蓄电池接线正确,电池上无任何杂物,电池的电解液液位合适,接线正确,接线柱、连接板、连接螺栓紧固。打开所有电池的排气孔。

③放电电阻的准备:利用旧的空汽油桶制作一个水电阻作为吸收电池放电电能的负载,利用桶壁作为水电阻的一极,另一极用一块 8 mm 厚的铁板,铁板的宽度和高度视铁桶的大小和操作空间大小而定。铁板悬挂在铁桶上,用固定在铁桶上方支架上的倒链来调节铁板插入铁桶水中的深度,达到调节水电阻阻值的目的。

④充电器柜的各项试验都已经完成,各项数据均满足技术要求。

(2)充电试验

①充电前测量并记录蓄电池组的总电压及单电池的电压、电解液的比重和温度。

②电解液温度在 35 ℃ 以后,即可对电池进行充电试验。

③按照电池规定的充电电流进行,记录充电开始时间。

④经常监视充电电流指示,尤其是开始的 10 min 左右。发现电流变化,应及时调整,维持充电电流恒定。

⑤充电过程中,每隔 1 h 对每个电池电压和电解液的比重、温度进行测量,应及时做好试验记录。随着充电,电池电压逐渐升高,充电电流要下降,应及时调整,维持电流恒定。

⑥充电中如测量发现电解液的温度超过 45 ℃,必须停止充电,待温度降到 35 ℃以下,再恢复充电(要记录暂停时间)。

⑦充电结束后,单个电池的电压应在 1.55 V 左右。

(3)放电试验

充电结束 1 h 左右,可以开始对电池进行放电试验。

为方便测量电流和电压,可以用两块万用表,一块用于测量电池电压(弯曲的曲线表示表笔的连线),另一块表通过测量分流器两端的直流电压(mV 级),进而换算成放电回路流过的电流值。

例如:根据分流器标示(100 A,75 mV),则端电压为 1 mV 时流过的电流值等于 $100 \div 75 = 1.33$(A/mV)

当放电线路电流为 11.2 A 时,分流器的端电压为 $11.2 \div 1.33 = 8.4$(mV)。

放电的过程可以通过监视两块万用表的读数来对水电阻的阻值加以调整。

①放电回路敷设与接线。对放电回路接线时,应先接放电现场的线路,再接电池侧的端子。

②检查接线无误后合上在放电现场的断路器开关,开始放电。

③注意分流器毫伏电压测试表的读数,尽快通过倒链上下移动水电阻的铁板极,使电流迅速稳定在 11.2 A(即 8.4 mV)。

随着放电的进行,电池电压的降低(从另一块万用表的读数可以观察到),应及时调整水电阻,维持电流恒定。注意记录放电前电池的电压和电解液的温度。

④放电每隔 1 h 记录一次数据。

⑤放电 5 h 时,停止放电,检测并记录电池的电压及温度。如果在 5 h 之前,电池电压在 1 V 左右,应立即停止放电,说明电池充电未达到额定容量,需要重新进行充放电试验,直到满足放电要求为止。

⑥放电结束后,测量单电池电压,应在 1 V 及以上才算合格。

⑦若经过多次充放电循环,单电池容量仍不合格,则要调换备用的单元电池,再进行充放电循环,直到合格为止。

三、蓄电池充电器

辅助逆变器中的充电模块 BCM(Battery Charger Module)为蓄电池充电,将三相交流电压转变成直流电压,向蓄电池充电,并为直流低压母线提供电能,同时为其他直流负载供电。

蓄电池充电器为一体化的模块,有三个主要部件:一个三相桥式输入整流器,一个 IGBT 逆变器和一个输出整流器。主要包括以下设备:

(1)输入整流器。

(2)直流环节滤波器(电感和电容)。

(3)两个 IGBT 元件的变流器。

(4)高频变压器。

(5)输出整流器(两个二极管)。

(6)蓄电池输出滤波器(电感和电容)。

(7)电压和电流传感器。

四、蓄电池的维护

1. 外观检查

(1)检查水加注系统,电解液是否有泄漏,更换受损件或丢失件。

(2)检查阴极和阳极电池盖是否有电解液泄漏。更换或修补受损蓄电池单元。

(3)检查电池间连接,蓄电池单元间连接,排与排之间的热点。如有必要,检查扭力或更换受损部件(卡箍、螺钉及垫片)。

(4)检查蓄电池的清洁度(无金属颗粒,没有因杂质沉积在电池盖中或在电池间,从而引起泄漏)。

(5)检查温度传感器的清洁度。

2. 检查充电电压

列车的充电系统每年至少检查一次,以确保在规定电压和电流极限内能够运行。

当充电电流稳定在一个极低值时,必须在蓄电池端子上测量蓄电池总电压。

充电电流低于 2 mA/h 时,可记录蓄电池电压或充电器电压。例如,对额定电容为 80 A·h 的蓄电池,充电电流必须低于 0.16 A,其环境温度在 15~25 ℃之间。

3. 检查蓄电池的电压

用万用表在蓄电池端子上检查每块电池开放电路电压。更换开放电路电压为 0.5 V 的或短路的电池。一旦开放电路电压在 0.5~1 V 之间,如电池电压低于其他电压,则要记录下来,并在充放电过程中特别注意这块电池。

4. 清洁、涂抹蓄电池

保持蓄电池清洁、干燥,才会有最优性能和最长寿命,也可在注水过程中减小接地泄漏电流和污染电解液的危险。

建议用压缩空气[最大压力 5 bar(500 kPa)],也可用清水清除蓄电池上的灰尘和杂质,最好是热水,温度在(40±5)℃。

蓄电池运行一段时间后,需要清洁电池端子及刚性连接,并重新涂抹一层新的涂层。如没有中性凡士林或矿脂,可使用临时油脂,但涂层必须很薄。

5. 蓄电池加水

在蓄电池充电和过充过程中,只需要通过增加蒸馏水或去离子水来达到最高液面。

6. 绝缘验证

将阳极端间的兆欧表连接到金属件上进行蓄电池绝缘验证。测试要求在 DC 500 V 电压下进行测量,绝缘必须高于 1 MΩ。

同样将阴极端子连接到金属件上进行绝缘测试。

7. 温度传感器检查

温度传感器是个电阻,电阻值随温度不同而变化。用于蓄电池的热传感器型号为 PT100(线性电阻变化)。

热传感器根据不同配置,用三根线(A 型)或四根线连接。检查步骤为:

(1)断开热传感器连接器。

(2)用万用表测量 B 和 C 间电阻,以及 A 和 B 间电阻。

电阻值计算:R=电阻(BC)−电阻(AB)。

在测量中,电阻要与记录的温度的热传感器特性相对比。对于所有偏离高于 3 ℃的热传感器必须要更换。

8. 电气测试(充放电)

作为定期维护程序中的一部分,建议每五年做一次充电/放电循环。

第四节　辅助供电系统的检修

一、辅助逆变器检修

1. 基本作业要求

(1)列车停在架定修库股道检修台位后,检修人员凭生产调度发出的《电客车辅助逆变器检修记录单》进行工作。

（2）检修人员作业前必须检查列车是否按规定加止轮器。

（3）作业前必须确认当工作开始后不会有电路接通。

（4）打开箱盖前，仔细阅读箱盖上的警告语，并且按其要求操作，严格遵守"禁止"电源的操作规程。

（5）带电操作前需用伏特表测量滤波电容放电后的电压，注意不要碰到电源开关。操作前，先切断电源，确保所有电源被隔离和接地。同时确保在工作时没有电路处于激活状态。

（6）维修操作者必须遵守电气和气动机械动力系统相关的安全规程。

（7）作业人员应按规定穿戴好安全防护用品。

（8）作业前按要求备好工器具及材料。

（9）必须确保作业完成后没有任何工具丢失在车上

（10）六角螺母在每次拆卸后必须更换新的螺母。

2．检修作业

（1）过滤网的清洁

①松开空气过滤器的六个 M6 螺丝和垫圈。

②取下空气过滤器，抽出过滤网。

③逐片清洗空气过滤网。

④用压缩空气吹干空气过滤网，吹干后组装过滤器。

⑤安装干净的空气过滤器。

⑥用螺丝和垫圈紧固。

（2）应急电池

①松开应急电池盖板螺丝和垫圈，取下盖板。

②用万用表 DC 200 V 挡测量应急电池两端电压，应急电池电压大于或等于 DC 80 V，若低于 DC 80 V，则更换。检查应急电池相关的连接线。

③盖上盖板，用螺丝和垫圈紧固盖板。

（3）更换 AGATE 内部电池

①松开 AGATE 盖板的螺丝和垫圈，取下盖板。

②松开 AGATE 上的塑料盖板的螺丝。

③取下塑料盖板，拆卸电池。

④用万用表 DC 20 V 挡测量新电池两端电压，要求电压不低于 3V。

⑤安装新电池，盖上塑料盖板，用螺丝紧固盖板。

⑥盖上外盖板。

⑦用螺丝和垫圈紧固面板，并用标贴纸标明更换日期、电压并粘贴在 AGATE 表面。

（4）清洁，检查 AGATE 电子线路板

①打开 AGATE 单元的面板。

②松开 AGATE 单元紧固在支架上的四个 M6 螺母和弹簧垫圈。

③小心抽出支架上的 AGATE 控制单元，清洁控制板。

④将清洁后的 AGATE 单元，小心地安装在支架上。

⑤四个 M6 螺母和弹簧垫圈将 AGATE 固定在支架上。

⑥关闭 AGATE 单元面板。

(5)逆变模块和电池充电模块散热片的清洁。

①松开在逆变器输出滤波电容器和线路滤波电容器下的面板上的 M6 螺丝和垫圈,取下面板。

②松开紧固在逆变模块和电池充电模块后的面板的螺丝和弹簧垫圈。

③用压缩空气吹去散热片上的灰尘。

④安装逆变模块和电池充电模块后面的面板,再紧固螺丝和弹簧垫圈。

⑤安装逆变器输出滤波电容器和线路滤波电容器下面的面板用螺丝和垫圈紧固。

关键名称与概念

1. 辅助逆变器:它是一个三相逆变器,拥有 6 个静态开关,辅助逆变器的作用是将直流电压转换成交流电压。辅助逆变器主要功能块包括输入电路三相逆变器、输出隔离变压器、逆变器输出交流滤波、冷却系统与电池充电器。

2. 高压母线:指由受流装置连接到高压设备(牵引逆变器、辅助逆变器)的母线。

3. 中压母线:中压母线提供 AC 400 V 电源,由辅助逆变器输出。给列车上所有的交流负载供电。不同辅助逆变器输出的中压母线是相互隔离的,共同形成一个中压供电网络。

4. 低压母线:主要用于车门、紧急照明、乘客紧急通风、通信、控制和数据处理。有两条低压正母线,其中一条由蓄电池输出开关控制,为在休眠时唤醒列车及连挂的列车功能所需的负载供电,另一条还需由列车启动按钮控制,该母线只为唤醒后的列车低压负载供电。

5. 蓄电池充电器:蓄电池充电器为一体化的模块,有三个主要部件:一个三相桥式输入整流器,一个 IGBT 逆变器和一个输出整流器。

复习题

1. 简述辅助电气系统的组成部分。(适合【初级工】)

2. 简述列车电能管理系统的组成部分。(适合【初级工】)

3. 简述列车供电网络的组成。(适合【初级工】)

4. 列车供电网络有哪几种电压转换策略及各自的特点是什么?(适合【初级工】)

5. 简述列车负载种类及特点。(适合【初级工】)

6. 简述辅助逆变器的结构。(适合【初级工】)

7. 简述辅助逆变器的启动顺序。(适合【初级工】)

8. 简述辅助逆变器的停机顺序。(适合【初级工】)

9. 简述蓄电池充电器的作用和特点。(适合【初级工】)

10. 简述蓄电池的用途和分类。(适合【初级工】)

11. 简述辅助逆变器的工作过程。(适合【中级工】)

12. 简述蓄电池的工作原理。（适合【中级工】）
13. 简述负载启动有哪些要求。（适合【中级工】）
14. 简述蓄电池的充、放电过程。（适合【中级工】）
15. 简述镍镉电池的工作原理。（适合【中级工】）
16. 简述辅助系统的保护方案。（适合【高级工】）
17. 简述蓄电池的维护工艺。（适合【高级工】）
18. 简述交流负载错时启动的原因。（适合【高级工】）
19. 简述辅助逆变器的紧急启动方案。（适合【高级工】）
20. 简述辅助逆变器的实验方法。（适合【高级工】）
21. 简述充电器的实验方法。（适合【高级工】）
22. 简述辅助逆变器的故障检测方法。（适合【高级工】）
23. 简述蓄电池充电器的故障检测方法。（适合【高级工】）
24. 简述蓄电池的故障检测方法。（适合【高级工】）
25. 简述辅助逆变器的故障检修方案制订方法。（适合【技师】）
26. 简述蓄电池充电器的故障检修方案制订方法。（适合【技师】）
27. 简述蓄电池的故障检修方案制订方法。（适合【技师】）

第八章 空调通风系统

培训目标 ◀◀◀

通过本章学习,掌握城市轨道交通车辆空调通风系统的组成及工作原理;熟悉城市轨道交通空调通风系统工作过程;了解城市轨道交通车辆空调通风系统的控制方式;熟悉空调系统的控制及运行原理;熟悉空调检修的知识。

第一节 空调通风系统总体概述

空气调节技术被广泛应用在我国工农业生产和人们的日常生活,对我国国民经济发展和人民物质文化生活水平提高具有重要意义。目前,空调与通风装置被大量应用在轨道交通车辆上,已经成为车辆舒适性乘坐环境的标志,几乎所有的城市轨道交通车辆都使用了空调与通风装置。

空气调节的主要任务就是在任何自然环境下,将系统内空气的温度、湿度、气流速度、洁净度及压力等参数维持在一定范围内,以达到制造人工气候环境的目的。客车空调通风装置的作用就是将一定量的车外新鲜空气与车内再循环空气混合,经过滤、冷却(或加热)、减湿(或加湿)等处理后,以一定的流速送入车内,并将车内一定量的污浊空气排出车外,从而控制车内温度、湿度、风速、清洁度及噪声,使之达到规定标准,提高车内的舒适性、改善乘车环境。

轨道交通车辆空调通风系统一般包括空调机组和通风管路两大部分,其设置与控制方式,因车辆型号的不同而有所区别。

一、地铁空调通风系统的组成

以南京地铁 1 号线为例,车辆空调系统主要组成如下:

(1)每辆车配置两个独立的单元式空调机组,共用一个控制盘。

(2)每辆车配置两个送风道。

(3)列车两端的司机室分别配置单独的空调机组,安装在司机室顶部,通过司机控制台进行单独控制。

二、空调机组的供电方式

空调机组在正常运行时由中间电压供电[AC 400/230 × (1 ± 5%) V, 50 × (1±1%) Hz],紧急模式下(在高压故障时)由低压供电(即蓄电池供电,DC 110 V [77~133 V]经过直流—交流逆变器,供给交流通风机,交流通风机设有过载、缺相、短路保护),为客室紧急通风供电,最少持续 45 min。

三、通风方式

经空调处理过的空气通过位于两个空调机组之间,分布在整个客室长度上的风道和出风栅送入室内。两个风道沿对角线分开,各自提供车辆一侧的送风,气流分布如图 8-1 所示。

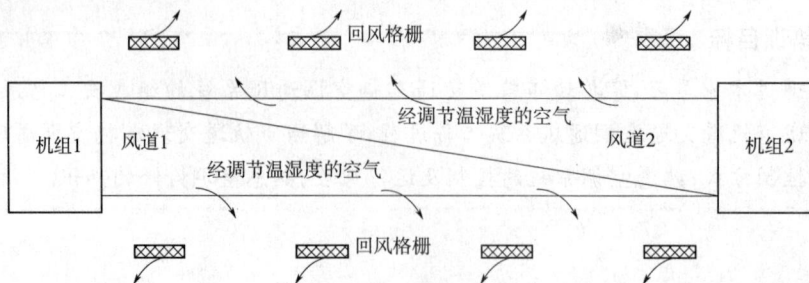

图 8-1　气流分布图

在风道上,均嵌装出风栅。风道和出风栅的阻力较小,以便降低气流穿过出风栅时的噪声。

客室内的部分空气参与再次循环,与新风混合。部分热浊空气则由位于拱形车顶后部的窗户上部排出车外。

列车带电后,若中间电压供电,整个机组正常运行。若中间电压失效,则空调机组在紧急通风模式下运行。

第二节　客室空调通风系统

一、客室空调系统主要技术参数

1. 空调机组

类型	车顶单元式
制冷量	44 kW
额定输入功率	20.5 kW
最大输入功率	23.5 kW
总风量	$5\,000\times(1\pm10\%)\,m^3/h$
最小新风量	$1\,600\times(1\pm10\%)\,m^3/h$
紧急通风量	$2\,000\times(1\pm10\%)\,m^3/h$
回风量	$3\,400\times(1\pm10\%)\,m^3/h$
制冷剂	R-134a　$12.5\times(1\pm10\%)\,kg$
电源	三相,400 V AC/50 Hz
控制电源	DC 110 V(DC 77～133 V)

2. 压缩机

型号	VSK4161-25Y
类型	全封闭螺杆式

制冷剂	R-134a
能量调整等级	2(50％和100％)
能量调整方式	电动(电磁阀 DC 24 V)
工作电源	三相 400 V AC/50 Hz
额定输入功率	16.7 kW
每个空调机组中的数量	1

3. 冷凝风机

类型	轴流
每个空调机组中的数量	2
电机标称电压	三相 AC 400 V/50 Hz
电机标称转速	1 500 r/min
电机传动轴功率	0.75 kW

4. 蒸发风机

类型	离心式
每个空调机组中的数量	2
电机标称电压	三相 AC 400 V/50 Hz
电机标称转速	1500 r/min
电机传动轴功率	0.736 kW

5. 节流元件(热力膨胀阀)

型号	TCLE5-1/2MW555FT5/80DF×7/8ODF ANG6A
制冷剂流量	由制冷剂蒸汽过热度控制
压力补偿	外平衡式
每个空调机组中的数量	2

6. 高压开关

型号	ACB-QB18
断开	(1.8±0.15)MPa
闭合	(1.45±0.15)MPa
每个空调机组中的数量	1

7. 低压开关

型号	LCB-QA04
断开	(0.1±0.03)MPa
闭合	(0.2±0.03)MPa
每个空调机组中的数量	1

8. 控制盘(西门子 S7-200PLC)

主回路	三相 AC 400 V/50 Hz
控制回路	DC 110 V

9. S7-224(微处理器)

S7-224 属于西门子 SIMATIC CPU22X 系列 PLC,是 PLC 系统的核心部件。本系列 PLC 适用于各行各业,各种场合中的检测、监测及控制的自动化。

10. 温度采集模块 EM231

将来自 PT100 温度传感器的信号处理后传送给 CPU224。

11. EM223

本系统采用的 EM223 为 16 路输入 16 路输出单元,输入输出为继电器型,隔离好,触点容量大。

12. 热过载继电器设定参数

蒸发器风机 EFTHR	2.3 A
冷凝器风机 CFTHR	1.75 A
压缩机电机 CPTHR	18.5 A

13. DC/DC 变换器

型号	4NIC-LJ192
输入参数	DC 110 V(66～160 V)(输入与输出完全隔离)
输出参数	24 V/8 A,设有过热、过流、短路、过压保护
功率	192 W

14. 紧急逆变器

标称输入电压	DC 110 V
标称输出电压	三相 AC 220 V/35 Hz

二、客室空调主要部件及工作原理

1. 概述

客室空调系统包括以下部分:

(1)两个完全相同的车顶单元式空调机组:制冷量为 44 kW,分别安装在车辆的端部,外形图如图 8-2 和图 8-3 所示。

图 8-2　空调机组外形图

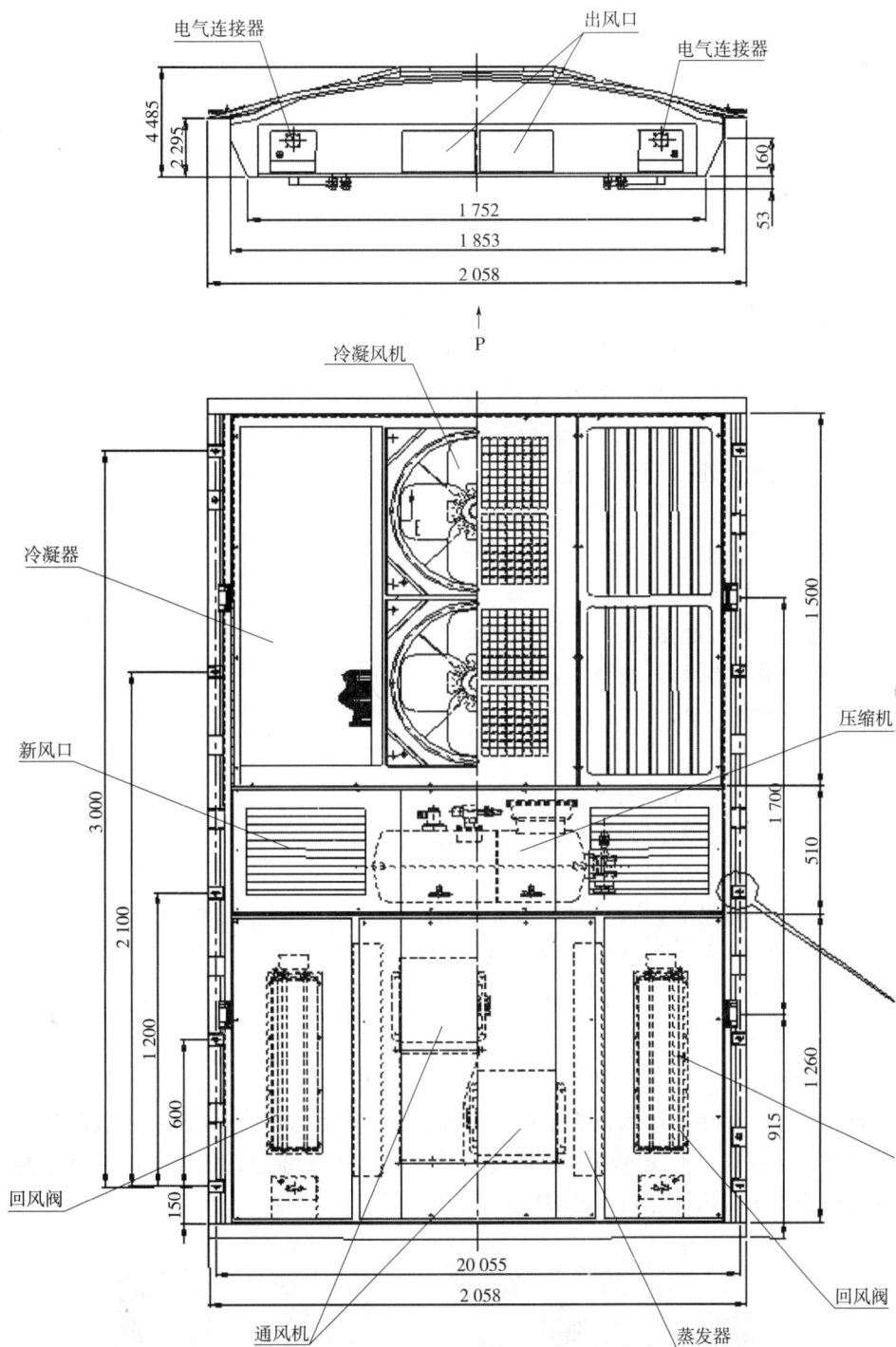

图 8-3　空调机组外形图(单位:mm)

（2）一个控制盘:控制空调系统的运行。

（3）一个紧急逆变器:DC 110 V→AC 400 V,在紧急通风模式下运行时为空调机组通风机供电。

新风通过位于机组中心的顶盖隔栅进入空调机组内部,客室内循环风通过位于机组前端两侧底部的回风口进入机组内。新风与循环风混合后,经过空调过滤冷却,然后从机组前端吹出,通过风道和出风栅送入客室内。

在制冷模式下,混合的回风和新风都是通过两个风机吹到蒸发器翅片盘管。由于蒸发盘管内制冷剂的蒸发,从而吸收通过蒸发盘管翅片间的热空气的热量,使得进入客室的空气被降温和除湿。

控制盘采用西门子 S7-200PLC 控制,中央处理单元为 CPU224,带有两个扩展模块:数字量扩展模块 EM223 和模拟量扩展模块 EM231。利用 EM231 热电阻模块采集车内温度信号,通过与 PLC 内部设定温度比较后,实现通风、制冷各工况。

本控制盘使用 CPU224 及其扩展模块面板上自带的指示灯来提示运行和故障情况。执行元件采用施耐德接触器,保护元件采用施耐德热继电器。

每个控制盘均连接到列车"车载监控系统(OBMS)"。

每个空调机组由下列元件组成:

(1)一个压缩机,具有 2 级能量调节。
(2)两个冷凝器。
(3)两个冷凝风机。
(4)两个干燥过滤器。
(5)两个湿度指示器(视液镜,未示出)。
(6)两个蒸发风机。
(7)两个蒸发器。
(8)两个热力膨胀阀(未示出)。
(9)两个回风过滤器(未示出)。
(10)一个回风温度传感器。
(11)两个手动截止阀(在液管上,未示出)。
(12)两个回风阀,通过伺服电机控制。
(13)两个新风阀,通过伺服电机控制。

2. 主要部件

(1)压缩机

制冷系统中使用的压缩机为全密封螺杆式,如图 8-4 和图 8-5 所示。低温低压的制冷剂过热蒸汽通过低压的吸入管和阀门被压缩机吸入并进行压缩。高温高压制冷剂蒸汽在排出阀排出压缩机,流向冷凝器。

图 8-4　制冷压缩机

侧视图

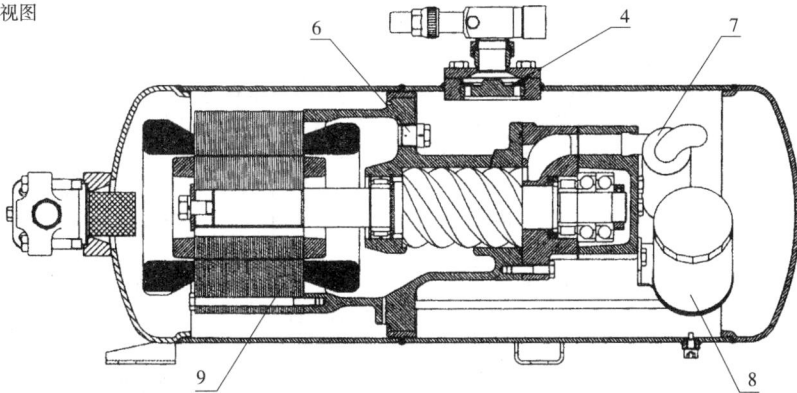

俯视图

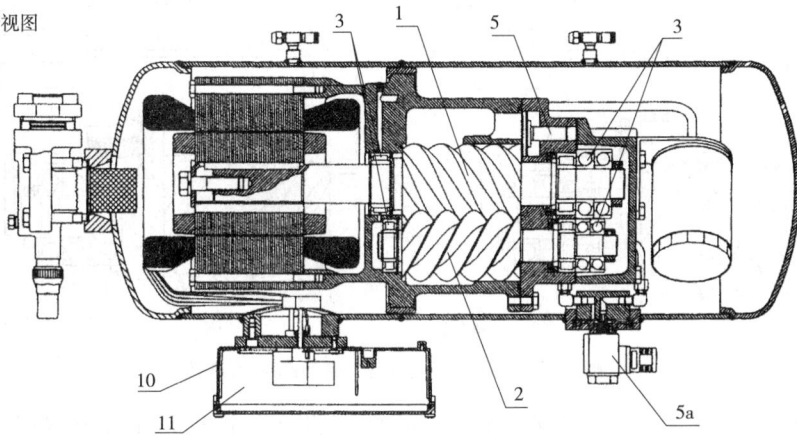

图 8-5　制冷压缩机组成

1—阳转子;2—阴转子;3—流动轴承;4—单向阀(VSK41);5—能量控制/启动卸载;

5a—第 5 款的控制单元;6—压差释压阀;7—油分离器;8—油过滤器;9—内置电机;

10—接线端子盒;11—电机保护装置

VSK4161-25Y——比泽尔全封闭紧凑螺杆压缩机,在轨道交通空调行业享有盛誉。这个系列的产品专门针对轨道交通的要求而设计,而且可以进行变频控制。它具有重量轻,静音运行的特点,而且可以进行车顶安装或底架安装。

比泽尔全封闭紧凑螺杆压缩机参数如下:

标准型号　　　VSK4161-25Y

名义功率　　　18.5 kW

排气量　　　　80.0 m³/h/50 Hz

压缩过程:压缩机内置阳转子和阴转子各一个,阳转子和阴转子互相啮合转动,使得制冷剂蒸汽在沿轴向的空间内不断被压缩,当齿间工作容积顶端与排气孔相通时,高温高压的制冷剂蒸汽被排出,如图 8-6 所示。

能量调节/启动卸载(图 8-7):压缩机具有一个卸载电磁阀(DC 24 V),可在任意给定时间内,根据制冷剂负载要求改变其容量(全冷和半冷)。电磁阀得电为全冷,失电时,压缩机的控制活塞右移,部分压缩后的制冷剂回流至吸入端(未进入冷凝器),实现半冷。此装置还可以在部分卸载时,使压缩机启动,从而减小机组启动时对电网的冲击。

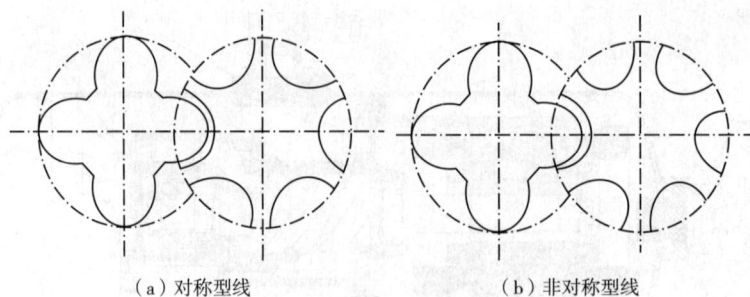

（a）对称型线　　　　　　　（b）非对称型线

图 8-6　螺杆端面型线

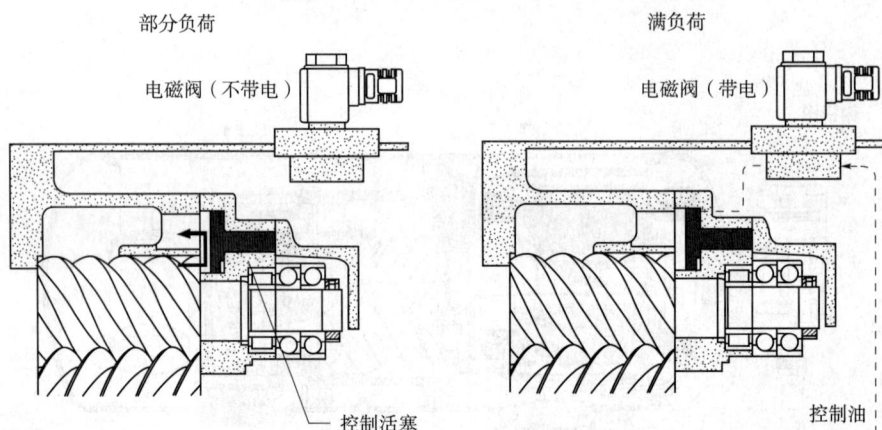

图 8-7　压缩机能量调节/启动卸载示意图

电机冷却：压缩机由一个安装在机壳内的三相异步电机驱动，电机转子安装在阳转子上。电机的冷却通过制冷剂气体流过电机转子孔来实现，可使温度维持在允许的温度范围内。这种设计还起到离心式气液分离的作用。

油循环：压缩机内部高压侧焊有一个油分离器，该处的压力略高于吸气压力，使得油流进入工作腔，同被吸入的制冷剂蒸汽一起被压到排气方向。润滑油还起到了转子间及转子和机体间的动态密封作用。

安装：压缩机通过减振垫安装在支架上以减少振动的传递和降低噪声。

压力保护：压缩机还包括两个安全压力切断开关，分别用于高压和低压保护。如果排出压力超过或吸入压力低于相应的设定值，安全压力开关将动作并反馈到控制系统，停止压缩机运转，防止系统在非正常压力下运行。

注意：螺杆压缩机只允许朝一个方向旋转（否则压缩机会造成严重损坏）。

（2）冷凝器机组

冷凝器由铜管和铝翅片组成，端头和支撑板为铝合金材质，如图 8-8 和图 8-9所示。

在冷凝管外壁设置的翅片增大了冷凝管的散热面积。

冷凝风机强制外界空气循环并穿过冷凝器翅片管，加强冷凝器的散热。冷凝管中高温高压的制冷蒸汽被冷却后，在冷凝器管中冷凝为高压液体，继续冷却后，形成过冷液体。

冷凝风机为轴流风机，由一个 400 V/50 Hz 的三相交流电机（转速 1 500 r/min）、

一个 6 叶片(直径 600 mm)的叶轮及具有一定的导向和扩压作用的机壳组成,结构如
图 8-10 所示。

图 8-8　冷凝器

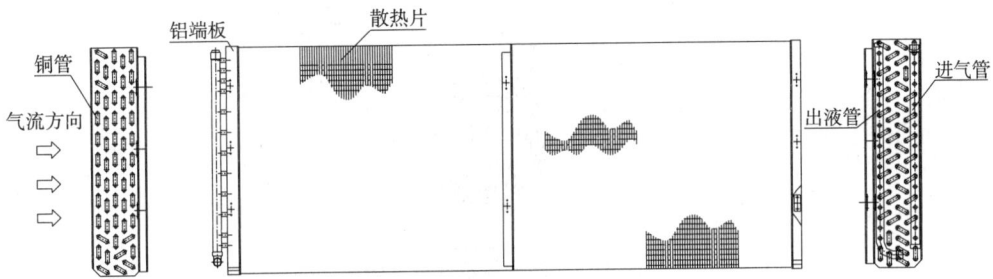

图 8-9　冷凝器示意图

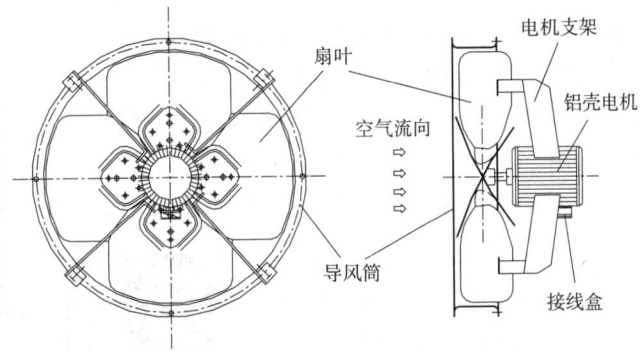

图 8-10　冷凝风机

（3）干燥过滤器

干燥过滤器安装在冷凝器的出口处的高压液管上,由滤网、滤芯(分子筛)和挡板
组成,其结构如图 8-11 所示。可吸附和过滤制冷剂中的水分和杂质,防止水及杂质对
系统及部件造成损害。

（4）视液镜(湿度指示器)

湿度指示器(视液镜)安装于干燥过滤器出口之后,其结构如图 8-12 所示。将视
液镜中所示的颜色与外部法兰所贴标签上的参照色进行比较,可显示出系统中是否含
有过多的水分。

弹性挡板　滤芯　挡板　过滤网

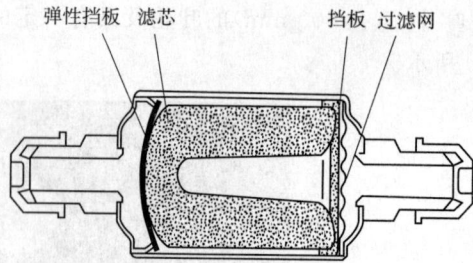

图 8-11　干燥过滤器

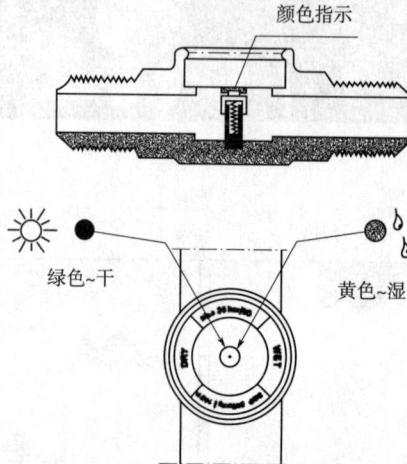

颜色指示

绿色~干　　黄色~湿

图 8-12　湿度指示器视液镜

视液镜可清楚地观察到制冷剂液的流动情况，以便判断是否存在气泡。有气泡存在则表示制冷剂中有杂质或空气、制冷剂循环量少、制冷剂液体温度不够低（或未充分液化）、排气压力损耗或制冷剂管路堵塞等。

（5）热力膨胀阀

热力膨胀阀位于制冷剂液管上在蒸发器的入口处，其结构如图 8-13 所示，工作示意图如图 8-14 所示。热力膨胀阀起节流和调节制冷剂流量（供液量）的作用，保证蒸发器具有足够的制冷剂来满足所需热负荷条件。

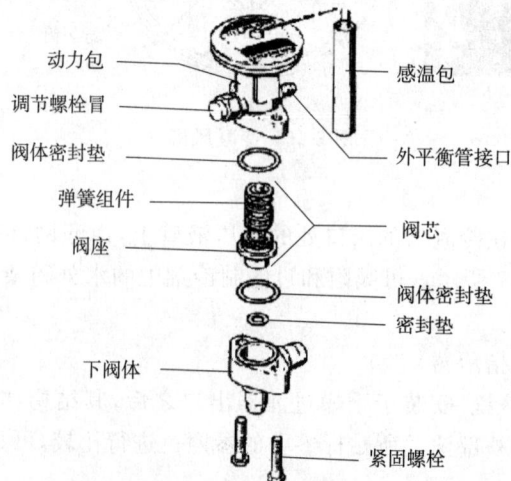

动力包　　　　　　　　　　　　感温包
调节螺栓冒
阀体密封垫　　　　　　　　　　外平衡管接口
弹簧组件
阀座　　　　　　　　　　　　　阀芯
　　　　　　　　　　　　　　　阀体密封垫
　　　　　　　　　　　　　　　密封垫
下阀体
　　　　　　　　　　　　　　　紧固螺栓

图 8-13　热力膨胀阀结构

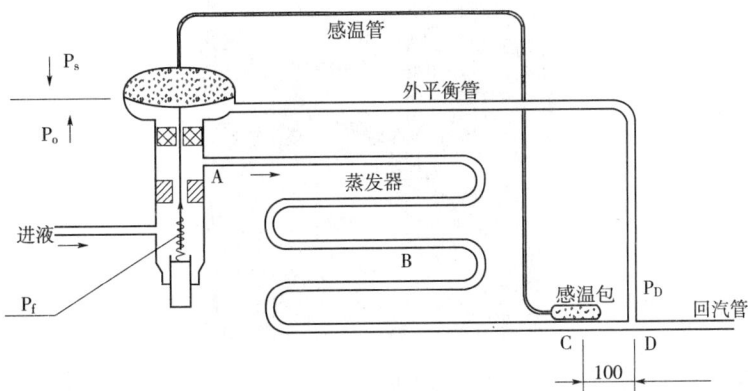

图 8-14　热力膨胀阀安装及工作示意图

热力膨胀阀带有一个感温包,该感温包安装在蒸发器出口的吸气管上,可感受蒸发器出口处制冷剂的过热度,并据此判断制冷剂在蒸发器中是否完全蒸发、车内热负荷是否明显变化,从而相应地增大或减小制冷剂流量(供液量),使空调的制冷能力尽量与车内热负荷相适应。

(6)蒸发器机组

蒸发器均由铜螺纹管和铝翅片组成,其结构如图 8-15 所示。蒸发器采用内螺纹管和亲水膜铝翅片,可增大换热面积并较大程度地提高其换热效果。

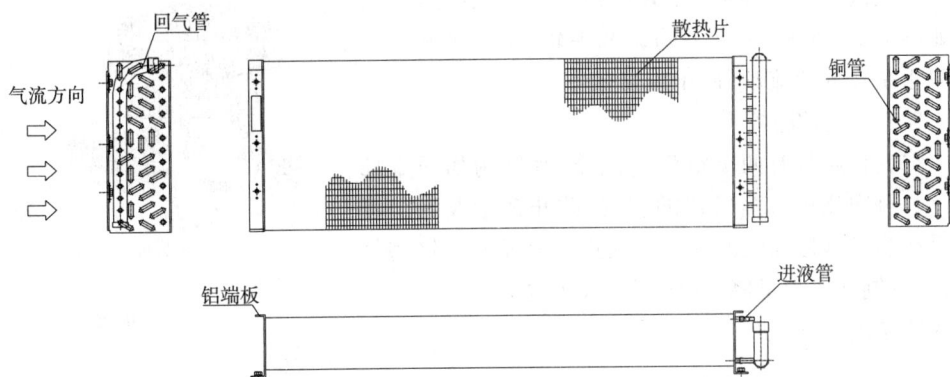

图 8-15　蒸发器

由出风口送入车内的空气,包括室内回风和外部新风,在被蒸发器风机吸入并穿过蒸发器翅片管时,因蒸发管内的被节流后的制冷剂液体温度远低于流经的空气温度,从而使空气的热量被蒸发器翅片管中低温低压的制冷剂吸收,空气被冷却和除湿,同时低温制冷剂液体吸热后蒸发(汽化)为一定比例和温度的制冷剂气体,继续吸热后,形成过热气体。

蒸发器风机(图 8-16)为离心风机,由支架、壳体、叶轮、吸入口和排出口等部分组成,其叶轮由前后盘、轮毂和叶片构成,由一个三相 AC 400 V/50 Hz 单轴电机驱动,在蜗壳内旋转(在 1 500 r/min 运行时的功率为 0.736 kW),该电机为恒载连续运行式,具有 IP55 等级的保护和 F 级绝缘等级。

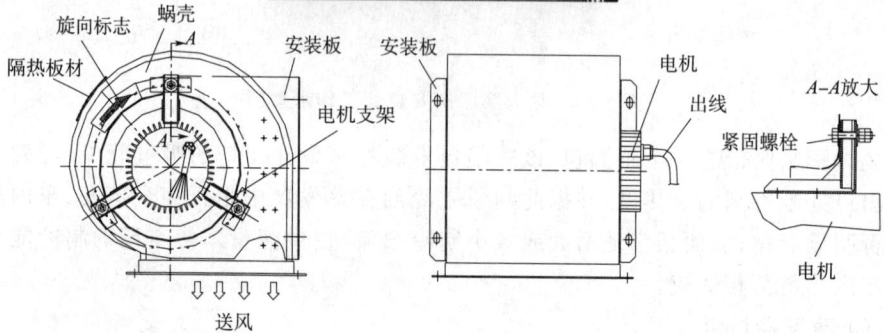

图 8-16　蒸发器风机

（7）截止阀

截止阀位于冷凝器出口处的制冷剂液管上，其结构如图 8-17 所示，它有手动调节手轮，可在维修时手动截止制冷剂的流动，便于维修操作。

（8）空气过滤器

空调机组具有两个空气过滤器，其结构如图 8-18 所示。可净化进入蒸发器的空气，防止灰尘及其他可能附在蒸发器翅片上的固体物质进入蒸发器并堵塞气流，导致制冷能力下降，并保证送入车内的空气具有一定的洁净度。

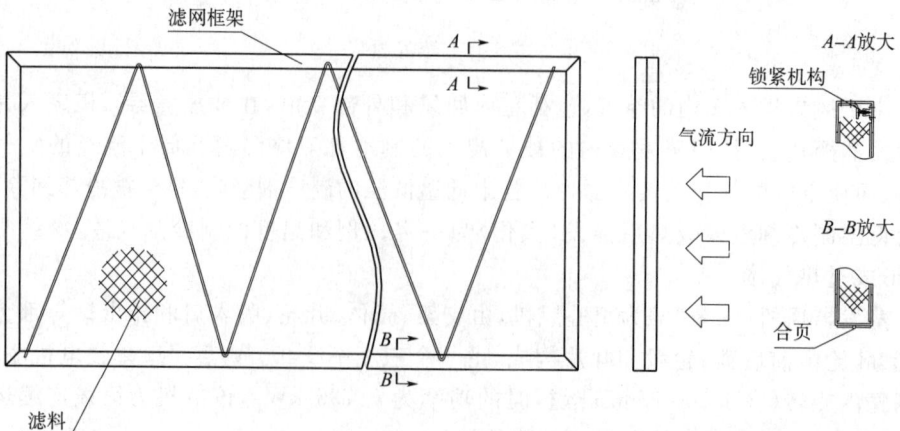

图 8-17　截止阀

图 8-18　空气过滤器

（9）温度传感器

温度传感器设置在空调机组回风口处，用来检测车内温度。PLC 通过温度采集模块 EM231 采集温度并以此来选择空调所需的运行模式，为乘客提供最舒适的环境。

（10）回风阀

空调机组包括两个电动回风阀，每个风阀由伺服电机驱动，安装在回风入口内。紧急运行时风阀关闭。正常运行时，风阀打开。机组正常操作时风阀保持打开状态。

左回风阀（位于空调机组连接端部，正对空调机组）包括一个回风温度传感器，如图 8-19 所示。

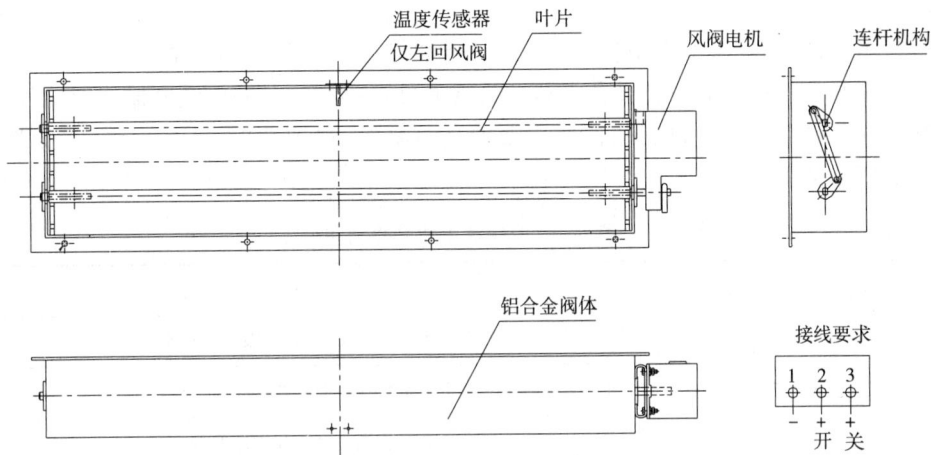

图 8-19　回风阀／温度传感器

（11）新风阀

空调机组包括两个电动新风阀（图 8-20），位于压缩机腔与蒸发器腔之间隔板上的左右新风入口处。在预调节阶段和预调节阶段完成时，新风阀为关闭状态，机组正常操作时风阀保持打开状态，保证有一定量的新鲜空气参与车内空气的循环。

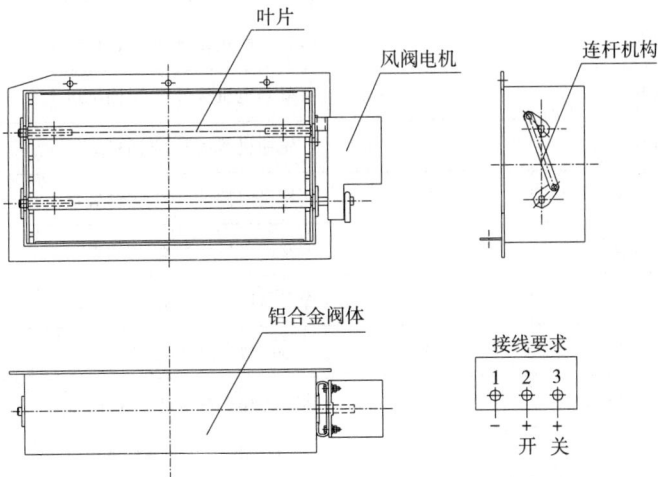

图 8-20　新风阀

(12)电气柜

电气柜包括空调机组控制盘和逆变器。安装于车辆 2 位端部的右侧。下门和上门(1 和 2)均可打开操作各功能组件,由方孔锁锁闭。

(13)控制盘

每车设置一个单独的控制盘。两个空调机组由单独的微处理器控制,具有预调节、通风、制冷、紧急通风等功能。

根据相应传感器测得的内部和外部温度,电气控制系统执行相应的要求来运行最适宜的元件。这样,在预定的时间内对车内空气进行调节,提供舒适的环境。

除了温度控制,控制盘还可对通风机、冷凝风机和压缩机之间的延时启动进行控制。

为了方便维修,温度和空调机组所有必要的信息均进行存储记录。

控制盘还包括控制空调设备运行的必要元件,主要有接触器、继电器、断路器以及控制盘和不同空调元件进行通信所必要的连接器等,如图 8-21 所示。表 8-1 为控制盘主要部件清单。

表 8-1　控制盘主要部件清单

部件	功能描述
PLC	微处理器 PLC -空调机组 1 及空调机组 2
2Q	蒸发器电机保护断路器-空调机组 1
XQ	紧急逆变器电源线保护断路器
10	冷凝器电机保护断路器-空调机组 1
5Q	压缩机保护断路器-空调机组 1
3Q	蒸发器电机保护断路器-空调机组 2
4Q	冷凝器电机保护断路器-空调机组 2
6Q	压缩机保护断路器-空调机组 2
EFK11-EFK12	蒸发器电机接触器-空调机组 1
CFK11-CFK12	冷凝器电机接触器-空调机组 1
CPK11-CPK12	压缩机接触器-空调机组 1
CPTHR11-CPTHR12	压缩机保护继电器-空调机组 1
EFK21-EFK22	蒸发器电机接触器-空调机组 2
CFK21-CFK22	冷凝器电机接触器-空调机组 2
CPK21-CPK22	压缩机接触器-空调机组 2
CPTHR21-CPTHR22	压缩机保护继电器-空调机组 2
RY9	司机室许可继电器
SA2	温度选择开关

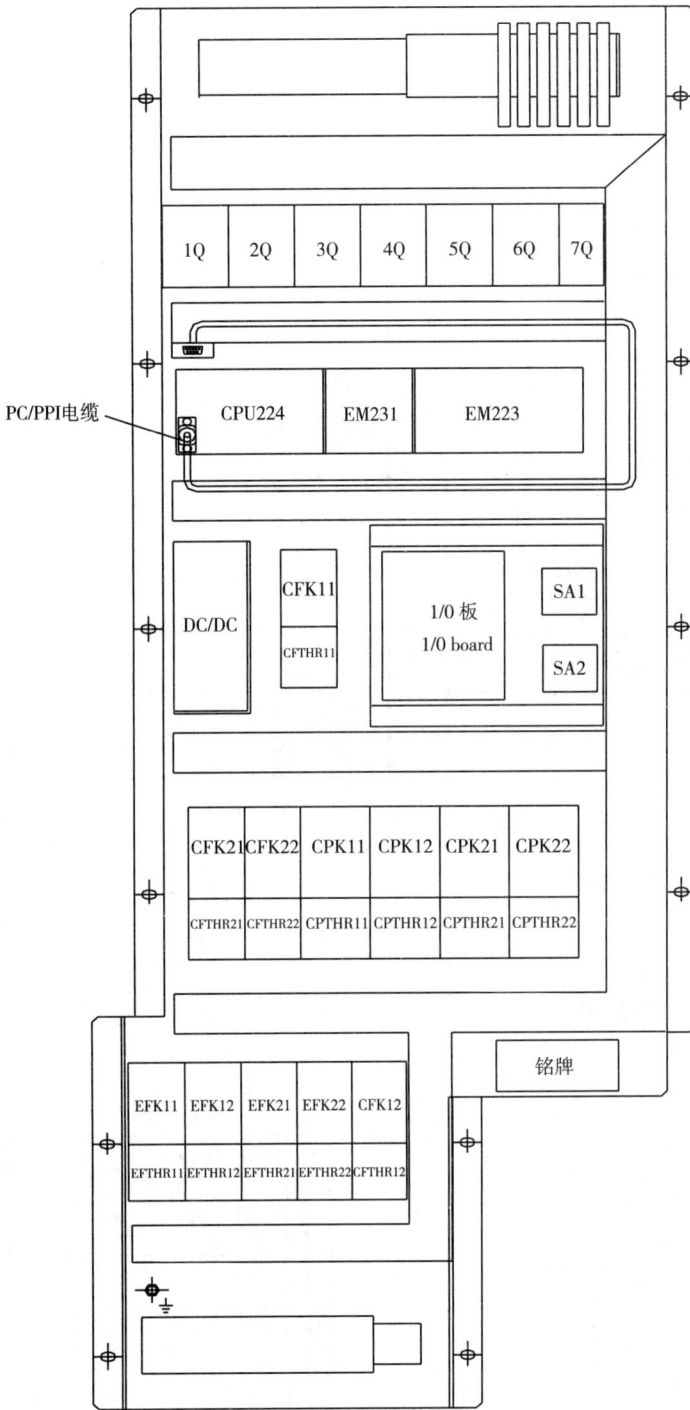

<table>
<tr><td>1Q</td><td>2Q</td><td>3Q</td><td>4Q</td><td>5Q</td><td>6Q</td><td>7Q</td></tr>
</table>

PC/PPI电缆

CPU224	EM231	EM223

DC/DC	CFK11 CFTHR11	1/0 板 1/0 board	SA1 SA2

CFK21	CFK22	CPK11	CPK12	CPK21	CPK22
CFTHR21	CFTHR22	CPTHR11	CPTHR12	CPTHR21	CPTHR22

铭牌

EFK11	EFK12	EFK21	EFK22	CFK12
EFTHR11	EFTHR12	EFTHR21	EFTHR22	CFTHR12

图 8-21　控制盘布置

(14)紧急逆变器

此逆变器安装在车内,在紧急运行时将 DC 110 V 电池电源逆变为交流电源为蒸发风机供电,实现车内紧急通风。

如图 8-22 所示,合上断路器 XQ,外部蓄电池的电压接通,控制电源首先得电工

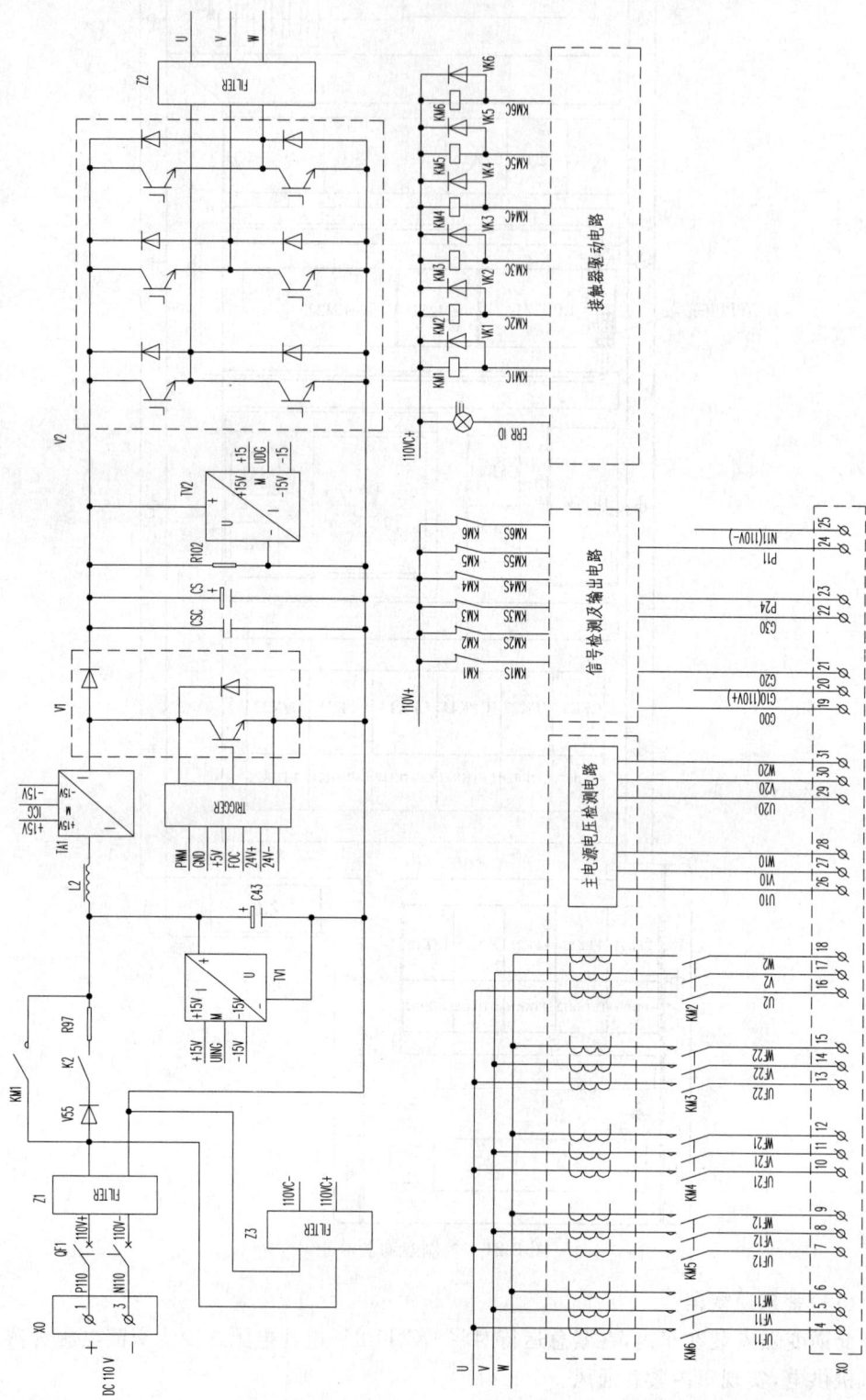

图8-22　紧急逆变器原理图

作,控制部分对系统进行自检。自检完成后电源开始检测外部信号(允许启动信号、风机运转信号和外部主回路电压),当外部要求有交流输出时,继电器 K2 得电,电源主电路预充电,预充电完成后接触器 KM1 吸合,斩波电路开始工作使中间直流环节达到一稳定的直流电压,然后逆变部分开始工作,电源输出变频变压,启动后稳定在220 V/35 Hz。

图中 V1 为 IGBT 模块(大功率绝缘栅型场效应管,作为大功率开关元件),V2 为三相 IPM 模块(智能功率模块,内置电流传感器及驱动电路)。

电源具有过压、欠压、过流、缺相、短路、过热等保护功能。

另外电源采用全密封、自然冷却的结构形式,使电源不易因积灰等原因而引起故障。

3. 客室空调工作原理

(1)制冷系统工作过程(图 8-23)

在系统中,蒸发后低温低压的 R134a 蒸汽被压缩机吸入并压缩成高温高压的制冷剂蒸汽,进入风冷冷凝器,通过冷凝风机的运转,由外界空气强制对流冷却,制冷剂蒸汽冷凝成常温高压液体,然后进入节流装置(热力膨胀阀)节流降压,变成低温低压液体后,进入蒸发器,吸收流过蒸发器的空气的热量(即空气被冷却),蒸发成低温低压蒸汽,再次被压缩机吸入,完成一个制冷循环。

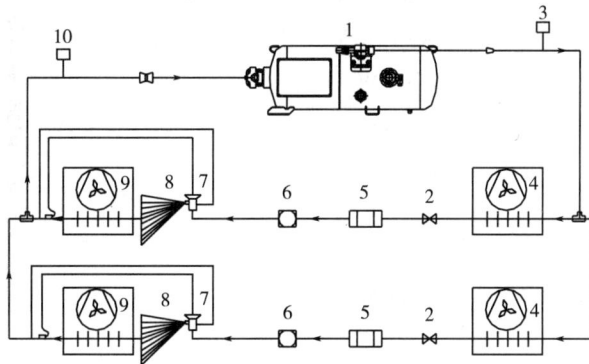

图 8-23　制冷系统工作过程

1—压缩机;2—截止阀;3—高压保护器;4—冷凝器;5—干燥过滤器;
6—视液镜;7—膨胀阀;8—分液器;9—蒸发器;10—低压保护器

(2)工作原理

客室内空气经机组回风通道,由车顶的回风口吸入至空调机组内,在蒸发器前与外界新风混合,再经过过滤,然后被蒸发器冷却、减湿,在通风机组的作用下,由主风道通过出风栅均匀地送到车内进行循环。部分热浊空气则由位于拱形车顶后部的窗户上部排出车外。

制冷系统连续工作,使车内温度逐渐降低,从而达到制冷、除湿、净化等目的。

通过控制回风和新风阀的开、关状态(表 8-2),空调机组能够自动实现预冷、制冷和通风等功能。

温度传感器有新风和回风温度传感器,分别设置在机组新风口和回风口,可实现对车内空气温度的自动控制。

表 8-2　回风阀、新风阀的开闭状态

模式	回风阀	新风阀
预冷	开	关
制冷	开	开
正常通风	开	开
紧急通风	关	开

第三节　司机室空调通风系统

一、司机室空调主要技术参数

1. 空调机组

型式	车顶单元式
电源	三相 AC 400 V/50 Hz
控制电源	DC 110 V(DC 77～133 V)
制冷量	4.5 kW
制热量	2.1 kW
额定输入功率	2.5 kW
送风量	$800\times(1\pm10\%)$m³/h
新风量	$30\times(1\pm10\%)$m³/h
制冷剂	R407C(1.8 kg)

2. 压缩机

型号	ZR24KCE-TFD
类型	全封闭涡旋式
额定功率	1.84 kW
额定电流	3.3 A
额定转速	2 900 r/min
工作电源	三相 AC 400 V/50 Hz
每个空调机组中的数量	1

3. 蒸发风机

类型	双轴伸离心式
风量	800 m³/h
功率	0.12 kW
额定转速	1 400 r/min
每个空调机组中的数量	1

4. 冷凝风机

类型	轴流式
风量	2 800 m³/h
额定功率	0.37 kW
额定转速	1 400 r/min
每个空调机组中的数量	1

5. 电加热器

制热量	2.1 kW
电源	三相 AC 400 V/50 Hz
温度保护开关	在(50±5)℃动作(断开),在(35±5)℃时复位(接通)
过热熔断器	(121±5)℃时断开,不能复位
每个空调机组中的数量	2

6. 高压开关

型号	ACB-QB11
断开	(2.9±0.1)MPa
闭合	(2.4±0.15)MPa
每个空调机组中的数量	1

7. 低压开关

型号	LCB-QA02
断开	(0.19±0.05)MPa
闭合	(0.32±0.05)MPa
每个空调机组中的数量	1

8. 节流元件(毛细管)

规格	$\phi 3 \times 1.6$
每个空调机组中的数量	2

9. 控制盘

电源

主回路	三相 AC 400 V/50 Hz
控制回路	DC 110 V
接触器	3TF3110 、3TF3101 型
热继电器	3UA59 型

热继电器整定值

蒸发器风机 EFTHR	0.5 A
冷凝器风机 CFTHR	1.3 A
压缩机电机 CPTHR	5.4 A

DC/DC 变换器

输入	DC 110 V
输出	DC 24 V
电源	72 W

二、司机室空调主要部件及工作原理

1. 司机室空调简介

司机室具有单独的空调机组,安装在司机室顶部。空调系统的所有部件均组装在一个不锈钢机箱内。控制盘为空调的控制中心,可手动或自动控制整个空调系统正常的通风,制冷或加热运行。

2. 主要部件

司机室空调系统主要部件包括:

(1)一个带减振器的空调机组。

(2)一个选择开关和一个按钮开关。

(3)机组和出风口及回风栅之间的连接风道。

(4)出风口。

(5)回风隔栅。

(6)一个控制盘。

空调机组机箱包括室内部分和室外部分,如图 8-24 所示。

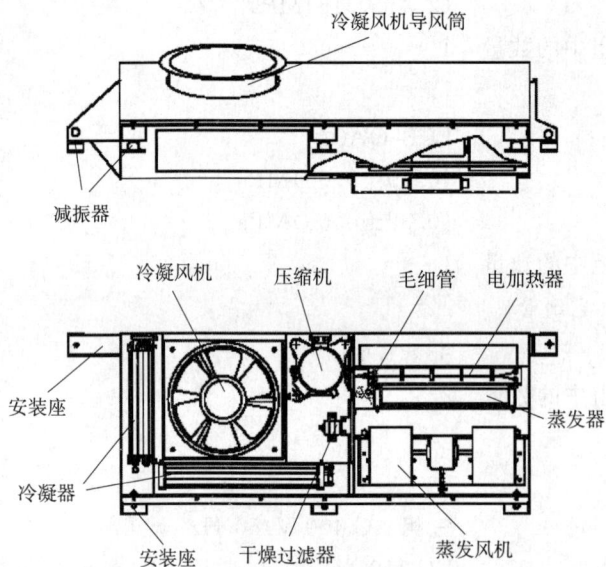

图 8-24　司机室空调机组

室内部分包括:

(1)一组毛细管。

(2)一个蒸发器。

(3)一个电加热器。

(4)一个蒸发风机。

室外部分包括:

(1)一个全密封涡旋压缩机。

(2)一个冷凝风机。

（3）两个冷凝器。

（4）一个干燥过滤器。

空调机组通过五个减振器安装在车体上,送风口和回风口位于空调底部。压缩机为全密封涡旋式压缩机,具有橡胶减振器。

电加热器外壳和加热管均由不锈钢制成。加热器外壳上有一个温度开关和一个过热熔断器来进行过热保护。

毛细管为一组细长的铜管,内径非常小,阻力较大,其作用是节流和控制制冷剂的流量。

干燥过滤器固定在冷凝器出口处的高压液管上,内封有干燥介质(分子筛),可过滤制冷剂中残留的杂质和水分。

控制盘使用西门子 S7-200PLC 进行控制。中央处理单元为 CPU224 和扩展模块 EM231,外部元件包括接触器和热继电器等。

CPU224 顶板上部具有一些小的指示灯来显示空调是否正常。

3. 工作原理(图 8-25)

在系统中,蒸发后低温低压的 R407C 蒸汽被压缩机吸入并压缩成高温高压的制冷剂蒸汽,进入风冷冷凝器,通过冷凝风机的运转,由外界空气强制对流冷却,制冷剂蒸汽冷凝成常温高压液体,然后进入节流装置(毛细管)节流降压,变成低温低压液体后,进入蒸发器,吸收流过蒸发器的空气的热量(即空气被冷却),蒸发成低温低压蒸汽,再次被压缩机吸入,完成一个制冷循环。

司机室内空气由回风口吸入至空调机组内,在蒸发器前与外界新风混合,再经过过滤,然后被蒸发器冷却、减湿,在蒸发器风机的作用下送入司机室内进行循环。

制冷系统连续工作,使车内温度逐渐降低,从而达到制冷、除湿、净化等目的。

温度传感器实现对司机室内空气温度的自动控制。

制热运行时,电加热器工作。加热运行过程中,由温度开关和过热熔断器来进行过热保护。

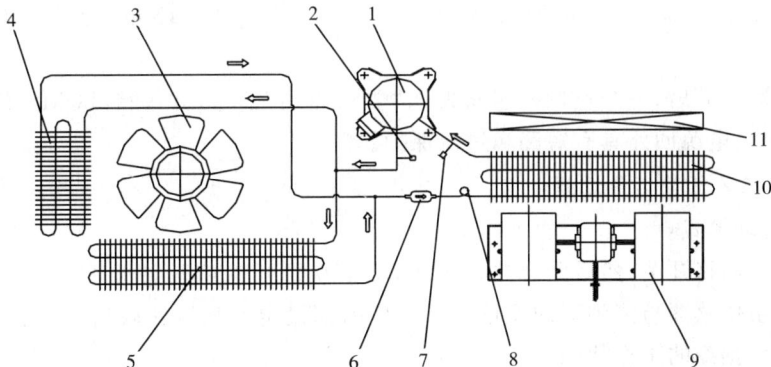

图 8-25 司机室空调工作循环

1—压缩机;2—高压开关;3—冷凝风机;4—冷凝器 1;5—冷凝器 2;6—干燥过滤器;
7—低压开关;8—毛细管;9—蒸发风机;10—蒸发器;11—电加热器

第四节　空调系统的控制和运行

一、客室空调机组控制和运行

客室空调机组主回路工作原理如图 8-26 所示,控制回路原理如图 8-27 所示。

1. 空调机组控制

空调机组可通过操作电源开关"ON/OFF"来控制。此信号将通过 TCMS 平台(列车监测与控制系统)发送到各车。TCMS 通过 RIOM(远程输入输出单元)发送给各车空调机组控制单元"启动/停止"命令。由工作模式选择开关 SA1 和温度选择开关 SA2,并通过温度传感器的检测、控制器及执行器的动作自动实现通风、半冷、全冷、制暖、预暖及预冷等各功能。

(1)"启动"命令:信号为高电平。

(2)"停止"命令:信号为低电平。

当 TCMS 失效时,空调机组仍能运行。"允许启动"信号将用来控制空调机组的启动顺序。此信号由 TCMS(对 RIOM 常开)供电。通风空调机组由 AC 400 V 和 DC 110 V 供电。

2. 空调机组电源

空调系统由中间电压供电,紧急模式下(HV 或 IV 失效时)由低电压供电(即蓄电池逆变后供电)。

每车的两个空调机组由两个单独中间电压电源供电,由一个控制单元控制。

如果一个空调机组的中间电压失效,另一个机组仍旧能够正常供电,第一个机组切断后,另一个机组将继续正常运行。

司机启动列车时,空调机组将等待中间电压供电和"启动"命令("HVACPS"开关操作)。收到命令后,将进行系统检测并发送"自检成功"信号。

降下受电弓前,司机必须通过"HVACPS"开关给出"停止"命令来停止空调机组。

"自检成功"后,一个空调机组将发送"要求启动"信号,并等待 TCMS 发出"允许启动"。每个电源回路具有短路和过流保护。

3. 系统运行和工作过程

(1)自动模式

闭合主回路开关,然后闭合控制回路 DC 110 V 开关 7Q,空调系统即自动进入工作状态。由传感器检测到车内温度,与 PLC 内部设定的温度比较后,自动进行通风、半冷、全冷、预冷的工作状态。

若设定制冷温度为 24 ℃,制冷运行过程如下:

将温度选择开关 SA2 置于"自动"挡,即 24 ℃,空调的工作状态与设定温度如图 8-28所示。

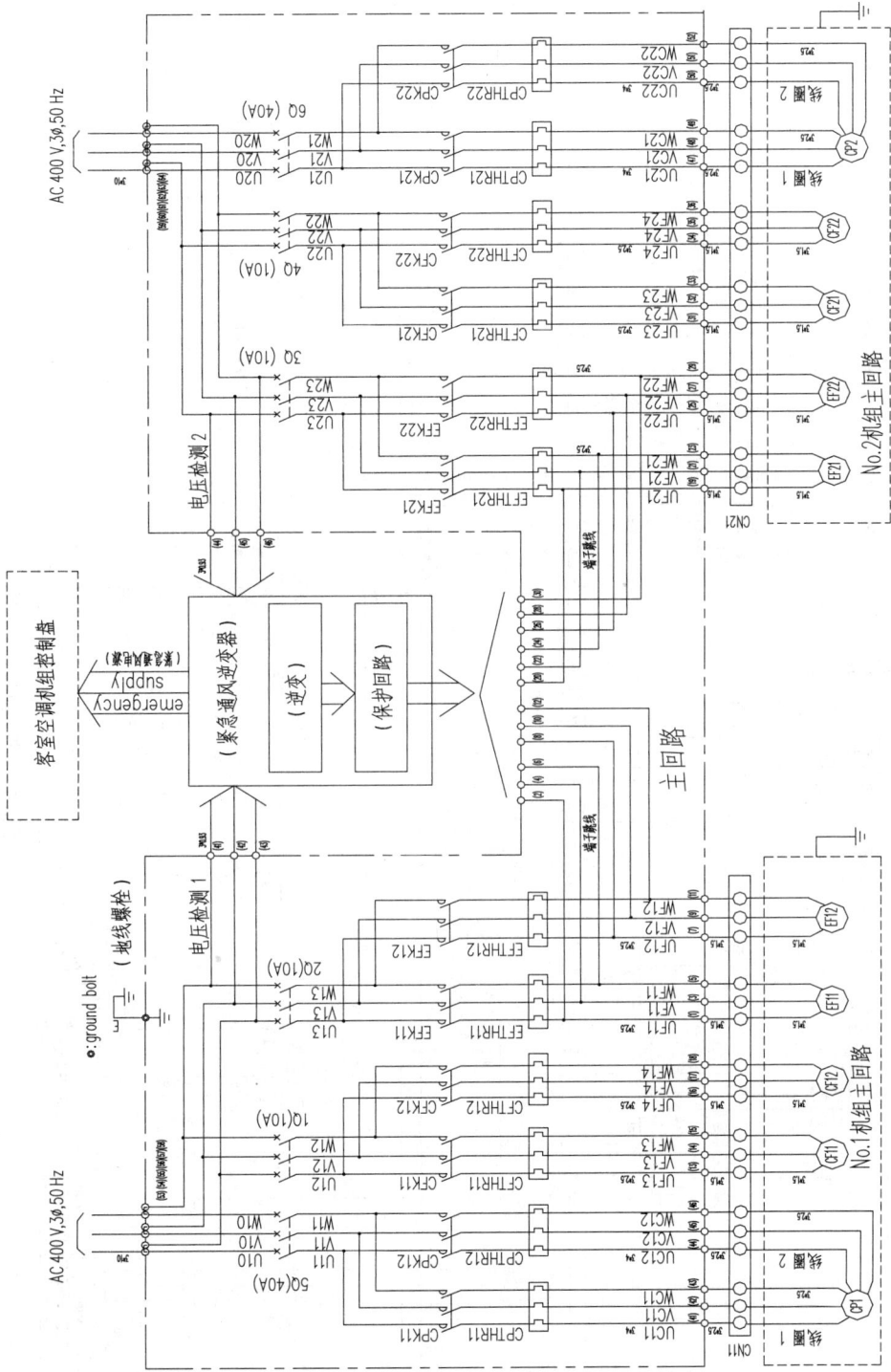

图8-26 主回路原理图

第八章 空调通风系统

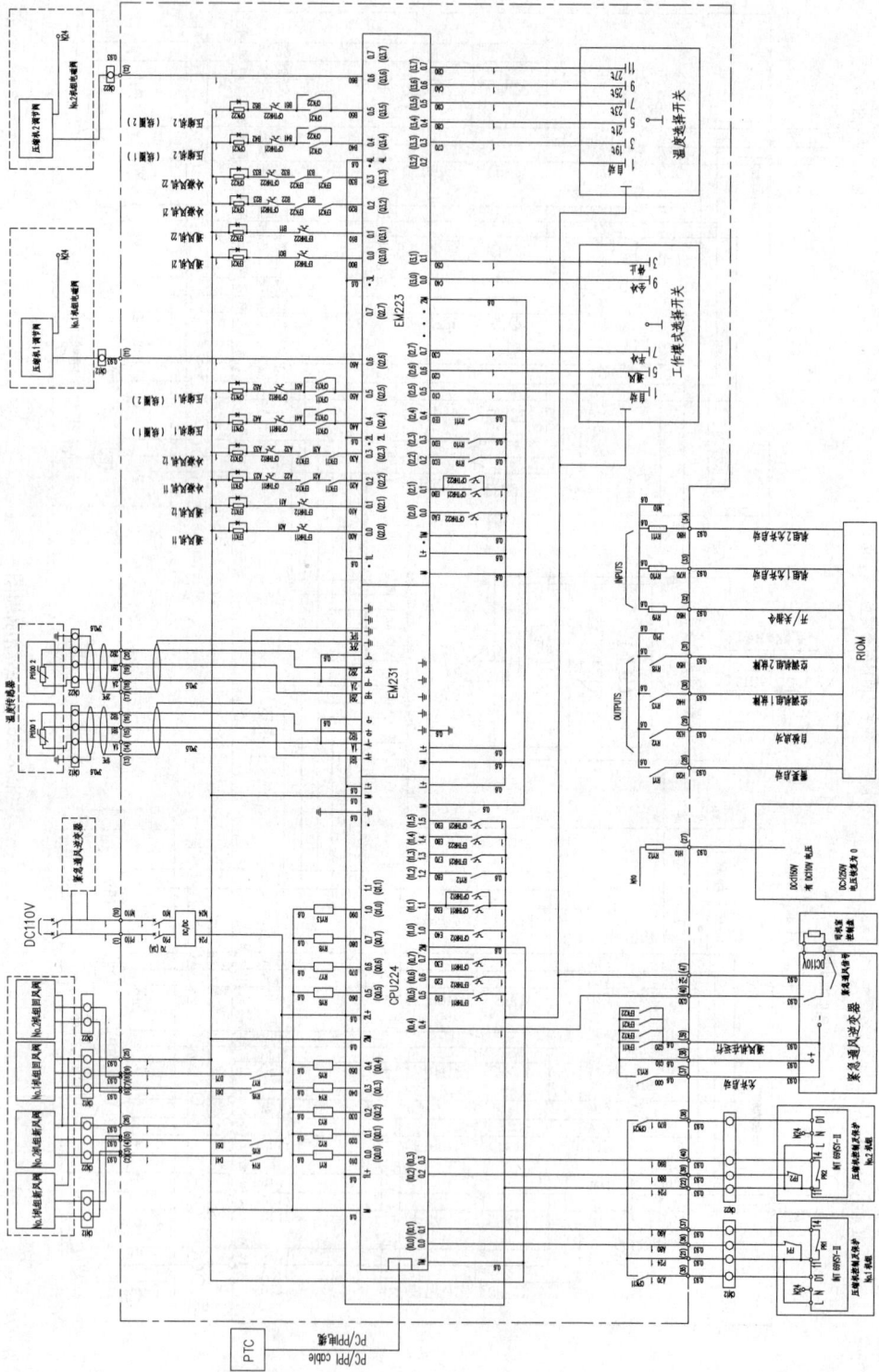

图8-27　控制回路原理图

温度传感器测得室温

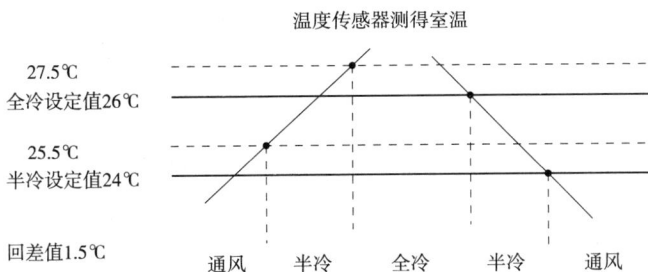

图 8-28　工作状态与设定温度图

①自检及"ON/OFF"指令

闭合 DC 110 V 电源开关 7Q,PLC 自检成功后,Q0.1 点动作,向 RIOM 送出"自检成功"信号。当"ON/OFF"指令为高电平时,EM223 的 I2.2 点有输入,系统允许启动;当"ON/OFF"指令为低电平时,EM223 的 I2.2 点无输入,系统不允许启动,即系统停机。

②通风工况

执行通风操作。此时,EM223 的 Q2.0、Q2.1、Q3.0、Q3.1 动作,接触器 EFK11、EFK12、EFK21、EFK22 吸合,两机组的通风机运转。EM223 上 4 点的指示灯亮。

③半冷工况

由 EM231 检测两个温度传感器 PT100 的温度值,取其平均值作为室温。当温度升高,≥25.5 ℃时,发出"需要启动"信号。

当接收到"机组 1 允许启动信号"(I2.3)后,EM223 的 Q2.2(Q2.3)输出点动作,接触器 CFK11(CFK12)吸合,机组 1 的一台冷凝风机 CF11(CF12)运转。延时 45 s 后,EM223 的 Q2.4 输出点动作,接触器 CPK11 吸合,第一台机组的压缩机 CP1 的线圈 1 投入运行。延时 0.5 s 后,EM223 的 Q2.5 输出点动作,接触器 CPK12 吸合,线圈 2 投入。

当接收到"机组 2 允许启动信号"(I2.4)后,EM223 的 Q3.2(Q3.3)输出点动作,接触器 CFK21(CFK22)吸合,机组 2 的一台冷凝风机 CF21(CF22)运转。延时 45 s 后,EM223 的 Q3.4 输出点动作,接触器 CPK21 吸合,第二台机组的压缩机 CP2 的线圈 1 投入运行。延时 0.5 s 后,EM223 的 Q3.5 输出点动作,接触器 CPK22 吸合,线圈 2 投入。半冷时压缩机电磁阀不动作,系统保持半载状态。

接收到允许启动信号后,PLC 将"需要启动"信号复位。如果接收到允许启动信号并且在冷凝风机运行后的 1.6 s 内,机组 1 或机组 2 的允许启动信号消失,则"需要启动"信号保持高电平,等待再一次接收允许启动信号。

当温度下降到 24 ℃以下时,冷凝风机及压缩机均停止运行,仅通风机保持运转。

如果温度继续回升到超过 25.5 ℃时,重新发出"需要启动"信号,当接收到"机组 1 允许启动信号"(I2.3)后,EM223 的 Q2.3(Q2.2)输出点动作,接触器 CFK12(CFK11)吸合,机组 1 的一台冷凝风机 CF12(CF11)运转。延时 45 s 后,EM223 的 Q2.4 输出点动作,接触器 CPK11 吸合,第一台机组的压缩机 CP1 的线圈 1 投入运行。延时 0.5 s 后,EM223 的 Q2.5 输出点动作,接触器 CPK12 吸合,线圈 2 投入。

当接收到"机组 2 允许启动信号"(I2.4)后,EM223 的 Q3.3(Q3.2)输出点动作,接触器 CFK22(CFK21)吸合,机组 2 的一台冷凝风机 CF22(CF21)运转。延时 45 s 后,EM223 的 Q3.4 输出点动作,接触器 CPK21 吸合,第二台机组的压缩机 CP2 的线圈 1 投入运行。延时 0.5 s 后,EM223 的 Q3.5 输出点动作,接触器 CPK22 吸合,线圈 2 投入。半冷时压缩机电磁阀不动作,系统保持半载状态,如此反复,保证冷凝风机的均衡运行。

④全冷工况

在半冷状态下,当温度继续升高,≥27.5 ℃时,EM223 的 Q2.3(Q2.2)和 Q3.3(Q3.2)输出点动作,两机组的另一台冷凝风机 CF12(CF11)和 CF22(CF21)投入运行,即此时四台冷凝风机均工作,同时 EM223 的 Q2.6 和 Q3.6 输出点动作,此时两机组的压缩机电磁阀动作,系统全载运行,机组处于全冷状态。

当温度降到 26 ℃以下时,压缩机电磁阀断开,且两机组各停一台冷凝风机 CF11(CF12)和 CF21(CF22),系统重又进入半载状态,此时机组又执行半冷操作。当温度重新回升到≥27.5 ℃时,四台冷凝风机及电磁阀重又运行,系统又处于全冷状态,如此反复。

若系统刚开机时室温≥27.5 ℃,则发出"需要启动"信号,当接收到"机组 1 允许启动信号"(I2.3)后,EM223 的 Q2.2,Q2.3 输出点动作,接触器 CFK11,CFK12 吸合,机组 1 的两台冷凝风机 CF11,CF12 运转。延时 45 s 后,EM223 的 Q2.4 输出点动作,接触器 CPK11 吸合,第一台机组的压缩机 CP1 的线圈 1 投入运行,延时 0.5 s 后,EM223 的 Q2.5 输出点动作,接触器 CPK12 吸合,线圈 2 投入。线圈 1 投入后延时 10 s,第一台机组的压缩机电磁阀动作。此时机组 1 进入全冷状态。

当接收到"机组 2 允许启动信号"(I2.4)后,EM223 的 Q3.2,Q3.3 输出点动作,接触器 CFK21,CFK22 吸合,机组 2 的两台冷凝风机 CF21,CF22 运转。延时 45 s 后,EM223 的 Q3.4 输出点动作,接触器 CPK21 吸合,第二台机组的压缩机 CP2 的线圈 1 投入运行,延时 0.5 s 后,EM223 的 Q3.5 输出点动作,接触器 CPK22 吸合,线圈 2 投入。线圈 1 投入后延时 10 s,第二台机组的压缩机电磁阀动作。此时机组 2 进入全冷状态。

接收到允许启动信号后,PLC 将"需要启动"信号复位。如果接收到允许启动信号并且在冷凝风机运行后的 1.6 s 内,机组 1 或机组 2 的允许启动信号消失,则"需要启动"信号保持高电平,等待再一次接收允许启动信号。

当温度降到 26 ℃以下时,电磁阀均断开,且两机组各停一台冷凝风机 CF11(CF12)和 CF21(CF22),系统重新进入半载状态,此时机组又执行半冷操作。当温度重新回升到≥27.5 ℃时,四台冷凝风机及电磁阀重又运行,系统又处于全冷状态。如此反复。

⑤预冷

若系统刚开机时检测到温度≥31.5 ℃,则执行预冷状态。首先四台通风机均运行。然后发出"需要启动"信号,同时 Q0.4,Q0.5 点动作,新风阀开始关闭,回风阀打开。延时 90 s 后两点断开。其后的动作同开机后第一次进入"全冷工况"。

当温度降到 30 ℃以下,或者预冷持续 30 min 后,预冷状态结束,此时系统仍处于全冷状态,且 Q0.3,Q0.5 动作,新风阀,回风阀均打开,延时 90 s 后两点断开。

⑥紧急通风

当客室的两个辅助逆变器均发生故障,空调机组失电。此时 PLC 会收到紧急通风逆变器发来的紧急通风信号,触点 I0.4 动作。PLC 停止所有接触器的输出。通风机通过紧急通风逆变器得电运转,最长运行 45 min。当紧急通风运行中,任何一路辅助逆变器恢复,则紧急通风信号消失,PLC 触点 Q0.4 断开,系统自动转入正常工作状态。若 45 min 后两路辅助逆变器均未恢复,则紧急逆变器自动停机,结束紧急通风状态。

若 PLC 控制器发生故障,则无论两个辅助逆变器正常与否,紧急逆变器均会启动,执行紧急通风。

⑦风阀状态

通风及制冷状态:新风阀全开,回风阀全开。

预冷状态:新风阀全关,回风阀全开。

紧急通风状态:新风阀全开,回风阀全关。

(2)手动模式

将工作模式选择开关分别打在"通风""半冷""全冷""停止"位,系统及执行相应工况。

①通风:选择通风位,I2.6 点动作。EM223 的 Q2.0、Q2.1 和 Q3.0、Q3.1 触点动作,接触器 EFK11、EFK12、EFK21、EFK22 吸合,两机组的四台通风机运转,系统处于通风状态。

②半冷:选择半冷位,I2.7 点动作。同自动半冷启动顺序。

③全冷:选择全冷位,I3.0 点动作。同自动全冷启动顺序。

④停止:选择停止位,I3.1 点动作。系统停机。

4. 通信

PLC 自带两个 RS-485 端口,通过 PC/PPI 通信电缆,一端接 PLC 的通信端口,另一端接便携式电脑,即可通过标准 RS-232 端口(或转为标准 USB 端口)直接进行信息传递。

TCMS 平台和外接计算机可监测到机组的运行状态、故障信息、设定温度和实时温度。TCMS 平台可控制机组的工作模式和设定温度。机组运行时,TCMS 和外接计算机可记录并存储当前温度和机组相关的信息。

5. 监控

通过外接计算机可以对系统进行查询,查询的内容主要包括:

(1)传感器检测的实时温度。

(2)车厢温度(两机组传感器检测的实时温度的平均值)。

(3)设定温度。

(4)当前空调机组的运行状态。

(5)机组各电机的运行情况。

(6)故障信息,包括当前故障及历史故障(每个机组存储 10 条历史故障)。

6. 故障

系统在正常情况下,Q0.2 和 Q0.7 动作,其指示灯亮。

当出现机组 1 的任何故障时,Q0.2 断开,指示灯灭。同时 P10 和端子排的 H40 之间接通,送出"机组 1 故障"信号。

当出现机组 2 的任何故障时,Q0.7 断开,指示灯灭。同时 P10 和端子排的 H50 之间接通,送出"机组 2 故障"信号。

(1)通风故障

①No.1机组通风机1过载保护(CPU224 的 I0.5 灯亮),PLC 接收到此信号时,断开1号机组除通风机12(Q2.1)外的其他输出。

②No.1机组通风机2过载保护(CPU224 的 I0.6 灯亮),PLC 接收到此信号时,断开1号机组除通风机11(Q2.0)外的其他输出。

③No.2机组通风机1过载保护(CPU224 的 I1.3 灯亮),PLC 接收到此信号时,断开2号机组除通风机22(Q3.1)外的其他输出。

④No.2机组通风机2过载保护(CPU224 的 I1.4 灯亮),PLC 接收到此信号时,断开2号机组除通风机21(Q3.0)外的其他输出。

(2)制冷故障

①No.1机组的压缩机压力异常(CPU224 的 I0.0 灯灭),PLC 接收到此信号时,断开1号机组压缩机的输出点 Q2.4 和 Q2.5,如 Q2.6 已动作,则也断开。同时系统锁定故障,必须排除故障并重新开机,系统才能重新投入运行。

②No.1机组的压缩机电机转向或绕组温度异常(CPU224 的 I0.1 灯灭),PLC 接收到此信号时,断开1号机组压缩机的输出点 Q2.4 和 Q2.5,如 Q2.6 已动作,则也断开。同时系统锁定故障,必须排除故障并重新开机,系统才能重新投入运行。

③No.2机组的压缩机压力异常(CPU224 的 I0.2 灯灭),PLC 接收到此信号时,断开2号机组压缩机的输出点 Q3.4 和 Q3.5,如 Q3.6 已动作,则也断开。同时系统锁定故障,必须排除故障并重新开机,系统才能重新投入运行。

④No.2机组的压缩机电机转向或绕组温度异常(CPU224 的 I0.3 灯灭),PLC 接收到此信号时,断开2号机组压缩机的输出点 Q3.4 和 Q3.5,如 Q3.6 已动作,则也断开。同时系统锁定故障,必须排除故障并重新开机,系统才能重新投入运行。

⑤No.1机组冷凝风机1过载保护(CPU224 的 I0.7 灯亮),PLC 接收到此信号时,如在半冷状态下,断开1号机组冷凝风机1的输出 Q2.2,启动另一台冷凝风机2,系统仍保持半冷。如在全冷状态下,则另一台冷凝风机及压缩机不停,断开 Q2.6。

⑥No.1机组冷凝风机2过载保护(CPU224 的 I1.0 灯亮),PLC 接收到此信号时,如在半冷状态下,断开1号机组冷凝风机2的输出 Q2.3,启动另一台冷凝风机1,系统仍保持半冷。如在全冷状态下,则另一台冷凝风机及压缩机不停,断开 Q2.6。

⑦No.1机组压缩机线圈1或线圈2过载保护(CPU224 的 I1.1 灯亮),PLC 接收到此信号时,断开1号机组压缩机的输出 Q2.4 和 Q2.5,压缩机停机。如 Q2.6 已动作,则也断开。

⑧No.2机组冷凝风机1过载保护(CPU224 的 I1.5 灯亮),PLC 接收到此信号时,如在半冷状态下,断开2号机组冷凝风机1的输出 Q3.2,启动另一台冷凝风机2,系统仍保持半冷。如在全冷状态下,则另一台冷凝风机及压缩机不停,断开 Q3.6。

⑨No.2机组冷凝风机2过载保护(EM223 的 I2.0 灯亮),PLC 接收到此信号时,如在半冷状态下,断开2号机组冷凝风机2的输出 Q3.3,启动另一台冷凝风机1,系统仍保持半冷。如在全冷状态下,则另一台冷凝风机及压缩机不停,断开 Q3.6。

⑩No.2机组压缩机线圈1或线圈2过载保护(CPU224的I2.1灯亮),PLC接收到此信号时,断开2号机组压缩机的输出Q3.4和Q3.5,压缩机停机。如Q2.6已动作,则也断开。

(3)直流电网电压异常

当直流电网电压低于1 150 V时,PLC会收到车上发来的DC 110 V电网电压异常信号,I1.2点有输入。此时,PLC控制机组仅执行通风状态。

当直流电网电压恢复到≥1 250 V,电网电压异常信号消失,PLC的I1.2停止动作。此时,PLC控制机组按正常状态运行。

7. 制冷系统的运行

制冷剂系统以制冷剂在液化过程(冷凝)中向外放出热量、汽化过程中(蒸发)在系统内吸收热量的原理为基础设计。

压缩机将蒸发后的低温低压状态下的制冷剂过热蒸汽(干蒸汽)吸入气缸,经压缩后,成为高温高压状态的蒸汽,进入冷凝器,通过冷凝管壁及翅片向外界空气放出热量,高温高压蒸汽冷凝液化为高压液体,继续放热后成为高压状态下的过冷液体,从冷凝器流出,经截止阀、干燥过滤器、视液镜进入热力膨胀阀节流,节流后,高压状态的制冷剂液体压力下降至设计的蒸发压力、变为低压状态,经分液器进入蒸发器,低温低压制冷剂液体通过蒸发管壁及翅片吸收流经蒸发器的空气的热量(即车内空气被冷却)而蒸发(或沸腾)汽化,形成低温低压的饱和蒸汽,继续吸热后变为低压状态下的过热蒸汽(防止压缩机气缸"液击"),再次被压缩机吸入,完成制冷循环。

由于送入车内空气被蒸发器冷却,温度低于该状态下空气的露点温度,所以空气中的水蒸气凝结成水而排出,达到了除湿的作用。

热力膨胀阀作为一种节流设备,具有两种功能:

(1)把制冷剂的蒸发压力降低到一定值。

(2)调整制冷剂流量到一定值以便使空调的制冷能力尽量与车体热负荷相适应。

为了加强冷凝器和蒸发器与制冷剂之间的热交换,一方面通过盘管外壁设置翅片以增加换热面积;另一方面,利用风机增大空气在盘管间的循环量。

二、司机室空调机组控制和运行

1. 司机室空调控制

司机室通风和空调机组通过操作位于司机室控制台上的"HVACCS"开关(空调系统司机室开关)和"TCACS"选择开关(司机室空调温度选择开关),由传感器执行器的动作,自动实现通风、制冷、制暖各功能。

若中间电压AC 400 V失效,司机室空调将在紧急通风模式下运行。蒸发器风机电机的紧急逆变器供电,紧急逆变器由DC 110 V的输入转化为三相AC 400 V的输入。

2. 司机室空调制冷系统工作原理

电源供电给控制盘,然后控制盘供电给蒸发器风机。若司机室需要制冷,控制盘将供电给冷凝风机,经过1 min后,给压缩机供电,则制冷系统开始工作。

在系统中,压缩机将蒸发后的低温低压状态下的R407C制冷剂过热蒸汽(干蒸汽)吸入气缸,经压缩后,成为高温高压状态的蒸汽,进入冷凝器,通过冷凝管壁及翅片向外界空气放出热量,高温高压蒸汽冷凝液化为高压液体,继续放热后成为高压状态下的过冷液体(50 ℃左右),从冷凝器流出,经干燥过滤器进入毛细管节流,节流后,高压状态的制冷剂液体压力下降至设计的蒸发压力、变为低压状态,进入蒸发器,低温低压制冷剂液体通过蒸发管壁及翅片吸收流经蒸发器的空气的热量(即司机室内空气被冷却)而蒸发(或沸腾)汽化,形成低温低压的饱和蒸汽,继续吸热后变为低压状态下的过热蒸汽(防止压缩机气缸"液击"),再次被压缩机吸入,完成制冷循环,如图 8-29 所示。

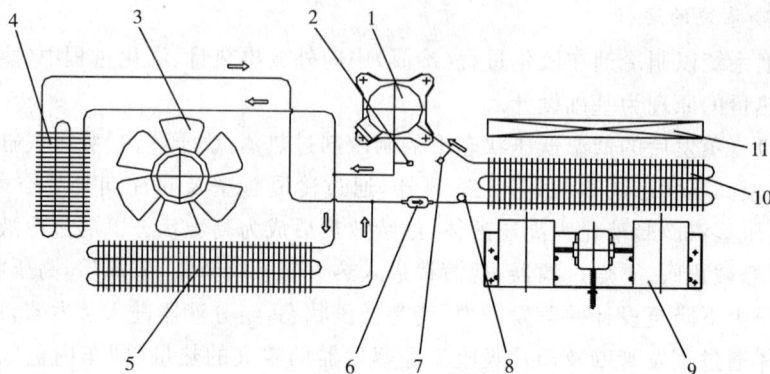

图 8-29　制冷循环图

1—压缩机;2—高压压力开关;3—冷凝风机;4—冷凝器一;5—冷凝器二;
6—干燥过滤器;7—低压压力开关;8—毛细管;9—蒸发风机;10—蒸发器;电热器

司机室内空气由司机室内的回风栅吸入至空调机组内,在蒸发器前与外界新风混合,再经过过滤,然后被蒸发器冷却、减湿,在蒸发器风机的作用下由出风栅送入司机室内进行循环、使得司机室内部的温度逐渐降低。

由于送入司机室内空气被蒸发器冷却,温度低于该状态下空气的露点温度,所以空气中的水蒸气凝结成水而排出,达到了除湿的作用。

温度传感器实现对司机室内空气温度的自动控制,使其维持在 25～29 ℃。

制冷系统连续工作,使司机室内温度逐渐降低,从而达到制冷、除湿、净化等目的。

若司机室内需要加热,则控制盘停止压缩机和冷凝风机,并启动电加热器和通风机。加热系统开始工作,将送入司机室的空气加热。加热运行过程中,由温度开关和过热熔断器来进行过热保护。

3. 司机室空调控制盘工作原理

(1)功能

如果司机室空调控制盘相应的软件已通过便携式电脑下载到 PLC 中,则控制盘可执行各功能:包括监控和手动操作。

(2)温度设定

制冷和加热温度值已在 PLC 的软件中设定好。设定点可通过 TCACS 选择开关改变。此开关具有五个制冷设定温度:29 ℃、28 ℃、27 ℃、26 ℃、25 ℃,回差值为 1 ℃。加热设定温度只有一个 18 ℃,回差值为 1 ℃。

4．司机室空调控制盘操作

（1）控制功能

①自检

PLC自检成功后（包括PLC本身的自检以及外部各触点状态的自检），Q1.0动作，通过中间继电器Y105发给RIOM一个输入信号。由传感器检测到车内温度，与PLC内部设定的温度比较后，自动进行通风、制冷、加热的工作状态。

设TCACS打到第2挡，即27 ℃，空调的工作状态与设定温度如图8-30所示。

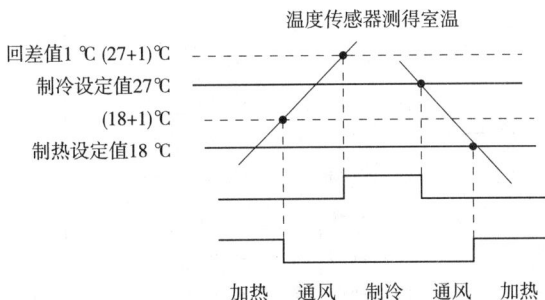

图8-30 司机室空调工作状态与设定温度

②通风

闭合HVACCS开关后，PLC的Q0.0触点动作，接触器EFK1得电，通风运行灯亮，通风机得电运转，当传感器检测到的温度在18～27 ℃时，空调机组只处于通风状态。

通风与制冷设有正连锁，通风与加热设有正连锁，制冷与加热设有反连锁。通风与紧急通风设有反连锁。

③制冷

当温度超过28 ℃时，通风机先得电运转，然后PLC的Q0.1触点动作，接触器CFK得电吸合，冷凝风机CF得电运转，Q0.1触点动作15 s后，PLC的Q0.2触点动作，接触器CPK吸合，制冷灯亮，压缩机CP运转，机组进入制冷模式，温度开始下降。

当温度降到27 ℃时，PLC的Q0.1、Q0.2触点同时断开，机组进入通风状态，温度开始回升；当升至28 ℃时，PLC的Q0.1触点先动作，冷凝风机运转，Q0.1动作15 s后，PLC的Q0.2触点动作，机组又开始制冷，如此循环，空调机组在制冷模式下工作。

④制暖

当温度低于18 ℃时，通风机首先运转，然后PLC的Q0.3触点动作，接触器HK得电吸合，加热指示灯亮，电加热器HE开始工作，温度开始上升；当温度升至19 ℃时，Q0.3触点断开，电加热器停止工作，温度开始下降；当温度降到18 ℃时，Q0.3触点动作，电加热器又开始工作，如此循环。空调机组在加热模式下工作。

⑤紧急通风

当PLC收到车内DC 110 V紧急通风信号后，I1.5触点动作，首先停止其他所有动作，然后触点Q0.4动作，接触器EFK2吸合，紧急通风灯亮。通风机通过紧急通风逆变器得电运转（运行时间最长45 min）。

在紧急通风运行中，若紧急通风信号消失，则PLC触点Q0.4断开，接触器EFK2失电，系统自动转入正常工作状态，如图8-31所示。

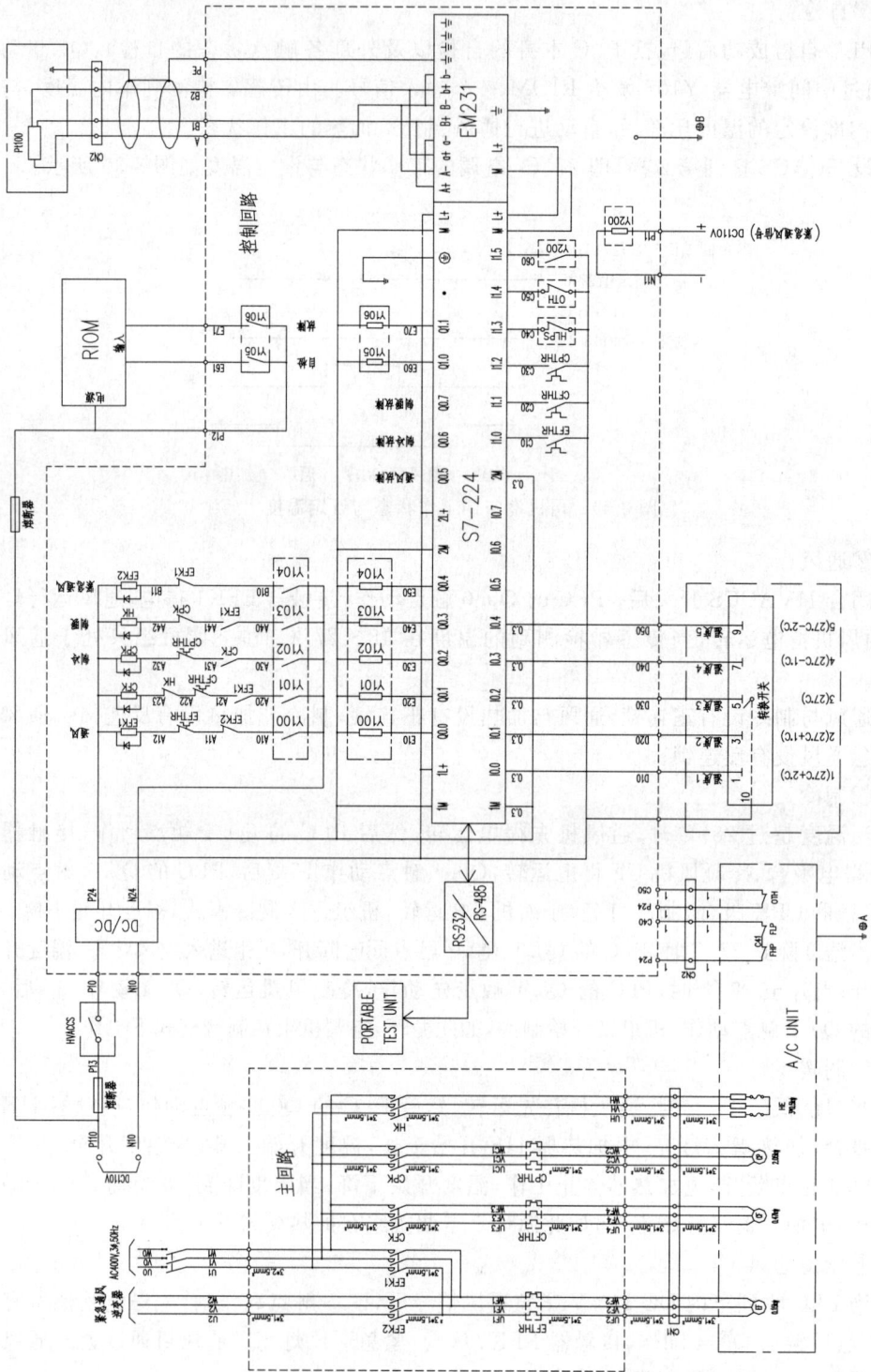

图8-31 司机室控制盘原理图

（2）通信与监控

有一个 RS-485 接口，可直接通过 RS-485/RS-232 逆变器电缆与 RS-232 接口连接，然后连接到计算机实现信号通信。

控制系统中使用便携式电脑可进行下列检测：

①传感器测得的温度。

②冷凝器电流状态。

③制冷和加热温度设定。

④故障编码和发生次数。

（3）保护与故障诊断

①通风故障

当通风机电机电流过载，通风机热继电器 EFTHR 动作，常闭触点断开，即 A11 与 A12 断开，EFK1 失电，通风机停机，同时常开触点闭合，即 P24 与 C10 接通，PLC 内 I1.0 触点动作后，Q0.5 触点动作，指示灯亮，显示故障。

因连锁的关系，此时空调处于全停状态。当 EFTHR 恢复正常后，PLC 会自动重起通风机。如在第一次电流过载 120 s 以内又出现过载，则 PLC 自动锁死通风机，即使 EFTHR 恢复正常也不再启动，同时触点 Q1.1 动作给机车发出故障信号。必须先断开 HVACCS，然后再次闭合 HVACCS 后才可重新启动通风机。

②制冷故障

在 DC 110 V 给电后，若 P24 与 C20 之间接通，即 I1.1 触点动作，或者 P24 与 C30 之间接通，即 I1.2 触点动作，或者 P24 与 C40 之间断开，即 I1.3 触点动作，则 PLC 的 Q0.6 触点动作，制冷故障灯亮，显示制冷故障。

故障具体内容为：

a. HLPS 断开——系统高、低压力异常。

b. CPTHR 常开点闭合——压缩机电流过载。

c. 即 CFTHR 常开点闭合——冷凝风机电流过载。

若故障恢复，除系统高、低压力异常故障外，PLC 会自动再启动一次；在 120 s 以内，若仍出现故障，PLC 会锁死故障，同时触点 Q1.1 动作给 RIOM 发出故障信号，即使再恢复正常后，仍不能进行制冷，需断开 HVACCS 后再闭合，才可重新进行制冷。

若发生高、低压力异常故障后，系统认为是严重故障，只要发生一次，Q1.1 即动作，给 RIOM 发出故障信号，同时在通风机无故障的情况下，保持其运转。只有断开 HVACCS 后再闭合，才可重新进行制冷。

③加热故障

当电热器当温度超过 70 ℃后，温度继电器 OTH 断开，I1.4 触点动作，则 Q0.7 触点动作，电热故障灯亮，当电热器温度降至 50 ℃时 OTH 恢复接通后，PLC 自动再次启动电加热器；若在 120 s 以内，如再次出现 OTH 断开，PLC 会锁死故障，即 OTH 恢复后也不再启动，同时触点 Q1.1 动作给 RIOM 发出故障信号，需断开 HVACCS 后再闭合，才能再次运行加热；当电热器温度过高超过 121 ℃时，电热器主回路的熔断器熔断，必须更换熔断器后加热工作才可重新进行。

（4）空调机组的使用

①运转前的检查

在运转空调机组之前，应详阅机组使用说明书和"逆变电源和控制箱说明书"，并对下列项目进行检查，在确认没有问题之后，方可开始运转。

a. 配线用的电气连接器是否确实接好。

b. 电源和控制部分是否正常。

c. 机组冷凝风机进风口装有防护盖板，在非空调季节用于防止尘、雪和杂物落入空调机组内。制冷运转前，必须先拆下防护盖板。

②运转

a. 通风运转

通风机运转时，应确认车内出风口是否有风吹出，若风量极小时，可认为是风机反转，此时可将电源相序调整正确，即将三相中的任意两相对调（注意：空调机组出厂时各电机的相序已调好，不要随意调换），还需确认是否有异常振动和噪声。

b. 出风方向调整

根据司机室内人员位置，可调整出风栅导向片的角度，使出风方向保持在最理想的状态。

c. 制冷运转

将开关扳至"制冷"位，则冷凝风机运转。先检查风机旋向与风机标识旋向是否一致。经过延时后，压缩机开始运转，此时出风口应有冷风吹出，吸入和吹出的空气温差为 8～10 ℃时，表明工作正常。

③空调机组的安全运行

空调机组的安全操作：

a. 在进行检修时，必须切断电源，严禁带电作业。

b. 当空调机组出现故障时，必须查明原因，排除故障后才允许重新启动，严禁带故障强行启动。

c. 低温运转：当室内空气温度低于 20 ℃时，不宜启动制冷运转，以防蒸发器表面结霜并损坏压缩机。如果在试运转时或迫不得已需要启动压缩机时，应利用电加热器提高环境温度后，再行运转。

d. 再次启动：在短时间内，不要使室外风机或压缩机频繁启动、停止。由于启动电流将加快电机的绝缘老化和电磁接触器等电器元件接点消耗。所以再次启动时，一定要间隔 5 min 以上。

e. 使用电加热器的注意事项：电加热器的工作可靠性，将直接影响到机车的行车安全。电加热器工作不可靠或操作不当，将有可能引起机车的火灾事故。在加热运转的操作过程中，必须注意以下几点：

⑤通电前需对下列各项确认无误后，才允许继续操作。

◆电加热器回路中各处接线完好。

◆温度继电器、温度熔断器等保护元件正常，以及其他保护装置正常。

◆通风机的接触器、热继电器动作可靠；风机运转良好。

◆通风机与电加热器互锁功能可靠（风机不运转，电加热器不能投入运行）。

◆回风滤尘网无脏堵、出风栅叶片排风通畅。

◆电热管上及其周围的附着物及其他杂物已清理干净。

ⓑ开机后的检查。

◆检查通风机工作是否正常。通风机故障或不运转时,不允许继续给电加热器供电。

◆注意观察电加热器的工作情况及工作电流。

◆电加热器温度熔断器断开后,必须确认。在故障排除前,不允许将温度熔断器短接,否则可能会造成火灾事故。

◆关机时,电加热器断电后,让通风机继续运转 3 min,以保证电加热器余热散出。

第五节　空调的检修

一、压缩机的检修

(1)定期对压缩机的外观进行检查,要求外表面无损伤、无泄漏,各紧固件紧固无松动。

(2)如压缩机电动机有热保护装置,则需要定期对热保护装置进行检测。

(3)在每次列车的大修时(运行 100 万 km),需更换压缩机底架上的橡胶座垫。

二、蒸发器箱检修

(1)检查盖板固定螺栓、搭扣及铰链。无损坏、固定牢固。

(2)检查通风机。叶片完好,可自由转动,无异音。出风口通风正常。

(3)更换回风过滤网,并清洁框架。更换过滤网,清洁框架。

(4)检查蒸发器翅片。无损伤变形。

(5)检查管路表面及接口。管路表面无损伤,无油污。管路接口无损坏、无松动。

(6)清洁传感器。清洁,功能正常。

(7)检查空调风阀。风阀工作正常。

(8)清洁通风机室和混合风室,清洁、部件无损坏,螺栓、及电器接口无松动。

(9)检查接线端子排,无损伤、无松动、无异常发热现象。

三、冷凝器箱检修

(1)检查空调冷凝风机。叶片完好,可自由转动,无异音。

(2)检查管路、阀门。无损伤变形和泄漏。

(3)检查冷凝器翅片。无损伤变形。

四、压缩机箱

(1)检查压缩机外观及渗油情况。无损伤,无渗油。

(2)更换新风过滤网,清洁新风空气格栅。更换。

(3)检查压缩机安装座及紧固螺栓。螺栓无松动。

(4)检查空调风阀。风阀工作正常。

(5)检查视液镜。颜色为绿色正常,黄色更换

五、系统及总成检修

(1)制冷系统检漏。管路表面无损伤,无油污。管路接口无损坏、无松动,制冷剂无泄露。

(2)盖板及密封胶条。各盖板无损伤、变形,胶条无破损脱胶。

(3)检查紧固螺栓。螺栓无松动。

六、阀类零件的检修

(1)定期检查感温包(使用热力膨胀阀的制冷机组)及毛细管的安装是否牢固。

(2)如系统出现脏堵,安装热力膨胀阀的需要拆开膨胀阀对其进行清洁或者更换膨胀阀(或阀芯);安装毛细管的则需要打开系统,将毛细管中的杂质用高压空气将其吹出或更换毛细管。

七、更换干燥过滤器(或过滤器芯)

(1)必须确保更换部件区域附近的管路没有制冷剂。

(2)安装上新的过滤器后,应对干燥过滤器区域的气密性(用氮气检测)进行检查。

(3)充氮保压气密性检查合格后,还应对干燥过滤器区域进行抽空,防止空气或氮气进入制冷系统的回路。

八、空调自动控制系统检修

(1)检查空调控制部件及所有线路。要求无损伤、无松动、无异常发热现象。

(2)检查空调功能,要求功能正常。

(3)检查客室紧急通风功能,要求功能正常。

(4)紧急逆变器清洁。要求表面清洁无污物。

九、气动系统的检查

(1)检查每处气动管路的连接、走向及位置正确,确保固定牢固、位置正确,保证气动有足够的活动和移动空间。

(2)定期检查管路表面有无变形、破损等损伤,以免发生气体泄漏而影响正常使用。

(3)定期按照规定的扭矩要求检查空调机组中的各紧固件,确保连接紧固无松动。

(4)根据橡胶件的规定使用年限,对空调系统中的橡胶件进行定期更换。

(5)检查所有的电气连接部位、电缆、接地装置等,要求连接紧固无松动,电线电缆表面无破损老化等现象,确保接头接触良好以免松动和腐蚀,造成电气故障。

(6)检查空调机组的内部和外部的油漆是否损坏和腐蚀。

(7)修补油漆缺口,换掉腐蚀的部分并对该修理区进行重新油漆。

十、其他检修

(1)定期的检查空调机组的外观,要求无损伤、无变形。

(2)定期清洗空调机组的外表面,确保表面清洁无污物。

十一、系统抽真空

(1)打开系统中的所有的手动开关和电磁阀。

(2)真空泵应连接在回路吸气和高压侧,确保工作区的环境温度为 15 ℃。

(3)利用真空管将真空泵连接到需进行抽真空的那一部分回路中。

(4)将真空计连接到需要排空的那部分回路上。

(5)为达到一个高的干度等级,真空泵应运转大约 4 h,直至压力低于 0.7 kPa。

(6)然后在此压力下运转 4 h,当压力大约到 0.7 kPa 时,排空过程完成。

(7)拆下真空泵,系统真空度需保持 30 min 内压力不升高,此时即可拆下真空计。

(8)此时可对抽空的设备中充入制冷剂。

十二、制冷剂的维护

(1)易凝结,冷凝压力不要太高。

(2)标准大气压力下,汽化温度较低,单位容积制冷量大,汽化潜热大,比容小。

(3)无毒、不燃烧、不爆炸、不腐蚀,且价格低廉等。

十三、空调检查故障的方法与步骤

1. 机组正常运行的特点

(1)空调机组启动后,通风机、冷凝风机、压缩机通过电气联锁按顺序启动。

(2)压缩机的启动应该平稳,无剧烈振动,没有敲击声或拉锯声。

(3)启动时,电流表指针摆动正常,正常运行时,压力表指示不应偏差正常值太多,指针平稳且无剧烈摆动。

(4)客室内各送风口应有适量冷风吹出,凝结水不随风吹出或有泄漏滴水。

(5)客室内降温情况良好,温度下降均匀,并自动控制在各工况所规定的范围内。

(6)机组在"强冷"或"强暖"工况时,回风口和排风口温差约在 8~9 ℃左右。

2. 空调机组的保养维护

(1)冷凝器

冷凝器的散热片上落上灰尘异物时会影响换热效率,使高压侧的压力升高,所以需进行定期检查、清扫或清洗。

清扫时,把压缩空气按运转时的反方向吹入肋片间隙或从脏物附着多的一侧用吸尘器进行吸尘。特别脏时,应使用专用洗涤剂进行清洗。

(2)蒸发器

蒸发器过脏,会使室内通风机风量减小,冷量不足,甚至会导致蒸发器表面的凝结水被通风机吹入风道内,并通过出风口滴入车内。所以视灰尘的附着情况应定期清扫或清洗。

清扫时,把压缩空气按运转时的反方向吹入肋片间隙或从脏物附着多的一侧用吸尘器进行吸尘。特别脏时,应使用专用洗涤剂进行清洗。

注意:用洗涤剂进行清洗时,需对电加热器、接线盒和电动回风阀执行器进行有效的防护或拆下电加热器、电动回风阀,避免电加热器和风阀执行器线路进水损坏。

(3)油漆修复

检查空调机组表面油漆;检查主要部件,包括风机,压缩机等表面油漆。若有部件生锈,首先去除锈迹再涂防锈漆,然后涂面漆。

(4)排水系统

定期检查、清洗排水口,并疏通排水管,使之不被垃圾或异物等堵塞。

(5)冷凝风机

运转时,发现有异常声音、振动时,需更换轴承或电机。

(6)通风机

可用软毛刷刷洗附着在叶片内侧的灰尘(注意不要使叶片变形)。运转时,发现有异常声音、振动时,应更换轴承或电机。

(7)隔热材料检查

目测蒸发器室中隔热材料是否老化;如发现隔热材料表面有明显裂痕、明显损伤、与箱体粘接处有开胶现象,须除去老化或损坏的部分,换粘新的相应隔热材料。

(8)管路固定胶圈

固定管路时使用固定胶圈防止管路受损。当检查出胶圈有明显裂痕或冷却管固定不牢时更换胶圈。

(9)减振器检查

减振器不需特殊维护,如损坏或失效,应予以更换。当目测减振器表面有明显的裂纹或空调机组或压缩机有异常的振动和噪声时,则可考虑更换。

(10)紧固件检查(压缩机,风机、电加热器和终端的螺栓等)

通过查看螺栓防松标记或以橡皮锤轻击来检查各元件(如压缩机,风机,电加热器、电气元件终端等)的安装螺栓是否松动。

(11)绝缘电阻检查

用500 V电阻表测量绝缘电阻并确认带电部分与无电部分之间的绝缘,若绝缘电阻小于2 MΩ,应检查各部分是否有绝缘老化并做适当地修补。

(12)电气连接检查

确认电线端头连接及其紧固螺栓连接牢固、可靠。

(13)新风滤尘网

新风滤尘网灰尘过多会使新鲜空气量减少,需定时清洗。

(14)回风滤尘网的清洗

蒸发器前滤尘网上灰尘过多,会使室内侧通风量减少,制冷量降低,应定期清洗。

(15)电加热器的清理

电加热器上落上的尘垢,可用压缩空气吹掉。不锈钢制成的发热体退火处理后,表面有时会生锈。若锈面不扩大,可视为正常现象。

3. 空调常见故障及处理方法

空调常见故障及处理方法见表8-3。

表 8-3　空调常见故障及处理方法

故障内容	故障的原因	故障的判断方法	处　理
1 不出风	(1)离心风机的配线方面 连接器处断线或连接螺丝松弛 (2)电动机烧损或断线 (3)控制线路及电器故障	查看电路接通情况 查看电路接通情况 测线圈电阻是否平衡 检查电路及电器元件	修理 拧紧 更换电机 修理或更换
2 风量小	(1)风机电机反转 (2)蒸发器散热片脏堵 (3)风机叶片积垢 (4)回风滤网脏堵	检查风机转向 检查(目视) 检查 检查	调换相线 清洗 修理 清洗
3 不冷	(1)压缩机电机不运转 ①电机断线、烧损 ②高压压力开关动作 ③低压压力开关动作 ④配线端子安装螺丝松动 ⑤压缩机故障 ⑥冷凝风机电机的热继电器动作 (2)压缩机运转 制冷剂泄漏	测定线圈电阻 见第 6 项 见第 7 项 查看接通情况 检查压缩机 检查电机电流 ①室内吸入和排出空气温度相同 ②蒸发器回气管温度过高 ③压缩机电流小	更换压缩机 拧紧 修理或更换 修理或更换 检漏、修理制冷循环系统、抽空、充注制冷剂
4 冷量不足	(1)室内、外热交换器积满脏物 (2)蒸发器结冰 (3)温度传感器设定温度过高或动作不良 (4)制冷剂少量泄漏 (5)制冷剂充注过多 (6)风量不足	检查 检查(目视) 检查 测定运转电流及回气压力,根据制冷剂泄漏判定表进行判定 电流过大 见第 2 项	清扫 送风化冰 调整或修理 修理制冷剂循环系统、补充制冷剂 将制冷剂少量放出
5 振动噪声大	(1)通风机电机轴承异常 (2)通风机不平衡 (3)紧固部位松弛	检查风机的平衡性 检查各紧固部位	修理风机 拧紧

故障内容	故障的原因	故障的判断方法	处　理
6 高压开关动作	(1) 室外热交换器脏 (2) 制冷剂充注过多 (3) 冷凝风机反转 (4) 排气管段堵塞 (5) 室外通风机不转 ①电机烧损 ②电机的球轴承损伤 (6) 空气或不凝性气体混入系统	检查室外热交换器 电流过大 检查 检查 测定线圈电阻是否平衡 检查	清扫 将制冷剂少量放出 将相序调整正确 修理 更换电机 更换球轴承 排除
7 低压开关动作	(1) 制冷剂泄漏 (2) 毛细管或干燥过滤器等堵塞 (3) 蒸发器热负荷过小	压缩机运转电流偏小 电流过大、排气压力高 滤网堵塞、通风量小	修理、补充制冷剂 修理、更换 清洗
8 漏水	(1) 安装不良防水胶条处渗水 (2) 蒸发器排水管脏堵	检查 水滴被通风机带入车内风道内	进行正确安装 清理
9 不制暖	(1)电加热配线方面 ①机组连接器部位与控制盘断线 ②配线连接部位螺丝松弛 (2)室内通风机停转 (3)温度开关不良或动作 (4)熔断器熔断	查看导通情况 查看导通情况 见第 1 项; a. 检查工作温度, 在常温下触点闭合, 70 ℃ 以上触点断开; b. 检查滤尘网和蒸发器 检查压差控制器是否故障; 见本项(2) 见本项(3);	修理 拧紧 更换不良温度开关 清洁 查明熔断原因,更换故障部件、清洁滤尘网和蒸发器。

关键名称与概念

1. 地铁空调通风系统:地铁车辆每辆车配置两个独立的单元式空调机组,共用一个控制盘;每辆车配置两个送风道;列车两端的司机室分别配置单独的空调机组,安装在司机室顶部,通过司机控制台进行单独控制。

2. 压缩机:制冷系统中使用的压缩机为全密封螺杆式。低温低压的制冷剂过热蒸汽通过低压的吸入管和阀门被压缩机吸入并进行压缩。高温高压制冷剂蒸汽在排出阀排出压缩机,流向冷凝器。

3. 冷凝风机:冷凝风机强制外界空气循环并穿过冷凝器翅片管,加强冷凝器的散热。冷凝管中高温高压的制冷蒸汽被冷却后,在冷凝器管中冷凝为高压液体,继续冷却后,形成过冷液体。冷凝风机吸入的外界空气先经过轴流风机电机,对其起到了冷却作用。

4. 视液镜(湿度指示器):湿度指示器(视液镜)安装于干燥过滤器出口之后,将视液镜中所示的颜色与外部法兰所贴标签上的参照色进行比较,可显示出系统中是否含有过多的水分。

5. 空气过滤器:空调机组具有两个空气过滤器,可净化进入蒸发器的空气,防止灰尘及其他可能附在蒸发器翅片上的固体物质进入蒸发器并堵塞气流,导致制冷能力下降。并保证送入车内的空气具有一定的洁净度。

6. 温度传感器:设置在空调机组回风口处,用来检测车内温度。PLC通过温度采集模块 EM231 采集温度并以此来选择空调所需的运行模式,为乘客提供最舒适的环境。

7. 紧急逆变器:电源 DC 110 V→AC 400 V,在紧急通风模式下运行时为空调机组通风机供电。

8. 回风阀:空调机组包括两个电动回风阀,每个风阀由伺服电机驱动,安装在回风入口内。紧急运行时风阀关闭。正常运行时,风阀打开。机组正常操作时风阀保持打开状态。

9. 新风阀:空调机组包括两个电动新风阀,位于压缩机腔与蒸发器腔之间隔板上的左右新风入口处。在预调节阶段和预调节阶段完成时,新风阀为关闭状态,机组正常操作时风阀保持打开状态,保证有一定量的新鲜空气参与车内空气的循环。

复习题

1. 空调通风系统的组成部件有哪些?(适合【初级工】)
2. 空调机组的工作原理是什么?(适合【初级工】)
3. 空调制冷的工作过程是什么?(适合【初级工】)
4. 空调常见的故障有哪些?(适合【初级工】)
5. 空调系统是如何运行的?(适合【中级工】)
6. 空调的制冷剂系统是如何运行的?(适合【中级工】)
7. 空调制冷故障有哪些种类?(适合【中级工】)
8. 空调机组故障是如何诊断的?(适合【高级工】)
9. 紧急通风逆变器的使用条件有哪些?(适合【高级工】)
10. 紧急通风逆变器的控制回路是如何工作的?(适合【高级工】)
11. 紧急通风逆变器的故障排除方法有哪些?(适合【高级工】)
12. 空调的控制系统控制过程是怎么样的?(适合【高级工】)
13. 空调不出风的故障原因是什么?(适合【技师】)
14. 空调不出风的故障判断方法是什么?(适合【技师】)
15. 空调不出风的处理措施有哪些?(适合【技师】)
16. 空调不制冷的故障原因有哪些?(适合【技师】)

第九章 列车监测与控制系统

培训目标 ◄◄◄

　　通过本章学习,熟悉列车通信网络基础知识,掌握列车监测与控制系统的组成;熟悉列车监测与控制系统作用及控制方式;熟悉乘客信息系统;掌握乘客信息系统的基本功能;熟悉乘客信息系统的基本工作原理及工作过程;了解城市轨道交通车辆网络拓扑的相关知识。

第一节　列车通信网络

一、列车通信网络概述

1. 列车通信网络发展史

20 世纪 70 年代末至 80 年代初,车载微机的雏形分别在西门子公司和 BBC 公司出现。1988 年 IEC 第 9 技术委员会 TC9 成立了第 22 工作组 WG22,其任务是制订一个开放的通信系统,从而使得各种铁道机车车辆能够相互联挂,车上的可编程电子设备能够互换。1992 年 6 月, TC9WG22 以委员会草案 CD(Committee Draft)的形式向各国发出列车通信网 TCN(Train Communication Network)的征求意见稿。1994 年5 月至 1995 年 9 月,欧洲铁路研究所在瑞士的 Interlaken 至荷兰的阿姆斯特丹的区段,对由瑞士 SBB、德国 DB、意大利 FS、荷兰 NS 的车辆编组成的运营试验列车进行了全面的 TCN 试验。1999 年 6 月,TCN 标准草案正式成为国际标准,即 IEC61735。

2. 列车通信网络简介

　　列车通信网络是面向控制,连接车载设备的数据通信系统,是分布式列车控制系统的核心。列车通信网络将列车微机控制系统的各个层次、各个单元之间连接起来,作为系统信息交换和共享的渠道,从而实现全列车环境下的信息交换;是列车车辆之间和车辆内部可编程设备互连传送控制、检测与诊断信息的数据通信网络;是用于列车这一流动性大、环境恶劣、可靠性要求高、实时性强、与控制系统紧密相关的特殊的计算机网络。

　　列车通信网络集列车控制系统、故障检测与诊断系统以及乘客信息服务系统于一体,以车载微机为主要技术手段,并通过网络实现列车各个系统之间的信息交换,最终达到对车载设备的集散式监视、控制和管理目的,实现列车控制系统的智能化、网络化与信息化。

　　列车通信网上的数据分为三类:过程数据(process data)、消息数据(message data)和管理数据(supervisory data)。

过程数据是那些短而紧迫,传输时间确定和有界的数据。把列车运行的控制命令和运行状态信息定义为过程数据。过程数据的传输是周期性的。

消息数据是非紧迫的但可能冗长的信息,列车通信网络把诊断信息、显示信息和服务功能作为消息数据来传送。它们的传送是非周期的,可以根据需要分帧传送。

管理数据是网络自身管理、维护和初始化时在通信网中传递的"数据"。这些数据只有在网络重构或初始化时才传递。

在列车运行时通信网上传送的只有过程数据和消息数据,这两种数据用周期传送和非周期传送来区分。周期性和偶发性数据通信共享同一总线,但在各设备中被分别处理。周期性和偶发性数据发送由充当主节点的一个设备控制。

二、TCN(WTB/MVB)通信协议

1. TCN 通信协议概述

TCN(列车通信网络)于 1999 年 6 月正式成为国际标准,即 IEC61735。由于TCN 是专门为列车通信网络制定的标准,在实时性、可靠性、可管理性、介质访问控制方法、寻址方式、通信服务种类等方面有着一定的优势。

该标准对列车通信网络的总体结构、连接各车辆的列车总线、连接车辆内部各智能设备的车辆总线及过程数据等内容进行了详细的规定。

TCN 将列车上的智能设备连接起来,完成下述功能:

(1)列车牵引及车辆控制(如车门、车灯等的远程控制)。

(2)远程诊断及维护。

(3)乘客信息及舒适性。

2. TCN 网络拓扑结构

TCN 网络按其层次结构分为二级网络与一级网络。

(1)二级网络

二级网络由列车级(WTB)与车辆级(MVB)两级网络构成,网关(GW)起WTB/MVB 协议转换的作用,对于四动两拖六辆编组的城市轨道交通车辆,典型的二级网络拓扑结构如图 9-1 所示。各车辆上的设备可根据实际需要配置。

TCN 包括两层结构:

①连接各车辆的绞线式列车总线(WTB,Wire Train Bus),列车新编组时可自动配置,通信介质为双绞线,通信速率为 1 Mbit/s。

②连接一节车辆内或车辆组各设备的多功能车辆总线(MVB),经优化具有快响应性,通信介质为双绞线或光纤,通信速率为 1.5 Mbit/s。

网络管理部分包括对网络的配置、维护及操作。

(2)一级网络

一级网络列车级与车辆级都由 MVB 总线构成,只需 MVB 信号中继器,不需要网关。采用电气中距离 EMD 作为列车级总线,对于四动两拖六辆编组的城轨列车,典型的一级网络拓扑结构如图 9-2、图 9-3 所示。各车辆上的设备可根据实际需要配置。

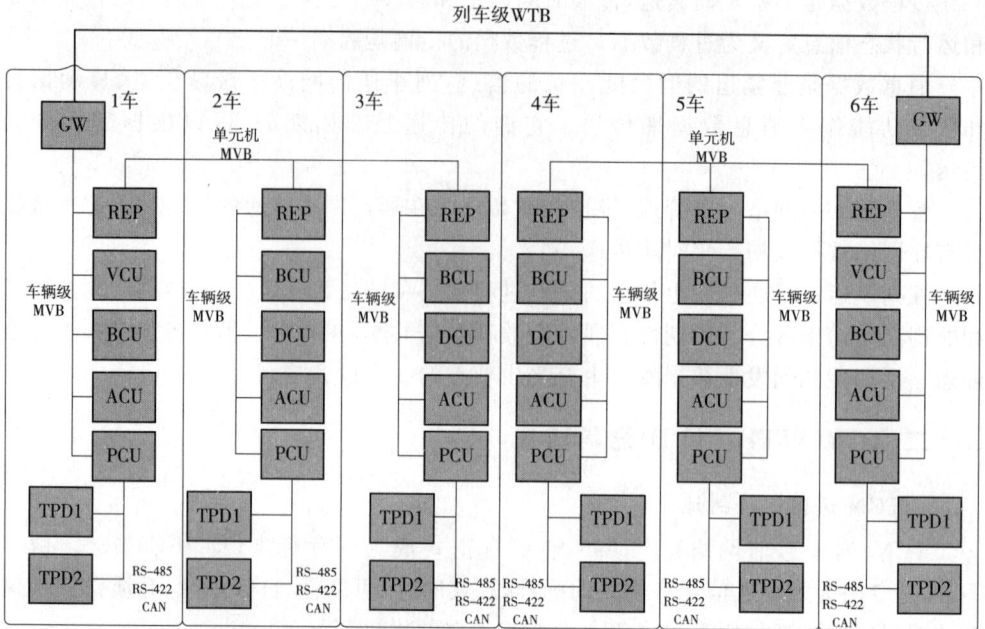

图 9-1　二级网络拓扑结构图

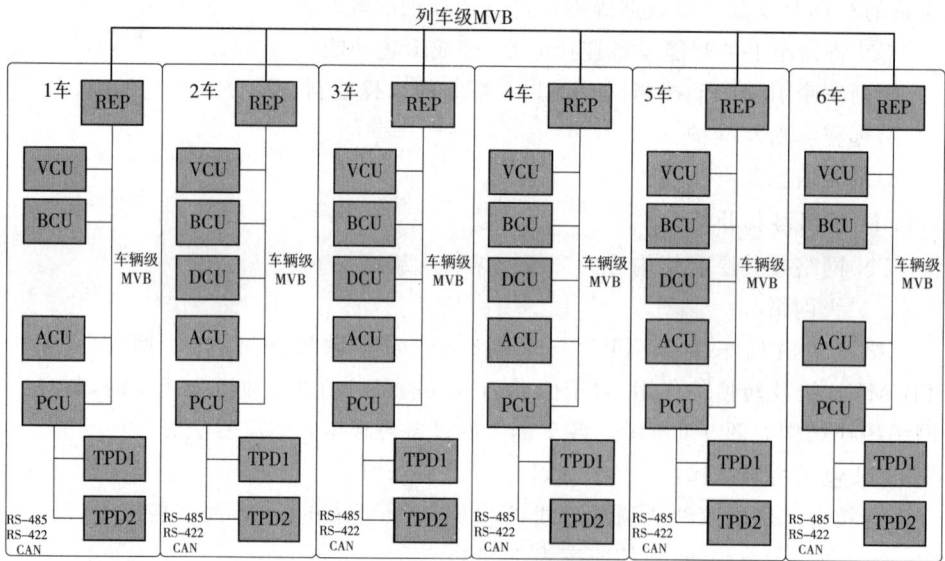

图 9-2　一级网络拓扑结构图（一）

城市轨道交通车辆多采用一级网络拓扑结构，故对 MVB 做详细描述。

（3）多功能车辆总线 MVB

车辆总线为 MVB(Multifunction Vehicle Bus，多功能列车总线)，该总线使用阻抗受控的冗余介质，其传输的信息速率为 1.5 Mbit/s。最大传输距离为 200 m，32 个节点(设备)，备用节点至少每段为 20%，用于处理数据的备用带宽约为 30%。在总线上可以使用不同的轮询周期：从用于快速信息的 32 ms 到用于较次信息的 512 ms。

①MVB 物理层

MVB 提供三种通信介质，工作速率相同。

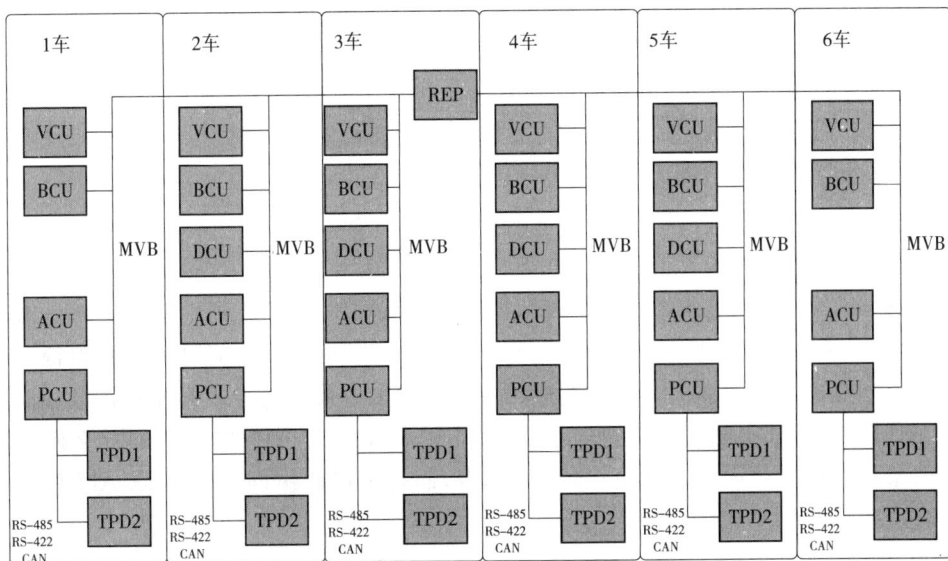

图 9-3 一级网络拓扑结构图(二)

a. 标准的 RS-485 收发器,距离 20 m,最多连接 32 个设备。

b. IEC61158-2 规定的变压器及电气隔离收发器,采用屏蔽双绞线,距离 200 m,最多 32 个设备。

c. 光纤,距离 2 000 m,点对点连接或星形连接。

MVB 上连接的设备都有一总线控制器,设备通过它来控制总线访问。MVB 采用曼彻斯特编码。

②MVB 帧

MVB 帧是由 9-bit 起始位+数据+8-bit 校验位+结束位构成的。

MVB 有以下两种帧:

a. 主控帧。总线的某个总线管理器发送的帧。

b. 从属帧。由总线从设备发送,回应某个主控帧。

基于帧结构,MVB 共有 16 种报文,在主控帧中以一个字码(F-code)来区分,见表 9-1。

表 9-1　MVB F-code 表(主控帧类型)

F-code	报文类型	F-code	报文类型
0	16 位长的过程数据请求	8	主控权转换请求
1	32 位长的过程数据请求	9	一般事件请求
2	64 位长的过程数据请求	10	(保留)
3	128 位长的过程数据请求	11	(保留)
4	256 位长的过程数据请求	12	256 位长的消息数据请求
5	(保留)	13	群组事件请求
6	(保留)	14	单一事件请求
7	(保留)	15	设备状态查询

MVB 介质访问控制采用主从方式,由唯一的主控器以定时轮询的方式发送主控帧。总线上其他设备均为从属设备,需要根据收到的主控帧来回送从属帧。从属设备不能同时发送信息。MVB 由专用主设备——总线管理器进行管理。为增加可用性,可能有多个总线管理器,它们以令牌方式传递主设备控制权。

三、CAN 通信协议

1. CAN 通信协议概述

CAN(Controller Area Network)即控制器局域网络。CAN 通信协议最初是由德国的 Bosch 公司为汽车监测、控制系统而设计的,由于其高性能、高可靠性及独特的设计,越来越受到人们的重视。现代交通设备越来越多地采用电子装置控制,如加速、刹车控制(ASC)及复杂的抗锁定刹车系统(ABS)等。由于这些控制需检测及交换大量数据,采用硬接信号线的方式不但烦琐、昂贵,而且难以解决问题,采用 CAN 总线上述问题便得到很好的解决。

2. CAN 总线的特点

(1)CAN 为多主方式工作,网络上任一节点均可在任意时刻主动地向网络上其他节点发送信息,而不分主从,通信方式灵活,且无需站地址等节点信息。利用这一特点可方便地构成多机备份系统。

(2)CAN 网络上的节点信息分成不同的优先级,可满足不同的实时要求,高优先级的数据最多可在 $134~\mu s$ 内得到传输。

(3)CAN 采用非破坏性总线仲裁技术,当多个节点同时向总线发送信息时,优先级较低的节点会主动地退出发送,而最高优先级的节点可不受影响地继续传输数据,从而大大节省了总线冲突仲裁时间。尤其是在网络负载很重的情况下也不会出现网络瘫痪情况(以太网则可能)。

(4)CAN 只需通过报文滤波即可实现点对点、一点对多点及全局广播等几种方式传送接收数据,无需专门的"调度"。

(5)CAN 的直接通信距离最远可达 10 km(速率 5 kbit/s 以下);通信速率最高可达 1 Mbit/s(此时通信距离最长为 40 m)。

(6)CAN 上的节点数主要取决于总线驱动电路,目前可达 110 个。报文标识符可达 2 032 种(CAN2.0A),而扩展标准(CAN2.0B)的报文标识符几乎不受限制。

(7)采用短帧结构,传输时间短,受干扰概率低,具有极好的检错效果。

(8)CAN 的每帧信息都有 CRC 校验及其他检错措施,保证了数据出错率极低。

(9)CAN 的通信介质可为双绞线、同轴电缆或光纤,选择灵活。

(10)CAN 节点在错误严重的情况下具有自动关闭输出功能,以使总线上其他节点的操作不受影响。

3. 通信介质及网络拓扑

CAN 总线通信介质可选双绞线、光纤,编码方式为 RS-485(NRZ),通信速率最高为 1 Mbit/s(40 m)拓扑形式为总线型,如图 9-4 所示。

4. 报文传输

帧类型报文传输由以下 4 个不同的帧类型所表示和控制:

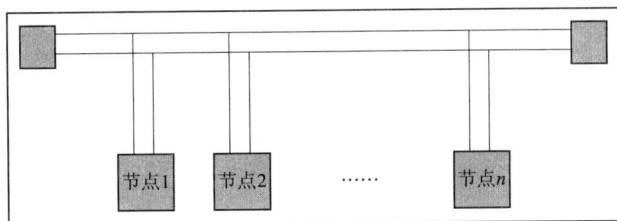

图 9-4　CAN 总线网络结构图

（1）数据帧

数据帧（或远程帧）通过帧间空间与远程帧、错误帧及过载帧分开。

数据帧携带数据从发送器至接收器，它由七个不同的位场组成，帧起始、仲裁场、控制场、数据场、CRC 场、应答场、帧结尾。数据场的长度可以为 0，如图 9-5 所示。

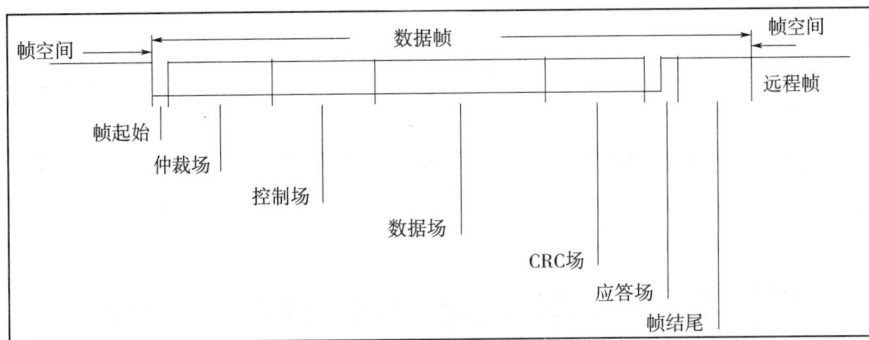

图 9-5　数据帧结构

（2）远程帧

总线单元发出远程帧，请求发送具有同一识别符的数据帧。远程帧由六个不同的位场组成：帧起始、仲裁场、控制场、CRC 场、应答场、帧末尾。通过发送远程帧，作为某数据接收器的站通过其资源节点对不同的数据传送进行初始化设置。

（3）错误帧

任何单元检测到一总线错误就发出错误帧。错误帧由两个不同的场组成。第一个场用作为不同站提供的错误标志（ERROR FLAG）的叠加。第二个场是错误界定符，如图 9-6 所示。

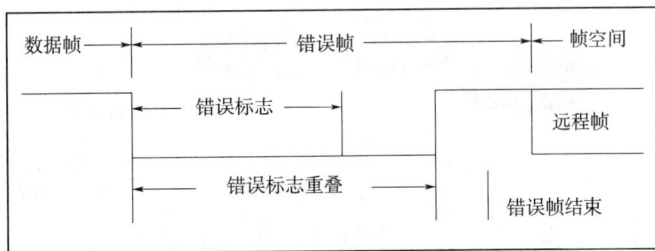

图 9-6　错误帧

有两种形式的错误标志，主动错误标志（Active error flag）和被动错误标志（Passive error flag）。

主动错误标志由六个连续的"显性"位组成。

被动错误标志由六个连续的"隐性"的位组成，除非被其他节点的"显性"位重写。

(4)过载帧

过载帧用以在先行的和后续的数据帧(或远程帧)之间提供一附加的延时。

过载帧包括两个位场:过载标志和过载界定符,如图9-7所示。

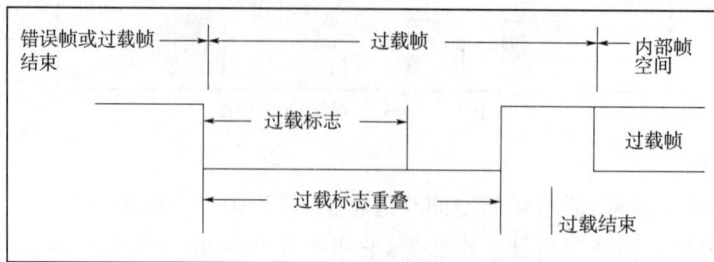

图9-7 过载帧

有两种过载条件都会导致过载标志的传送:

①接收器的内部条件(此接收器对于下一数据帧或远程帧需要有一延时)。

②间歇场期间检测到一"显性"位。

由过载条件1而引发的过载帧只允许起始于所期望的间歇场的第一个位时间开始。而由过载条件2引发的过载帧应起始于所检测到"显性"位之后的位。

第二节　列车控制网络系统(TCMS)

一、TCMS 系统概述

TCMS(列车监测与控制系统)属于"列车管理系统"的一部分,是一个信息收集和显示系统,TCMS收集每节车上分系统的运行数据至一集中数据库,将各个"控制和监测系统"相关的功能整合在列车中,完成列车的自动化、智能化以及储存设备故障信息,帮助维护检修作业。

列车通信网为符合 IEC 61375 标准的 MVB 网。

TCMS 系统如图 9-8 所示。

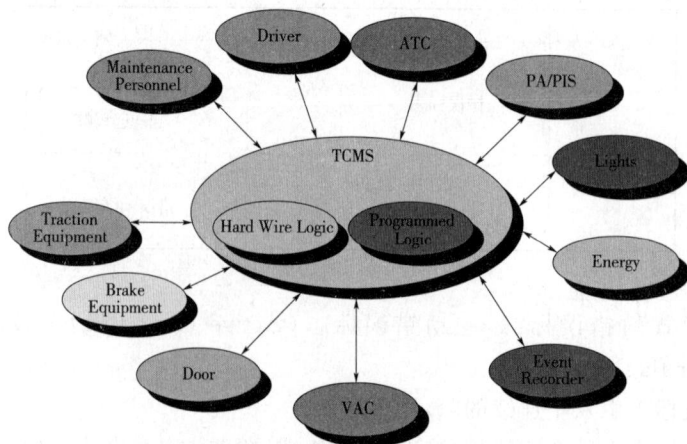

图9-8 TCMS 系统

二、TCMS 系统功能

TCMS 系统具有故障/安全特性的控制/监测功能、非安全特性的控制/监测功能和维护和诊断辅助功能。

TCMS 系统监控城市轨道交通车辆系统包括：辅助供电系统、门系统、牵引和制动控制系统、空调系统、列车自动控制系统（ATP/ATO）、照明系统、无线电系统、广播报站和客室信息显示系统、高压设备、受电弓、旁路开关状态、司机室显示器、司机室隔间门、紧急疏散门。

三、TCMS 网络拓扑结构

城市轨道交通的 TCMS 网络拓扑结构多采用基于 TCN 网络协议的一级网络结构，下面以南京地铁 2 号线列车 TCMS 网络结构为例进行描述。

下图为南京地铁 2 号线 TCMS 网络拓扑结构，如图 9-9 所示。

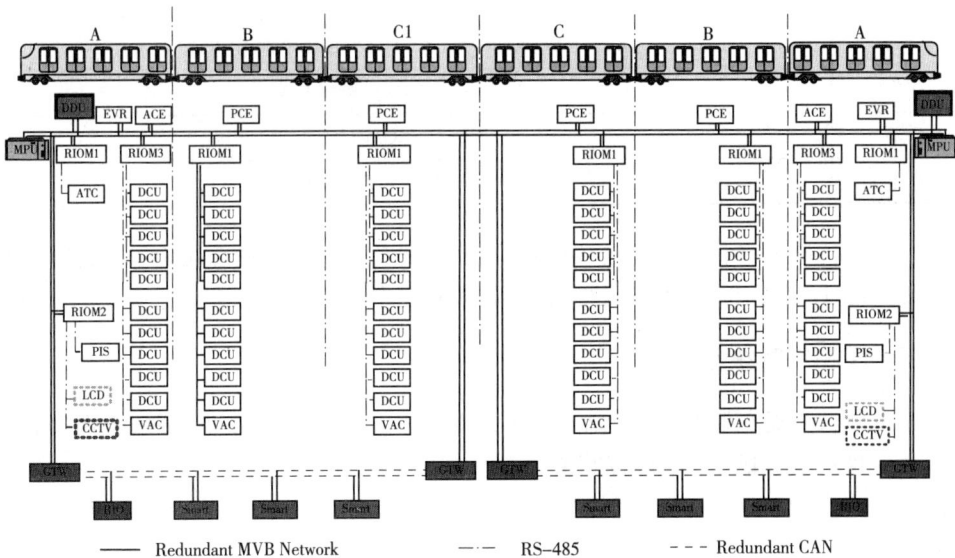

图 9-9　TCMS 网络拓扑结构

构建 TCMS 网络的是 MVB 车辆总线，图中实线为即时 MVB 网络，虚线为 EP2002 的 CAN 网络，点划线为 RS-485 串行连接。

1. MVB 总线

MVB 是多功能车辆总线的简称，属于现场总线，也是工业控制的一种。MVB 总线的物理层采用 EMD（中距离传输介质），使用双绞屏蔽线，最多支持 32 个设备，最大总线长度 200 m 。

MVB 的物理层采用冗余铺设，具有数据传输稳定、抗干扰等优点。总线上主要传递一类状态变量，这种数据类型占用的字节很小，并且是周期性发送的，对于整个车辆网络来说是以广播的类型发送，比如车门闭锁的状态、车速等。假设这类信号有错，或者丢失了字节，那么将以下个周期的信号补充。目前，国内地铁列车网络的主要供应商有日本的东洋、日立、三菱等，法国的阿尔斯通，德国的西门子，加拿大的庞巴迪等。

2. CAN 总线

CAN 总线是从 20 世纪 80 年代初开发的一种串行数据通信协议,它是一种多主总线,EP2002 中 CAN 网的通信介质是双绞线。通信速率可达 1 MBit/s。网络上任何一个节点均可在任意时刻主动地向网络上其他节点发送信息,实现不分主从。其报文格式固定,抗干扰,是最常用的现场总线之一。EP2002 系统通过网关阀与 MVB 列车网络相连。

3. RS-485 总线

RS-485 总线是车辆网络上较低级别的通信协议,承担一些数据量较小,距离较短(大约 50 m)的信息传递功能。城市轨道交通车辆的空调、车门、PIS、CCTV、LCD 与 TCMS 的通信功能大多使用 RS-485 接口实现。

MVB 上的节点设备连接到车辆总线上的设备见表 9-2。

表 9-2 MVB 上的节点设备

车号	经车辆总线连接的设备
驾驶室 A 车	DDU 的 CPU,MPU ,RIOM1A,RIOM2A,EVR,
	GTWVALVE,CVS,RIOM3A
B 车	PCE,RIOMB
C 车	GTWVALVE,PCE,RIOMC

以上设备通过串联的方式挂在车辆总线上,列车总线和车辆总线均采用的是双绞屏蔽线。DDU 的 CPU 是列车网络的终端,在其一个输出接口上必须连接终端电阻。

四、TCMS 系统组成

城市轨道交通车辆的列车控制系统(TCMS)一般包括如下设备:每列车两套带冗余的主处理单元(MPU);一套带冗余的 MVB 网络(两个不同的 MVB 网络,其中一套备用);每节车内配置两套远程输入输出模块(RIOM);每列车两台驾驶员显示器(DDU)。

(1)主处理单元(MPU)

主处理单元是列车总线 MVB 的控制单元,用于列车的控制和通信。所有连接到列车通信网络的智能和非智能单元都通过列车总线与主处理单元取得通信。主处理单元中含有车辆控制应用程序,用于牵引、制动和型号子系统的控制、诊断和监测。

城市轨道交通车辆一般使用两个主处理单元,其一作为主机。在主处理单元工作时,辅主处理单元一直处于侦听状态,当主处理单元故障时,辅主处理单元自动接替工作,保证列车正常运行。

①主处理单元主要控制性能

牵引和制动力:通过冗余 MVB 网(列车线后备),正常情况下牵引力和制动力通过 MVB 网传输。

运行方向:通过冗余列车线。

紧急制动:通过冗余列车线。

辅助电源系统:通过冗余 MVB 网。

制动管理：通过冗余列车制动安全网。

列车负载：通过冗余 MVB 网。

混合制动：牵引和制动控制器的直接连接。

空调：通过冗余 MVB 网。

停车制动释放和制动释放：通过冗余列车线。

升近弓和远弓：通过冗余列车线。

②列车状态信息采集、数据处理和故障信息

监测功能应用于所有连到数据处理系统的设备，不管这些设备是否带有微处理器。设备分类为：

数据处理设备通过车辆网络直接接到 TCMS（如牵引/制动系统）。

数据处理设备通过串联接到 TCMS（如门、无线电、通风和空调）。

数据处理设备通过低压输入连接到 TCMS（如照明、受电弓）。

③故障评估和信息存储

在 DDU 上显示的故障信息和列车的故障状态完全一致。指示的故障级别将指引司机获取信息，并就排除故障继续运行做建议。

故障被分成以下三类：

a. 重大故障。列车将马上撤出运行。

b. 一般故障。列车将在到终点后停运。

c. 小故障。不影响运营的小故障，列车在一天运营结束后停运。

主中央控制单元收集各分系统的状态信息，进行数据处理和故障信息分析，把故障分级。故障分级按对运行和安全的影响程度及对部件和系统的破坏程度分类。

主中央控制单元在其存储器内记录故障评估结果和其他故障信息，按先进先出存储。故障信息需要包括故障编码、故障名称、故障级别、列车编号、故障设备名称、故障发生的日期和时间信息。这些数据同时存在主中央控制单元和备用中央控制单元中。

TCMS 也能记录故障数据"故障被排除的日期和时间"，不过该信息仅能在 MPU级别得到。同类故障、运行里程和周边状况的统计将由电子列车维护软件进行。

故障数据存储在故障堆栈中，故障堆栈的大小可调。MPU 的总存储容量分成两个部分。第一部分用以操作系统、底层软件和应用软件，第二部分为程序数据区，如堆栈指针、变量和距离计数器，还有故障堆栈。一般而言，使用一个最大 10 MB 堆栈已足够，可以存储 20 万个事件。

（2）远程输入输出单元（RIOM）

车辆中非微机控制模块通过 RIOM 模块来实现和 MPU 的数据传输。通过 RI-OM 模块可以将采集的数字信号送到 MVB 网上。同样地，MPU 发出的控制信号也可以通过 RIOM 来控制非微机控制系统。

RIOM 主要由下列模块组成：

①FULLFIP 模块，它包括处理单元、FIP 网络的中间接口、总的蓄电池供电。

②两个串行通信口模块（每个块有两个 RS-485 串行通信口）。

③ 一个二进制输入控制器和终端模块（32 位二进制输入）。

④一个二进制输出控制器和终端模块（8 位二进制输出）。

RIOM 为 MPU 执行信号采集并执行由 MPU 发送的输出命令。它们通过 MVB

总线与 MPU 进行通信。每个 I/O 部件可以有不同类型的输入/输出：

①1 路数字输入（以电池负极为参考的数字信号）。

②1 路模拟输入（电流或电压模拟信号）。

③1 路数字输出（继电器触点，用于断开 RIOM 与外部电路的连接）。

④1 路模拟输出（电流或电压模拟信号）。

（3）驾驶显示控制单元（DDU）

每个司机室设有一个显示控制单元（DDU），显示控制单元（DDU）通过 MVB 总线与 MPU 连接，一般由彩色液晶显示器、操作系统、应用软件及存储故障数据的闪存卡组成。显示控制单元（DDU）主要用于显示所有连接到总线上的系统状态、列车的基本运行数据、列车状态信息和故障诊断信息。当列车发生故障时，显示控制单元（DDU）将给出相关故障处理建议，帮助司机驾驶操作，同时也可以根据实际情况通过监视器切除系统中的故障设备。

第三节　乘客信息系统

城市轨道交通车辆车载乘客信息系统，简称 PIS（Passenger Information System），主要运用网络控制和多媒体控制技术，以城市轨道交通车辆的客室车厢为载体为乘客呈现多样化信息。随着城市轨道交通车辆集成技术、网络技术和多媒体技术的发展，对城市轨道交通车辆车载乘客信息系统的功能需求也趋向于多样化。

一、乘客信息系统概述

1. 广播

（1）使用内部扬声器时，用司机手持式麦克风从司机室对客室进行人工广播。

（2）无线电对乘客广播功能允许通过内部扬声器直接从 OCC 对客室进行广播。从 OCC 向司机室的音频广播通过无线电传递。音频设备通过内部扬声器立刻向客室转播。

（3）重联运行时用司机手持式麦克风从受控的司机室通过内部扬声器对两列车的客室广播。

2. 对讲

（1）结合监控扬声器，司机室扬声器可以在任意时刻在两个司机室之间进行对讲，通过操作司机台面板上的按钮就可以控制对讲。

（2）重联运行时四个司机室之间能够在任意时刻进行对讲。

3. 紧急报警对讲

乘客按下内部紧急通信单元的紧急呼叫请求按钮可触发紧急呼叫连接。受控司机室的司机可以通过司机控制面板上的一个紧急状态显示按钮获知请求并存储在中央控制单元中。按下闪亮的紧急呼叫按钮接受呼叫请求后（闪烁的指示灯变成常亮），司机可以使用话筒，通过激活的乘客内部通信单元决定是否与乘客进行通话。控制面板可向司机显示被触发和激活的乘客通信单元的位置。

除了控制元件之外(呼叫请求按钮),客室乘客通信单元还有三个 LED 指示灯,通知乘客在什么时候可以通话。司机按动控制面板上的"Internal/Emergency(内部/紧急状态)"按钮,可切换通信方向模式。当乘客按下呼叫请求按钮后,乘客紧急呼叫单元上的"Please wait(请等待)"LED(三个 LED 中的一个)会亮起,同时主控驾驶室内的司机台上将闪亮呼叫按键。司机要接受呼叫请求,只需按下闪亮的按键即可,该按键的灯光会保持连续发亮(表示内部通信已连接)。乘客紧急通信单元上的黄色的"Please wait(请等待)"LED 在接受呼叫请求后熄灭,绿色 LED 亮起,表示乘客可以讲话,司机可通过监听扬声器听到乘客的话音。司机和乘客之间的内部通信为半双工通信,紧急呼叫期间,司机需要通过驾驶台的 PTT 按键转换司机和乘客通信单元的内部通信方向。司机在向乘客说话时必须保持按钮的按下状态。司机松开按钮后,内部通信方向就会自动反向,乘客可再次通话。

当司机再次按下司机控制面板上点亮的"Activate/Emergency(紧急状态启动)"按钮,可终止紧急呼叫连接(指示灯熄灭)。

呼叫请求按呼叫顺序处理或"先到先通"的原则。如果司机在 5 min 之内未应答呼叫请求,则呼叫无效。

4. 自动报站

(1)数字化自动报站系统由数字语音报站装置组成,并通过车辆内的扬声器用中文和英文两种语言广播。

(2)通过 ATC 触发所有站名的自动广播,数字报站装置将从 ATC 获得站名 ID。

(3)当 ATC 触发不可用时,中央控制单元(PIC)将配备一个距离信号输入的 I/O 接口。信号输入将由列车系统本身提供。储存能力将能报 100 个站以上,每站至少持续 60 s。

(4)至少要能同时储存三条不同线路的报站内容,并可任意选择一条线路进行报站。

(5)司机可以通过显示器进行跳站、起点站和终点站的设定,也可通过 ATC 进行不同线路的跳站、起点站和终点站的设定。

(6)司机室显示器显示站名可由用户进行编辑,通过数字化工作站可以编辑站名。

(7)线路中的任一站都可设为起点站和终点站。

(8)司机可通过 DDU 选择预先设定的紧急信息对乘客进行紧急广播,紧急信息数量或预先设置和存储的信息不少于 20 条,并且使用时不影响乘客信息系统的正常运行。

(9)将提供一套能由用户编辑线路和站名的数字化工作站(发送工具软件网络程序)。当编辑完成后,通过编辑单元能够进行试验试听。

(10)语言编辑应方便操作,采用 Wave 格式或 MP3 格式,当编辑完成后可在编辑器上试听。

5. 动态地图

(1)采用具有高亮度、长寿命(>50 000 h)的 LED 点矩阵。

(2)每辆车内设 10 台,布置在车门上方的面板中。

(3)地图 LED 显示将与由 ATC 或司机通过司机室显示器设置,与自动报站系统内的信息同步,信息内容可由地铁公司自行进行编辑。

(4)除显示动态地图外,还应用 LED 指示灯显示开门侧信息。

(5)动态地图尺寸推荐为 1 500 mm×160 mm×30 mm。

6. 乘客信息显示器

(1)乘客信息显示器将设在客室两端最上面。

(2)采用红色 LED 技术。

(3)显示器显示采用中英文两种文字。

(4)显示屏像素：16×160。

(5)LED 发光模块点直径：$\phi 3$。

(6)功率：<50 W。

(7)一屏至少显示七个中文字，每个字符高度 76 mm。

(8)显示目的地、到站站名、下一站站名、开门侧(左或右)及广告文字。

(9)尺寸推荐为 550 mm×125 mm×60 mm(显示面积 532 mm×76 mm)。

(10)对于一屏显示不下的内容可采用左/右/上/下滚动显示模式显示。

7. 乘客资讯系统(LCD)

每辆车的客室内侧墙上设 8 块 19 英寸左右的 LCD 显示屏，乘客资讯系统的控制器在司机室内。

二、乘客信息系统的设备配置

每个司机室至少要有一个手持麦克风，一个扬声器(监控)，一个功率放大器(PA节点)，一个乘客信息系统控制器(PIC)及若干功能选择开关和按钮。在一列车两端的司机室内各放一套完全相同的乘客信息系统设备，两套设备互为热备份。

每个客室提供一个功率放大器(PA 节点)，十个扬声器(内部)，一套紧急报警对讲设备(PCU)，十个动态地图和两个 LED 显示器。

三、乘客信息系统组成及功能

六节车厢编组是目前国内地铁运营的主要编组方式。一个连接六节车厢的综合性乘客信息系统，需要提供一套直接向乘客广播和面向操作人员的乘客信息系统以及通信设备。

1. 系统总体

乘客信息系统组成如图 9-10 所示。它包括：列车显示和广播系统控制单元、乘客广播通信单元、司机语音通信单元、乘客紧急对讲单元、LED 动态地图显示单元、内部 LED 显示单元、扬声器。

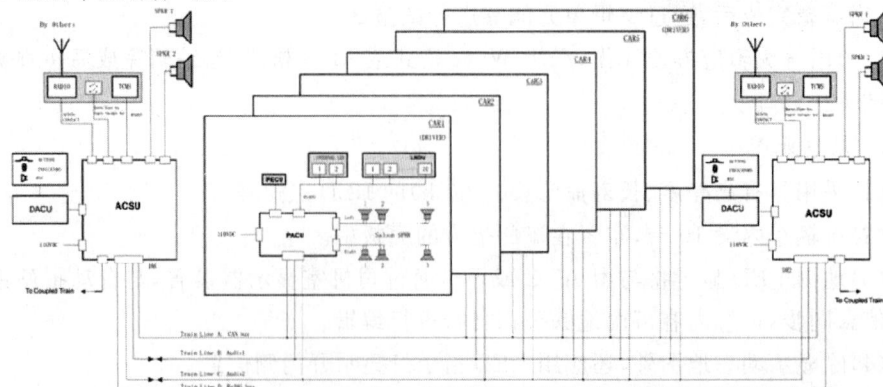

图 9-10 乘客信息系统组成

乘客信息系统组成设备说明见表 9-3。

表 9-3　乘客信息系统组成设备说明

设备	说　　明
ACSU	列车显示和广播控制单元通信设备,主控单元和 PIDS 列车系统网关控制单元。提供通信设备和 PIDS 的音频交换和信号控制
CAN	网络区域控制。实时多路传输通信信号
DACU	司机语音通信设备。提供列车司机不同的通信方式
LMDU	LED 动态路线图。提供列车运行线路显示
IDU	内部显示单元。LED 显示面板安装在客室,用于显示列车运行信息和预先录制的信息
Loudspeaker	乘客广播扬声器。位于列车车厢和客室
PACU	乘客广播通信单元。提供扬声器放大音频信号和 PICU 控制及语音信号。同时提供动态地图和 IDU 的 RS-485 接口
PECU	乘客紧急报警单元。乘客与司机紧急通信
TCN/TCMS	列车通信网络。列车设备数据通信网络
PIS Manager	列车显示和广播控制系统。用于路线显示和广播

2. 系统功能

(1)通信设备

通信设备提供驾驶员可控制的设备与对乘客必要的语言信息。五个通信模式如下:

①驾驶员之间对讲。

②驾驶员对客室人工广播。

③驾驶员与乘客紧急内部通信。

④OCC 对乘客广播。

⑤数字自动广播。

(2)乘客信息显示系统

乘客信息显示系统(PIDS)通过安装在车厢的 LED 动态地图显示器和文字显示器提供高质量的乘客视觉与旅行信息,包括:路线地图实时显示、文字显示器。

(3)车辆间的内部连接

系统通过 RS-485 和 CAN 总线,经内部连接以下设备获得上述功能:

①列车显示与广播控制单元。

②乘客广播通信单元。

(4)车辆的通信

ACSU 作为车辆间的通信中央处理器,实现如下功能:

①内部通信

a. 驾驶员语音控制单元(DACU)之间的通信。

b. 驾驶员语音控制单元(DACU)与乘客紧急通信单元(PECU)之间的通信。

②乘客广播

a. 来自控制中心(OCC)经列车显示与广播控制单元(ACSU)播放的广播。

b. 列车驾驶员经驾驶员语音控制单元(DACU)的乘客广播。

c. 列车通信网络(TCN/TCMS)经列车显示与广播控制单元(ACSU)的数字报站广播。

(5)车辆间的乘客信息显示

ACSU 作为车辆间的乘客信息显示的中央处理器,实现如下功能:

a. 乘客信息显示。

b. 由列车通信网络(TCN)经列车显示与广播控制单元(ACSU)的乘客信息显示。

(6)两列车联挂

ACSU 作为重联列车通信的中央处理器,实现如下功能:

a. 内部通信。驾驶员语音控制单元(DACU)之间的通信。

b. 乘客广播。由列车驾驶员经驾驶员语音控制单元(DACU)的乘客广播。

3. 乘客信息系统控制单元

(1)列车显示和广播控制单元(ACSU)

列车显示和广播控制单元(ACSU)是模块化设备,它通过 TCN 提供对通信设备与乘客信息显示系统的控制。ACSU 包含一个简单的 19 英寸 3U 的机箱,所有连接器接口均位于设备的前端。

每列车有两台 ACSU,它们安装在 A1 和 A2 车内。在列车运营过程中,其中一台 ACSU 被自动设置为主控,另一台被自动设置为副控。这一指令将由 TCN 发出。被设置为主控的设备将接管所有操作,而副控的设备处于备用状态。

(2)列车显示和广播控制单元(ACSU)与 TCN 通信

ACSU 通过 RS-485 接口与列车总线之间互相交换信息。驾驶员在操作台上可以控制所有列车广播业务,或者由 ATC 发送通信控制码,经由 TCMS 传送给 ACSU 以实现 PIS 系统在列车自动驾驶条件下的所有功能。

(3)列车显示和广播控制单元(ACSU)与 DACU 通信

列车驾驶员与车载通信系统的界面通过 DACU 实现。主要完成如下功能:采集按钮状态、点亮/闪烁指示灯、接收来自手持式麦克风的语音信号。

(4)ACSU 功能模块

ACSU 功能模块组成如图 9-11 所示。

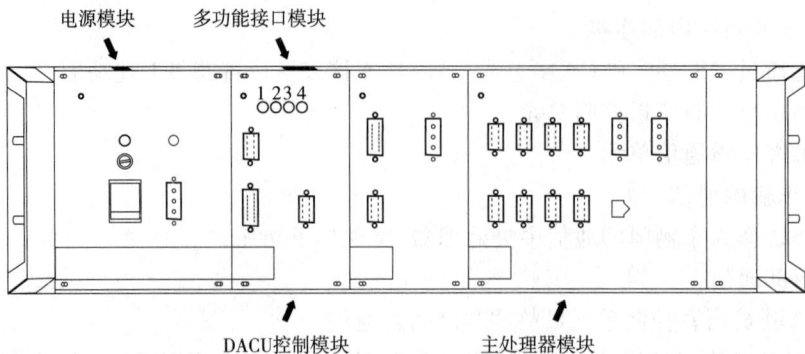

图 9-11　ACSU 功能模块

①电源模块：接入 110 V DC 初始电源，将其转换成 48 V DC 供给放大器使用，12 V DC供给其余的电路使用。DC/DC 转换器前置滤波器和防振荡电路。

②主处理器模块：该模块是 PIS 系统的核心。它为列车控制系统（主控/副控、重联信号、TCMS）和列车总线提供通信接口，内置 512 MB CF 卡，所有的数字语音文件存储 CF 卡中。完成在 ACSU 和 TCN 之间的 RS-485 控制信号和状态信息的发送或接收，PIS 系统的内部控制是通过 CAN 总线来完成。

③多功能接口模块：此模块为通信和服务接口。

④DACU 控制模块：此模块提供电源给 DACU，同时传输按键命令和语音。

(5)乘客广播通信单元（PACU）

PACU 设备主要实现乘客广播语音放大功能，同时提供 PECU 接口、文字显示器和 LED 动态地图显示器接口。因此，介于 ACSU 和 PACU 之间的命令和信号主要包括：

①乘客广播命令和语音信号。

②PECU 状态，命令和语音信号。

③PACU 状态。

④LED 动态地图显示器和文字显示器指令。

PACU 的机械布置如图 9-12 所示。所有连接器接口均位于设备的前端。每个车厢有一台 PACU。PACU 执行如下基本功能：

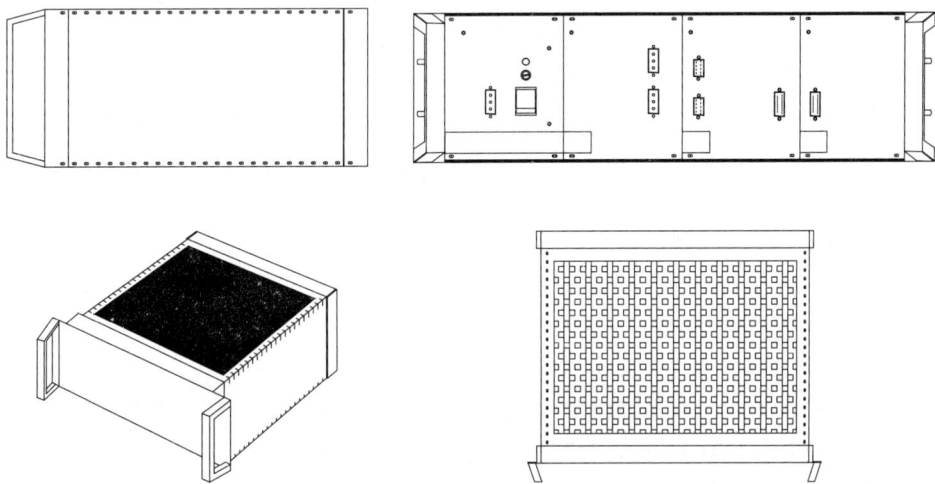

图 9-12　PACU 视图

①驱动车厢内的扬声器（10 个/车厢）

广播语音信息通过列车 A 型总线（CAN Bus）和 B 型总线（Audio）从 ACSU 传送到客室。通过扬声器噪声检测，PACU 自动调整补偿语音的输出。

②连接车厢内的一个 PECU，并通过列车总线将其信号传送给 ACSU

PACU 作为 PECU 的管理单元，为 ACSU 与 PECU 提供通信接口。当 PECU 被触发后，PACU 通过 PECU 接口接收触发信号，然后通过 CAN 总线传送给 ACSU。乘客语音信息将通过 C 型总线传送给 ACSU。

③驱动车厢内的乘客信息显示

PACU 主控制器通过 A 类型的 CAN 总线与 ACSU 通信,接收来自 ACSU 的 LED 动态地图和文字显示器的显示命令,同时动态地图显示信息和文字显示器显示信息需与广播信息保持同步。从 ACSU 来的显示信息通过列车总线（CAN Bus）传递到 PACU,并通过 RS-485 总线发送到 10 个 LED 动态地图和 2 个文字显示器。

PACU 功能模块如图 9-13 所示。

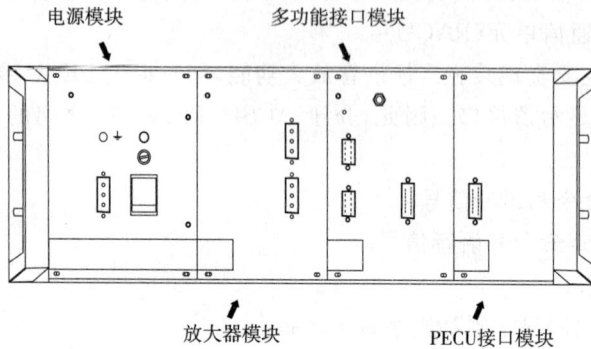

电源模块   多功能接口模块

放大器模块   PECU接口模块

图 9-13　PACU 功能模块

①电源模块:接入 DC 110 V 初始电源,转换成 DC 48 V 供给放大器使用,DC 12 V 供给其他电路使用。DC/DC 转换器前置滤波器和防振荡电路。

②放大器模块:带有两路输出端口,每个端口连接一半的扬声器负载。

③多功能接口模块:此模块提供接口到列车总线、接收乘客广播、PECU 内部扬声器的语音信号以及 LED 动态地图显示器和文字显示器的控制信号。PECU 麦克风的信号是以 BASEBAND(基带)的形式输入到列车总线。

④PECU 接口和控制器模块:通过 PECU 接口电路连接 PECU 的接口到语音跨接点和 PECU 控制器。PECU 控制器能够完成与 PECU 的通信,调整语音跨接点排列与 PECU 上所点亮指示灯一致等功能。

(6)驾驶员语音控制单元(DACU)

DACU 提供驾驶员操作面板的人机(MMI)接口单元到 ACSU,它是一个简单的嵌入式安装设备。DACU 安装在驾驶员操作台上,由带指示灯按钮、手持式麦克风组成。按钮与指示灯指令通过串行连接方式在 DACU 和 ACSU 之间传递,如图 9-14 所示。

通过 DACU 完成如下功能:

①采集按钮操作数据,并将数据传递给 ACSU。

②从 ACSU 接收驱动指示器所使用的数据。

③放大麦克风信号到合适的级别用以驱动到 ACSU 的语音线路。

DACU 操作面板由以下按钮组成:

①乘客广播(带绿色 LED 灯)。

②司机对讲(带绿色 LED 灯)。

③紧急对讲(带绿色 LED 灯)。

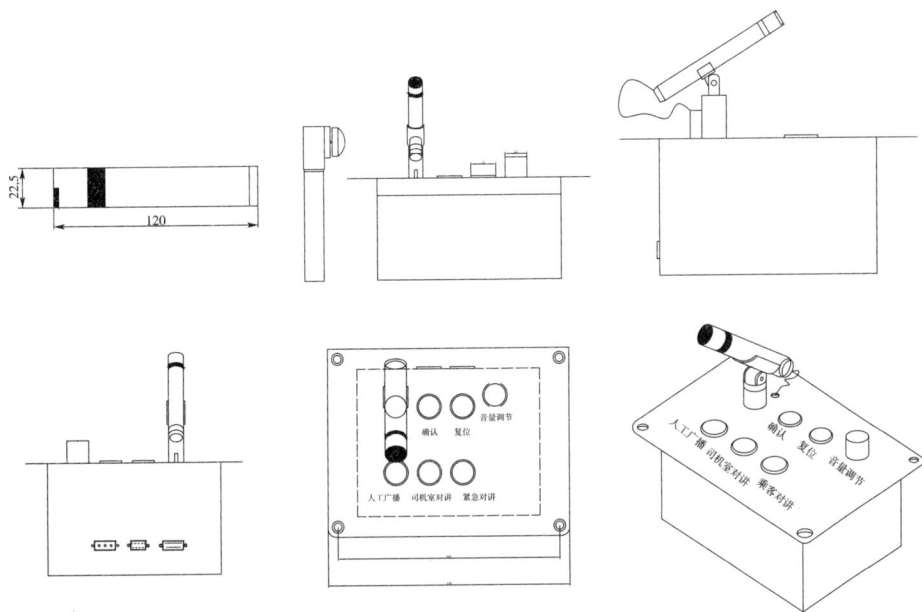

图 9-14　DACU 机械布置图(单位:mm)

④紧急对讲复位(带红色 LED 灯)。

⑤确认(带绿色 LED 灯)。

⑥音量控制旋钮。

除了以上按钮,还有手持式麦克风,用于以下场合:

①司机室对讲。

②司机对客室广播。

③司机对乘客的紧急讲话。

(7)乘客紧急通信单元(PECU)

PECU 是一个嵌入式安装的设备,连接器接口位于设备的顶端,如图 9-15 所示。

PECU 单元的表面是人机界面(MMI),主要由内部扬声器、麦克风、一个嵌入式按钮和三个 LED 指示灯[CALL(呼叫)、SPEAK(讲话)、LISTEN(接听)]组成。

PECU 内部模块图如图 9-16 所示。

①扬声器放大器:扬声器放大器放大来自 ACSU 的线路级语音到一个合适的级别以驱动 PECU 内的扬声器。

②麦克风放大器:麦克风放大器将来自电容式麦克风的低级别语音放大到一个适合驱动导向 ACSU 的线路级别。

③控制器:控制器处理 PECU 的各方面操作。它识别呼叫按钮、通过输出驱动器驱动三个指示器。呼叫状态是通过 RS-485 串行通信线路与 ACSU 建立通信。

(8)扬声器

扬声器分为客室扬声器和驾驶室扬声器,客室扬声器安装在客室车厢内用于乘客广播,驾驶室扬声器安装在驾驶室,用于广播监听和内部通信。客室扬声器使用变压器。

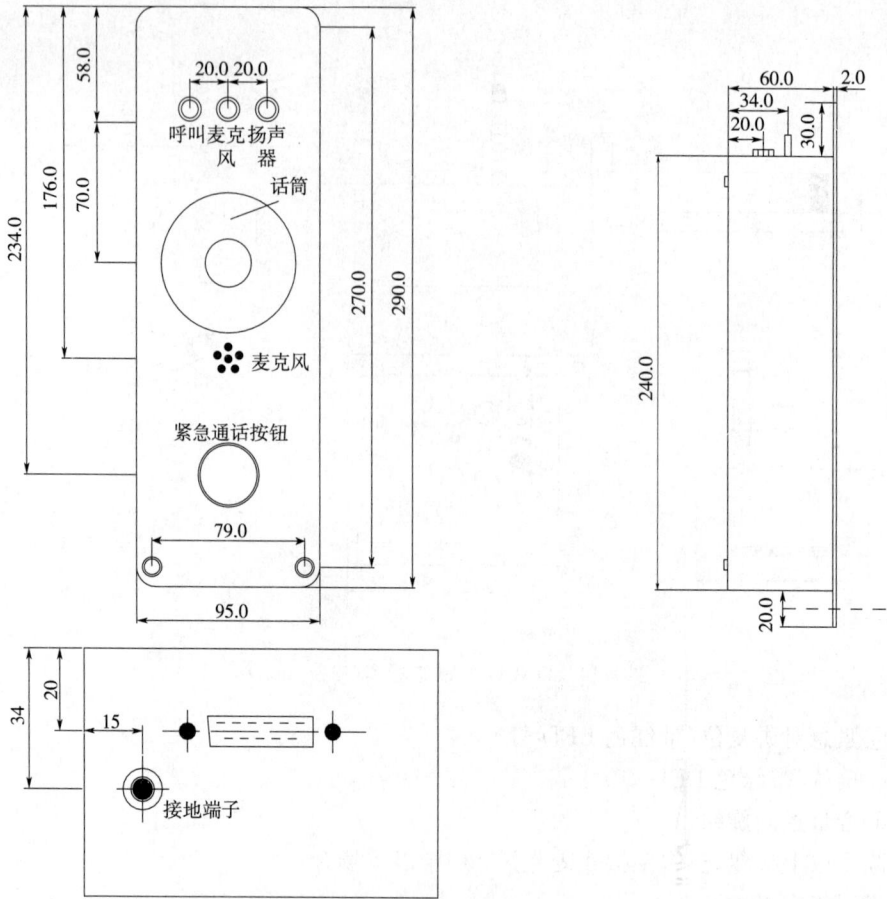

图 9-15　PECU 机械布置图(单位:mm)

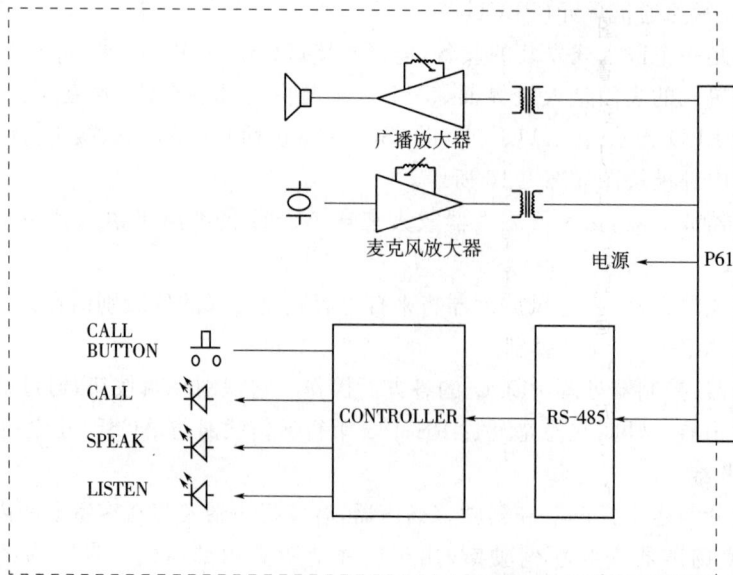

图 9-16　PECU 内部模块

扬声器的机械布置如图 9-17 和图 9-18 所示。

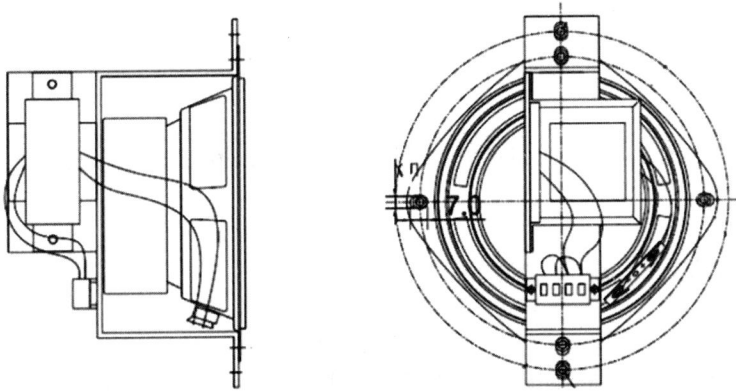

图 9-17　客室扬声器

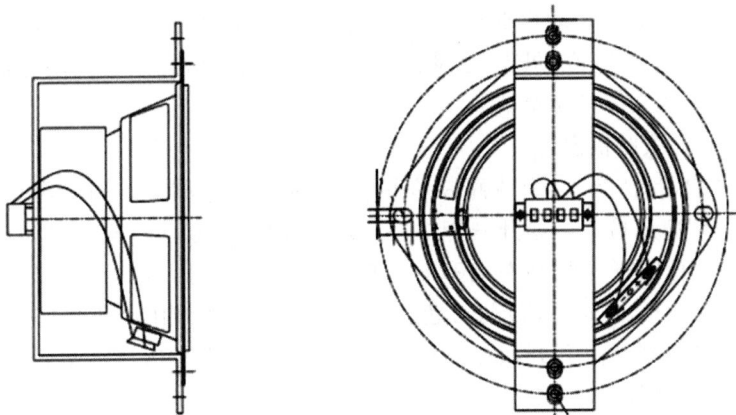

图 9-18　司机室扬声器

(9)LED 动态地图显示器

在每个客室内设置 8 台门区动态线路地图显示器(LMDU),用于显示列车运行线路、方向、下一站、客室开门侧、换乘站以及相应线路的示意图,方便乘客乘行。

LMDU 可以根据用户要求拼接成不同的线路形式,LMDU 的发光点采用红、绿双基色高亮度 LED,LMDU 表面粘贴有彩色印刷的图形信息用于指示线路上各车站站名、换乘提示信息及开门侧信息。LMDU 由 DC 110 V 供电,左右侧的设备不共用断路器,使得单路供电故障对 LMDU 显示的影响降至最低。

列车在线路上的运行情况指示方式如下:线路的起始站和终点站选定后,起点站和终点站为红色 LED 指示,采用箭头指示列车运行方向,列车尚未经过的前方线路为绿色,已经经过线路为红色,将要到达的站为黄色闪烁,到达后列车当前停靠的车站变为红色常亮。LMDU 在开门方向点亮 LED 指示箭头向乘客提示车门打开侧的信息,指示本侧门打开。开门侧的信息在 LMDU 中单独完整显示。有换乘站和用于换乘的相应线路的指示。

LED 动态地图显示器主要接口为 RS-485 接口,此接口电路为 PACU 提供连接。在 LED 路线地图显示器与 PACU 之间通过一个预先定义的协议实现通信。

(10)LED 文字显示器

LED 文字显示器的显示内容与数字报站广播同步进行。显示站点信息、服务信息、特殊信息、列车号信息等。

第四节　　乘客信息系统调试与维护

一、广播信息系统功能测试

(1)启动设备。

(2)驾驶室通信设备上电后,设备自动自检,自检时间大约 1 min,自检完毕后,DACU 上的指示灯会一起闪烁。启动完成后,所有的设备将自动激活。

(3)静止时的线路信息

列车在静止时进行手动检查,且在两个车厢都是相同的。驾驶室激活后,将主控钥匙旋动到适当的位置,在 DDU 上设置线路号。将线路信息发送到动态地图。动态地图上被选择的线路绿灯常亮。

(4)驾驶时的线路信息

驾驶时的自动检查,一个线路将在两个方向都进行测试。每个驾驶室将进行"Up"和"Down"信息检查。离开一个站后,动态地图上已通过站的 LED 灯恒红,下一站的 LED 灯橙色闪烁。收到左边和右边门将要开的信号,开门侧的 LED 灯闪烁。下一站到了,门打开,本站 LED 灯红色常亮,门关闭后开门侧的 LED 灯熄灭。

在 DDU 中选择线路和开始点。自动广播将在离站或到达指定站后触发,下一站信息出现在动态地图上。

(5)广播测试—驾驶室

按下 PA 键,激活广播,"广播"按钮灯闪烁。司机对乘客进行广播从客室扬声器能清楚地听见麦克风的广播。通过面板上显示的手动选站激活数字报站广播。从客室扬声器能清楚地听到数字广播,广播结束后,"广播"按钮灯熄灭。

(6)司机室对讲

选择 DACU1 向 DACU2 发出"司机对讲"呼叫;按下 DACU 1＜司机对讲＞按键,"司机对讲"按钮闪烁,同时 DACU2 的"司机对讲"按钮也闪烁;按下 DACU 2 的"司机对讲"按键,司机对讲通话建立;可以从司机室的顶棚听见清晰的谈话声。任何一方按下"复位"按键,司机室对讲中止。

(7)紧急对讲设备—驾驶室

所有的乘客紧急通信单元必须是紧急按钮按下后才激活,PECU 上的呼叫指示灯闪烁。在司机的终端会看见紧急单元被激活,并可看到司机操作台上的"紧急对讲"指示灯连续闪烁。

响应紧急呼叫时,司机按下"确认"键,PECU 上的"讲"指示灯点亮。可以从司机室的顶棚听见清晰的谈话声。按下"紧急对讲"按钮,通话的方向从司机到乘客,PECU 上的"听"指示灯亮,"讲"指示灯熄灭。乘客可以从紧急通信单元的扬声器清晰地听见司机的讲话声。完成紧急通信后,按下"复位"按钮,此按钮指示灯熄灭,同时所有紧急通信单元的指示灯灭。

当紧急通信单元已经被激活后,其他的乘客紧急单元被按下时,当处理完第一个紧急呼叫后,驾驶室桌上的指示灯又会闪烁。在第一个紧急单元处理完后,第二个紧急单元会收到呼叫信号。

(8)无线电广播—驾驶室

使用无线电广播,可以从司机室顶棚扬声器听见无线电广播。

(9)数字报站广播

从 ACSU 到乘客的数字报站广播既可以由驾驶员通过 HMI 来输入车站代码,也可以通过由 ATC 经 TCN 获得的相应的控制代码来激发。在 DACU 上有一个音量控制旋钮,可以控制驾驶室监听扬声器的音量。

驾驶员对 HMI 的操作,可以提供如下功能:

①允许驾驶员选择路线。

②允许更新所选路线的路线信息。

③允许驾驶员设置广播中的语言有效或无效。

④允许驾驶员设置转换站信息广播有效或无效。

广播的触发点见表 9-4。

表 9-4　广播的触发点

触发点	运行模式		
	ATC 模式	半自动模式	手动模式
下一站	(X1,Y1) X1 列车到前一站的距离;Y1 列车到下一站的距离	速度达到 5 km/h	Next station pressed
前方到站	(X2,Y2) X2 列车到前一站的距离;Y2 列车到下一站的距离	离到站站点 200～300 m	Approach station pressed
到站	开门警报声结束后	开门警报声结束后	开门警报声结束后

(10)LED 动态地图实时显示

从 ACSU 到经 PACU 控制的 LED 路线地图显示器的站点地图信息既可以通过驾驶员操作,也可以通过由 ATC 经 TCN 获得的相应的控制代码更新来完成。即将到达站点的显示与数字报站广播同步进行,如图 9-19 所示。

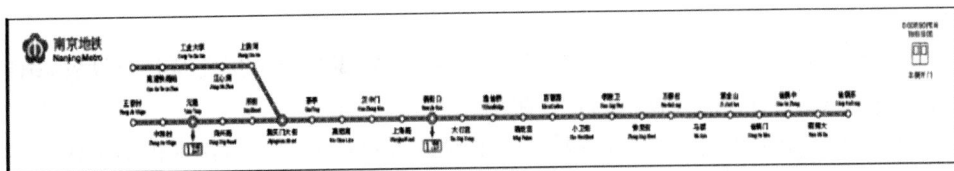

图 9-19　LED 动态地图实时显示

动态配置信息如下:

①橙色闪烁表示下一将到站。

②红色常亮表示列车正在停靠站和已经过站。

③绿色常亮表示前方将要经过站点。

④开门指示 LED:本侧开门为绿色。

站点指示功能的定义如下:

①站点用绿色常亮指示。

②触发点 1 下一站点橙色闪烁。广播也在这一触发点开始。

③在触发点 2 开门侧指示:本侧开门,绿色灯亮起。

④停靠站点之后(触发点 3),橙色闪烁变成红色常亮。

二、乘客信息系统调试

(1)在列车上调试时可通过带维护软件的手提电脑激活乘客信息系统,进行系统的功能检测,通过司机室显示器进行站名播报和显示。

(2)每个广播源将分配一个优先级以决定当广播同时有一个以上的音频源被激活时的事件时是否修正音频信号。一项优先级高的广播将打断和停止一项优先级低的广播。待高级别的广播结束后,优先级低的广播将继续。优先级别次序将在设计阶段确定。

(3)根据客室噪声情况系统能够自动调节客室广播的音量。买方维修人员可对音量的临界值、相应的广播系统输出音量级的自动转换、等级进行修改。

(4)音质将符合相关的 IEC 标准。

(5)将抑制语音峰值,使之不高于平均输入电平 3 dB。

(6)音量将满足在最恶劣条件下(AW3 负载,80 km/h,隧道区段),客室内部离地板 1.2 m 处测得的声压级衰减不小于 10 dB(A),声音分布要均匀。

(7)司机通过设在司机室的按钮来进行各种功能的选择,并能通过监控扬声器对自动报站进行监听。

(8)用户使用数字化工作站(发送工具软件网络程序)可对乘客信息系统的信息、站名进行编辑、修改或更新。

三、广播系统检修

广播系统投入使用后,最初主要根据其工作原理去查找故障点,随着维护经验积累,后续的故障查找主要根据经验来判断故障。根据工作原理查找故障的思路可按照以下步骤进行。

(1)检查系统供电断路器是否跳闸,如跳闸,复位成功后再检查系统功能是否正常;

如复位不成功,则说明该电路有短路或过流,需要逐个测量该之路各个设备,确定故障设备、将其跟换后再检查电路是否跳闸。

(2)检查系统主机是否工作(查看主机上对应指示灯来判断),如主机不工作,先检查主机各插头和接线是否有松动,再根据指示灯指示,更换相应板卡或单元,调整后再检查主机是否工作,若仍不能正常工作,则更换整个主机。

(3)根据具体故障现象,检查相应系统的部件(如麦克风、功率放大器、扬声器等)、插头、接线及工作状态等。

1. 列车通信网络：面向控制、连接车载设备的数据通信系统，是分布式列车控制系统的核心。列车通信网络集列车控制系统、故障检测与诊断系统以及乘客信息服务系统于一体，以车载微机为主要技术手段，并通过网络实现列车各个系统之间的信息交换，最终达到对车载设备的集散式监视、控制和管理目的，实现列车控制系统的智能化、网络化与信息化。

2. TCN：TCN（列车通信网络）于 1999 年 6 月正式成为国际标准，即 IEC61735。由于 TCN 是专门为列车通信网络制定的标准，在实时性、可靠性、可管理性、介质访问控制方法、寻址方式、通信服务种类等方面有着一定的优势。

该标准对列车通信网络的总体结构、连接各车辆的列车总线、连接车辆内部各智能设备的车辆总线及过程数据等内容进行了详细的规定。

3. MVB：多功能列车总线，该总线使用阻抗受控的冗余介质，其传输的信息速率为 1.5 Mbit/s。最大传输距离为 200 m，32 个节点（设备），备用节点至少每段为 20%，用于处理数据的备用带宽约为 30%。在总线上可以使用不同的轮询周期：从用于快速信息的 32 ms 到用于较次信息的 512 ms。

4. TCMS 系统：TCMS（列车监测与控制系统）是属于"列车管理系统"的一部分，是一个信息收集和显示系统，TCMS 收集每节车上分系统的运行数据至一集中数据库，将各个"控制和监测系统"相关的功能整合在列车中，完成列车的自动化、智能化，以及储存设备故障信息，帮助维护检修作业。

5. RIOM：远程输入输出单元，车辆中非微机控制模块通过 RIOM 模块来实现和 MPU 的数据传输。通过 RIOM 模块可以将采集的数字信号送到 MVB 网上。同样地，MPU 发出的控制信号也可以通过 RIOM 来控制非微机控制系统。

6. PIS：城轨车辆车载乘客信息系统，简称 PIS（Passenger Information System）系统，主要运用网络控制和多媒体控制技术，以城轨车辆的客室车厢为载体为乘客呈现多样化信息。随着城轨车辆集成技术、网络技术和多媒体技术的发展，对城轨车辆车载乘客信息系统的功能需求也趋向于多样化。

7. PACU：PACU 作为 PECU 的管理单元，为 ACSU 与 PECU 提供通信接口。当 PECU 被触发后，PACU 通过 PECU 接口接收触发信号，然后通过 CAN 总线传送给 ACSU。乘客语音信息将通过 C 型总线传送给 ACSU。

8. PECU：PECU 单元的表面是人机界面（MMI），主要由内部扬声器，麦克风，一个嵌入式按钮和三个 LED 指示灯：CALL（呼叫）、SPEAK（讲话）、LISTEN（接听）组成。

复习题

1. 什么是 TCN 通信协议？（适合【初级工】）

2. 通信系统由哪些部件组成？（适合【初级工】）

3. 什么是 TCMS 系统？（适合【初级工】）

4. RIOM 由哪些模块组成，各模块的作用是什么？（适合【初级工】）

5. 城轨车辆车载乘客信息系统的基本功能是什么？（适合【初级工】）

6. 自动报站有哪些功能？（适合【初级工】）

7. 乘客信息系统有哪些要求？（适合【初级工】）

8. 乘客信息服务系统由哪些设备控制单元组成？（适合【初级工】）

9. 乘客信息服务系统控制单元的功能是什么？（适合【初级工】）

10. 文字显示器的功能是什么？（适合【初级工】）

11. DACU 的功能有哪些？（适合【初级工】）

12. 紧急呼叫期间，司机与乘客间如何通话？（适合【初级工】）

13. 通信系统的组成部件有什么作用？（适合【中级工】）

14. TCN 网络结构是怎么样的？（适合【中级工】）

15. 车辆总线 MVB 的特点及工作方式是什么？（适合【中级工】）

16. CAN 通信协议特点及工作方式是什么？（适合【中级工】）

17. 什么叫做列车控制网络系统，其功能是什么？（适合【中级工】）

18. PACU 有几个功能模块，其作用是什么？（适合【中级工】）

19. 广播控制单元与 TCN 如何实现通信？（适合【中级工】）

20. TCMS 网络拓扑结构是怎么样的？（适合【高级工】）

21. 信号的传输方式有哪些，其特点都是什么？（适合【高级工】）

22. TCMS 系统可监控的系统包含哪些？（适合【高级工】）

23. TCMS 系统由哪些部件组成？（适合【高级工】）

24. 乘客紧急通信单元需要做哪些功能测试？（适合【高级工】）

25. 广播控制单元与 DACU 如何实现通信？各模块的功能是什么？（适合【高级工】）

26. ASCU 的主要功能模块包括哪些？（适合【高级工】）

参考文献

[1]刘志明,史红梅.动车组装备[M].北京:中国铁道出版社,2007.

[2]华平,唐春林.城市轨道交通车辆电气控制[M].北京:机械工业出版社,2011.

[3]上海申通地铁集团有限公司轨道交通培训中心.城市轨道交通车辆技术[M].北京:中国铁道出版社,2011.

[4]严隽耄,傅茂海.车辆工程[M].北京:中国铁道出版社,2009.

参考文献

参考文献